权威·前沿·原创

皮书系列为
"十二五""十三五"国家重点图书出版规划项目

粤港澳大湾区建设报告（2019）

ANNUAL REPORT ON GUANGDONG, HONGKONG AND
MACAO BAY AREA CONSTRUCTION (2019)

主　编／郭跃文　袁　俊
执行主编／谢许潭　邓江年

社会科学文献出版社
SOCIAL SCIENCES ACADEMIC PRESS (CHINA)

图书在版编目（CIP）数据

粤港澳大湾区建设报告.2019/郭跃文,袁俊主编.--北京：社会科学文献出版社,2019.12
（粤港澳大湾区蓝皮书）
ISBN 978-7-5201-5818-3

Ⅰ.①粤… Ⅱ.①郭… ②袁… Ⅲ.①区域经济-经济建设-研究报告-广东、香港、澳门-2019 Ⅳ.①F127.6

中国版本图书馆CIP数据核字（2019）第256552号

粤港澳大湾区蓝皮书
粤港澳大湾区建设报告（2019）

主　　编／郭跃文　袁　俊
执行主编／谢许潭　邓江年

出 版 人／谢寿光
组稿编辑／邓泳红　陈　颖
责任编辑／陈　颖
文稿编辑／陈　颖　桂　芳　陈晴钰

出　　版／社会科学文献出版社·皮书出版分社（010）59367127
　　　　　地址：北京市北三环中路甲29号院华龙大厦　邮编：100029
　　　　　网址：www.ssap.com.cn

发　　行／市场营销中心（010）59367081　59367083
印　　装／天津千鹤文化传播有限公司

规　　格／开 本：787mm×1092mm　1/16
　　　　　印 张：25.5　字 数：380千字
版　　次／2019年12月第1版　2019年12月第1次印刷
书　　号／ISBN 978-7-5201-5818-3
定　　价／198.00元

本书如有印装质量问题，请与读者服务中心（010-59367028）联系

▲ 版权所有 翻印必究

《粤港澳大湾区建设报告（2019）》编委会

主　　任　郭跃文　王　珺

成　　员　刘小敏　赵细康　章扬定　任志宏　向晓梅
　　　　　刘　伟　左晓斯　游霭琼

《粤港澳大湾区建设报告（2019）》编写组

主　　编　郭跃文　袁　俊
执行主编　谢许潭　邓江年
成　　员　符永寿　杨海深　金　凯　李任远　宋宗宏
　　　　　王　茜　赖妙华　严若谷　赵道静　黄彦瑜
　　　　　高怡冰　周仲高　陈世栋　张建平　王月琴
　　　　　李开益　李　丽　何力武　韦婕妤　杨晓迪
　　　　　万　磊　陈　夏

主编简介

郭跃文 1966年6月出生，湖北鄂州人，中共党员。现任广东省社会科学院党组书记。华南理工大学管理学硕士。1989年6月至2015年1月在中共广东省委办公厅工作，曾任会务处副处长、省委常委会秘书（正处职）、综合处处长、信息调研处处长、省委办公厅副主任；2015年1月至2016年11月任省委老干部局局长，2016年11月起兼任中共广东省委组织部副部长；2018年12月起任广东省社会科学院党组书记。

袁　俊 1962年5月出生，湖南新化人，中共党员。现任广东省社会科学院党组成员、副院长、机关党委书记，粤港澳大湾区研究院执行副院长，中国社会科学情报学会常务理事，广东社会科学情报学会会长。1977年插队下乡。1978年参军入伍，1979年参加对越自卫还击作战，在西藏军区服役12年。1994～2003年在广东省委统战部工作，2003～2013年在中央人民政府驻香港特别行政区联络办公室工作。2015年至今在广东省社会科学院工作。主要研究统一战线理论、港澳台和国际问题、社科情报和信息化建设。近年重点主持粤港澳大湾区建设、"一带一路"建设、中美贸易摩擦等方面研究。《粤港澳大湾区建设报告（2018）》主编之一。

前　言

　　2018年，我们迎来了改革开放四十周年的重大历史节点。改革开放是当代中国发展进步的必由之路，而粤港澳大湾区是我国新一轮改革开放全面升级的重要标志。作为习近平总书记亲自谋划、亲自部署、亲自推动的国家战略，粤港澳大湾区建设是凝聚"二次创业"勇气、迈向新一轮改革开放的再出发，也是我国应对当下经济全球化受挫、逆全球化思潮暗流涌动、全球范围内贸易保护主义抬头等挑战的重大举措。

　　纵观国内外，粤港澳大湾区有着诸多鲜明的特征，即一个国家、两种制度和三个独立关税区。湾区内部地理边界的"有形"障碍与制度体制、文化习俗的差异等"无形"障碍，层层叠加，繁杂交错，这意味着简单地模仿借鉴其他湾区的经验，难以满足粤港澳大湾区建设的实际需求。要将大湾区的美好愿景变为现实，需要建设者们秉承"敢为天下先"的精神，无惧挫折、锐意进取、勤于探索、勇于实践，有效破解诸多理论认知上的困惑，及时填补实践中的经验盲区，闯出一条有效发挥多元制度优势的创新之路。

　　成功的开启之举，才可为胜利的前行勾画出壮阔而清晰的轨迹。2018～2019年是湾区建设的初始阶段，该阶段承载着"建设"和"领航"的双重使命——即在大力推进湾区具体建设的同时，还需为粤港澳大湾区的长远发展全力提供提纲挈领、设规定制、思患排难等战略部署。2018年10月22～25日，习近平总书记在广东考察时，既强调了粤港澳大湾区建设作为广东改革开放"大机遇和大文章"的重要角色，也为如何处理建设中的"试点"与"推广"、"顶层设计"与"基层实践"等关系指明了方向。2019年2月，中共中央、国务院正式印发了《粤港澳大湾区发展规划纲要》，指导搭建了大湾区建设的"四梁八柱"。随着《中共广东省委广东省人民政府关于贯彻落实〈粤港澳大湾区发展规划纲要〉的实施意见》、《广东省贯彻落实粤港澳大湾区发展规划纲要的实施意见三年行动计划（2018~2020）》、《中共中央国务院关于支持深圳建设中国特色社会主义先行示范区的意见》等重大文件的陆续发布，大湾区建设在中央推进粤港澳大湾区建设领导小组会议的指导下如火如荼地进行着。

一年多来，粤港澳大湾区建设在制度创新、政策配套、交通基础建设、科技合作、人文领域交流等各个方面都迈出了实质性步伐，正朝着"国际一流湾区、世界级城市群"的建设目标稳步前行。随着港珠澳大桥、广深港高铁、南沙大桥（虎门二桥）正式通车，大湾区互联互通取得重大进展，湾区城市之间的联系越发紧密，为全面推进大湾区建设提供了有力保障。目前，广东举全省之力推进大湾区建设，湾区各城市正在努力调整自己的定位，积极寻求湾区内合作发展的路径，同时全国各地特别是泛珠三角地区主动对接大湾区建设，也呈现出千帆竞发、百舸争流的生动局面。

粤港澳大湾区建设作为一项国家级重大发展战略，需要在坚守"一国"之本的前提下，做好善用"两制"之利这篇大文章。在理念探索方面，湾区三地就如何在多元制度规则下探索区域合作的全新路径，共同推进观念创新、制度创新、模式创新，破解合作发展中的"瓶颈"，并凝聚成了更强劲的共识合力。而在具体实践中，粤港澳三地正通过不断加强政策沟通和规则衔接，试图用法治化和市场化方式破解湾区合作中的诸多羁绊。这就为推动粤港澳大湾区建立与国际接轨的开放型经济新体制，探索从要素流动型开放向规则制度型开放的转型，提供了鲜活的操作素材。这也将成为推动我国实现经济社会高质量发展、形成全面开放新格局的重要动能。

鉴于粤港澳大湾区建设的独特性和复杂性，本蓝皮书无法面面俱到地展现建设全貌，而只能选择其中最重大的发展态势、最热点的建设事务和最紧迫的挑战与任务等，进行有侧重、有深度和最及时的解读。其他暂未呈现的领域，如泛珠三角各省市主动与湾区建设进行对接的努力，世界知名湾区与粤港澳大湾区的互动等，也是本书编写组紧密关注和长期研究的内容，将适时呈现给社会各界。我们愿以种种不懈的努力，更有力地激发社会各界参与湾区建设之热忱，更广博地汇聚民众之智慧，坚定湾区建设信心。

现已跃入我们眼帘的是，在"一国两制"这幅壮美蓝图映衬下，粤港澳大湾区建设这艘时代巨轮，正承载着为新时代中国开放发展和高质量发展引航开路的重任，劈波斩浪，坚定前行！

摘　要

广东省社会科学院继《粤港澳大湾区建设报告（2018）》正式出版、并取得良好社会反响后，继续紧密跟踪湾区发展动态，竭力拓展粤港澳大湾区研究的广度和深度。《粤港澳大湾区建设报告（2019）》一书正是在此种背景下得以编撰完成。本书全面梳理了2018年全年至2019年第三季度末几个重大领域的建设成果，对众多热点问题进行了学理性和实践性的研判与解读，并试图在此基础上对其未来发展趋势做出合理预测。

全书共含1个总报告，5个篇章（25个主题报告）和5篇专家观点，并附有该时段的大事记。在总报告部分，作者阐释了粤港澳大湾区"四梁八柱"的搭建过程，重点介绍了大湾区建设的"纲"，即指导湾区建设的各项重大政策框架和"一国两制"特殊建设生态。作者还在纵览三地建设重大动向的同时，尤其详尽阐释了广东省在建设粤港澳大湾区中的政策与规划。

从主体内容来看，本书主要涵盖了基础设施、经济贸易、科技创新、人文湾区和三地合作五大版块。基础设施篇从阐释2018年以来推动实现大湾区基础设施"互联互通"的进展出发，阐述了在提升珠三角港口群国际竞争力、建设世界级机场群、构筑大湾区快速交通网络、建设智慧城市等方面的规划、进展、不足与前景。经济贸易篇分别从产业协同发展、海洋经济、数字经济和智能制造等视角出发，阐述了这些经济领域的发展态势，并通过综合分析大量最新调研数据，对其未来发展趋势进行预测。科技创新篇主要对科技创新协同、科创最新政策的决策与实施、智能制造等几个方面着重进行了解读、分析与预测。在人文湾区篇章当中，推动大湾区青年文化交流、进行社会福利服务合作建设、打造文化旅游融合生态圈，以及推动新型智库

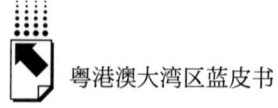

间合作等主题成为分析的重要内容。三地合作篇主要聚焦于优化营商环境、创建湾区城市合作新模式、湾区人才协同与合作发展等领域。

为了让论述更为丰富和立体,本书还在大部分篇章后附加了案例分析,如深港科技创新合作和港珠澳大桥项目等。本书最后汇集了数位知名专家与学者的重要观点,试图为读者们提供更具启发意义的参考。而大事记部分则为社会各界了解开启阶段的粤港澳大湾区建设,提供了一条清晰的时间轴线。

关键词: 粤港澳大湾区　互联互通　智慧城市

目 录

Ⅰ 总报告

B.1 搭建粤港澳大湾区建设的"四梁八柱"
………………………………………………… 袁　俊　邓江年 / 001
　　一　粤港澳大湾区建设是中国全面开放的"主战场" ……… / 002
　　二　粤港澳大湾区建设进入全面推进阶段 ………………… / 007
　　三　高起点推动大湾区建设向纵深发展 …………………… / 023

Ⅱ 基础设施篇

B.2 2018~2019年粤港澳大湾区轨道交通发展报告
………………………………………………… 何力武　唐嘉鸿 / 027
B.3 2018~2019年粤港澳大湾区港口与空港群建设报告
………………………………………… 韦婕妤　何力武　郑天祥 / 042
B.4 2018~2019年粤港澳大湾区智慧湾区建设报告
………………………………………………… 符永寿　李康尧 / 058
B.5 重大跨界交通工程建设取得重大突破
　　——以广深港高铁和港珠澳大桥为例 ……………… 杨晓迪 / 067

Ⅲ 经济贸易篇

B.6　2018~2019年粤港澳大湾区"数字湾区"建设报告 …… 王月琴 / 080

B.7　2018~2019年粤港澳大湾区产业协同发展报告
　　　………………………………… 向晓梅　吴伟萍　林正静 / 096

B.8　2018~2019年粤港澳大湾区国际贸易发展报告
　　　………………………………………………… 李开益　李　丽 / 114

B.9　2018~2019年粤港澳大湾区海洋经济协同发展报告
　　　………………………………… 向晓梅　吴伟萍　何颖珊 / 130

Ⅳ 科技创新篇

B.10　2018~2019年粤港澳大湾区科技协同创新发展报告 …… 陈　夏 / 145

B.11　2018~2019年粤港澳大湾区智能制造发展报告 ……… 严若谷 / 163

B.12　2018~2019年粤港澳大湾区科技创新政策进展报告
　　　…………………………………………………… 王　茜　任志宏 / 178

B.13　港深河套合作：以科技创新合作为引擎拉动
　　　大湾区发展 ………………………………………… 谢许潭 / 188

B.14　莞深携手建设大湾区大科学装置集聚区 …… 万　磊　陈杰英 / 199

Ⅴ 人文湾区篇

B.15　2018~2019年粤港澳大湾区青年文化交流报告 ……… 赵道静 / 212

B.16　2018~2019年粤港澳大湾区新型智库建设报告 ……… 赖妙华 / 222

B.17　2018~2019年粤港澳大湾区文旅融合发展报告
　　　………………………………………… 刘　伟　李　宏　陈梓睿 / 233

B.18　2018~2019年粤港澳大湾区社会工作发展报告 ……… 李任远 / 248
B.19　粤港合作创立残疾人康复机构的颐康模式 …………… 黄彦瑜 / 259

Ⅵ　三地合作篇

B.20　2018~2019年粤港澳大湾区营商环境改革报告
　　　………………………………………… 高怡冰　刘　城 / 266
B.21　2018~2019年粤港澳大湾区核心城市溢出
　　　进展报告 ……………………………………… 宋宗宏 / 278
B.22　2018~2019年粤港澳大湾区社会福利和服务合作
　　　发展报告 ……………………………………… 黄彦瑜 / 289
B.23　2018~2019年粤港澳大湾区人才协同发展报告
　　　………………………………… 周仲高　游霭琼　徐　渊 / 302
B.24　粤港澳大湾区城市群空间结构总体发展报告 ……… 陈世栋 / 315
B.25　深汕合作:开启全国"飞地经济"发展的优秀典范 …… 谢许潭 / 327
B.26　珠港澳城市合作开创湾区发展新模式 ……………… 杨海深 / 337

Ⅶ　附录

B.27　专家观点 ………………………………………………… / 346
B.28　粤港澳大湾区建设大事记(2018年1月1日至2019年8月31日)
　　　………………………………………………… 张建平 / 356

Abstract ……………………………………………………………… / 362
Contents ……………………………………………………………… / 364

皮书数据库阅读使用指南

总 报 告
General Report

B.1

搭建粤港澳大湾区建设的"四梁八柱"

袁 俊 邓江年*

摘　要： 2018年、2019年是粤港澳大湾区建设全面推进的关键时期。《粤港澳大湾区发展规划纲要》的正式发布，为粤港澳大湾区建设搭建了"四梁八柱"。粤港澳三地准确把握大湾区建设的战略意图，切实扛起主体责任，积极协调配合。中央有关部门聚焦关键问题，强化政策支持，落实支持大湾区发展的政策措施。广东省以大湾区建设为"纲"，举全省之力推进粤港澳大湾区建设，并在规则衔接、科技创新、财税优惠、人才交流、教育协作等方面进展明显。随着大湾区的创新合作和便民措施纷纷出台，重大基础性工程取得突破，粤港澳

---

* 袁俊，广东省社会科学院副院长，主要研究方向为"一国两制"理论和社科情报学；邓江年，博士，广东省社会科学院国际问题研究所副所长，研究员，主要研究方向为海上丝绸之路和粤港澳大湾区。

大湾区建设进入了全面推进阶段。下一步，粤港澳三地将抓住机遇，全面贯彻落实《粤港澳大湾区发展规划纲要》，高起点推动大湾区建设向纵深发展，不断增强粤港澳三地人民群众的获得感、幸福感。

关键词： 世界级城市群 "一国两制" 高质量发展 粤港澳大湾区

2019年2月18日，中共中央、国务院正式发布《粤港澳大湾区发展规划纲要》（以下简称《规划纲要》）。粤港澳三地和各有关部门迅速行动，按照中央的决策部署，加强协调配合，全力推动《规划纲要》的贯彻实施。广东省成立了由省委书记李希同志担任组长、省长马兴瑞同志担任常务副组长的广东省推进粤港澳大湾区建设领导小组，组织制定广东省贯彻落实《规划纲要》的系列配套文件，系统推进各项工作。2018年10月10日，香港特区行政长官林郑月娥在其任期内第二份施政报告中提出，特区政府将成立"粤港澳大湾区建设督导委员会"。林郑月娥行政长官将出任委员会主席，成员包括特区政府所有司局长，全面统筹推动香港参与大湾区建设。今年3月12日，香港特区政府政制及内地事务局向香港立法会提交文件，建议设立"粤港澳大湾区发展办公室"，并委任大湾区发展专员，负责具体落实相关工作。这既是香港方面试图更好地抓住湾区发展机遇、更好地参与湾区发展的意愿的鲜明体现，也是为香港融入大湾区建设过程中，更好地应对金融、创新、人才、教育和医疗等众多个领域政策范畴的挑战，所进行的未雨绸缪式的充分筹备。2018年11月12日，澳门特区政府成立"建设粤港澳大湾区工作委员会"，紧握大湾区建设的重大机遇，强化澳门"一中心、一平台、一基地"的目标定位，全力参与大湾区建设。

一 粤港澳大湾区建设是中国全面开放的"主战场"

粤港澳大湾区承载着中国深化改革开放、助推大国崛起、代表中国参与全球高端竞争的历史使命，只有成功将粤港澳大湾区建设成为国际一流湾区，让湾区城市群迈入世界级城市群的行列，才能成为推动国家经济社会高质量发展并推动实现中华民族伟大复兴的重要动力源。

（一）建设"中国特色大湾区"，彰显中国制度自信

粤港澳大湾区由维多利亚湾、深港湾区、伶仃洋、大亚湾、大铲湾等诸多湾区共同构成，由香港港、蛇口港、盐田港、南沙港、黄埔港、虎门港等组成了世界级港口群，是全球闻名的制造业基地，国际金融、航运、贸易中心和国际航空枢纽，也形成了以香港、澳门、广州、深圳四大中心城市为核心引擎的城市群，已经具备了成长为国际一流湾区和世界级城市群的基本条件。该地区也是发挥"两个窗口"作用的重要承载地。

1. 粤港澳携手推进"一国两制"事业发展新实践

"一国两制"是中国特色社会主义的一个伟大创举，它体现了政治原则坚定性与具体处理途径灵活性的高度统一。"一国两制"在为解决我国历史遗留问题提供全新思路与方案的同时，也是对世界和平与发展的重要贡献。与国内外其他湾区相比，粤港澳大湾区是在一个国家、两种制度、三个关税区、三种货币体系下推进的区域深度合作，没有国际先例可模仿或借鉴，是一项史无前例的开创性壮举。在中央的正确领导和决策部署下，粤港澳大湾区必须坚守"一国"之本，善用"两制"之利，通过携手推进制度规则衔接，为香港、澳门融入国家发展大局开辟一条新路，谱写全球区域合作的崭新篇章。

2. 深圳建设中国特色社会主义先行示范区

2019年7月24日，中央全面深化改革委员会第九次会议审议通过了《关于支持深圳建设中国特色社会主义先行示范区的意见》（以下简称《意见》）。《意见》的提出，一方面表明了国家对深圳成为特区以来数十年发展成绩的充分肯定，另一方面，也凝聚了国家对深圳在未来努力做到"五个方面的率先"的殷切希望。

美丽的蓝图与壮阔的前景，孕育着伟大而光荣的历史使命。中国改革已经

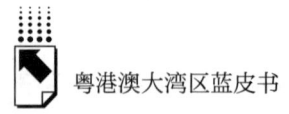

历了千万次惊涛骇浪的考验,也让全国人民品尝到甜蜜的胜利果实。而深圳作为我国改革开放华丽篇章中最为闪耀的一颗明珠,它能否进一步深化改革开放进程,能否使其建设进程达到包括高质量发展高地在内的五项战略定位的预期目标,是深圳能否继续成为社会主义现代化强国优秀典范的验证标准与现实逻辑。

(二)改革开放步入"大区时代"

党的十九大报告指出,中国社会的主要矛盾已经转变为人民日益增长的美好生活需要和不平衡不充分的发展之间的矛盾。而全面深化改革的主要任务就是解决发展不平衡不充分问题,而不平衡不充分问题在点状特区中的表现没有面上片区的表现显性。为此,中央实施了京津冀协同发展、粤港澳大湾区建设、长三角区域一体化发展等国家战略,以推动系统性、整体性、协调性改革,承担起新时代改革开放再出发的历史使命。由此,中国的改革开放从"特区框架"逐渐迈进"大区框架"。

广东是"特区框架"最早、最成功的实践者。改革开放之初设立的四个经济特区,有三个在广东(深圳、珠海、汕头)。乡镇企业、价格闯关、取消粮票、三来一补的加工贸易、产权改革、股票交易、商品房、以桥养桥、以路养路等一系列先行先试举措,都对全国改革开放事业起到重大借鉴推动作用。广东也是改革开放最大的受益者之一,从一个边缘的农业省份快速崛起为全国第一经济大省,成为全球闻名的制造业基地、进出口贸易中心和国际采购中心。作为改革开放"试验田"的深圳更是实现了从小渔村到现代化都市的伟大蜕变,GDP年均增速达23%,创造了世界罕见的"深圳速度",成为中国创新发展的一面旗帜。改革开放40年来,广东始终站在改革开放最前沿,因改革而生,因开放而强,是中国实现历史性变革和取得伟大成就的一个缩影。

伴随着全国改革开放步入"大区框架",广东改革开放步入"大湾区框架"。与"特区框架"相比,"大区框架"为中国人民谋幸福的初心和为中华民族谋复兴的使命没有变,以经济建设为中心的基本路线也没有变。在社会主要矛盾发生转变的情况下,矛盾主要方面从需求端转到供给侧,因此必须推进供给侧结构性改革。逻辑起点也从主要解决"有没有"的民众生存型需求转向主要解决"好不好"的民众发展型需求。方法上也在渐进、增量、试点、推广的基础上加入更多的顶层设计，在实践的基础上加入更多的系统论思维。"大湾区框架"下，广东要继续发挥敢为天下先的精神，以更具魄力的改革步伐破除各种矛盾与问题，切实加快经济结构调整，努力增创发展新优势。同时，还要充分发挥"一国两制"的独特优势，携手港澳建立与国际接轨的开放型经济体制，不断提升粤港澳大湾区在我国新一轮改革开放事业中的支撑功能。

（三）强强联手打造高质量发展典范

推进粤港澳大湾区高质量发展，除了依靠科技进步、优化经济结构、转变发展方式、转换增长动力外，更要立足"一国两制"的特点和优势，在体制机制创新、制度规则衔接方面取得突破，充分发挥制度多元的叠加效应。

1. 利用三个方面的优势

一是区位优势。粤港澳大湾区有着得天独厚的地理位置条件。它向北连通中部城市群，向南联系东南亚地区，向东紧贴海峡西岸经济带，向西连接环北部湾经济区。对内有泛珠三角区域为广阔发展腹地，对外能够支撑"一带一路"建设。在推进内外区域合作中起到全面提升辐射带动作用。

二是竞争优势。粤港澳大湾区拥有港澳两个特别行政区、广州深圳两个一线城市和三个自贸片区，对内对外竞争优势明显。通过深化粤港澳合作，可以积极推动各类生产要素高效便捷流动，促进产业转型升级和培育新产业成长的生态环境；加强统筹规划，有效整合资源，共同打造大湾区优质生活圈；进一步优化大湾区营商环境，有效提升市场一体化水平，全面对接国际市场规则体系，共创国际经济贸易合作新优势；推动金融有序发展，强化香港全球离岸人民币业务枢纽地位，为"一带一路"建设提供有力支撑。

三是体制优势。粤港澳大湾区最大的特点和优势是"一国两制"的长期实践，其多元体制差异是世界上任何其他的湾区都不具备的，这种差异性将会为大湾区的发展带来多元文化、互补互建，会为经济湾区发展带来复合优势。香港、广州、深圳超级城市集群将为大湾区创造更多的经济辐射、资源共享、人才集聚。

2. 破解三大难题

一是内生动力不足问题。粤港澳大湾区要打造具有全球影响力的国际科技创新中心，必须抓住科创这个关键。由于历史原因，广东省并不是我国科研力量的重点投放和布局区域，科研基础比较薄弱，一流大学和顶级科研机构缺乏。香港虽然有一流的高校资源和国际科研环境，但科研能力与国际顶尖大学相比仍有差距，科研成果转化能力较弱。作为我国的开放门户，粤港澳大湾区是一个外向驱动发展的经济体，技术外依性很强。培育和激发内生驱动力是大湾区持续发展的关键。

二是内部发展不平衡问题。粤港澳大湾区虽然是我国经济最发达的地区之一，但内部发展不平衡问题仍非常突出。大湾区内部"东重西轻"，珠江东岸的香港、深圳、东莞、惠州之间联系度较高，基于功能差异和产业链分工的区域协作体系发育程度明显高于珠江西岸的澳门、珠海、中山、江门。西岸地区的经济密度只有东岸地区的36%。湾区城市格局呈现"3-2-6"结构，有香港、深圳、广州三个体量过2万亿的蓝筹城市，有佛山、东莞两个奔万亿的白马城市，也有其他6个城市体量较小，仍处于发展饥渴期。大湾区如实行公平化、普惠化政策，则将进一步加剧这种不平衡；如实行差别化、特殊化政策，则有损整体营商环境的打造，容易陷入两难境地。

三是多元化制度间的对接难题。在"一国两制"下，大湾区呈现出特别行政区和自由港、经济特区、自由贸易试验区等多元经济制度并存的格局。三地如能就经济制度上的差异与分歧进行密切沟通并妥善对接，则能在互为依托的基础上，进一步激发三地经济社会发展的活力。反之，如大湾区已有的多元经济制度之间陷入衔接进程停滞的局面，则其各区域的发展动能将难以共聚与融合。

3. 关注三大要点

一是体现粤港澳大湾区的时代代表性和发展阶段性。国际一流湾区和世界级城市群的产生与形成，都与全球经济增长重心的转移有着密切的联系，都具有浓重的时代烙印。伦敦城市群、巴黎城市群代表了欧洲大工业革命时代；纽约湾区、五大湖城市群代表了美国崛起和美国梦时代；东京湾区代表了二战后黄金30年时代；旧金山湾区代表了信息革命时代。粤港澳大湾区要建成国际一流湾区和世界级城市群，就必须要造就一个属于自己的时代，其关键有两点：一是能否代表未来全球科技、产业发展方向；二是能否成为中国崛起和中国道路的典范。从世界各大湾区的发展历程可以看出，世界一流湾区无不经历了从港口经济到工业经济，再到服务经济，最后达到创新经济的四个阶段。目前来看，粤港澳大湾区建设应该立足于从工业经济向服务经济、创新经济转变的发展阶段，切忌盲目跨越，脱离自身发展的实际情况。

二是增厚粤港澳大湾区的先进制造业底色。目前，粤港澳大湾区是全球闻名的制造业基地，也是世界知名的进出口贸易中心和采购中心。制造业可谓粤港澳大湾区经济发展的压舱石。在当今世界"去工业化"与"再工业化"的博弈中，制造业再次成为各国参与全球新一轮经济竞争的着力点。因此，大湾区一方面需要牢牢抓住制造业这一关键点，努力实现从传统制造业向先进制造业的转型升级，加速构建具有国际竞争力的现代产业体系；另一方面，需要紧紧围绕制造业来推动现代服务业和科技创新等产业的发展，使其互为支撑，切忌割裂化发展。

三是强化港澳在粤港澳大湾区建设中的作用。香港是国际金融、贸易、航运和资讯中心，连续25年被评为全球最自由的经济体，并长期发挥着优秀"国际沟通者"的角色。在粤港澳大湾区建设中，香港的重要地位不但不会被弱化，反而会进一步得到凸显。香港、澳门不仅能够担当大湾区连接世界的"超级联系人"，牵引总人口20亿的英联邦国家、2.7亿人口的葡语国家进行"一带一路"合作，而且能够利用国际化、法制化营商环境等优势条件，倒逼内地改革和开放。

二　粤港澳大湾区建设进入全面推进阶段

在以习近平同志为核心的党中央的正确领导下，粤港澳大湾区建设开局良好，进展顺利。各项政策部署也陆续展开：2018年8月，中共中央成立

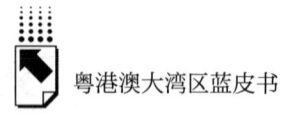

粤港澳大湾区建设领导小组；2019年2月，《粤港澳大湾区发展规划纲要》正式公布实施；2019年8月，中央印发《关于支持深圳建设中国特色社会主义先行示范区的意见》等。

（一）广东举全省之力推进粤港澳大湾区建设

广东省紧紧抓住粤港澳大湾区建设的重大历史机遇，把大湾区建设作为新时代广东改革开放的总牵引，举全省之力推进实施。

1. 全面建立统筹协调的工作机制

成立了由李希书记任组长、马兴瑞省长任常务副组长的广东省推进粤港澳大湾区建设工作领导小组，并设立基础设施互联互通、构建现代产业体系、港澳青年创新创业基地建设、生态环境保护、国际科技创新中心建设、金融合作等6个专项小组，强化对大湾区建设的统筹协调。湾区内地9市也分别建立了相关机构和机制，形成省市联动、紧密衔接、推动落实的工作局面。李希书记、马兴瑞省长还带队赴港澳与林郑月娥、崔世安两位行政长官共商粤港澳大湾区建设。

2018年8月19日，省推进粤港澳大湾区建设领导小组第一次会议召开。李希书记在会上强调，要坚持以习近平新时代中国特色社会主义思想为指导，闻鸡起舞、日夜兼程，真抓实干、攻坚克难，举全省之力推动粤港澳大湾区建设，引领带动广东实现"四个走在全国前列"、当好"两个重要窗口"。要充分发挥珠三角主阵地作用，推动粤东粤西粤北加强与大湾区发展对接，全面提升广东省经济创新力和竞争力。2018年12月4日，该领导小组召开了第二次会议。李希书记在会上提出，要牢牢抓住粤港澳大湾区建设这个"纲"，带动全省各方面各领域工作。2019年2月16日，该领导小组第三次会议召开。会议审议了省推进粤港澳大湾区建设2019年工作要点，以及关于规范以粤港澳大湾区名义开展有关活动的意见等文件。

2. 及时制定施工图和任务书

按照《规划纲要》要求，广东省研究制定了《关于贯彻落实〈粤港澳大湾区发展规划纲要〉的实施意见》（简称《实施意见》）、《广东省推进粤港澳大湾区建设三年行动计划（2018～2020年）》（简称《三年行动计划》）等一系列配套文件，形成了广东推进大湾区建设的施工图和任务书。《实施意见》明确"三步走"的安排：第一步到2020年，大湾区建设打下坚实基础，构建起协调联动、运作高效的大湾区建设工作机制，在规则相互衔接和资源要素便捷有序流动等方面取得重大突破；第二步到2022年，大湾区基本形成活力充沛、创新能力突出、产业结构优化、要素流动顺畅、生态环境优美的国际一流湾区和世界级城市群框架；第三步到2035年，大湾区全面建成宜居宜业宜游的国际一流湾区。

3. 重大基础设施建设取得突破

加快跨境基础设施建设，内联外通、高效连接的基础设施网络逐步完善。港珠澳大桥正式开通并实现珠澳口岸"合作查验、一次放行"，广深港高铁全线通车并实现西九龙站"一地两检"。南沙大桥（虎门二桥）主线全线贯通，深中通道海底隧道开建，莲塘/香园围口岸建设封顶。新横琴口岸、粤澳新通道（青茂口岸）建设扎实推进。

4. 大力推进三地制度规则衔接

加强与港澳规则衔接，营商环境法治化国际化市场化水平不断提高。着重研究并推进三地贸易自由化便利化及现代物流体系、人员跨境流动、资金跨境流动、信息流动与网络空间、税收与监管、行业标准和认证认可体系、社会保障流转、基础性公共服务和法律制度等方面的规则衔接。同时密切关注营商环境改革各类现实难题，及时跟踪，深度研究，积极应对。目前，广东对港澳服务业开放部门达到153个，涉及世贸组织服务贸易160个类别中的95.6%。金融市场互联互通有序推进。银联云闪付App落地港澳，微信香港钱包正式为香港用户提供内地移动支付服务，成立首期200亿元的广东粤澳合作发展基金。

（二）粤港澳三地创新合作成效明显

1. 推动国际科技创新中心建设

（1）深入推进科技体制机制创新

一是广东省政府以2019年1号文的形式出台了《广东省人民政府印发

关于进一步促进科技创新若干政策措施的通知》（简称"科创12条"）。着力构建更加灵活高效的粤港澳科技合作机制，在推进创新人才高地建设、加快建设省实验室和新型研发机构等方面，提出了一系列具有改革性、开放性和普惠性的政策措施。尤其是将"试行高校、科研机构和企业科技人员按需办理往来港澳有效3年的多次商务签注"、"减轻在粤工作的港澳人才和外籍高层次人才内地工资薪金所得税税负"、"珠三角九市可按内地与境外个人所得税税负差额给予补贴"列为重点工作任务。

二是积极推进省财政科研资金过境港澳使用。广东省制定了港澳高等院校和科研机构参与广东省财政科技计划的若干规定，率先突破支持港澳机构申报广东省财政科技计划项目，允许省财政科研资金直接拨付港澳机构使用。自2014年实施"粤港科技创新联合资助计划"以来，粤港联合资助计划共支持项目超过150个，广东省支持总金额超过1.6亿元。进一步向港澳开放广东省科技计划项目，重点领域研发计划项目和广东省自然科学基金项目已实现对港澳高校开放。

三是推动广东省重大科研基础设施和科学仪器设备在大湾区内流动和共享，构建大湾区开放共享创新体系。目前，广州和深圳国家超算中心服务范围已全面覆盖整个大湾区，服务香港、澳门地区用户近200家，成立了南沙分中心，建立网络专线，并向香港科技园提供专属快线，对接和服务香港的超算需求。东莞散裂中子源已向香港开放，将推动能量分辨中子成像和微小角中子散射这两台谱仪在粤港澳大湾区开放共享。建成广东省科技资源共享服务平台（粤科汇），汇聚了全省大型科学仪器8354台（套）。

四是加强关键核心技术攻关和基础研究，推动粤港澳大湾区建设原始创新策源地。出台《广东省重点领域研发计划实施方案》，主动对接国家重大科技项目，着力解决"卡脖子"问题，凝练出"量子科学与工程""新一代通信和网络""芯片、软件与计算""智能机器人"等"10+2"重大专项和若干重点专项。出台《关于加强基础与应用基础研究的若干意见》，组建省基金委，积极组织开展基础研究重大项目，研究制定相关实施方案和指南。2018年，全省获得国家自然科学基金资助经费总额近20亿元，获资助项目3751项，均为历年新高，居全国第四位；广东省自然科学基金资助总额达到3.6亿元。

五是集聚全球优质高校资源，推动粤港澳教育交流合作升级。围绕"一核一带一区"协调发展新格局，强化区域内和跨区域高校优势科技资源协同，形成高水平大学集群发展模式。支持珠三角核心区域内高校以"冲一流""强特色"为重点，以广州、深圳高校为主引擎，携手港澳地区及国外高校通过独立办学或联合办学模式，共建一批高水平大学。推动广州与香港科技大学合作，在南沙设立了香港科技大学广州分校；推动深圳积极引入国内高校资源，联合国内高校建设了哈尔滨工业大学（深圳）、中山大学深圳校区、天津大学佐治亚理工深圳学院、清华大学深圳国际研究生院等，联合境外高校建设了香港中文大学（深圳）、深圳北理莫斯科大学、深圳墨尔本生命健康工程学院等。加快推进佛山、东莞、珠海、中山等地高校发展，其中佛山市借鉴德国亚琛工业大学的办学理念和办学模式，目前正在开展佛山理工大学筹建工作。积极引导省内高校与港澳地区高水平大学加强合作，在学科建设、科研合作、学术合作等方面加大政策、资金支持和对口帮扶力度。推动学历学位互认、职业互认，目前粤港澳三地注册建筑师、监理工程师等6项建筑领域职业资格已实现互认，三地对学士及学士学位以上的高等教育学历学位也已实现互认。

（2）推动粤港澳三地协同联动发展，携手共建粤港澳大湾区国际科技创新中心

一是将广深港澳科技创新走廊建设成为国际科技创新中心核心平台。2017年9月，广东省委省政府印发了《广深科技创新走廊规划》（以下简称《规划》）。《规划》明确了走廊的创新空间格局和重点区域，提出重点建设广州大学城——国际创新城、东莞松山湖高新区、深圳坂雪岗科技城等十大核心创新平台，以及广州国际生物岛园区、前海深港现代服务业合作区、东莞中子科学城等37个创新节点。《规划》围绕建设创新资源集聚高地，提出集聚高层次人才、国内外先进科技成果、具有国际竞争力的创新型企业"三大集聚"等具体举措。

二是大力推动港深创新及科技园建设。《规划》明确提出,支持落马洲河套港深创新及科技园和毗邻的深方科创园区建设,共同打造科技创新合作区。广东省积极支持深港科技创新合作区及深港双方毗邻区域重点开展要素流动、财税政策、创业、产业监管、科技法制等创新试点。目前,深港协同创新中心已引入科研项目和平台63个;正在积极争取金砖国家未来网络研究院中国分院、粤港澳大湾区气象预警中心、中科院香港创新研究院等重大项目落户。协同香港引入创新资源,粤港澳青年创新创业工场(福田)项目首批吸引23个团队入驻;福田区与港科大签订了合作协议。

三是科学规划区域创新功能定位。《广深科技创新走廊规划》提出将穗莞深三市连成一个产业联动、空间联结、功能贯穿的创新经济带,提出强化广州、深圳中心城市的创新引领作用,打造创新发展"双引擎"。如广州发挥高校、科研院所集聚的优势,深圳发挥高新技术企业集聚、市场化程度高的优势,而东莞则发挥制造企业和工业园区集聚的优势,为将大湾区建设成为国际科技创新中心形成强大的"合力"。《珠三角国家自主创新示范区建设实施方案(2016~2020年)》提出科学规划区域创新功能定位,推动珠三角创新发展一体化,形成以深圳、广州为龙头,其他7市为支撑的"1+1+7"珠三角国家自创区建设格局。

四是积极构建跨境产学研合作机制,发挥港澳高校和科研院所优势资源。积极引进一批港澳高校、科研院所在走廊设立研发机构、科技成果转化基地或产学研基地等。香港大学、香港中文大学等香港知名高校,纷纷在广州南沙等地设立了科研创新平台与实验基地。

2. 推动实施财税优惠政策

广东省财政部门高度重视粤港澳三地税负差异大的问题,积极争取中央财政支持,在大湾区内落地实施一系列的财税优惠政策。

(1) 实施境外人才个人所得税税负差额补贴

财政部、税务总局于2019年3月15日印发了《关于粤港澳大湾区个人所得税优惠政策的通知》,对在大湾区工作的境外(含港澳台)高端人才和紧缺人才给予补贴,补贴免征个人所得税。这是大湾区内地9市首次整体享项目 3751 项，均为历年新高，居全国第四位；广东省自然科学基金资助总额达到 3.6 亿元。

五是集聚全球优质高校资源，推动粤港澳教育交流合作升级。围绕"一核一带一区"协调发展新格局，强化区域内和跨区域高校优势科技资源协同，形成高水平大学集群发展模式。支持珠三角核心区域内高校以"冲一流""强特色"为重点，以广州、深圳高校为主引擎，携手港澳地区及国外高校通过独立办学或联合办学模式，共建一批高水平大学。推动广州与香港科技大学合作，在南沙设立了香港科技大学广州分校；推动深圳积极引入国内高校资源，联合国内高校建设了哈尔滨工业大学（深圳）、中山大学深圳校区、天津大学佐治亚理工深圳学院、清华大学深圳国际研究生院等，联合境外高校建设了香港中文大学（深圳）、深圳北理莫斯科大学、深圳墨尔本生命健康工程学院等。加快推进佛山、东莞、珠海、中山等地高校发展，其中佛山市借鉴德国亚琛工业大学的办学理念和办学模式，目前正在开展佛山理工大学筹建工作。积极引导省内高校与港澳地区高水平大学加强合作，在学科建设、科研合作、学术合作等方面加大政策、资金支持和对口帮扶力度。推动学历学位互认、职业互认，目前粤港澳三地注册建筑师、监理工程师等 6 项建筑领域职业资格已实现互认，三地对学士及学士学位以上的高等教育学历学位也已实现互认。

（2）推动粤港澳三地协同联动发展，携手共建粤港澳大湾区国际科技创新中心

一是将广深港澳科技创新走廊建设成为国际科技创新中心核心平台。2017 年 9 月，广东省委省政府印发了《广深科技创新走廊规划》（以下简称《规划》）。《规划》明确了走廊的创新空间格局和重点区域，提出重点建设广州大学城——国际创新城、东莞松山湖高新区、深圳坂雪岗科技城等十大核心创新平台，以及广州国际生物岛园区、前海深港现代服务业合作区、东莞中子科学城等 37 个创新节点。《规划》围绕建设创新资源集聚高地，提出集聚高层次人才、国内外先进科技成果、具有国际竞争力的创新型企业"三大集聚"等具体举措。

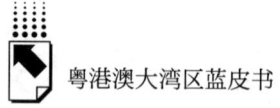

二是大力推动港深创新及科技园建设。《规划》明确提出，支持落马洲河套港深创新及科技园和毗邻的深方科创园区建设，共同打造科技创新合作区。广东省积极支持深港科技创新合作区及深港双方毗邻区域重点开展要素流动、财税政策、创业、产业监管、科技法制等创新试点。目前，深港协同创新中心已引入科研项目和平台 63 个；正在积极争取金砖国家未来网络研究院中国分院、粤港澳大湾区气象预警中心、中科院香港创新研究院等重大项目落户。协同香港引入创新资源，粤港澳青年创新创业工场（福田）项目首批吸引 23 个团队入驻；福田区与港科大签订了合作协议。

三是科学规划区域创新功能定位。《广深科技创新走廊规划》提出将穗莞深三市连成一个产业联动、空间联结、功能贯穿的创新经济带，提出强化广州、深圳中心城市的创新引领作用，打造创新发展"双引擎"。如广州发挥高校、科研院所集聚的优势，深圳发挥高新技术企业集聚、市场化程度高的优势，而东莞则发挥制造企业和工业园区集聚的优势，为将大湾区建设成为国际科技创新中心形成强大的"合力"。《珠三角国家自主创新示范区建设实施方案（2016~2020 年）》提出科学规划区域创新功能定位，推动珠三角创新发展一体化，形成以深圳、广州为龙头，其他 7 市为支撑的"1+1+7"珠三角国家自创区建设格局。

四是积极构建跨境产学研合作机制，发挥港澳高校和科研院所优势资源。积极引进一批港澳高校、科研院所在走廊设立研发机构、科技成果转化基地或产学研基地等。香港大学、香港中文大学等香港知名高校，纷纷在广州南沙等地设立了科研创新平台与实验基地。

2. 推动实施财税优惠政策

广东省财政部门高度重视粤港澳三地税负差异大的问题，积极争取中央财政支持，在大湾区内落地实施一系列的财税优惠政策。

（1）实施境外人才个人所得税税负差额补贴

财政部、税务总局于 2019 年 3 月 15 日印发了《关于粤港澳大湾区个人所得税优惠政策的通知》，对在大湾区工作的境外（含港澳台）高端人才和紧缺人才给予补贴，补贴免征个人所得税。这是大湾区内地 9 市首次整体享受的个人所得税优惠政策,将有效破除人员流动重大壁垒。为贯彻落实好个税补贴政策,广东省财政厅会同省税务局等部门研究制定了《关于贯彻落实粤港澳大湾区个人所得税优惠政策的通知》,并于6月6日省府常务会议上审议通过。

(2) 支持港澳会计人才在大湾区内执业发展

广东省财政厅积极发挥会计行业主管部门职责,通过多层次全方位开展粤港澳会计行业服务合作交流,推动在会计领域与港澳合作共赢。鼓励港澳会计专业人士在大湾区内执业与内地居民享有同等待遇,推行港澳会计专业人士担任广东省会计师事务所合伙人、取消港澳居民担任内地会计师事务所合伙人持股比例限制等。在延长港澳会计师事务所入境临时执业许可证有效期、简化申请材料的基础上,将部分港澳会计师事务所来粤临时执业审批权限下放至地级以上市财政局办理,并简化港澳会计师事务所来粤临时执业审批程序。同时强化行业合作,成立"粤港澳会计师事务所合作联盟"。

(3) 畅通科研资金跨境流动,鼓励港澳与大湾区内地加大科研合作

一是推动港澳两地的知名高校和各大科研机构,积极参与多项广东省的科技计划。广东省财政厅、省科技厅于2019年1月联合印发《广东省科学技术厅 广东省财政厅关于鼓励香港特别行政区、澳门特别行政区高等院校和科研机构参与广东省财政科技计划(专项、基金等)组织实施的若干规定(试行)》,大大鼓舞了港澳地区高校和科研机构参与广东省财政科技计划。二是破解科研资金跨境使用障碍。广东省财政厅于2018年12月印发了《关于优化财政科研资金管理提升科研资金绩效的通知》,明确符合条件的科研经费可直接拨付至境外机构,并积极支持珠三角九市与港澳开展科研合作,消除了制约大湾区内创新要素便捷有序流动的障碍,将深化体制机制创新要求落实到位。

(4) 发挥港澳科技创新优势,依托大湾区布局省实验室

按照广东省委省政府的工作部署,广东第一批4家省实验室已于2018年在广州、深圳、佛山、东莞等4市启动建设,第二批省实验室中的南海海洋科学与工程省实验室、生命信息与生物医药省实验室也分别由广州、珠

海、深圳等市承建，已初步形成了以实验室为核心的大湾区基础研究平台体系。广东省财政厅主动配合省科技厅服务省实验室建设工作，对珠三角地区省实验室采取考核后奖补方式，在启动建设3年后组织评估，按不高于省市1∶2的比例给予省财政奖补，切实加大对粤港澳大湾区创新平台的支持，争取在重点领域创建国家实验室。同时积极配合省科技厅谋划第三批省实验室，充分发挥港澳地区在基础科学研究、高端创新资源以及国际化创新环境方面的优势，全力推进大湾区国际科技创新中心建设。

（5）助力大湾区建设人才高地

一是大力引进港澳和海外人才，省财政分档给予引才补贴。二是实施"海外专家来粤短期工作资助计划"，鼓励海外专家来广东省从事短期科研创新活动，省财政给予最高不超过40万元的生活补贴。三是迅速实施"海外青年人才引进计划"。该计划规定，广东省财政分两年给予进站博士后每人60万元生活补贴，省财政还将给这些出站后留在广东就业的博士后每人高达40万元的住房补贴。四是在省科技创新战略专项资金基础与应用基础研究方向加大对博士和博士后的支持，在自由探索项目中安排一定比例的资金专项资助未获得省部级以上科研项目资助的博士和博士后，并逐步扩大资助规模。五是提高在站博士后科研人员资助标准，对全省在站博士后的资助标准提高至每人每年15万元，资助期限一般为2年。

（6）安排专项财政支持大湾区国际科技创新中心建设

2018年广东省财政安排大湾区国际科技创新中心建设资金1.05亿元，其中安排大湾区科技联合资助计划项目6000万元、粤港澳联合实验室及协同创新平台项目4500万元。2019年省财政进一步加大对大湾区国际科技创新中心建设项目的支持力度，安排财政预算1亿元、开放基金项目预算7000万元，重点支持实施大湾区科技创新行动计划，推动粤港澳三地科技合作和资源整合，培育战略性新兴产业，提升广东省基础研究和应用基础研究能力。

3. 推动粤港澳三地人才交流

（1）积极推动粤港澳大湾区专业资格互认

在专业技术人才方面，2017年12月，广东省委组织部等12部门联合印发了《关于粤港澳人才合作示范区人才管理改革的若干政策》，出台实施"允许港澳金融和法律领域专业人才在区内提供专业服务""在区内鼓励建筑工程类个人执业"等相关措施，为港澳专业人才执业提供便利。目前广东省已将实施粤港澳职业资格的互认或单认工作纳入推动粤港澳大湾区规划实施工作，并取得了国家相关部门的初步支持。2019年3月，人社部与广东省签订部省合作协议，决定将扩大粤港澳专业技术人员职业资格互认范围。

在技能人才方面，2011年起，广东省与澳门共同研究实施"一试多证"技能人才评价方式，考生考试合格可同时获得国家职业资格证书、香港专业能力评估证书或澳门职业技能证书，以及国际权威认证证书共三项证书。2017年《国家职业资格目录》出台后，目前"一试多证"保留的职业主要为美容师、美发师与维修电工。2016年起，广东省通过"粤方先认"方式，先后2批次认可港澳共16个职业若干等级的职业技能证书（专业能力评估证书）具备与国家职业资格证书相应类别同等的职业能力。

（2）推进港澳籍人才与内地人才一体化建设与自由流动

一是取消港澳台居民在内地就业许可限制并打造青年创新创业平台载体。2018年8月，人力资源社会保障部颁布《关于废止〈台湾香港澳门居民在内地就业管理规定〉的决定》，并相继出台《关于香港澳门台湾居民在内地（大陆）就业有关事项的通知》和《关于为香港澳门台湾居民在内地（大陆）提供就业创业服务的通知》，对取消就业许可后就业服务工作做出部署。2019年5月《广东省人民政府印发关于加强港澳青年创新创业基地建设的实施方案的通知》正式出台，正积极推进省级孵化基地建设，同时推动珠三角9市认定建设一批港澳青年创新创业基地。

二是推进港澳人才享受优粤卡便利服务。2018年10月，《广东省人才优粤卡实施办法（试行）》正式印发实施。从业内公认全球排名前500的高校、国际知名科研院所及实验室引进的港澳籍硕士以上青年拔尖人才均可申请人才优粤卡。持卡人可在户籍办理、安居保障、子女入学、社会保险、医疗服务、停居留和出入境等14个方面享受"一卡通"便利服务。目前，广州高新区审核分窗口已经设立，南沙分窗口正在筹建。

三是积极推动港澳居民入编事业单位。根据中央粤港澳大湾区领导小组部署安排，广东省科技厅已制定《粤港澳大湾区事业单位公开招聘港澳居民管理办法（试行）》，并分别征求国家人社部事业司、省委组织部、省委编办、省港澳办等11家职能部门和大湾区9市意见，面向社会公众公开征求意见，呈报中组部、人社部审核。

（3）聚集大湾区优势面向全球引进青年拔尖人才

启动广东省青年优秀科研人才博士后派出项目，2019年资助100名优秀在站博士后到国（境）外的优势学科领域，通过国际合作的方式开展博士后研究工作，每人资助40万元。全国首创设立"粤港澳大湾区博士后科技创新（南沙）公共研究中心"，依托南沙资讯科技园博士后科研工作站、香港科大霍英东研究院等10家机构形成科技创新联盟，推动大湾区人才科技深度融合。

（4）突破大湾区人才在社会保障上的"中梗阻"

2018年12月，在《广东省人民政府关于进一步促进科技创新若干政策措施的通知》中提出一系列为保障科技创新人才待遇而制定的新措施。另外，随后还制定了《关于进一步完善广东省港澳居民养老保险措施的意见（送审稿）》。

4. 推动粤港澳三地教育协作

（1）推动粤港澳大湾区高校参与大湾区科技创新活动

一是教育部与广东省政府签署《加强粤港澳大湾区国际科技创新中心建设合作协议》，进一步深化省部合作，打造我国科技创新综合实力新地标。二是印发《科教融合协同推进高校科技创新能力提升工作计划》，出台《广东省高等职业院校服务科技创新行动的若干政策措施》，着力提升全省高校科技创新能力。三是出台《广东高校服务粤港澳大湾区国际科技创新中心建设行动方案》，提出加快建设世界一流重大科技基础设施集群等系列措施。汇聚省内高校资源，加强优势集成和错位发展，高校牵头或参与广东省实验室建设发展，省部共建一批协同创新中心。广东省高校与港澳高校在海洋、医学、材料、环境污染等领域开展深入的合作与交流，并加强已有5个粤港澳高校联合实验室的建设，提升粤港澳高校的科技创新能力。

（2）推动粤港澳大湾区本科生、研究生高校跨境联合培养

一是成立粤港澳高校课程联盟，集聚资源建设和共享一流课程。出台《广东省教育厅关于加强本科高校在线开放课程建设和应用的意见》，组建"粤港澳大湾区高校在线开放课程联盟"。制定联盟高校通行通用的平台准入标准和课程建设上线标准。

二是开展粤港澳高校研究生联合培养。一方面，组建粤港澳高校研究生联合专业联盟。2019年6月成立粤港澳高校联盟研究生教育专业联盟，并进行专业联盟签约。另一方面，积极向教育部争取，拟制定研究生联合培养行动计划，设置研究生联合培养专项指标，创新人才培养模式，鼓励港澳高校围绕大湾区产业发展新要求，与大湾区内地高校、企业、科研院所等联合开展专业学位研究生培养。

三是探索构建大湾区资历框架。在广东省终身教育资历框架与港澳资历框架对接的基础上，探索建立大湾区资历框架及其质量保障机制。探索制定大湾区高等教育学分认定和转换工作相关办法，明确各类型学习成果认定标准，推动湾区高校学分认定、积累和转换。完善招生入学、弹性学习及继续教育制度，畅通转换渠道。建立健全学分银行制度，建设学分银行管理平台，为学习者提供终身学习账户，开展各级各类教育与培训学习成果认定、积累和转换，满足学习者通过跨校学习、在线学习、自主学习等渠道获得学分，构建更加开放畅通的人才成长通道，推动大湾区人才有序流动。

（3）推动粤港澳三地职业院校合作发展

一是积极搭建多个交流平台。由职业院校牵头，已经成立了粤港澳大湾区职业教育产教联盟、广东省"一带一路"职业教育联盟、华南"一带一路"轨道交通产教融合联盟、粤港澳大湾区职业教育教师发展联盟等职业教育产教合作、校校合作平台。依托交流平台，三地职业院校的交流互动更加方便有效。

二是积极探索人才培养交流合作。如香港职业训练局与深圳职业技术学

院合作开办全日制电机工程高级文凭课程（电气服务），广州铁路职业技术学院为香港地铁开展轨道交通领域人才培训，香港职业训练局辖下的香港高等科技教育学院招收的内地学生中广东省学生占近六成。合作办学初见成效，如广东轻工职业技术学院、佛山市郑敬诒职校与保发珠宝（中国）有限公司（香港）合作成立广东轻工顺德珠宝学院，开展多元化办学，走进产业园区，实现产教融合、协同育人等。

三是积极开展职业技能交流活动。引导和支持各地邀请港澳职业院校参与广东省各级各类职业院校学生技能大赛等交流活动。连续多年举办穗港澳蓉青年技能竞赛，成功举办穗港澳台职业院校技能节，集比赛、展示、交流、互动于一体，有效促进湾区人才技能交流。

四是加强师资交流培训。积极"走出去"，近年多次组织职业院校校长、专业带头人赴港澳地区交流培训。如实施了广东省中等职业学校校长赴香港培训项目、中等职业学校商贸类专业带头人赴香港培训项目等，深入了解和学习香港职业教育办学经验，加强双方交流研讨。努力"请进来"，借力港澳职业教育智力资源。如广东省在《广东终身教育资历框架等级标准》及职业院校专业课程标准开发中都积极邀请港澳地区职业教育专家参与，不少职业院校还聘请了港澳地区能工巧匠担任学校顾问或客座教授，开展专题讲座。

五是加强文化交流合作。发挥三地人缘相亲、地缘相近、文缘相同的优势，推进粤港澳的文化教育交流交融，促进粤港澳教育的融合发展和价值认同。如广东舞蹈戏剧职业学院连续4年承办"粤港澳青年文化之旅"、粤港澳青少年粤剧艺术培训夏令营、台湾青少年中国舞研习夏令营等活动；连续多年参加澳门"城市粤剧曲艺汇演"、"学生艺术教育普及计划——鉴赏国粹·细味戏曲"等活动。香港职业训练局与深圳职业技术学院自2016年起合作开展"万人计划"，全年到内地交流学生中到广东省的人数约占七成。2013年起，粤澳职业教育还以缔结姊妹学校的方式开展合作，效果明显，成为粤澳职业教育领域交流合作的品牌。

（4）解决港澳人才子女在内地的入学教育问题

广东省高度重视引进高层次人才子女受教育工作。按照基础教育省级统筹、以县为主的管理体制，广东省要求各地市根据各自实际情况制定相关政策。目前，大湾区内地各市根据本地区实际情况，采取多种方式安排港澳学生入读义务教育阶段公办学校：一是落实《广东省教育厅关于做好引进高层次人才子女受教育工作的通知》（粤教基函〔2010〕93号）精神，经省人才主管部门认定的港澳籍高层次人才，其子女入读幼儿园、各级各类学校均享受与当地户籍人口子女同等待遇。二是视同当地户籍学生直接安排。广东省部分有条件的地市如珠海、惠州等，对已随父母异地居住的港澳学生申请入读公办学校的，予以直接安排，享受当地户籍学生待遇。三是按照"积分入学"的办法予以安排。东莞市从2015年起将港澳学生纳入积分入学范围，港澳学生与其他非东莞市户籍学生一样，均可以提出积分入学申请。深圳市从2017年秋季学期起，港澳学生和非深户籍学生一样申请参加积分入学。四是由有条件的公办学校招收港澳学生。例如：在广州市，港澳人士适龄子女均可根据当地教育行政部门有关规定向义务教育民办学校或有条件的公办学校申请入学。

（5）积极筹建大湾区高水平创新型大学

一是创建大湾区特色大学。为建设立足粤港澳大湾区，服务国家创新驱动发展战略和粤港澳大湾区建设，融合国际高等教育资源的一流大学，广东省将规划建设大湾区大学。在规划制订方面，已将"推动高起点创建大湾区大学"写入《中共广东省委广东省人民政府关于贯彻落实〈粤港澳大湾区发展规划纲要〉的实施意见》和《广东省推进粤港澳大湾区建设三年行动计划（2018～2020年）》。在具体实施方面，目前广东省拟在东莞市高起点高水平筹建大湾区大学。同时，省教育厅将支持大湾区大学在招生考试、课程体系、教学模式、评估标准等方面开展新探索。

二是支持粤港澳校际交流，重视引进世界知名大学来粤合作办学。2013年，省政府办公厅转发省教育厅《关于引进世界知名大学来粤合作举办独立设置高等学校意见的通知》，出台引进包括港澳高校在内的世界知名大学来粤合作举办独立设置高等学校的支持政策，在资金、学费收费、招生批次等方面均予以明确的优惠政策，大力引进世界综合排名150名以内的国外及港澳台地区高水平大学，加快培养广东省现代产业发展紧缺急需人才。目前，广东省获教育部批准中外（内地与港澳台）合作办学机构9个。

三是鼓励和支持广东省高校发挥自身优势"走出去"与世界名校交流合作，就地引才。为贯彻落实中央《关于做好新时期教育对外开放工作的若干意见》精神，省委办公厅、省政府办公厅于2017年2月正式印发《关于做好新时期广东省教育对外开放工作的实施意见》。指导和支持高校通过国家和广东省相关人才计划，吸引全球高端人才。支持高校深化综合改革，加强多元化人才引进，集聚一批具有国际领先水平的战略科技人才、科技领军人才及其创新团队，打造人才高地。扩大高校"人才蓄水池"和博士后队伍规模，支持青年科研人员勇挑重担和赴境外培训，加快培育一批自然科学、工程技术等领域的青年拔尖人才。

四是打造"留学广东"品牌，吸引青年人才。省政府设立了来粤留学生奖学金，奖学金总额每年2000万元。截至目前，广东省备案招收留学生的高校达到81所，其中实际招收培养留学生的高校50余所，共招收来粤留学生2.2万余人，其中来自"一带一路"沿线国家的学生有1.7万余人，占留学生总数的68%。2013~2018年，全省共有5678名国际学生获评省政府来粤留学生奖学金，其中博士研究生317人、硕士研究生831人、本科生4530人，共向获奖学生发放奖学金7143万元。

5. 推动粤港澳三地往来便利化

（1）倡议建立警务协作领导机制，推动"三个湾区"建设

2018年9月，广东省公安厅会同港澳警方在佛山市召开粤港澳大湾区警务协作座谈会。会上，副省长、省公安厅厅长李春生向香港和澳门警方发出共建"平安湾区、便利湾区、共享湾区"的倡议，同时提议建立粤港澳大湾区警务协作领导机制，成立由粤港澳三地警方高层参加的粤港澳大湾区警务协作联席会议制度，每年会晤一次，由三地轮流召集举办，共同探讨、推进和落实大湾区各项警务工作。香港警务处处长卢伟聪和澳门保安司司长黄少泽高度赞同评价"三个湾区"倡议。目前，公安部已呈报国务院港澳办审批。2019年5月，省公安厅印发《广东省公安厅机关推进粤港澳大湾

区建设 2019 年工作要点》。其中"打击'港独'和本土激进分离势力，开展'雷霆'、扫黑除恶等打击专项行动，完善三地反恐情况交流会商机制"等保障国家安全重点工作内容列入了工作要点。

（2）出入境签证方面

一是为港澳科研人员提供出入境便利。目前中国籍港澳居民来往内地十分便利，可凭有效期为 10 年（18 周岁以下为 5 年）的港澳居民来往内地通行证（即回乡证）自由出入内地，在内地停留时间不受限制。对于证件遗失、损毁、被盗抢需紧急来往内地的，广东省公安出入境管理部门和口岸签证机关及时为申请人办理一次性出入境证件。

二是为外籍人员提供出入境便利。实施 16 项出入境政策（6 项适用于珠三角九市，10 项适用于全省）。16 项政策中大多涉及外籍科研人才签证、居留证件及永久居留办理。实施外国人 144 小时过境免签政策。经国家移民管理局批准，广东省自 2019 年 5 月起在广东省行政区内实施外国人 144 小时过境免签政策（将入境口岸从白云机场空港口岸扩大至深圳宝安机场、揭阳潮汕机场空港口岸，出境口岸从白云机场空港口岸扩大至全省对外开放口岸，停留时限从 72 小时延长至 144 小时）。

三是为内地科研人员提供出入境便利。研发往来港澳商务签注网上备案系统。运用大数据、"互联网+"及人工智能，共享政府数据资源，自动核查办理材料，免交纸质证明，完全实施网上备案。优化往来港澳商务签注政策。扩大办理商务签注人员范围，增加单位备案人员配额，将备案人员社保缴纳期由原来 6 个月缩短至 3 个月。便利大湾区科研人员多次往来港澳。给予粤港澳大湾区科研机构人员办理多次港澳商务签注，将往来港澳商务签注的最长有效期由 1 年延长至 3 年。

四是推进广东省出入境证件便利化应用试点工作。2019 年 3 月 26 日，国家移民管理局等 16 个国家部委联合印发《关于推动出入境证件便利化应用的工作方案》，将广东省列为唯一试点省份。目前省公安厅会同省政务服务数据管理局在广州市部分酒店住宿登记、部分旅游景点购票等试点应用。经身份认证的港澳居民、华侨可通过出入境证件身份网上凭证刷脸入住，到

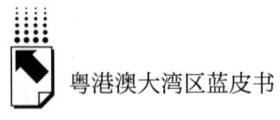

广州塔直接验票登塔。

（3）车辆出入境方面

一是放宽大桥口岸粤港小汽车申请条件和范围。取消投资额条件限制。投资类指标纳税条件由原来上一年度的山区15万元、非山区30万元降至三年累计纳税10万元，捐赠类指标纳税条件由1000万元降至500万元。扩大申请范围，政协委员、人大代表申办范围放宽到县（市、区）级，境外高校、金融机构、律师事务所等组织在内地投资办企业、学校、金融业、合作律师事务所等符合投资纳税标准的，均可申办。

二是进一步降低大桥口岸以外其他口岸跨境小汽车申请条件。经粤港澳三方商定，从2019年4月15日开始实施指标管理新措施，取消港澳商户投资额限制，企业纳税额条件由30万元降至15万元，个人捐赠金额条件由原来1000万元降至300万元。境外金融机构在广东省投资纳税符合条件，或者社会团体在广东省捐赠金额符合条件的，均可申办。大幅增加投资类商户办牌数量，由原来的最多可办3辆调整为最多可办15辆。

三是落实便利高端人才往来政策。对在港澳工作的两院院士和港澳地区的大学现任校长，或者持有人才优粤卡A卡的港澳台和外籍高层次人才，尚未取得港澳入出内地商务车辆牌证的，可以申办1副港澳入出内地商务车牌证。从2019年5月起，广州、深圳市对首批人才优粤卡A卡持有人自用车辆给予不受当地尾号限行或外地车限行政策限制的通行便利。

（4）人员通关便利方面

出台持港澳永久居民身份证的外国人出入境便利政策。积极向国家争取对前往珠三角九市探望亲属、洽谈商务、开展科教文卫交流活动、工作、学习以及从事私人事务的持有港澳永久性居民身份证的外国人，签发2年以内多次有效签证；对前往珠三角九市工作、学习、团聚以及因私人事务需长期居留的持有港澳永久性居民身份证的外国人，签发有效期5年以内的居留许可。

（5）车辆通关便利方面

发放新一轮港珠澳大桥通行车辆指标。2019年4月，广东省公安厅筹办了粤港第二十八轮粤港过境汽车技术问题会谈,港方同意增加 5500 个港珠澳大桥直通车辆指标。同时研究资格类指标申请政策,争取把有限的大桥直通车辆指标发放给为粤港澳大湾区发展做出贡献的港澳籍科技人才。

(6) 推行居民身份证电子凭证

2018 年 5 月,按照省委省政府"数字政府"建设要求,省公安厅依托"粤省事"平台,推出全省居民身份证电子凭证,积极推进其在旅游业住宿登记、民航安检等场景的便利化应用。截至 2019 年 6 月累计使用 70 多万人次,受到群众广泛好评。

三 高起点推动大湾区建设向纵深发展

未来 10 年,将是世界经济新旧动能转换的关键 10 年,是国际格局和力量对比加速演变的 10 年,也是全球治理体系深刻重塑的 10 年,新的历史大势正在孕育新的历史性机遇。全球格局深刻演变为粤港澳大湾区建设提供了实现跨越式发展的历史机遇,但各种现实挑战的力量也不容忽视。大湾区建设迈入了"机遇与挑战并存"的全新时代。

1. 坚持走高质量发展之路

坚持创新驱动、改革先行、开放引领,推进建设全球科技创新高地要着力建设现代化经济体系,优化产业布局,注重发展实体经济、高新技术产业、现代服务业,大力发展新技术、新产业、新业态、新模式,加快形成以创新为主要动力和支撑的经济体系。推动科技创新能力的全面提高,则是实现高质量发展的核心抓手。因此,成功建设广州—深圳—香港—澳门科技创新走廊,推进全面创新改革试验区和珠三角国家自主创新示范区建设,是实现高质量发展道路上的重要任务之一。同时,还应找准制约粤港澳大湾区协同发展最关键的问题,大胆先行先试,着力破解在标准对接、资格互认等方面存在的体制机制障碍,以参与"一带一路"建设为重点,全方位扩大对外开放,从而成功引领大湾区城市群深度参与国际合作与竞争。

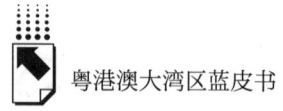

2. 坚持以人民为中心的发展思想

要积极回应粤港澳三地民众关切的问题，满足人民群众对美好生活的期待，优先发展民生工程，提升居民生活质量，为港澳居民在内地学习、就业、创业、生活提供更加便利的条件。特别是要把教育合作作为深化粤港澳合作的重点领域，推动优质教育资源合作共享。加快建设粤港澳人才合作示范区，为人才跨地区、跨行业、跨体制流动提供便利条件。完善区域公共就业服务体系，拓宽港澳居民就业创业空间。加强粤港澳社会保障和社会治理合作，持续改善湾区生态环境质量，建设美丽湾区。

3. 坚持共建人文湾区

文化共识是大湾区建设的底版。粤港澳大湾区各方具有人文和历史的高度共性，但目前湾区意识尚未形成，文化认同感较低。为此，要以人文湾区建设为主线，充分发挥粤港澳地域相近、文脉相亲的优势，以岭南文化为纽带，全方位开展文化交流合作，大力培育湾区文化，推进"粤港澳大湾区文化圈"建设和湾区人文精神"同心圆"工程，共同擦亮中华文化的精神标识，增强大湾区文化软实力。要通过举办粤港澳大湾区发展论坛，打造具有世界影响力的国际论坛品牌，向世界传播推广中国特色的大湾区。

4. 坚持抓好科技创新

加快大湾区综合性国家科学中心建设。集中力量把体现国家战略的大科学装置、大科学研究中心、各类公共服务平台和各方面创新资源聚焦到粤港澳大湾区，建设能够代表国家水平参与国际竞争与合作的国家实验室。建设细胞谱系研究大科学设施、生物医学样本库、海洋综合科考船、海底科学观测网南海子网、天然气水合物勘查开发试验设施、减震控制与结构安全设施等一批重大科技基础设施。支持中山大学、华南理工大学、暨南大学等广东高校开展世界一流大学和世界一流学科建设，汇聚培育全球顶尖科研机构和一流研究团队。

积极推动广深港澳生物医药产业的合作。生物医药是与 IT 和互联网并行的另一条科技产业主线，其底层逻辑和产业生态各不相同。粤港澳大湾区需要在深莞惠港已经形成的具有一定国际竞争力的 IT 和互联网产业簇群之外,再努力构建一条广深港澳生物医药产业带。香港是全球著名的医疗高地,澳门中医药产业具有优势,广州是内地三大医疗服务中心之一,深圳在药品和检测方面具有较好基础,通过四方合作,组建大湾区样本库,推动临床互认,建设成为世界级生物科技中心和医疗服务高地。

重点打造落马洲河套、庆盛两大科技合作平台。深港科技合作的重点放在落马洲河套"深港科技创新合作区"上,争取在信息科技、人工智能、大数据等领域走在世界前列。穗港科技合作的重点放在庆盛"粤港深度合作区"上,争取在生物医药、机器人、新材料等领域构建全球优势。两大平台通过广深港高铁串接起来,形成"广－深－港－澳"科技走廊的核心支点。探索在南沙建设港澳"飞地经济"。

5. 警惕粤港澳大湾区建设中的两大风险

一是中美贸易摩擦风险。粤港澳大湾区外贸依存度很大,愈演愈烈的中美贸易摩擦对粤港澳大湾区建设带来很大影响,尤其是给正在进行的产业转型升级形成很大压力。中美贸易摩擦是一场长期的、持续的贸易争端,甚至有诱发全球经济、金融危机的风险。我们要时刻警惕,同时练好内功,在技术升级上下功夫,突破关键核心技术"卡脖子"的地方,推动产品技术、生产技术、管理技术的创新。二是房地产炒作风险。粤港澳大湾区已是全国高房价区,过高的房价会挤压实体经济利润,挤出富有创新力的年轻人,不利于粤港澳大湾区建设。因此要坚决防止和打击把粤港澳大湾区当做房地产炒作概念的投机行为。

在这个艰巨与荣光并存的历史进程中,粤港澳大湾区建设的胜利推进需要彰显多组因素的合力。既需要以深圳这样的中国特色社会主义先行示范区担当优秀范本的"点",也需要统筹湾区三地各级政府和各类建设主体共筑全面发展的"网";既需要注重湾区内部综合实力的"内力"提升,也需要积极争取与泛珠三角区域对接融入的"外力"汇集;既需要谦虚借鉴国内外其他湾区的成功建设经验,也需要清醒认识粤港澳大湾区建设独特的复杂性与艰巨性。总之,只有坚持以人民为中心的发展思想,才能真正将每个湾区人民的"幸福指数"融入湾区发展指数当中去;只有积极审时度势,敏锐感悟来自国家层面的高度战略关注,写好这篇国家改革开放的"大文章",才能充分激发社会各界积极参与湾区建设的热忱;只有清醒地认识到全球政治与经济治理模式正在经历的深刻转型的本质特征,才能让粤港澳大湾区的各项制度和改革相对接,在顺应世界发展潮流和国家发展战略方向的前提下,有力推动我国新时代高水平对外开放的新实践。

参考文献

《粤港澳大湾区发展规划纲要》,2019年2月18日。

《中共广东省委 广东省人民政府关于贯彻落实〈粤港澳大湾区发展规划纲要〉的实施意见》,2019年7月5日。

《广东省推进粤港澳大湾区建设三年行动计划(2018~2020年)》,2019年7月5日。

刘欢、安蓓、陈键兴等:《以习近平同志为核心的党中央关心粤港澳大湾区建设纪实》,《人民日报》2019年2月22日,第1版。

国世平:《粤港澳大湾区规划和全球定位》,广东人民出版社,2018。

马化腾等:《粤港澳大湾区:数字化革命开启中国湾区时代》,中信出版社,2018。

张思平:《粤港澳大湾区:中国改革开放的新篇章 献礼改革开放四十周年,系统解读粤港澳大湾区发展规划、前景、功能》,中信出版社,2019。

杨沐、李明波:《粤港澳大湾区建设理论与实践》,华南理工大学出版社,2019。

腾宏庆、张亮:《粤港澳大湾区的法治环境研究》,华南理工大学出版社,2019。

秦玉才、姜晓军:《粤港澳大湾区融合发展规划研究》,浙江大学出版社,2018。

庞川、林广志:《粤港澳大湾区发展报告》,广东人民出版社,2019。

深圳大学与城市规划学院编《粤港澳大湾区:城乡规划专业留校联合设计坊(2018)》,武汉大学出版社,2019。

徐芳燕、陈昭、刘映曼:《粤港澳大湾区:集聚与融合》,人民出版社,2019。

曾伟玉:《粤港澳大湾区研究》(第一辑),社会科学文献出版社,2019。

刘彦平、王方方、李超:《粤港澳大湾区影响力指数报告(2018)——基于四大湾区比较的视角》,中国社会科学出版社,2019。

曾伟玉、吴业春:《粤港澳大湾区建设与广州发展报告(2018)》,社会科学文献出版社,2019。

《21世纪经济报道——粤港澳大湾区观察:中国最高薪城市群的投资发展机遇》,浙江出版集团数字传媒有限公司,2019。

陈广汉、杨柱、谭颖:《区域经济一体化研究:以粤港澳大湾区为例》,社会科学文献出版社,2017。

基础设施篇

Infrastructural Construction

B.2
2018~2019年粤港澳大湾区轨道交通发展报告

何力武 唐嘉鸿*

摘 要： 轨道交通设施的规划建设在大都市圈发展中正发挥着越来越重要的作用。本文根据轨道交通的分类框架，从地域空间和服务受众的角度，将湾区轨道网分为城市线和城际线两大类；并梳理了三大片区的城市线和城际线开通运营、建设和规划情况。2018年以来，湾区轨道交通发生了一系列变化：城市线受国办发〔2018〕52号文的影响，规划批复进展放缓，迫使部分城市转向考虑有轨电车等其他公交方式；而城际线的主干线路拟订在未来两年快速扩张，并初步成网。目前，轨

---

* 何力武，博士，广州开发区政策研究室总经济师、交通规划高级工程师，副研究员，主要研究方向为区域经济、交通规划；唐嘉鸿，中山大学粤港澳发展研究院在读博士生，主要研究方向为区域经济。

道交通发展在规划建设和运营组织等方面仍存在不少问题，但可以从整合规划、运营创新以及支付便利等方面入手，得以有效缓解。

关键词： 轨道交通　整合规划运营　城市线　城际线　粤港澳大湾区

本文对轨道交通的论述，将排除连接不同区域之间的普通铁路和高速铁路，部分主要运行于都市圈的高速铁路将会纳入阐释范围之中。本文将轨道交通大体划分为如下两大类，即满足城市内部通勤的城市线（如广州地铁）和连接都市圈各市镇的城际线（如广珠城际）。第一类可理解为我们熟知的"地铁"，第二类目前主要是国家铁路网的一部分。城市线主要服务于城市内部，基本由各城市自行建设，然而建设投入巨大、难以用于他途等特点造成沉没成本巨大，需要向国家发展改革委申报审批。城市线的运营一般交由专门成立的公司（如广州地铁集团有限公司）运营。而目前大湾区的城际线既有中国国家铁路集团有限公司（以下简称"国铁"）和地方政府共同出资建设的，也有完全由地方政府出资建设的。

一　粤港澳大湾区的轨道交通发展现状

粤港澳大湾区轨道交通发展主要包括了城市线和城际线两大类型，主要发展现状和特征如下。

（一）城市线发展现状

目前，大湾区共有香港、广州、深圳、佛山、东莞五个城市开通了城市轨道交通（以下简称"城市线"），其中又以香港、广州、深圳的网络最为密集。香港早在英国管治时期的1979年就开通了首条地铁。而广州和深圳则随着改革开放经济社会的迅速发展，分别于1997年和2004年开通地铁，其中广州地铁1号线是大湾区大陆区域的首条地铁，而紧挨着广州和深圳的佛山和东莞则分别于2010年、2016年先后成为拥有地铁的城市。由此，我们将按照港澳、广佛和深莞三个片区对大湾区城市线发展情况进行论述和分析。

1. 港澳片区城市线

港澳是特区，在地铁建设管理体制方面有别于湾区内的其他城市，建设计划不需要上报国家发展改革委审批，相对而言具有更多的自主权；但是立法会讨论和财政预算管理的流程繁杂而漫长。香港人口密集、经济发达，对发展城市线有很强烈的需求。截至目前，香港地铁已形成密集的网络，并在深圳罗湖、福田口岸对接深圳地铁。澳门土地面积狭小、人口基数少，所以在过去几十年里没有规划修建城市线。目前，澳门正逐步建设自己的城市轨道交通网络。

香港目前建成运营13条地铁路线，覆盖香港岛、九龙和新界，总运营里程248.4千米，设站161座，全由香港铁路有限公司负责运营（见表1）。其中东铁线设连接深圳口岸的落马洲站和罗湖站，便于旅客来往于深港之间。经过40年的建设，香港城市线网络已基本饱和，目前在建线路仅两条，共17千米。

表1 港澳城市线开建通车时间

线路	性质	开建时间	开通时间
香港观塘线	城市线	—	1979年
香港荃湾线	城市线	1977年	1982年
香港东铁线（罗湖）	城市线	—	1983年
香港东铁线（落马洲）	城市线	—	2007年
香港港岛线	城市线	1980年	1985年
香港东涌线	城市线	—	1998年
香港机场快线	城市线	—	1998年
香港将军澳线（宝琳）	城市线	1999年	2002年
香港将军澳线（康城）	城市线	1999年	2009年
香港西铁线	城市线	—	2003年
香港马鞍山线	城市线	1999年	2004年
香港迪士尼线	城市线	2002年	2005年
香港南港岛线	城市线	2011年	2016年
澳门氹仔线	城市线	2012年	2018年（试运营）

资料来源：利用港铁官网资料，自行整理。

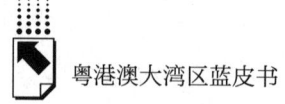

澳门目前仅有一条轻轨线路（即氹仔线）处于试运营状态。该线于2012年开建，2018年开展试运营，共设11座高架站，服务范围覆盖澳门氹仔岛上的主要住宅区、旧城区和旅游区，并串联澳门海、陆、空三个重要口岸。根据珠海市公共资源交易中心2019年8月发出的有关地铁延伸工程方案研究的公告，澳门轻轨未来有望连接贯通珠海、中山和广州的地铁18号线。

2. 广佛片区城市线

广佛自古以来交流甚为密切。2009年3月19日，广佛两市签署《广州市佛山市同城化建设合作协议》及两市城市规划、交通基础设施、产业协作、环境保护等4个对接协议，广佛同城化建设正式启动。两市的城市线协同建设是促进广佛同城化的重要抓手，但是两市在城市线建设上不大平衡。广州地铁进展非常迅速，20年的发展已经使得总里程等指标超过香港40年的发展成果，且目前仍在快速建设中。《佛山市城市轨道交通建设规划（2017～2022年）》还没有获得国家发展改革委的批复。所以，在未来大湾区的建设中，广佛还需进一步加强协作，特别是城市线一体化建设，不仅要在线路规划对接方面加强合作，更需要在建设时序以及后续管理一体化方面加强合作。

广州目前运营地铁线路共13条，运营里程478千米，共设站257座，全部由广州地铁集团有限公司（以下简称"广州地铁集团"）运营。广州地铁集中于广州越秀、荔湾、海珠和天河等中心城区，从化、增城、花都、南沙等外围区域均有线路连接，另有广佛线连接广州、佛山5区。根据国家发展改革委批复的《广州市城市轨道交通第三期建设规划（2017～2023年）》，目前广州在建城市线有3号线东延段、5号线东延段等10个项目，总长度258.1千米。预计到2023年，广州将有18条运营线路，总长达792千米。佛山依托2010年开通的广佛线（佛山1号线）成为拥有地铁的城市。广佛线即佛山地铁1号线，是我国国内首条跨越地级行政区的城市轨道交通线路，也是目前佛山唯一的城市线。广佛线从佛山顺德区新城东站经佛山市顺德区、南海区、禅城区到广州，在广州海珠区沥滘站接入广州地铁3号线。

目前佛山在建的地铁项目共有3条,分别是佛山地铁二号线一期工程(32.4千米)、地铁三号线工程(69.5千米)、广州地铁七号线一期西延顺德段(13.45千米),其中2号线1期将接入广州南站,3号线与在建的广州7号线西延段相接。届时,广佛将有3条线路相连,将进一步增强广佛同城化效应。

3. 深莞片区城市线

深圳和东莞两市是珠江东岸地区经济发展的两大引擎。但相比广佛一体化进展,深莞两市的城市线发展更加不平衡。深圳地铁在20年的发展中形成了一张网,而邻近的东莞却仅仅开通了一条37千米的城市线,在建线路也仅有一条。同时,深圳的地铁在靠近香港一侧十分密集,但目前还没有连接到东莞的线路。随着深圳的产业转移和大湾区的融合发展,深圳与周边地区的人员往来日益频密,需要加强深莞区域的交通协同发展,在加快建设深莞尤其是东莞城市线网络的同时,也要多建设几条连通深莞的城市线。

深圳目前运营地铁线路共8条,分别是1~5号线、7号线、9号线、11号线,运营里程共285千米,共设站199座。除4号线由香港铁路有限公司深圳公司经营外,其余线路均由深圳地铁集团有限公司(以下简称"深圳地铁集团")运营。深圳地铁在罗湖口岸、福田口岸设站对接香港东铁线落马洲站、罗湖站,极大方便旅客往返于深港两地。根据国家发展改革委批复的《深圳市城市轨道交通第四期建设规划(2017~2022年)》,目前深圳2017~2022年在建城市线有6号线支线、12号线、13号线等5个项目,总长度148.9千米。预计到2022年,深圳将有15条运营线路,总长约570千米。

东莞于2016年12月开通首条城市线,即东莞轨道交通2号线,全长37.8千米,由东莞轨道交通集团有限公司运营。目前东莞在建城市线为轨道交通1号线1期,该线是东莞市西北至东南方向的市域快速干线,是联系东莞中心城区、松山湖片区的发展主轴。该线经过地区居住人口密集、交通繁忙、城镇间客运交通来往量较大,将与2号线一起组成东莞轨道交通骨干

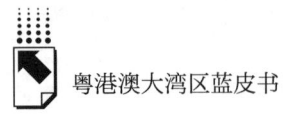

网络。

4. 大湾区城市线开通建设和规划进展（2018年至今）

在2018年1月至2019年4月期间，粤港澳大湾区各城市地铁开通建设和规划的情况大致如下：首先，开通的城市线包括2018年12月28日开通广州14号线一期（主线）、广州21号线首段和广佛线后通段（燕岗站－沥滘站）。其次，开建的城市线包括2018年11月19日广州3号线东延段、5号线东延段、7号线2期、10号线、12号线、14号线2期；深圳地铁2018年1月10日举行6号线支线、12号线、13号线、14号线、16号线开工仪式；2018年9月28日深圳地铁5号线西延段、9号线2期开工建设。还有一系列方案进入规划讨论阶段。例如，2019年3月27日，江门市人民政府正式印发《江门市综合交通一体化规划（2018～2035）》，规划江门市远景轨道交通网络由4条线组成，总长度167公里；另外，在2018年5月，中山市出台《中山市轨道交通线网规划（调整）》。

未来，大湾区内9市轨道城市线也将进一步互通互联。深圳未来将有6条地铁线路与东莞无缝对接，20号线、12号线、11号线到达沙井、松岗与长安交界处；6号线支线连接光明与黄江，4号线、10号线贴近观澜、平湖与凤岗交界处。2018年年初的惠州政协十二届二次会议开幕式上，惠州市委副书记、市长麦教猛表示，惠州要对接广州地铁16号线、21号线。东莞地铁1号线二期将与广州地铁5号线连接，未来广州将有3条地铁线连接东莞，即已动工的地铁22号线和规划中的地铁25号线、28号线。广州地铁18号线延伸至中山市前期规划项目已经广州市同意并纳入《2016年度广州与周边城市跨区域重大交通基础设施规划建设工作计划》。佛山未来将有10条轨道交通线路直通广州，包括广佛线、广州7号线西延段、广州17号线、广州19号线、广州28号线、佛山2号线一期、佛山4号线、佛山5号线、佛山8号线、佛山11号线。

（二）城际线发展现状

珠三角城际轨道交通（以下简称"城际线"）最早在2005年开始规划。

2005年3月,国务院审议通过《珠江三角洲地区城际线网规划(2005~2020年)》①;2009年9月,国家发展改革委批复了《珠江三角洲地区城际线网规划(2009年修订)》,具体线网走向见图1。2012年,省政府和原铁道部联合印发了《珠三角城际线规划实施方案》,对局部线路方案进行了完善。根据《实施方案》,珠三角地区共规划广珠线、广佛肇线、穗莞深线等10余条城际线路,合计里程约1430公里。

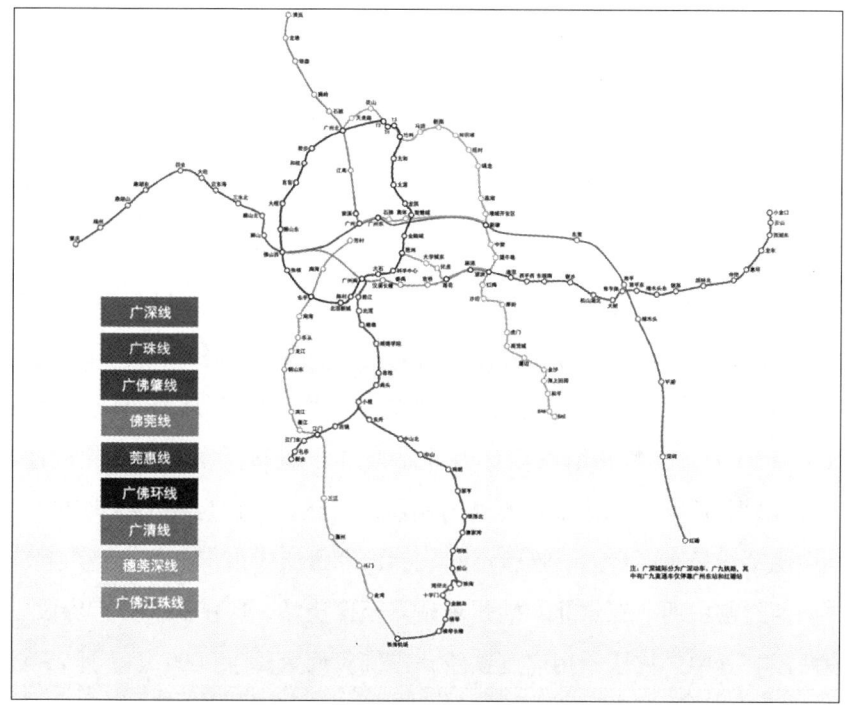

图1 珠三角城际轨道交通线网规划示意

资料来源:百度百科词条"珠三角城际快速轨道交通",https://baike.baidu.com/item/%E7%8F%A0%E4%B8%89%E8%A7%92%E5%9F%8E%E9%99%85%E5%BF%AB%E9%80%9F%E8%BD%A8%E9%81%93%E4%BA%A4%E9%80%9A/12509123?fr=aladdin,2019年8月8日访问。

---

① 该规划由广东省制定,不包含港澳在内。

广东省发展改革委已在 2018 年 1 月启动《粤港澳大湾区城际铁路建设规划（2020~2030 年）》编制的招标工作。据有关消息透露，广东省发展改革委已在 2019 年 6 月向国家发改委上报了《粤港澳大湾区（城际）铁路建设规划（2020~2030 年）》。由于湾区城际线规划尚未公布，故本文以现有广东省铁路建设投资集团有限公司官网公布的已建成、在建和拟建项目展开论述。

1. 已开通运营的线路

目前，珠三角城际线已建成通车的有广珠线、广佛肇线、广深港线和莞惠线等 4 条线路（见表 2）。2018 年 9 月 23 日，香港高铁正式通车运营，广深线延伸至香港特区从而变成了广深港线。四线路总里程 496 千米，均由国铁运营，运营速度 200 千米/小时。这 4 条城际线将广州、深圳、珠海等珠三角 9 市以及香港特区共 10 座城市连接起来，构成了大湾区城际轨道交通网络的基本骨架①。

广珠线分为主线和支线，总体呈南北走向，将位于珠江西岸的广州、佛山、中山、珠海、江门连接起来。广珠线于 2005 年 12 月 18 日动工建设；2011 年 1 月 7 日，广州南站至珠海北站段和小榄站至新会站段先行通车；2012 年 12 月 31 日，珠海北站至珠海站段竣工运营，广珠线全线贯通。

广佛肇线呈东西走向，连接广州、佛山和肇庆 3 市。整条线路东起广州站，向西经佛山西、三水北、端州等站点至肇庆站，广佛肇线分广佛段、佛肇段两段，其中广佛段沿用广茂铁路，广佛段佛肇段于 2009 年 9 月 29 日动工建设，2015 年 11 月 26 日佛肇段接入广茂铁路广佛段，2016 年 3 月 30 日竣工运营，广佛肇线全线贯通。

莞惠线呈东西走向，连接东莞和惠州两市，未来将和佛莞线连接起来，形成连接佛山、广州、东莞、惠州 4 市的东西走向通道。2009 年 5 月 8 日动工建设；2016 年 3 月 30 日，常平东站至小金口站段开通运营；2017 年 12

---

① 由于澳门全域面积狭小，且存在通关问题，不通城际线的影响并不大，所以目前已建成线路构成了联通大湾区各城市的基本骨架。

月28日,常平东站至道滘站段开通运营,莞惠城际铁路全线贯通。

广深港线呈东南走向,连接广州、东莞和深圳3市及香港特区。整条线路起于广州南站,向东南方向经东莞、深圳北等站点至深圳站、香港西九龙站,线路全长141千米,共设车站7座,其中广深段运营速度300千米/小时,香港段运营速度200千米/小时,平均每10分钟一班。广深段依托原有的广九铁路,于2007年分离运营,形成独立的客运专线;2018年9月23日,香港段通车,广深线转变为广深港线。

表2 珠三角城际线建设通车时间表

线路	性质	开建时间	开通时间
广深港线	城际线	—	2007年
广珠线	城际线	2005年	2012年
莞惠线	城际线	2009年	2017年
广佛肇线	城际线	2009年	2016年
广清城际(广州北至清远)	城际线	2013年	尚未通车
穗莞深城际广深共线	城际线	2016年	尚未通车
穗莞深城际莞深主线	城际线	2013年	尚未通车
穗莞深城际新白广线	城际线	2015年	尚未通车
穗莞深城际琶洲支线	城际线	2018年	尚未通车
广佛环线(广州南至佛山西)	城际线	2013年	尚未开通
广佛环线(广州南至白云机场)	城际线	2016年	尚未开通
珠机线(珠海至长隆)	城际线	2014年	尚未通车
珠机线(长隆至珠海机场)	城际线	2018年	尚未通车
佛莞线(广州南至望洪)	城际线	2014年	尚未通车

注:根据资料整理。

2. 目前在建的线路

目前,珠三角正在建设的城际线有广佛环线、珠机线、广清线、穗莞深线和佛莞线5条线路(见表2)。广佛环线将推动广佛进一步融合;珠机线作为广珠线的延长线,不仅有利于完善珠海内部交通体系,更能够促进大湾区机场枢纽的互联互通;广清线可强化清远市、广州花都区同广州中心城区的联系;穗莞深线更是强化整个珠江东岸的城际网络;而佛莞线将接连莞惠线、大大缩短佛山、广州番禺到珠江东岸的时间。现在在建城际线将集中在2019～2020年全线通车，这将极大地强化大湾区城际线的网络效应。

广佛环线是环绕广州、佛山两市的市域铁路，全线分为四段建设（佛山西－广州南、佛山西－广州北、广州南－白云机场、白云机场－广州北）。佛山西－广州南段全长34.97千米，于2013年开工，预计2019年下半年建成通车，共设站5座。广州南－白云机场段全长45.5千米，于2016年12月开工，共设大石、科学中心、琶洲等站点9座，多个站点可与广州地铁换乘。白云机场－广州北段将利用穗莞深城际线新白广段部分线路。

珠机线是位于珠海市内的连接珠海市区和珠海机场的城际线，是广珠线的延伸线。该线全长39.8千米，共设站11座，分为两段建设（珠海站－长隆站、长隆站－珠海机场）。珠海－长隆段于2014年开工，预计2019年年底可通车。长隆－珠海机场段于2018年开工，预计2023年全线贯通，并预留与广佛江珠城际铁路接轨条件。未来澳门轻轨有望延伸进横琴口岸枢纽，与珠机城轨实现"下车、快速通关、上车"的无缝换乘。

广清线是连接广州城区、广州花都区、清远市区的城际线。该段始于位于广州花都区的广州北站（接驳广州地铁九号线和武广高铁），终到清远站（暂定名，与现行武广高铁的清远站不在一处）。未来将规划城际清远站到武广高铁清远站的轨道交通，将广州铁路站与清远站接通。

穗莞深线是连接珠江东岸广州、东莞、深圳三市的重点建设的城际线路，是经国务院批准的珠三角城际线网主轴线之一。该线由广深共线、莞深主线、新白广线和琶洲支线四条交错的线路组成。广深共线由广州东站引出，沿途设石碑、奥体中心、吉山、夏园四个站，最后到新塘站，全长约30公里，目前正在进行车站改造。莞深主线连接广州新塘与深圳机场，途经东莞，全长76千米。新白广线从新塘站北延至广州北站，途经白云机场，共设站点15座，2019年5月进入静态验收阶段。琶洲支线连接广州琶洲和东莞望洪，由望洪站接入穗莞深城际，于2018年12月开建。

佛莞线是连接佛山、广州番禺和东莞的城际线，全线长36.7千米，设佛山西、广州南、麻涌等7站，在东莞望洪站接入现有的莞惠线共同构成连接佛山、广州、东莞和惠州的广惠城际线，该线于2014年12月30日动工建设，计划于2020年建成通车。全线通车之后，将大大缩短佛山至珠江东岸的东莞、惠州、深圳等城市的时间。

3. 拟建线路

目前，已规划好但未开建的线路有广佛江珠线、深惠线、肇南线、中南虎线四条城际线。

广佛江珠线连接珠江西岸的广州、佛山、江门和珠海四市，是继广珠线后又一条连接珠江西岸各城市的城际线，是珠三角轨道交通同城化规划广珠交通走廊主轴的重要组成部分。该线北起广州芳村站，经广州中心城区、佛山、江门鹤山、江门滨江新区及新会到珠海机场，与珠机线换乘。共设站14座，其中广州仅有芳村1站，佛山有南海、东平新城等4站，江门设鹤山东、江门南等5站，珠海设莲洲、珠海机场等4站。

深惠线是深圳到惠州的城际线，由两地政府负责建设，旨在缩短通行时间、带动经济发展。深惠线由莞惠线的惠州客运北站引出，经水口、龙湖、淡水，终至惠州南站与厦深铁路换乘，向西进入深圳东站。线路全长约52千米，预计在"十四五"期间开建。

肇南线是连接肇庆、佛山、广州南沙的城际线。中南虎线是连接中山、广州南沙、东莞虎门的城际线。肇南线与中南虎线交会于广州南沙，跨越珠江与珠江东岸的东莞相连，进而可通过东岸的城际线到达惠州、深圳等地。

4. 2018年以来大湾区城际线进展（2018年1月至2019年9月）

2018年9月23日，香港高铁顺利通车。珠机城轨1期预计2019年11月通车。穗莞深城际莞深主线已于2018年底实现全线静态条件验收。广清城际1期广州北至清远段预计2019年底通车。穗莞深城际新白广线预计2020年底通车。佛莞城际线预计2020年底通车。广佛环线佛山西至广州南段预计2019年底建成。2018年12月16日，穗莞深城际琶洲支线开工建设。2018年12月28日，珠机城轨2期长隆至珠海机场段开工建设。

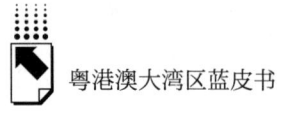

二 问题和挑战

大湾区轨道交通建设已经取得了长足进展,极大地促进了城市之间和湾区内部的要素流通和人员往来,但也不能否认,轨道交通在规划、建设和使用过程中,暴露出了各种急需解决的问题和挑战,主要如下。

(一)规划建设

1. 轨道交通规划未能有效响应湾区发展趋势

目前珠三角城际轨道的规划建设布局存在的最大问题是,不能充分反映珠三角内部产业和人口转移的趋势和规律。截至2018年年底,广州地铁运营里程为478公里;而深圳地铁运行里程285公里,已开通和规划的城际铁路约200公里。深圳轨道交通的规模与其产业和人口规模严重不相称。参照人口规模、密度和土地面积与广州、深圳类似的东京都市圈轨道交通3000公里的标准,目前广州都市圈轨道差距在1000公里左右,而深圳都市圈轨道交通的差距在2500公里左右,其中城际轨道差距约为2000公里。①

2. 公众参与不足

相关部门在轨道交通的规划建设过程中,还不够重视群众的感受、意见和需求。这种远离群众的操作导致全社会对轨道交通的发展前景和趋势的认识不够明确,进一步导致在轨道交通建设过程中,尤其是在征地问题上,群众配合程度不够,甚至出现民众阻挠施工行动的现象。2016年8月期间,广佛江珠城轨开展首次环评公示,因广佛江珠城轨计划从广州芳村引出后沿佛山一环走线,遭到沿线多个楼盘业主的联名反对,相关部门不得不多次出来接受群众意见,并进行相关解释和说明。

---

① 谢志岿:《粤港澳大湾区需要什么样的城际轨道交通》,《深圳特区报》2019年7月2日,http://sky.cssn.cn/skyskl/skyskl_jczx/201907/t20190702_4928273_1.shtml,2019年9月25日访问。

（二）运营方面

1. 城市线与城际线换乘不便

城市线由城市所设的专门公司运营，如广州地铁集团、深圳地铁集团等，而城际线一般由国铁广州局有限公司运营。两种运营模式不一，导致城市线和城际线换乘不便。相比较，成都市在成都东站合理布置安检点，使得通过高铁到成都东的乘客可以直接买票进站乘坐地铁，不需要再次安检，从而方便乘客，提高了通行效率。另一个突出问题是城际线和城市线不能并网运营。理想状态应该是城市线和城际线可以像城市线内部换乘一样方便快捷。目前国铁与地铁的两种不同运营模式导致了不能自由换乘，乘客乘坐广州地铁到达广州南后，还需要出站、买票、安检、检票等多重手续才能再坐上广珠城际。

2. 跨城支付不便

大湾区城际线、城市线高密度运营，便于居民便捷通勤，因此，支付是解决便捷通勤的重要环节。大部分按国铁运营模式的城际线需要先购票再安检、检票，甚至不能全天通用。这造成了乘坐城际线来往于大湾区各城市的旅客极大不便，甚至造成废票，给消费者造成损失。而在城市线的运营方面，广州地铁（包含广佛线）使用岭南通，深圳地铁使用深圳通，香港则使用八达通，三地分割，造成居民需要使用三种交通卡。即便支付宝、微信等移动支付工具开通城市线支付码，也仅仅算是补充，并不能完全解决支付分割所造成群众跨城出行的不便。

三 建议与展望

基于上述的现状梳理和问题分析，提出如下建议及展望。

首先，建议由广东省政府协同港澳特区政府整合城际线和各城市轨道交通规划，以大湾区发展为导向，综合考虑大湾区各个地区和城市的轨道交通需求，规划轨道交通网络。以佛山、东莞为例，两市均是大湾区地区的制造业重镇，GDP均超过8000亿元，常住人口也都在800万人以上，但目前从两市轨道交通的规划和建设进展来看，显然不是前瞻和先导于大湾区经济社会发展，反而是有些落后。

其次，让地铁建设经验丰富的广州地铁集团、深圳地铁集团参与大湾区城际线的建设，加快建设步伐。组建由广州铁路局集团有限公司控股的城际运营公司，负责运营城际线路，同广州地铁集团、深圳地铁集团、香港铁路公司协同并网运营整个大湾区的城际线、城市线，保证各站点的换乘便捷安全。非常可喜的是，2019年9月6日上午，广东城际铁路运营有限公司在广州正式揭牌，标志着广州地铁探索"地铁+城际"一体化运作迈出坚实一步。

最后，还应当考虑和支付宝、微信、银联等支付巨头展开全方位合作，全面推行湾区通支付卡，运用到大湾区的轨道交通通勤站点，真正做到统一支付和透明核算收入；可以积极争取与华为、苹果等手机生产商合作，推进NFC支付系统在大湾区轨道交通所有站点的运用，还可积极考虑推进绑定湾区通支付卡的流程，真正实现轨道交通在使用上的便捷化。

参考文献

《国务院办公厅关于进一步加强城市轨道交通规划建设管理的意见》（国办发〔2018〕52号），国务院官网，2018年7月13日。

何力武、郑天祥、袁奇峰：《粤港澳大湾区交通项目协调机制研究》，《综合运输》2018年第4期。

景国胜、黄荣新、徐士伟、叶树峰：《粤港澳大湾区轨道交通体系发展的思考》，《城市交通》2019年第3期。

谢志岿：《粤港澳大湾区和大城市群城际轨道交通模式选择——对地铁化运营+高铁速度的城际轨道交通系统的探讨》，《城市观察》2018年第6期。

刘龙胜等：《轨道上的世界：东京都市圈城市和交通研究》，人民交通出版社，2014。

王珺、袁俊主编《粤港澳大湾区建设报告（2018）》，社会科学文献出版社，2018。

粤港澳大湾区年鉴编纂委员会编《粤港澳大湾区年鉴（2018）》，方志出版社，2019。

郑明远：《轨道交通时代的城市开发》，中国铁道出版社，2006。

郑明远、王睦：《铁路城镇综合体：理论体系与行动框架》，中国铁道出版社，2015。

郑明远：《城市轨道交通系统规划方法论》，中国铁道出版社，2018。

B.3
2018~2019年粤港澳大湾区港口与空港群建设报告

韦婕妤 何力武 郑天祥*

摘　要： 全球航运和空运市场行情牵动着粤港澳大湾区港口与机场的发展未来。在全球航运市场增长放缓、空运市场稳定增长的背景下，结合《粤港澳大湾区发展规划纲要》的要求，本文从完善现代集疏运体系、推进港口联盟与股权利益共享、巩固香港国际航运中心地位三个维度提出了大湾区港口群提升国际竞争力的路径；围绕建设大湾区世界级机场群的目标，明确了七大运输机场的建设方向、湾区通航事业的发展思路和澳门新机场改扩建的实施路径。

关键词： 港口群　世界级机场群　国际航运中心　港口联盟　粤港澳大湾区

一　全球港口与机场发展情况

当前世界一流湾区都拥有世界级的港口群和机场群，一流湾区港口群和

---

* 韦婕妤，暨南大学研究生；主要研究方向为交通经济；何力武，博士研究生，交通规划高级工程师，广州开发区政策研究室总经济师，副研究员，主要研究方向为区域经济；郑天祥，中山大学港澳珠江三角洲研究原中心原副所长，教授，主要研究方向为航运经济、空港经济及港澳研究。

机场群的发展水平引领着全球港口与机场的发展,而全球航运和空运市场的运行情况,牵动着粤港澳大湾区港口与机场的发展未来。

(一)航运市场增长放缓

2018年,受全球经济增速放缓、中美贸易摩擦等因素的影响,全球干散货航运市场的发展信心受到冲击。① 近五年,波罗的海指数基本维持在1500点以下。2016年由于欧美放开对中国的限制而开始回暖,但在2018年中美贸易摩擦影响下,指数又呈断崖式跳水,骤降至百位数。这反映出短时间内全球对海运进出口的需求不会出现大幅度增长(见图1)。

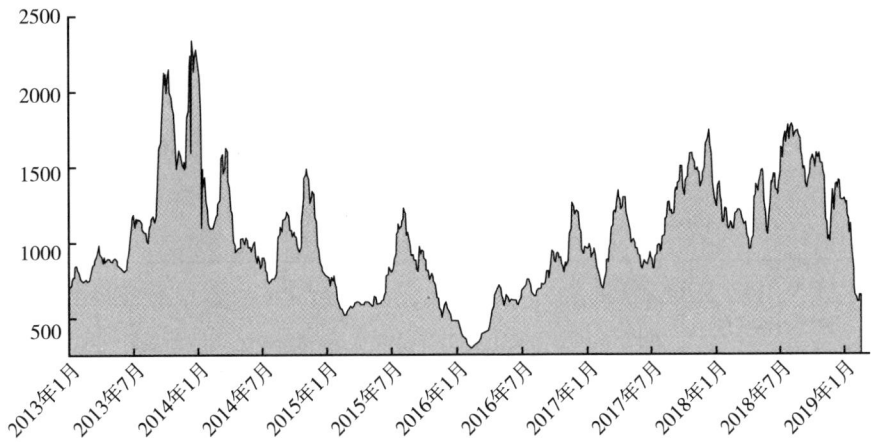

图1 近五年波罗的海指数(BDI)

资料来源:http://www.eworldship.com/app/data。

"十三五"时期,全球智能化、信息化科技创新产业快速发展,以东莞纺织品为例,基本向东南亚转移。但是,对以手机、电器的整装为代表的半成品拼装而言,珠三角仍是全球制造基地。虽将很多原材料的环节转移出

---

① 干散货:根据货物的形态和包装,航海界将海上运输货物划分为液体货、干散货、件杂货三大类。干散货是可以装满一船或一舱的谷物、铁矿石、煤炭等大量容易以散装形式处理和运输的物质。

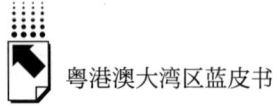

去，但是把零部件的拼装还是放在珠三角。从内外贸易来看，一是原材料的进口会削弱，但是半成品的进口仍提升。二是源于消费水平提升，进口消费的增加比较多。综上，总体货运量还是增长，但处于放缓的趋势。

（二）全球航运、码头呈联盟化发展

全球航运在航运与码头两大板块均趋向联盟化发展。全球航运战略已从造大船抢地盘1.0版本，迈入制定国际航运业未来规则和标准的制高点的阶段。随着行业集中力度不断提升，目前全球形成 Tradelens、GSBN 及 DCSA 三大联盟（见表1、表2）。联盟形成从而带来码头议价能力提升，同时共同推进行业标准化、规范化、数字化发展。根据法国海事咨询机构 AXS-Alphaliner 统计，截至 2018 年底，全球前 10 大船运公司运力集中度高达 82.0%，较上年同期 77.3% 上升了 4.7 个百分点。在码头方面，中国港口整合已成大势所趋，除珠江口外，由北向南基本都已经整合完毕。

表1 全球三大联盟情况

联盟名称	成立时间	成 员
区块链运输平台 Tradelens	2018年1月	马士基、IBM、以星航运、达飞轮船、地中海航运
区块链联盟 GSBN	2018年11月	中远海运、达飞轮船、长荣海运、东方海外、阳明海运、DP world、和记港口集团、PSA 国际港务集团、上海国际港口、CargoSmart
数字集装箱航运协会 DCSA	2019年4月	马士基、地中海航运、赫伯罗特航运、ONE、达飞轮船、长荣海运、现代商船、阳明海运、以星航运

资料来源：艘航资讯平台整理。

表2 2018年全球主要班轮公司经营业绩情况

单位：百万美元，%

班轮公司	营业收入	同比增长
马士基航运	21083	31.40
达飞轮船	17176	9.80
赫伯罗特	9553	15.20

续表

班轮公司	营业收入	同比增长
中远海集运	12223	21.50
现代商船	8893	-1.70
长荣海运	3897	6.20
阳明海运	3355	4.10
万海航运	1564	7.20
以星航运	2395	8.00

资料来源：日本 MARINENET。

（三）空运市场稳定增长

全球客运市场呈稳定增长态势，ForwardKeys 公布的数据显示，2018 年全球航空旅客数量增长了 5.9%。其中，亚太地区增速为 9.6%，欧洲、非洲、美洲及中东地区增长率分别为 5.8%、5.2%、4.4% 和 2.8%。2018 年 12 月 12 日，国际航空运输协会（IATA）预测 2019 年全球航空运输业净利润将达 355 亿美元。

表 3 2019 年全球航空运输业规模预测

类别	规模
总收入	8850 亿美元
净利润	355 亿美元
客运量	45.9 亿人次
货运量	6590 万吨

资料来源：根据国际航空运输协会（IATA）数据总结。

（四）通用航空成为下一个风口

我国通用航空产业发展起步较早，但是产业规模仍十分弱小。航空飞行量主要由传统的飞行训练和作业飞行小时构成，用于消费类用途的飞行小时不到5%。① 民航局中南地区管理局数据显示，截至2018年底，全国飞行时间97.31万小时，同比增长11.9%。已取证通用机场126个，全行业颁证通用机场202个。而截至2017年，我国通用飞机保有量仅为2984架，产业规模不到美国的3%②。

二 大湾区港口的竞合

（一）大湾区港口群发展现状

目前，跨城市的港口区域合作趋势显著，珠三角港口群之间多层次、全方位的合作态势愈发明显。广州与佛山、中山签约建设南沙港四期，同期广州港与珠海港签订战略合作协议，待未来南沙港铁路开通后，江门、中山、佛山都可直达南沙港，广州港势力范围不断向珠江西岸地区"渗透"。自2016年以来，深圳盐田港影响范围不断拓展，利用京九铁路、广梅汕铁路，在梅州、河源、韶关以及东莞凤岗、塘厦等镇建设盐田港无水港，还将无水港建设拓展至江西省境内。

1. 港口体系的空间布局特征

粤港澳大湾区港口群主要分布在珠江口、珠江及其支流沿岸，形成以港深穗三大枢纽港为核心，珠海、佛山、东莞为干线港，惠州、中山、江门、肇庆等为支线港（喂给港）的港口体系。大湾区南部香港、澳门、深圳、珠海面海，主要以海港运输、远洋运输为主，为"海上丝绸之路"与"陆上丝绸之路"交换枢纽；大湾区北部广州、佛山、东莞、中山、肇庆等地货运以内港及河海结合为主，陆上丝绸之路、中欧班列等陆运系统接驳（见表4）。

---

① 消费类用途涵盖：公务飞行、私人飞行、个人娱乐飞行、航空运动、应急救援等。
② 2019年5月24日，中山大学粤港澳发展研究院前往民航中南管理局对航务管理处、运输管理处、空中交通管制处、通用航空处等机构办公室进行调研。本数据根据此次调研活动整理所得。

表4 粤港澳大湾区港口码头空间分布一览

序号	城市	空间分布特征	主要港区、港口	主要港口等级
1	广州	内港－外港	内港区、黄埔港区、新沙港区和南沙港区	枢纽港
2	深圳	东港－西港	东部大鹏湾－盐田港，西部深圳湾－蛇口港	枢纽港
3	香港	内港－外港	香港岛外围主要集装箱码头为葵涌、青衣两大港区	枢纽港
4	珠海	内港－外港	西区以高栏港区为主，东区以桂山港区为主，市区以九洲、香洲、唐家斗门等港区为主，形成三大港区	干线港
5	佛山	内港－外港	三山港、三水港两个重点港区	干线港
6	东莞	内港－外港	麻涌、沙田、沙角、长安以及内河等五大港区	干线港
7	惠州	内港－外港	市区的内河码头，大亚湾的东马港区、荃湾港区	支线港
8	中山	磨刀门水道和横门水道	黄圃港区、小榄港区、神湾港区和中山港等	支线港
9	江门	潭江沿岸和虎跳门水道沿岸	江门港、新会港、恩平港、台山港等	支线港

注：本表按集装箱运输量分类，大于500万TEU为枢纽港，200万~500万TEU为干线港，低于200万TEU为支线港。货物吞吐量大于1亿吨为枢纽港，5000万~1亿吨之间为干线港，低于5000万吨为支线港。

2. 港口群一体化发展

（1）货物中转情况

香港作为著名商品商贸中心，转口贸易历史悠久，本港的制造业体量少，近年借助自由港优势，在离岸贸易方面以出口与转口为主。2017年，经香港中转的货物吞吐量占香港货物吞吐量的50.9%，经香港中转的载货集装箱占香港集装箱吞吐量的71.2%。另外，我国内地经香港中转的货物及集装箱大多数来自珠三角地区（见表5、表6）。

表5　2017年货物中转吞吐量情况

项目	经香港中转	经香港中转的与我国内地有关	经香港中转的与我国珠三角地区有关
货物吞吐量(亿吨)	1.43	0.58	0.40
占货物吞吐量比例(%)	50.9	20.7	14.1

资料来源：粤港澳大湾区供应链研究院内部材料。

表6　2017年载货集装箱中转吞吐量情况

项目	经香港中转	经香港中转的与我国内地有关	经香港中转的与我国珠三角地区有关
载货集装箱吞吐量(万TEU)	1263.9	484	358.7
占载货集装箱吞吐量比例(%)	71.2	27.3	20.2

资料来源：粤港澳大湾区供应链研究院内部材料。

（2）集装箱运输量

近五年，深圳作为香港的境外作业区，集装箱运输量一直保持高速增长。2013年，港深穗三大港口集装箱运输量占泛珠三角核心港口比重分别为31.94%、33.38%、22.22%，标志着港深穗三港鼎立成型。截至2018年，三港占比分别为25.57%、33.59%、28.61%。港深在珠三角港口群中进出口贸易和运输方面占据主导地位。

表7　泛珠三角核心港口集装箱运输量占比统计（2013～2018年）

单位：%

年份	香港	深圳	广州	湛江	珠海	汕头	佛山	肇庆
2013	31.94	33.38	22.22	0.65	1.25	1.85	3.94	4.77
2014	31.86	34.46	23.84	0.83	1.68	1.87	4.16	1.30
2015	28.84	34.70	25.27	0.86	1.92	1.69	4.33	2.39
2016	28.40	34.38	27.04	1.04	2.37	1.78	3.75	1.24
2017	27.49	36.14	24.75	1.28	3.26	1.75	4.32	1.01
2018	25.57	33.59	28.61	1.32	3.01	1.71	5.21	0.98

资料来源：深圳、广州、湛江、珠海、汕头、佛山及肇庆统计公报和香港海事处。

(3) 货物吞吐量

大湾区港口群从以香港、深圳、广州三个大港独立发展为主逐步转向一体化协调发展。2009年,大湾区港口群货物吞吐量约为10.70亿吨,2018年为17.3亿吨,10年间增长61.7%。其中,三大港口占比从2009的76%下滑至2018年65%;主要原因是湛江、珠海及佛山等干线港口发展迅速。2018年,湛江、珠海和佛山三个支线港占比分别为17.43%、7.97%、5.18%。大湾区港口群逐步趋向于一体化发展。

表8 泛珠三角核心港口货运吞吐量占比统计(2013~2018年)

单位:%

年份	香港	深圳	广州	湛江	珠海	汕头	佛山	肇庆
2013	19.76	16.75	33.86	12.88	7.16	3.58	3.94	2.08
2014	20.23	15.14	34.01	13.71	7.26	3.53	4.01	2.10
2015	17.44	14.78	35.49	14.99	7.63	3.54	4.16	1.98
2016	17.04	14.19	34.62	16.98	7.82	3.25	3.98	2.12
2017	18.13	15.61	28.30	18.26	8.81	3.17	5.18	2.53
2018	14.93	14.51	35.41	17.43	7.97	2.29	5.18	2.26

资料来源:深圳、广州、湛江、珠海、汕头、佛山及肇庆的统计公报及香港海事处。

(二)大湾区港口群的建设路径

粤港澳大湾区在今后的港口群建设中,可以围绕以下思路展开。

1. 完善现代集疏运体系

大湾区现代集疏运体系应促进港口、港区、码头合理分工、良性互补,差异化发展。南部以沿海主要港口为重点,完善内河航道与疏港铁路、公路等集疏运网络。推进沿海主要港口出海航道、公共锚地等公共基础设施建设。

北部利用大湾区河网密布的特点,发展以西江为主,东江、北江为辅的内河航运网络,加强港口的陆路疏运网络建设。配合主要港口建设铁路、公路中转枢纽,尽量减少港口和站场拆装箱,建立引桥方式接驳港珠澳大桥,打通港澳-内地陆海联运,构建大湾区港口多式联运的一体化服务系统,增强港口与腹地之间的交通联系(见表9)。

表9　大湾区主要港口的疏港通道

序号	主要港口	疏港通道	功能
1	广州南沙港区	南沙疏港铁路、南沙港快速、京港澳高速广澳并行线	大运量货流
		北江+珠江、东江+珠江	小批量低值货流
2	深圳盐田港区	平盐铁路、盐排高速+盐坝高速+惠深沿海高速	大运量货流
3	深圳西部港区	平南铁路、广深沿江高速+机场高速+南坪快速	大运量货流
		西江+横门水道、北江+横门水道、东江+珠江+虎门水道、深中通道	小批量低值货流
4	珠海高栏港区	广珠铁路、高栏港高速+金海高速	大运量货流
		潭江+崖门水道、西江+磨刀门水道（鸡啼门水道）、港珠澳大桥	小批量低值货流
5	惠州大亚湾港区	惠澳铁路、惠大疏港高速+惠深沿海高速	大运量货流

资料来源：《广东省综合交通运输体系发展"十三五"规划》、《粤港澳大湾区港口和机场发展与合作》。

2. 推进港口联盟与股权利益共享

采取"从行政协调向行政、市场协调，再向市场协调过渡"的发展路径，进一步推进成立大湾区港口联盟，加快大湾区港口资源整合，解决目前港口能力过剩的问题。从港口管理方来看，在大湾区港口中，多家港口集团主导经营着主要沿海码头运营活动，分别是招商局港口、盐田港集团、广州港集团、广东省航运集团、珠海港控股集团、东莞港务集团、惠州港务集团和中山港航集团，应紧抓全球集运联盟格局重组契机，建议以香港和黄集团、招商国际集团、广州港务集团三大航运集团为首组建粤港澳大湾区航运联盟。同时，以政府引导、市场化运作为主导，组建股份集团公司，联合众多中小民营航运公司共同"拼船出海"走出去，提高中国的航运地位"话语权"。

3. 巩固香港国际航运地位

一是共建大湾区船舶登记。在方便旗问题上，可以结合香港的立场分两步来完成。[①] 第一步将在其他国家登记的船收回，唯有香港保留，其中，不

[①] 方便旗是一国的商船不在本国而在他国注册，不悬挂本国国旗而悬挂注册国国旗。西方国家的商船有很多是在其他国家注册的，这是为了逃避本国的法令管制，减少税收的交纳或工资等费用的支出等。

回来的船只也可以选择香港;第二步再考虑是否将全部船舶召回。通过这种方式,巩固香港的国际航运地位,进而提升中国在世界海事方面的话语权与中国声音。同时,对国际航行船舶开放船舶入级检验,认可世界上其他高信誉船级社的检验;借鉴智能化船舶管理信息系统,强化船舶安全日常管理。

二是共建航运交易所、离岸金融、贸易合作。香港是唯一没有设立航运交易所的城市。广州航运交易所成立以来至2017年底,累计完成船舶交易2566艘,交易额达93.46亿元。2017年全年完成船舶交易608艘,同比增长32%;交易额24.56亿元,增长48%。近年,全球货运险率不断下降,亚太地区航运保险的市场规模却快速上升,份额已超过全球1/4。因此,可引导香港航运金融机构与南沙船舶制造业基地对接,支持粤港地区金融机构和航运企业合作设立金融租赁公司。

三是共建大湾区国际海事法律合作创新示范区。在司法独立性方面,香港在全球138个司法管辖区中排名第八,在亚洲区名列第一。2018年广州居全球城市排名27位,未来可充分借助香港法律法制优势,建立与国际接轨的海事仲裁制度和"境外律师"制度。

四是共建海事大学,共同举办国际航运高峰论坛,共同提供高层人才培训服务。船运仲裁方面,由于内地缺少法律人才,两地可以共同承办海事大学、共建航运人才智库,如在南沙香港园开办相关课程,达成"港澳管理与咨询 – 内地培训 – 粤港澳就职"的合作模式,缓解香港航运从业人员主要集中在高层和基层两端、人才结构中间断层问题。

三 大湾区空港的协作

(一)大湾区机场群现状

目前,大湾区共有7个运输机场,包含香港赤鱲角、广州白云、深圳宝安、澳门国际、珠海金湾5个核心机场,以及惠州平潭(军民合用)及佛山沙堤(中国联合航空公司专用)机场;广州番禺、深圳南头、珠海九洲、中山三角4个通用机场，其中深圳南头、珠海九洲为直升机机场及岑村机场（军用机场），基本情况见表10。

表10 粤港澳大湾区运输机场基本情况（2018年）

机场	等级	旅客吞吐量（万人次）	同比增速（％）	货邮吞吐量（万吨）	同比增速（％）
香港	4F	7470	2.5	512.1	1.4
广州	4F	6972	5.9	189.06	6.2
深圳	4F	4935	8.2	121.9	5.1
澳门	4E	826	15.3	—	—
珠海	4E	1122	21.7	4.64	24.1
惠州	4C	187	96.4	0.55	38.0
佛山	4C	10	-76.8	0.01	-46.8

资料来源：《2018年民航机场生产统计公报》及各机场官网统计数据。

在通航业务方面，大湾区只有香港机场、澳门机场、白云机场、深圳机场、香港上环码头、澳门外码头6个常设口岸可以停放直升机。针对跨境直升机飞行任务申请，目前申报程序繁杂，审批时间长，制约飞行任务常态化发展，截至2019年5月，区域范围内共8家通航企业提交开展粤港澳直升机跨境业务运输申请。白云机场FBO（翼通公司）现有2个混合直升机机位（YT13、YT14），具备独立安检及联检功能。2018年，针对深圳南头直升机机场搬迁，拟定深圳机场作为停飞替代方案。

2018年，全球货邮吞吐量排名前二十位的机场中，我国共占5席，香港国际机场排名全球第1位，上海浦东国际机场排名第3位，台北桃园国际机场排名第8位，北京首都国际机场排名第16位，广州白云国际机场排名第17位（见表11）。

1. 香港国际机场

香港国际机场共设有182个停机位、两条长度3800米的跑道，往来全球超过220个航点,每天超过1100个航班班次,共有超过120家航空公司在香港提供航空服务,目前正着手推进第三条跑道建设。①

表11 2018世界机场货邮吞吐量排名(前20位)一览

排名	机场	货邮吞吐量(万吨)	排名	机场	货邮吞吐量(万吨)
1	香港机场	512.1	11	多哈国际机场	219.8
2	孟菲斯机场	447.1	12	新加坡樟宜机场	219.5
3	上海浦东国际机场	376.9	13	法兰克福国际机场	217.6
4	首尔仁川国际机场	295.2	14	巴黎戴高乐国际机场	215.6
5	安克雷奇国际机场	280.7	15	迈阿密国际机场	213.0
6	迪拜国际机场	264.1	16	北京首都国际机场	207.4
7	路易斯维尔机场	262.3	17	广州白云国际机场	189.1
8	台北桃园国际机场	232.3	18	芝加哥奥黑尔国际机场	186.9
9	东京成田国际机场	226.1	19	伦敦希思罗国际机场	177.1
10	洛杉矶国际机场	221.0	20	阿姆斯特丹机场	173.8

资料来源:国际机场理事会:《2018年世界机场货邮吞吐量20强排行榜》,http://www.aviation.cn/2019/0416/49851.html,2019年7月4日访问。

2. 广州白云国际机场

在2018年全球化和世界城市研究网络世界城市分级排名中,全球374个城市入围,广州排名第27位。国际业务保持强劲的发展势头,2018年实现国际及地区旅客吞吐量1589.41万人次,同比增长17.6%。

3. 深圳宝安国际机场

深圳宝安国际机场在2018年全年新增15个国际客运通航城市,位列内地机场首位。② 预期2030年全面建成粤港澳大湾区世界级机场群重要的核心机场,"一带一路"总体布局中更具辐射能力的重要国际航空枢纽。

---

① 《2018年香港国际机场客、货运量创新高》,人民网,http://qh.people.com.cn/n2/2019/0114/c182792-32529327.html,2019年8月2日访问。
② 《深圳机场2018年迎送旅客近5000万》,深圳宝安国际机场,http://www.szairport.com/szairport/gsxw/201902/05506603039f40e6ae51efeff7037479.shtml,2019年10月3日访问。

4. 澳门国际机场

目前澳门国际机场仅为3360米跑道，只能直飞东南亚、东北亚等短途距离国家，不能便捷与葡语系国家建立联系，也无法满足国际客流需求，无法支撑"一中心、一平台、一基地"的定位。2018年澳门国际机场内地旅客同比上升超过34%。随着2019年特区政府换届，澳门航空的专营期限也即将届满，澳门航空业应另辟新径，借助中央授权澳门特区管理85平方公里海域，挖掘空港海港资源，成为澳门新的发展引擎。

5. 珠海金湾国际机场

珠海金湾国际机场作为目前国内唯一一个没有国际口岸的千万级别机场，是全国首个"国家通用航空固定运营基地发展示范区"。2018年，珠海金湾国际机场年旅客吞吐量达到1122.1万人次，同比增长21.7%，进入国内千万级机场行列。2018年，货邮吞吐量为46393万吨，同比增长24.1%。目前，占地99平方公里的珠海航空产业园，规划形成"一轴两翼三核四区"的总体格局。

（二）大湾区机场群建设方向

1. 明确运输机场特色，合力共建大湾区机场群

粤港澳大湾区现有香港、广州、深圳、珠海、澳门、惠州、佛山7个运输机场。"十三五"期间规划改扩建香港、广州、深圳、澳门、珠海、惠州等6个机场，开展新建珠三角枢纽（广州新）机场前期工作（见表12）。①

2. 深化低空空域改革，促进湾区通航事业发展

对比世界其他湾区，粤港澳大湾区的公共航空运输体量已接近甚至超过了部分湾区，但还亟须落实民航局通用航空"放管服"工作要求②。

---

① 参考《中国民用航空发展第十三个五年规划》及中国民用航空中南地区管理局调研整理。
② 国务院、中央军委：《关于深化我国低空空域管理改革的意见》，2010。

表12 粤港澳大湾区运输机场功能定位及建设方向

名称	功能定位	建设方向
香港国际机场	国际航空枢纽机场 多式联运中心 通往中国内地门户	• 机场扩建第三条跑道,拓展国际航线,推动服务高端化; • 强化航空管理培训中心功能,临空商务、航空培训、金融、营销、会展等业务
广州白云国际机场	国际门户型枢纽 亚洲物流集散中心之一 中国重要的临空经济中心、航空经济示范区 华南地区重要的发展引擎和增长极	• 第三期扩建工程(2030年):建设长3600米的第四跑道和3800米的第五跑道,建设42万平方米的T3航站楼,174个机位的站坪等; • 紧扣全球城市地位,联合高铁枢纽网络资源,提升国际中转功能,重点打造通达欧美、澳洲、非洲及南美地区的国际运输通道; • 重点发展总部经济、航空物流、航空维修、商务会展等业务
深圳宝安国际机场	大型骨干机场 区域客运枢纽机场、货运门户、主要快件集散中心	• 新建第三跑道(2021年)、滑行道系统、卫星厅(2020年)、第四航站楼(2025年); • 积极发展面向东南亚及欧美地区的国际航空客货运运输网络; • 依托雄厚的高新技术产业基础,重点发展航空航天技术产业,如航空航天设备制造、研发、航空总部等
澳门国际机场	多功能中小型国际机场范例	• 将分三阶段对现有机场进行升级改造,并进行填海扩建工程; • 依托博彩、酒店等产业基础,重点发展文化旅游业、商务会议,打造拉丁语系国家经贸发展平台
珠海金湾国际机场	中型机场 华南地区航空产业基地 珠江口西岸重要的客货运输机场 国内重要的公务机和通用航空服务基地及华南地区本场飞行训练中心	• T2航站楼建设:建成后T2航站楼面积14.5万平方米;内平行滑行道长4000米,宽44米;新增机位数量31个,站坪面积增至60万平方米;航站楼面积增至23万平方米; • 主要发展客运和国内、东南亚货运航线网络; • 重点发展通用航空产业制造、维修、人才培训、航展、公务机等业务
珠三角枢纽(广州新)机场	珠西新空港中心 服务珠三角中西部及周边地区	• 规划与广州白云机场共同形成国际航空枢纽; • 积极发展国际航空客货运输
惠州机场	干线机场 深圳第二机场功能 服务惠州、汕尾、河源及深圳东部地区	• 扩容扩建工程(2020年):建设航站楼11465平方米,扩建3个C类机位,现状为航站楼改造; • 以"低成本航空市场"和"区域货运市场"为重点战略发展方向,目前已通航国内22个城市,衔接旅游城市
佛山沙堤机场	干线机场	• 整体搬迁,对接珠三角枢纽(广州新)机场

一是协调香港使用直升机运行程序,增设低空目视飞行航线,深化低空空域改革。加强民航局与香港民航处协商,促成香港机场设计使用独立直升机目视飞行程序,释放香港机场直升机运行空间。同时,在广州、深圳、珠海、佛山、中山、东莞、惠州、江门、肇庆等主要城市之间,结合具有民航通关服务能力的机场、通用机场及临时起降场规划设计跨境目视低空飞行航线。

二是协调设立通关口岸,建立直升机跨境客运联检程序,加快通用航空发展,稳步发展跨境直升机服务。民航局加强对涉及口岸建设的边检、海关、检验检疫的协调沟通工作,在广州、增城、东莞中堂、惠东、肇庆高要、珠海、江门恩平、江门台山等8处增设直升机起降点或开设口岸,为大湾区主要城市之间互联互通提供必要的通关服务。同时,逐步实现"一地两检",以供通航企业查询,提高直升机跨境业务便捷度。

3. 落实改扩建澳门新机场,保障澳门发展可持续

一方面,澳门长久以来作为"海上丝绸之路"海港中转中心所积累的经验为澳门创造了中西文化交融的开放环境,尤其是澳门与葡语系国家的历史渊源更为中国与拉丁美洲的合作提供了广阔的交流平台;另一方面,借助澳门服务业的优势基础发展优质全面的航空服务,拓展航线同时,加快轨道交通建设,争取与内地轨道交通实行无缝接驳,吸引更多内地游客到澳门旅游度假和中转。如加快落实以上行动,澳门无疑将成为具有竞争力的国际中转站之一。

除原址扩建外,澳门还可考虑重新选址进行新机场的修建。① 一是在香港没有建成第三条跑道(主要是飞远程国际)之前,可以分担远程国际这部分的客流。二是以洲际航线为目标,规避现状洲际乘客到达澳门需经香港、广州中转的问题。目前,拉美地区与澳门无直航,开辟澳门至拉美、非洲、中东和欧洲等地的远洋航线直航,可吸引更多国际旅客到澳门或经澳门到内地旅游,并吸引沿线国家货物往来内地空运物流中转。

---

① 韦婕好、郑天祥:《澳门人要奋起做一个"澳门梦"》,盛世大湾区论坛(内部刊物),2017,第20~28页。

参考文献

《粤港澳大湾区发展规划纲要》,国务院,2019。

中国民用航空局:《中国民用航空发展第十三个五年规划》,http://www.caac.gov.cn/XXGK/XXGK/FZGH/201704/t20170405_43502.html。

中国民用航空局:《2018年民航机场生产统计公报》,http://www.caac.gov.cn/XXGK/XXGK/TJSJ/201903/t20190305_194972.html。

国务院、中央军委:《关于深化我国低空空域管理改革的意见》,2010。

尤春媛:《民用航空行政法律规制研究》,法律出版社,2018。

刘海英、黄希、范薇:《民用航空服务与管理》,首都经济贸易大学出版社,2018。

谢春生、郭莉、张洪:《低空空域管理与通用航空空域规划》,中行出版传媒有限责任公司,2016。

B.4
2018~2019年粤港澳大湾区智慧湾区建设报告

符永寿 李康尧*

摘　要： 随着《粤港澳大湾区发展规划纲要》的出台，湾区智慧城市建设进入新的重要时期，各地纷纷出台智慧城市建设总体方案或相关顶层设计政策文件，并加强与智慧城市设施、服务建设提供商的合作。湾区不少城市制订实施智慧城市新三年计划（2018~2020年），各地在现有基础上，应用新技术，拓展新应用，提升新功能，加强互联互通新协作，推动建设粤港澳大湾区智慧城市群升级版。展望大湾区智慧城市群建设与发展，硬件基础设施将进一步升级，共商共建共享的协作机制将不断加强。

关键词： 信息化　智慧城市群　区域融合发展　数字政府　粤港澳大湾区

粤港澳大湾区的建设，是大湾区各地创新发展、融合发展的过程。当今世界，信息技术对经济社会产生着深刻影响，新一轮科技革命和产业变革蓄势待发，以信息化推进现代化、以智慧化驱动城市群已成共识，能否利用好信息和智慧化技术，关系粤港澳大湾区建设目标能否顺利实现。

---

* 符永寿，广东省社会科学院当代马克思主义研究所副所长、副研究员，广东社科情报学会常务理事，主要研究领域为信息化和中国特色社会主义理论；李康尧，广东省社会科学院信息系统项目管理高级工程师，主要研究领域为网络工程和信息安全。

一 高水平谋划，绘制大湾区智慧城市新蓝图

2019年2月，中共中央、国务院印发《粤港澳大湾区发展规划纲要》，明确提出要构建粤港澳大湾区新一代信息基础设施。近年来，粤港澳大湾区各地积极谋划智慧城市建设，找高参、谋良策，订规划、促合作，共同绘制出大湾区智慧城市发展新蓝图。

（一）推进研究部署和顶层设计

2018年7月，深圳市政府印发《深圳市新型智慧城市建设总体方案》，提出要构建两个中心，实施四大应用，建设十大工程。明确到2020年，实现"六个一"发展目标。广州将全球智慧城市的示范区建设纳入《琶洲地区发展规划纲要（2018~2035年）》。东莞《信息基础设施建设三年行动提升计划（2018~2020年）实施方案》以高速光网、移动物联网、4K高清等新一代信息技术为标志打造新业态、新产业，力争2020年高标准建设"宽带中国"示范城市。[1] 中山成立"数字政府"改革建设工作领导小组，编制《中山市新型智慧城市顶层设计框架方案》。香港在2017年12月就公布了"香港智慧城市蓝图"，勾画了未来5年发展计划，将在"智慧出行"、"智慧生活"、"智慧环境"、"智慧市民"、"智慧政府"和"智慧经济"六大范畴推行各项政策和措施。澳门于2017年底完成《澳门智慧城市发展策略及重点领域建设》，提出两个根本原则、五个发展目标、七条发展策略、十三个重点领域以及六项先导计划，计划把澳门建设成为宜居、宜业、宜行、宜游、宜乐，可持续发展的世界旅游休闲智慧城市。[2]

---

[1] 东莞市人民政府办公室：《关于印发〈东莞市信息基础设施建设三年行动提升计划（2018~2020年）实施方案〉的通知》，中国东莞政府门户网站，http://www.dg.gov.cn/cndg/zfbgs/201809/152ad4fce4154c219c9b9b1195e2761a.shtml，2019年4月10日访问。

[2] 澳门特别行政区政府科技委员会：《澳门智慧城市发展策略及重点领域建设咨询文本》（咨询期2018.5.17~2018.6.30），澳门特别行政区政府网，https://www.gov.mo/zh-hant/policy-consultation/240919/，2019年4月2日访问。

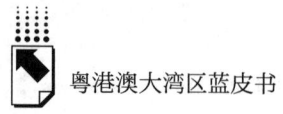

（二）加强与智慧城市设施、服务建设提供商的合作

2017年12月以来，珠海市政府、珠海横琴新区管理委员会先后与腾讯计算机系统有限公司、阿里巴巴集团、蚂蚁金服集团、华为、中国平安签署战略合作协议，共同推进珠海新型智慧城市建设，提出要把珠海建设成为"数字政府标杆、湾区模式典范、创新发展高地、美丽中国样板"，打造粤港澳大湾区智慧城市标杆、国家新型智慧城市建设示范市，并最终建成"世界级智慧城市"。2017年底，佛山与华为、阿里云计算有限公司分别签署了《智慧城市及云计算产业战略合作协议》《阿里云创新中心（佛山）建设合作框架协议》。惠州市与中国铁塔股份有限公司签署《共同推进惠州市5G网络基础设施建设战略合作框架协议》，共同推进惠州5G网络信息基础设施建设，充分发挥双方资源、产业、技术、市场等优势，抢抓粤港澳大湾区发展机遇，全力打造面向5G技术的物联网与智慧城市示范区，树立新型智慧城市标杆，为大规模推动5G网络信息基础设施建设奠定良好基础。2018年8月，江门市人民政府与中国联通广东省分公司签署《全面推进"数字江门"建设战略合作协议》，将在信息设施建设、数字政府、工业互联网、智慧城市和乡村振兴五大方面开展更深层次、更高水平的合作与发展。澳门于2017年8月与阿里巴巴集团签署《构建智慧城市战略合作框架协议》，以推进政府专有云计算中心及应用大数据技术项目的建设，加快澳门智慧城市基础设施的发展步伐。

二 高起点建设，启动大湾区智慧城市升级版

（一）示范区示范点建设取得新进展

广州建设粤港澳大湾区琶洲智慧政务服务中心。服务中心设置24小时"不打烊"服务区，配置大湾区政务通自助服务终端等智慧服务平台，计划通过系统升级、数据互通、资源共享，探索与香港、澳门进行衔接，围绕大

湾区企业和居民政务服务需求，逐步把居住证、入户、交通、教育、税务、通关等事项纳入受理。① 珠海横琴新区瞄准国家"智能岛"加速发力，申报建设横琴新区国际互联网数据专用通道，营造国际化互联网环境，实现数字化智能化跨越式升级，2018年9月，《横琴新区国际互联网数据专用通道申报方案》经工业和信息化部通信管理局专家评审后通过。东莞加强滨海湾新区"智慧城市"建设。2019年东莞市政府工作报告提出"打造对接湾区的滨海湾新区、中子科学城以及水乡新城三大战略平台"，其中，滨海湾新区将突出运用5G、人工智能、云计算、物联网，构建智慧城市硬件基础设施。佛山设立阿里云创新中心。2018年11月，阿里云创新中心（佛山）正式揭牌，为入驻企业提供"上云"技术、资金、场地等支持。惠州仲恺区与华为软件技术有限公司合作，推动仲恺高新区乃至惠州市产业信息化、信息产业化发展。阿里巴巴在澳门推进"智慧医疗"项目，利用人工智能技术综合分析疾病趋势以及过往流感疫情，预测未来两周城市流感等疾病的爆发强度和蔓延风险，从而帮助市民和卫生机构提前做好预防措施，推动澳门政府为居民提供更优质与便利的医疗服务。

（二）基础设施和应用平台建设上新台阶

深圳从数字政府、智慧民生服务抓起，确保企业和个人办事做到"一号走遍深圳"②。在大数据中心建设方面，推行"统分结合"的一体化新型智慧城市建设模式；在公共安全体系建设方面，建立"1+10+N"的城市运行管理体系。③ 中山积极推动"互联网+"落地生根，加快工业化与信息化深度融合。东莞大力实施信息基础设施建设"大会战"，全力推进"宽带东莞"的建设，截至2018年上半年，东莞光纤接入（FTTH/O）用户超过

---

① 《24小时"不打烊"，全省首家"大湾区政务服务中心"在广州揭牌》，《广州日报》2019年2月13日。
② 甘霖：《深圳召开智慧城市暨数字政府建设工作会议 加快打造一流智慧城市》，《深圳特区报》2018年4月4日，A01版。
③ 甘霖、康岩慧、刘羚：《对标世界一流加快新型智慧城市建设 深圳将实现政务服务事项100%网上申报》，《晶报》2018年4月4日，A03版。

256.4万户。肇庆"一市四区"数字化城市管理平台上线,实现了互联互通、精确、高效、全时段监控、全方位覆盖的城市管理新模式。香港智慧城市建设项目目前已有271个,涉及可持续发展、绿色科技、人工智能、机器人科学以及医疗保健等方面。香港特区政府还不断加大公共数据公开的力度,为方便政府及私营科研机构的大数据分析以及云计算,更好地为公众服务,于2019年新增650套开放数据集。2018年底,香港规划署公开了中环地区的3D实景模型,并计划分批次开放港岛和九龙地区的全部3D实景模型,为专业人士进行相关规划和研究,以及企业机构开发基于香港实景的游戏及应用程序提供支持,推动香港规划与设计步入三维时代。

(三)创新技术的应用产生新效应

各地涌现出一批先行先试、影响广泛的新应用、新成果。深圳市政府办公厅率先提出政务服务"秒批"新模式,推行"一库三化",通过系统自动审批、无人干预的机制,确保每项业务实现"同标准审核、无差别秒批"。截至目前,深圳市已有43项事项实现"秒批"。深圳还在智慧政务中探索利用"人脸识别"技术,简化办事流程,降低人为干预验证结果的可能性。[1] 惠州市将打造"潼湖生态区5G先行区",并以"智慧大道"先试先行,在通信设施建设方面满足无人驾驶汽车试验基地的需求,整合跨行业共建共享"一杆多用",实践通信塔与社会塔的双向转换。香港特区政府计划免费为运营商分配5G频谱,以便在5G推广的竞争中占据优势,有助于推出更多的物联网、智能城市和其他技术应用,支持政府的智慧城市抱负。阿里巴巴集团与香港移动通信运营商签署战略合作协议,全面合作推进云计算、智能大数据、物联网、基础网络及信息安全业务。双方将根据香港本地市场的需求,在物联网平台、智能大数据、生态能力输出方面赋能香港。阿里巴巴希望通过物联网以及新零售、新金融、智慧环保、智慧商超、智能楼

---

[1] 刘虹辰:《深圳智慧政务卓有成效"互联网+"政务服务一体化、扁平化、集约化》,《深圳商报》2018年12月6日,http://gd.sina.com.cn/sztech-news/csj/2018-12-06/detail-ihmutuec6667433.shtml,2019年10月2日访问。

宇、智慧供应链、智能物流、区块链等领域和香港深度合作，通过普惠科技推动香港企业转型和社会进步。中国移动（香港）携手信和集团，通过多元化的合作与PRE-5G基建，在信和集团旗下住宅及商场物业推出一系列采用中国移动（香港）的窄频物联网（NB-IoT）解决方案，包括智能家居、智能商场以及智能物业管理应用，携手创建智能城市，提升市民生活质量。双方计划以奥海城作为展示场地，设置智慧家居示范单位，以及适用于工商业及停车场等各类物业的NB-IoT解决方案及其他智能应用方案，展示了如何用高新技术来改善住客的生活体验，以及优化客户的工作模式。①

三 高层次协作，打造大湾区智慧城市共同体

粤港澳大湾区智慧城市建设有共同愿景、共同任务，各地也有各自不同的环境条件和发展水平、目标任务。粤港澳大湾区各地加强合作，信息化智慧化迎来高速发展的"黄金期"。智慧城市的关键在于连通性，面对快速发展变化的外部环境，粤港澳三地在《粤港澳大湾区发展规划纲要》指引下加强协作，进一步密切联系沟通，打造大湾区智慧城市建设共同体。2018年，粤港澳大湾区各地加强协作，共同研讨、谋划、推进智慧城市建设的互联互通，智慧城市群建设达成新共识、取得新进展。

2018年6月27日，粤港信息化合作专责小组第十三次会议在广州召开，粤港两地发布更新版本的《互认证书策略》。2018年9月30日，粤港两地对原《粤港电子签名证书互认证书策略》进行修订，形成《粤港电子签名证书互认证书策略（1.1版）》，加入支援远程非面对面身份审核的方式及更新互认证书的技术标准，以配合业界跨界业务的发展，提升粤港电子签名证书互认工作的规范化管理水平及技术安全标准，加快粤港电子互认证书在两地的推广使用。

---

① 《信和集团与中国移动香港签订策略合作备忘录》，大公网，http://www.takungpao.com.hk/finance/text/2018/0509/164840.html，2019年3月10日访问。

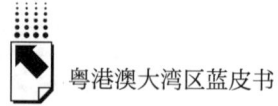

11月22~24日,广东省工业和信息化厅工作组赴香港参加粤港信息化合作工作会议等系列活动,粤港双方达成合作共识,以建设粤港澳大湾区为契机,共同推动智慧城市、智慧通关、跨境电商等领域信息化合作,加快推进粤港澳大湾区信息流一体化。

12月14日,由广东省工业和信息化厅、香港特区政府资讯科技总监办公室联合指导,广东软件行业协会、香港数码港管理有限公司、澳门电脑学会与广东省大数据协会等单位共同主办,第七届粤港云计算大会暨第二届粤港澳大湾区ICT大会在惠州召开,大会围绕粤港澳信息安全、云计算、大数据、人工智能产业发展及合作共赢进行了交流分享,深入探讨粤港澳大湾区创新发展和转型升级的发展思路。大会发布了2018年广东省十大品牌软件、十大创新软件及优秀云计算、大数据、电子政务、嵌入式软件和其他应用软件评选结果,举行了广东省数据中心联盟启动仪式、第六届粤港青年创业计划颁奖暨第七届粤港青年创业计划启动仪式。粤港云计算大会作为粤港信息化交流的一座桥梁,推动了粤港澳业界在云计算、大数据、物联网、智慧城市以及青年创新创业等领域的交流与合作。①

12月21日,由中国信息协会主办,广州信息协会承办的"2018第二届粤港澳大湾区新型智慧城市高峰论坛"在广州举办。国家发改委、各地驻穗办领导、泛珠区域相关信息化部门、港澳地区代表、智慧城市领域专家、院士、行业龙头信息技术企业负责人和各大媒体代表等600余人出席了此次盛会。论坛发布了《2018~2019粤港澳大湾区信息化发展案例汇编》,表彰了广东新型智慧城市创新应用案例、广东新型智慧城市行业优秀解决案例、广东新型智慧城市行业信息化示范产品、广东信息化发展优秀产品、粤港澳大湾区信息化推动数字经济示范案例、粤港澳大湾区大数据应用示范案例。论坛全面总结了粤港澳大湾区在智慧城市建设领域的丰硕成果,充分展示了新一代信息通信技术在各行业各领

---

① 广东省工业和信息化厅:《第七届粤港云计算大会暨第二届粤港澳大湾区ICT大会在惠州召开》,http://www.gdei.gov.cn/zwgk/tpxw/201812/t20181219_131172.htm,2019年5月10日访问。

域的广泛应用成就，为粤港澳大湾区新型智慧城市的建设启迪了新智慧、新思路、新能量。

四 大湾区智慧城市群建设与发展展望

随着《粤港澳大湾区发展规划纲要》的出台，湾区智慧城市建设进入新的重要时期，智慧城市建设将与湾区各方面建设同频共振、协调推进。展望大湾区智慧城市群建设与发展，硬件基础设施将进一步升级，湾区智慧城市群共商共建共享的协作机制将加强。

信息基础设施建设升级。粤港澳大湾区将在全国率先建成高速、移动、安全、泛在的新一代信息基础设施，在2020年前后建成世界级宽带城市群。根据广东省政府的规划，珠三角地区将加快推进IPv6网络建设，构建高速骨干光纤网络，以5G为代表的新一代移动通信网络将在大湾区快速发展。5G是实现万物互联、人机交互的战略性信息基础设施，我国高度重视5G发展。在全国的层面，国家提出要拓展光纤和4G网络覆盖的深度和广度，力争2020年启动5G商用。国家将支持粤港澳大湾区企业之间加强对接和交流，鼓励港澳地区超前布局加快推动5G应用。《粤港澳大湾区发展规划纲要》提出将5G作为战略性新兴行业重点培育。

政府的科学规划和大力支持，助推产业界的参与。广东广电网络相关机构提出到2022年底，在大湾区建设大力铺设光缆线路，提升骨干网带宽，推进光纤入户建设和家庭智能网。①

共商共建协作机制进一步完善。粤港澳大湾区将进一步提升基础设施建设共商共建、互联互通水平，加强信息沟通、议题协商，大力推进包括信息基础设施在内的基础设施建设"互联互通"。信息共享衔接机制、大数据平台支撑、专业领域智慧设施生态圈等各层面各领域的建设步伐将进一步加快。《广东省信息基础设施建设三年行动计划（2018～2020年）》提出推进

---

① 《推进粤港澳大湾区智慧广电示范区建设》，《南方日报》2019年1月17日，A06版。

粤港澳大湾区信息基础设施互联互通和资源共享。粤港两地电子签名认证的机制也将升级，国家将大力推进电子签名证书互认工作，推广电子签名互认证书在公共服务、金融、商贸等领域的应用，将由国家工业和信息化部信息化和软件服务业司、广东省工业和信息化厅、香港特区政府资讯科技总监办公室、澳门邮电局电子业务厅四方成立联合工作组，共同推进电子签名证书互认工作。

参考文献

何遥：《珠三角智慧城市建设再升级》，《中国公共安全》2018年第12期。

罗卫：《"城市病"治理的新途径：从数字城市到智慧城市》，《科技创新与应用》2019年第26期。

李韶驰：《广州建设新型智慧城市的对策研究——基于伦敦智慧城市建设经验的借鉴》，《智能城市》2019年第17期。

傅荣校：《智慧城市的概念框架与推进路径》，《求索》2019年第5期。

张树剑、谷志军：《智慧城市、信息共享与大湾区应急管理协作机制的完善》，《中国应急管理报》2019年8月27日。

B.5
重大跨界交通工程建设取得重大突破

——以广深港高铁和港珠澳大桥为例

杨晓迪*

摘　要： 以广深港高铁和港珠澳大桥为代表的重大跨境基础设施的建成有力推动了大湾区建设，为大湾区经济发展、社会治理与制度协同提供了示范样本。本章梳理了广深港高铁和港珠澳大桥开通运行的基本状况，分析了它们对大湾区发展的影响和作用，总结重大跨界交通工程建设经验与启示：大湾区跨界交通工程建设需要在"一国两制"框架下形成多层次有效的决策机制、达成更高效的通关模式；需要复制和推广大桥建设经验和建设标准，为大湾区公共事务合作提供新模式，为"一带一路"交通基础设施建设提供参考。

关键词： 广深港高铁　港珠澳大桥　跨界交通　协同发展

粤港澳大湾区以建设世界级国际航运物流中心为目标，旨在全球范围内打造一个实现资本和货物集散、市场拓展的空间载体和管理中枢，推动各类要素资源在大湾区内高效便捷流动。加快基础设施互联互通是推动这一目标实现的重要支撑。广深港高铁和港珠澳大桥是粤港澳大湾区跨界交通建设的基础性和标志性工程。它们在2018年相继通车，标志着粤港澳三地融合速

---

* 杨晓迪，中山大学新华学院助教，主要研究方向为战略管理、创业管理。

度快速提升，不仅为实现港澳融入国家发展大局打破了交通壁垒，还为粤港澳大湾区协同发展提供了成功案例，也更是"一国两制"实践过程中粤港澳三地制度协调的重大成果。

一 重大跨界交通工程开通运行的基本状况

广深港高铁和港珠澳大桥的建成通车大大提高了大湾区互联互通程度，其建设和运营情况一直受到海内外广泛关注，不但是因为建设工期长、工程难度大的特点，还涉及"一国两制"的基本国策在跨界工程建设中的实践问题。

（一）广深港高铁建设与运营状况

广深港高速铁路香港段通过与广深港高速铁路广深段连接，实现与2.9万公里长的中国高速铁路系统网络相连，这标志着香港特区正式加入国家高铁网络，步入高铁新时代。广深港高铁增强了内地与香港特区经济协作，成为展示中国高铁技术的重要窗口。

1. 建设进程

从1988年香港首次提出、设想新建一条"区域快线"，到2004年国家发改委颁布的《中长期铁路网规划》提出将广深港客运专线定位为城际铁路，再到2010年1月，广深港高速铁路香港段动工建设，最后到2018年9月23日，广深港高速铁路香港段开通运行，香港正式进入高铁时代。

广深港高铁香港段起于香港西九龙站，于深圳黄岗连接内地段，历经5年规划，8年建造，总投资844亿港元，总长26公里，采用双洞地下隧道设计建造，克服对高铁沿线各种资源、生态、土地、空气、噪音、景观、视觉等的不良影响，特别是在对米埔湿地保护区进行严格保护的情况下进行施工，可见工程建设和施工难度之大、投资力度之深。

2. 通关模式

经中央有关部门和粤港两地政府再三研究，最终认为，在西九龙站设立香港和内地口岸区并实施"一地两检"是实现三地经济效益最大化的最佳方案,即由双方分别依照各自法律,对往来人员及其随身物品进行海关监管、边防检查、检验检疫等出入境监管。①

专栏一:广深港高铁"一地两检"立法历程

2017年11月18日,内地与香港的"一地两检"方案签署,并于12月27日获得全国人大常委会批准。

2018年1月26日,香港特区政府公布《广深港高铁(一地两检)条例草案》并刊宪,以期在广深港高铁西九龙站落实"一地两检"安排。

2018年1月31日,《广深港高铁(一地两检)条例草案》提交特区立法会首读及动议二读,开始本地立法工作,落实"一地两检""三步走"程序的最后一步。

2018年6月22日,香港特区政府签署《广深港高铁(一地两检)条例》,并在刊宪后正式生效成为法律。

香港西九龙站实施"一地两检"的立法历程(见专栏一),共施行"三步走"程序:第一步,内地和香港共同签署《内地与香港特别行政区关于在广深港高铁西九龙站设立口岸实施"一地两检"的合作安排》;第二步,由全国人大常委会批准《合作安排》;第三步,由双方依照各自法律程序落实《合作安排》。② 这与此前深圳湾口岸的"一地两检"实施过程有较大的不同。可见西九龙站实施"一地两检"是"一国两制"实践中遇到的新情况,符合"一国两制"和基本法的根本宗旨。"一地两检"体现了中央支持香港融入国家发展大局,顺应了香港与内地广大民众希望两地交往出行更加

---

① 张晓明:《关于对〈关于批准《内地与香港特别行政区关于在广深港高铁西九龙站设立口岸实施"一地两检"》的合作安排〉的决定(草案)的说明》,2017年12月22日第十二届全国人民代表大会常务委员会第三十一次会议。
② 《香港特区立法会三读通过广深港高铁"一地两检"条例草案》,中国新闻网,http://www.chinanews.com/ga/2018/06-15/8538344.shtml,访问日期2019年3月21日。

高效快捷的普遍诉求，有利于香港与内地之间的人员和经贸往来，深化香港与内地的互利合作。

3. 运营管理

广深港高铁大大缩小了香港与内地城市间的时空距离，突破了融合发展的物理障碍。香港西九龙站到深圳福田站最快行车时间为 14 分钟，到广州南站最快为 47 分钟，至上海虹桥站最快为 8 小时 17 分钟，至北京西站最快为 8 小时 56 分钟，可联通长沙、武汉、郑州、石家庄、杭州等城市共 44 座车站。高铁香港段最高营运时速为每小时 200 公里，每方行车方向的列车每小时可以接载约 1 万名乘客。

香港西九龙站（见表1）体现国际化语言标识系统和对特殊人群的人文关怀，在与公共交通的换乘过程中，在不同楼层之间设置客运和大型行李箱垂直电梯，在人行天桥上特别设计电动步道，减少步行体力消耗，这些都在一定程度上反映出香港在粤港澳大湾区内具有更高的国际化地位。自助售/取票机以及网络购票等信息化技术便利了购票与进出站程序，使得香港西九龙站车票制度衔接顺畅。

表1　香港西九龙站基本情况

高铁站点	位置	高铁流量	建筑面积	楼层布局	换乘地铁线路	换乘公交线路
香港西九龙站	距中环直线距离 2.2km（6.4km 车程）；距香港特区政府中部直线距离 2.7km(7.5km 车程)	18.5 万人次（开通当日）	建筑面积 43 万 m²，设 12 站台，15 条线	地上 2 层，地下 4 层（上进下出）	西铁线、机场快线、东涌线	西九龙巴士总站

资料来源：卢佩莹、王波：《从区域一体化看融合交通——以粤港澳大湾区和港深广高铁线为例》，《地理科学进展》2018 年第 37 期，第 1624 页。

（二）港珠澳大桥建设情况

港珠澳大桥横跨伶仃洋，东连香港，西接珠海和澳门，是世界最长的集桥、岛、隧于一体的跨海大桥，也是"一国两制"框架下粤港澳三地初次合作共建的超大型交通基础设施。港珠澳大桥建设创造了"七宗最"——世界最长跨海大桥（55公里）、世界最长钢铁大桥（15公里全钢结构钢箱梁）、世界最大断面公路隧道（2741米拱北隧道，双向六车道）、世界最长海底隧道（6.7公里海底隧道）、世界最大沉管隧道（排水量超过75000吨）、世界最深海底隧道（海底深处45米）、世界最精准深海之吻（沉管深海无人对接精度不超2厘米）。港珠澳大桥是中国现代桥梁的新典范，必将为粤港澳三地经济和社会带来更大的支撑和发展空间[1]。

1. 建设进程

从1983年首次提出修建跨珠江口连接香港与珠海跨海大桥的构想，到2009年12月15日宣布开工，再到2018年大桥建成通车，大桥历经5年规划、9年建设，前后历时14年，终于在改革开放四十年之际成为现实，实现了"建设世界级跨海通道，为用户提供优质服务，成为地标性建筑"的宏伟目标。

港珠澳大桥建设项目涉及海底隧道、跨海桥梁、人工岛填筑等多个领域，是集路、桥、岛、隧等专业于一体的超级综合集群项目，项目总投资超过1200亿元。大桥建设填补了我国多项行业标准和国家标准的空白，甚至达到国际领先水平。截至2017年底，大桥建设实现创新工法31项、创新装备31项、创新软件13项和申请专利454项。与其他大桥不同，港珠澳大桥采用先进的建设理念，以"搭积木"的模块化工业化制造体系组装建设，体现了我国装备制造业发展的强大力量。

2. 通关模式

港珠澳大桥三地口岸由各自负责设立和管理，采用"三地三检"通关模式，但珠澳之间采取"合作查验、一次放行"的新模式。该模式充分利用了珠海、澳门查验大厅紧密对接的地理条件，设置三种不同的查验通道，将原有两次边防检查整合为一次检查，实现高效便捷的通关目标。配备粤港

---

[1] 孙红林、杜明阳：《港珠澳大桥：科技创新引领空间生产的伟大实践》，《学习时报》2018年11月14日，第006版，第1页。

两地牌、粤澳两地牌和港籍单牌车辆，以及办理一次性配额申请的车辆可以在大桥通行（见表2）。港珠澳大桥边检站采用全国首创货车"一站式"自主通关模式，将原来3次停车、3次提交资料、3次通行，变成1次停车、1次提交资料、1次通行，进一步提高通关效率，缩短货车车辆候检时间，让车辆出入境真正进入"秒放时代"，对促进大湾区车流、物流的互联互通起着不可替代的作用。①

表2　大桥收费站"五类车"配额

类型	配额
跨境巴士	首年安排粤港、港澳跨境巴士配额共200个，其中，粤港150个（供粤港合资公司）、港澳50个（34个为香港配额，16个为澳门配额），另有200个转走配额，供其他粤港跨境巴士使用
穿梭巴士	穿梭巴士为粤港、港澳口岸之间的主要通行工具，提供频密接驳服务，口岸穿梭巴士不受配额限制
跨境出租车	前3年共计安排粤港、港澳跨境出租车配额为250个。其中，粤港配额150个，港澳配额100个。每一配额可运行一辆跨境出租车，往来次数不限
货运车辆	对于粤港跨境货车，可免办手续通过大桥，在开放初期，暂不增加该项指标；对于港澳跨境货车，仍在讨论之中
跨境私家车	对于粤港私家车，开通初期发放香港两地牌及内地私家车配额分别为约10000个和约1000个。自2019年1月1日开始，粤澳私家车可加签通行珠海口岸

资料来源：港珠澳大桥管理局：《港珠澳大桥通行使用指南》，2018。

3. 运营管理

第一，构建大桥营运养护管理新模式。制定了《港珠澳大桥营运养护管理模式及营运筹备工作方案》，构建了"自行营运、混合养护、与各政府部门联勤协作"的营运养护管理模式；制定了作为大桥全寿命周期项目管理制度体系重要组成部分的《港珠澳大桥项目管理制度》，确立了在营运阶段大桥管理局与各参与单位的管理行为；建立了联席会议机制，有效协调解

---

① 张盼：《港珠澳大桥创新通关模式》，《人民日报（海外版）》2018年3月26日，第004版。

决了政府职能部门岛上办公及行政执法问题。①

第二，采用"独立站和中心站相结合"的收费管理模式。"独立站"是指收费站员工宿舍设在站场附近，所有交接班、应急问题可以在周边处理。"中心站"则是指员工宿舍不设在站场旁。港珠澳大桥项目综合了"独立站"和"中心站"的优势，工作时间依托现场的收费养护楼以提高收费站工作人员交接换班的效率，快速解决收费现场中出现的突发状况。

第三，形成多元化收费支付模式。大桥采用"人工纸币收费＋移动支付＋双 ETC 系统"3 种收费模式并存。所有车道兼容国标 ETC 及香港快易通电子收费，支持 POS 电子收费，兼收人民币和港币，也可以通过微信、支付宝、银联卡等多种途径缴费，满足多样化支付需求。

第四，编制了《港珠澳大桥通行指南》。综合考虑公众通行大桥的各个主要环节和可能涉及的场景，对三地交通接驳、三地口岸通关、缴纳车辆通行费（见表3）、保险理赔、安全保障等方面的问题，通过热点问题答疑、示意图、流程图、小贴士等多样化的方式，为旅客提供通俗易懂的准确指引。

表3　大桥收费站收费标准

车辆类型	小型客车（私家车、出租车）	大型客车（过境巴士）	穿梭巴士	普通货车
收费	150 元/车次	200 元/车次	300 元/车次	60 元/车次

注：收费标准以人民币结算。
资料来源：港珠澳大桥管理局：《港珠澳大桥通行使用指南》，2018。

二　重大跨界交通工程对大湾区发展的影响和作用

重大跨界交通工程的开通，有力促进了粤港澳三地互联互通，必然会带

---

① 江晓霞、朱永灵、张鸣功、谭钜源：《港珠澳大桥营运管理模式及理念》，《中国港湾建设》2018 年第 6 期，第 75 页。

来人流、物流、资金流、信息流的加速流动,不仅有利于提升物流竞争力,还在旅游休闲、科技创新、金融服务等方面产生重要影响,形成大湾区全领域的协同发展效应。

(一)重大跨界交通工程的经济社会价值

重大跨界交通工程是世界级城市群发展的重要驱动力,必将为大湾区建设带来指数级的影响。从世界级城市群发展经验上看,他们大多拥有由高速公路、高速铁路、航道、通讯干线、运输管道、电力输送网和给排水管网体系所构成的基础设施网络,而发达的铁路、公路设施就构成了城市群空间结构的连结枢纽。① 作为粤港澳大湾区的核心交通"纽带",广深港高铁和港珠澳大桥必将对大湾区建成国际一流湾区和世界级城市群的目标起到重要驱动作用。其一,扩大了大湾区居民社会参与的范围和程度,有利于珠三角九市借助港澳优势持续繁荣发展。其二,必然带来内地与港澳规则及制度对接,助力大湾区形成更具整体性与创新性的湾区精神。其三,可以帮助舒缓港澳资源紧张、贫富差距过大、发展动力不足等结构性矛盾,客观上增进港澳经济社会的繁荣稳定。

(二)广深港高铁的影响和作用

广深港高铁的建成增强了内地与香港的经济协作,提振了粤港两地经济融合发展,同时也成为推动香港经济发展的"新引擎"。

第一,为香港和内地旅客提供了一种更加方便快捷的出行方式和体验,提升了两地居民的幸福感和获得感,增加了香港民众对大湾区发展的认同感和归属感。在西九龙车站内的售票机上,乘客可使用港澳居民来往内地通行证、中华人民共和国居民身份证进行购票,并可使用电子支付,为两地居民开展旅游观光、探亲访友提供更加便捷、舒适的服务,架起香港与内地

---

① 陈玉光:《从城市群形成的条件看我国城市群发展》,《江淮论坛》2009 年第 5 期,第 24 页。

"心"的桥梁。

第二，有利于促进香港与内地人员往来的交流和经贸活动，促进香港与内地优势互补、共同发展。以东莞与香港合作为例，广深港高铁成为莞港产业合作与经贸往来的重要纽带，成为东莞走向国际化的重要推动力。

第三，有利于香港融入国家发展大局，使香港与内地各方面的联系更加紧密，更大程度发挥"超级联系人"角色。香港国际化程度高，与全世界保持广泛的经济和文化联系，发挥着布局和联系全球的作用，成为内地"走出去"的重要窗口，广深港高铁使香港战略性地位得到进一步凸显。

第四，有利于香港青年打破与内地时空距离遥远的看法，更加准确认识内地发展机遇，乐意在内地城市就业创业，甚至长期安家居住生活。

（三）港珠澳大桥的影响及作用

港珠澳大桥的建成对香港、澳门、珠海，以及珠三角西部地区发展都具有重要的战略意义，对于支持港澳融入国家发展大局、全面推进三地合作具有重大意义。[1]从政治层面看，港珠澳大桥建设丰富和发展了"一国两制"的理论实践；在经济层面，港珠澳大桥可有效弥补以往陆运交通不便利的短板，使"一国"、"两制"、三个关税区下的香港、澳门和珠海首次实现陆路无障碍的连接；在社会层面，它成为联结粤港澳三地的"民心桥"。

对香港而言，大桥更能紧密发挥其最便利的集装箱码头和世界一流国际机场的作用。凭借"自由贸易港"的优势，大桥不仅可以弥补香港与珠江西岸的交通缺口，起到拉动珠江西岸城市经济发展的作用，更有利于巩固香港国际贸易中心和国际物流中心的地位。[2]首先，为香港的物流航运业带来新机遇。香港与内地的物流网络将更加紧密，整个粤西的货物

---

[1] 吴伟东：《港珠澳大桥对城市社会治理的影响分析》，《城市观察》2016年第4期，第91页。

[2] 张晓旭、梁小珍等：《港珠澳大桥建成对香港经济的影响研究》，《系统工程理论与实践》2016年第12期，第8页。

可通过大桥直达香港机场或货柜码头出口,这将进一步强化香港的国际贸易中心地位。[1] 其次,有可能改变香港区域发展格局,破解香港区域发展不平衡的困局。香港的经济核心主要集中于维多利亚海湾的港岛和尖沙咀地区,土地资源早已达到上限,但在大屿山、新界西北地区,土地资源丰富,极具发展潜力。港珠澳大桥通过即将建成的屯门–赤鱲角连接线,将大屿山与新界西北连成一环,使其成为通往大湾区和世界的门户和香港的"都市副中心"。

对澳门而言,大桥开通拓宽了市场范围和规模,有利于建设世界旅游休闲中心,增强澳门作为联结葡语国家、东南亚国家和欧盟的桥梁与纽带作用,促使其建成"一中心"(世界旅游休闲中心)、"一平台"(中国与葡语国家商贸合作服务平台)。此外,澳门居民可以更加便利地前往大湾区各市工作、求学、就业、创业和享受湾区内的各种服务,从而使澳门居民,特别是使澳门青年人有更大的工作发展空间和机遇。

对珠海而言,首先,大桥开通将彻底改变其在珠三角的交通区位——由交通末梢转变为节点,使珠海成为大湾区综合交通网络的重要构成,成为连接粤西和香港的主要节点。其次,推动了珠海城市结构的重构,使珠海城市空间得到更大的扩展和更合理的布局,城市功能得到进一步延展。[2] 再次,更加方便珠海对接利用香港国际平台和专业服务优势,打通珠海与广深及港澳等湾区城市在资金、物流、人才等各要素之间的连接通道,为推动珠海建设现代产业体系创造良好的外部条件。

对珠江西岸地区而言,大桥提升了西岸交通运输能力,使整个大湾区形成一个闭合的综合交通运输体系,加强了东西岸城市群联系,改变了先前主要依赖水运的局面。此外,大桥还大幅减省陆路客货运的成本及时间,有助于促进香港、澳门与珠三角西岸、粤西地区乃至广西等地的经济融合,

---

[1] 王钧天:《浅谈港珠澳大桥对粤港澳大湾区发展的影响》,《交通财会》2018年第12期,第49页。
[2] 蒋梦蓝:《港珠澳大桥建设对珠海市未来发展的意义与前景展望》,《纳税》2018年第20期,第1页。

创新资源对接，人才、资金、信息和技术的引进，从而整体提升科技创新能力。

三 重大跨界交通工程的建设经验与启示

广深港高铁的建成在基础设施"硬联通"上使香港融入国家发展大局；港珠澳大桥的建设实践使我国粗放型桥梁建设转变成为工业化生产体系，为"中国制造"、"中国标准"走出国门树立了一个典范，也为"一国两制"新实践积累了更多可复制可推广的宝贵经验。

（一）需要在"一国两制"框架下形成多层次有效的决策机制

港珠澳大桥圆满完成了一系列重大工程问题的论证与决策，为我国重大跨境工程建设及多方合作积累了宝贵经验。首先，要在中央政府层面设立第一层次协调机制。跨界工程必然面临超越单一地方政府权限（中央事权）的决策事项，必然需要中央政府直接承担项目的部分责任，如政策支持、财政支持等。并且，中央政府以协调者身份推进对粤港澳三地具有共同利益的重大项目，与港澳高度自治并不冲突，符合充分发挥"一国两制"制度优势推进跨界工程项目的共识。其次，要在地方政府层面设立第二层次协调机制。通过三地政府签署协议的方式，对跨界工程项目的设计、建设和运营，以及执行中央政府的决策部署、协调三地项目管理规范和法律依据、明确三地权责义务等提供基本约束。《港珠澳大桥建设、营运、维护和管理三地政府协议》实际上就成了第二个层面的协调标准。再次，要注重明晰协调"决策层次性"以提高效率。根据项目决策的基本属性和层次划分，界定了管理局、三地委与专责小组的决策权限，明确相应问题的决策主体、权责及其相应的关系。最后，要注重设计"协商一致"的决策争端解决机制。跨界工程重大决策都经过了专责小组、三地委、管理局等多个层面的反复沟通，避免启动任何诉讼程序来达成共识。由此，"中央政府协调职责，三地充分沟通"、"协商一致"、"按决策事项基本属性，建立多层次协调决策架构"，成为跨界项目协调决策体系设计与优化的重要原则。[①]

（二）需要在"一国两制"框架下达成更高效的通关模式

广深港高铁和港珠澳大桥在通关模式上均有所创新，但又有差异。广深港高铁西九龙站经过三阶段的立法程序实施"一地两检"，大大方便了香港与内地往返旅客；港珠澳大桥在珠澳口岸之间采取"合作查验、一次放行"的新型边检查验模式，为"一国两制"框架下的莲塘/香园围口岸、粤澳新通道（青茂口岸）、横琴口岸（探索澳门莲花口岸搬迁）等通关模式提供了可参考的范例。未来在口岸建设上，以澳门横琴试点为探索澳门单牌车入境政策为例，建议粤港澳大湾区探索制度创新，在大湾区实施通关服务一体化，将海关的相关服务前移至大湾区内地城市。

（三）复制和推广大桥建设经验，构建大湾区公共事务合作新模式

港珠澳大桥建设过程中创立了重大事项协同决策、重大创新成果共享和重要争议协商解决的管理机制，以及运营过程中的口岸管理、车辆管理、交通规则、应急处理、法律适用等均可以推广到粤港澳三地更多合作共建项目领域。比如，在淡水供应、电力等民生领域，可以成立粤港澳水务集团、供电集团等，以及在垃圾处理、环境治理等环保领域，都需要用粤港澳三方合作方式解决。

（四）开放利用大桥建设标准，为"一带一路"基础设施建设提供参考

港珠澳大桥在建设中攻克了海底深埋沉管隧道、海上装配桥梁、海中人工岛快速成岛、海洋混凝土结构耐久、跨海集群工程技术标准等世界级难

[①] 金帅、盛昭瀚、丁翔：《港珠澳大桥项目协调决策体系演变与启示》，《建筑经济》2013年第12期，第30~31页。

题，特别是海底深埋沉管隧道，不只是唯一的深埋沉管隧道，还是我国第一条外海沉管隧道，甚至是世界最长的公路沉管隧道，它的生产和无缝对接技术都形成系列创新成果，为世界海底隧道工程建设提供了先进标准和难得的经验。[1] 可以说，大桥在建设管理、工程技术、环境保护等领域，填补了众多"中国空白"，乃至"世界空白"，创造了领跑时代的"中国标准"。这些经验都应该成为交通运输行业乃至全社会的共同财富，为"一带一路"基础设施建设，如中俄跨黑龙江首座公路大桥、中马友谊大桥等提供宝贵参考经验。

参考文献

张劲文、朱永灵：《复杂性管理：港珠澳大桥主体工程管理思想与实践创新》，《系统管理学报》2018年第1期。

高星林、张鸣功、方明山、戴建标：《港珠澳大桥工程创新管理实践》，《重庆交通大学学报（自然科学版）》2016年第35期增刊。

何力武、郑天祥、袁奇峰：《粤港澳大湾区交通项目协调机制研究》，《综合运输》2018年第4期。

李洁玮、谭钜源、江晓霞：《对港珠澳大桥收费模式及未来规划的思考》，《中国交通信息化》2018年增刊。

秦庚：《港珠澳大桥助力粤港澳大湾区融合发展》，《国际商报》2018年6月12日，第009版。

---

[1] 孙钧：《港珠澳大桥岛隧工程建设的科技创新和运营后应关注的若干问题——序言》，《隧道建设（中英文）》2018年第10期，第1页。

经济贸易篇

Economics and Trades

B.6
2018～2019年粤港澳大湾区"数字湾区"建设报告

王月琴*

摘　要： 数字经济已经成为粤港澳大湾区区别于其他世界三大湾区最鲜明底色，也是粤港澳大湾区发展的重要驱动力。近两年来，粤港澳大湾区数字经济的发展达到全国领先水平，并跻身世界先进行列。不可忽略的是，尽管粤港澳大湾区已经具备良好的产业基础和协同发展空间，但三地"数字经济"的协同发展仍存在体制机制障碍。只有成功抢占世界数字经济发展制高点，才能助力三地之间的"数字经济"合作共赢共享，成功打造世界级的"数字湾区"。

---

* 王月琴，博士，广东省工业和信息化厅副厅长，经济师，主要研究方向为数字经济与信息化。

关键词: 数字湾区　协同发展　数字基础设施　数字化治理　粤港澳大湾区

一　粤港澳大湾区数字经济发展现状

大湾区数字经济总体水平领先全国并跻身世界先进行列。2018年,仅广东省的数字经济规模就超过4万亿元(见图1),位居全国第一,占全省GDP的比重超过40%,大数据发展指数稳居全国前三[1],数字经济核心发展指标遥遥领先[2],深圳、广州成为中国数字经济领先城市。香港在信息、

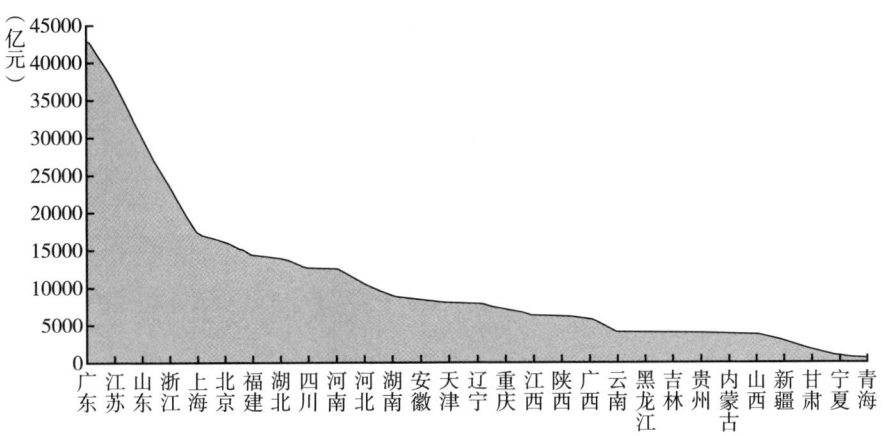

图1　2018年广东与全国各省市数字经济规模比较

资料来源:中国信息通信研究院编《中国数字经济发展与就业白皮书(2019年)》。

---

[1] 中国信息通信研究院编《中国数字经济发展与就业白皮书(2019年)》,第7~8页。http://www.caict.ac.cn/kxyj/qwfb/bps/201904/P020190417344468720243.pdf,于2019年10月18日访问。

[2] 国家信息中心数字中国研究院编《数字中国建设通讯》2018年第2期,国家信息中心&国家电子政务外网管理中心网,http://www.sic.gov.cn/News/609/9839.htm,于2019年10月18日访问。

通讯科技基建设施及应用水平名列全球前茅,网络就绪度指数在亚洲排名第三,全球排名第十二①;ICT发展指数在亚洲排名第二,仅次于韩国,全球排名第六②。澳门在城市建设方面走在世界前列。

第一,数字基础设施水平跻身世界先进行列。一是粤港澳大湾区网络基础设施居全国前列,IPv4总量占比居全国前列,份额占全国10%。③广东信息基础设施建设指数居全国第一。香港国际互联网频宽、4G移动网络覆盖率等均居全球前列。截至2018年5月,香港有11个海底电缆系统,以及多个连接内地4家电讯营办商陆上电缆系统,并操作11枚卫星用作提供对外通信服务。④澳门则早已拥有成熟的传统网络基础设施。二是网络覆盖居全球前列。广东电话用户总数、固定宽带用户数及光纤宽带用户数均居全国首位。2018年,广东累计新增光纤接入3312.5万户(不含长城宽带、广东盈通),占宽带用户的比例为92.1%,居全国第一。香港是全球宽带渗透率最高的地区之一,92.6%的住户使用宽带服务;移动服务渗透率达248%,居全球前列。⑤澳门移动宽带普及率高达345%,移动电话市场人口渗透率在2018年达336%,居于全球前列;

---

① 世界经济论坛(WEF):《全球信息技术报告2016》,199IT中文互联网数据资讯网,http://www.199it.com/archives/508020.html,2019年7月4日访问。
② 国际电信联盟(ITU):《衡量信息社会报告(2017)》,C114通信网:http://www.c114.com.cn/news/550/a1033768.html,2019年7月4日访问。
③ 网络基础设施主要包括宽带、移动、无线网络基础设施建设水平。
④ 香港贸发局:《香港资讯及通讯科技业概况》,2019年8月21日,http://hong-kong-economy-research.hktdc.com/business-news/article/%E9%A6%99%E6%B8%AF%E8%A1%8C%E4%B8%9A%E6%A6%82%E5%86%B5/%E9%A6%99%E6%B8%AF%E8%B5%84%E8%AE%AF%E5%8F%8A%E9%80%9A%E8%AE%AF%E7%A7%91%E6%8A%80%E4%B8%9A%E6%A6%82%E5%86%B5/hkip/sc/1/1X47J8WG/1X006NLI.htm,2019年10月7日访问。
⑤ 香港贸发局:《香港资讯及通讯科技业概况》,2019年8月21日,http://hong-kong-economy-research.hktdc.com/business-news/article/%E9%A6%99%E6%B8%AF%E8%A1%8C%E4%B8%9A%E6%A6%82%E5%86%B5/%E9%A6%99%E6%B8%AF%E8%B5%84%E8%AE%AF%E5%8F%8A%E9%80%9A%E8%AE%AF%E7%A7%91%E6%8A%80%E4%B8%9A%E6%A6%82%E5%86%B5/hkip/sc/1/1X47J8WG/1X006NLI.htm,2019年10月7日访问。

互联网用户数从 2017 年的 182245 个增加至 187309 个,增长了 2.8%(见表 1)。①

表 1 2016~2018 年粤港澳大湾区 IPv4 发展情况

类型	地区	绝对值			占全国(含台湾地区)比重(%)		
		广东	香港	澳门	广东	香港	澳门
IPv4 (个)	2016	32221195	11713024	333056	8.36	3.04	0.09
	2017	32278552	11846144	334080	8.35	3.07	0.09
	2018	32299509	10937600	335104	8.37	2.83	0.09

资料来源:中国互联网络信息中心(CNNIC)《中国互联网统计报告》(2016~2018 年)。

第二,数字产业化水平稳居全国前茅,② 产业互补优势明显。其中,广东在信息通信业、电子信息制造业、软件和信息服务业以及新一代信息技术产业等多个领域连续多年保持全国首位;香港除了从事电子产品转口贸易外,还在新兴数字产业领域具有较强的研发能力;澳门尽管数字产业规模不大,但在集成电路设计、人工智能等新兴产业领域也拥有国际领先的研发成果。故此,港澳的科研成果可以相对便捷在珠三角地区顺利找到转化团队和规模化生产厂家。

广东信息通信业多项指标,如电信业务总量和收入、固定电话用户、移动电话用户、固定宽带接入用户、移动互联网接入用户等均居全国首位(见表 2)。2018 年,广东省规模以上电子信息制造业产值实现 3.88 万亿元,产业规模连续 28 年居全国首位。通信设备、智能终端、集成电路、超高清视频等领域产品技术及规模均全国领先(见表 3)。软件和信息技术服务业处于发展早期,业务增长迅猛。云计算、大数据、超高清视频产业(4K)、人工智能、5G 产业等新一代信息技术产业领域取得诸多进展。中国电子信

---

① 澳门电讯:《澳门电讯年报(2018)》第 73 页,https://www.ctm.net/AbtCTM/pages/zh/Chi_CTM%20(AR2018)%2020190320_1250.pdf,2019 年 8 月 6 日访问。
② 数字产业化主要包括信息通信业、电子信息制造业、软件和信息服务业、新一代信息技术产业以及互联网相关内容产业。

息产业发展研究院发布《中国大数据产业发展水平评估报告（2018年）》显示，广东省以31.5的指数位居全国大数据产业发展指数榜首，是全国大数据产业发展平均指数11.7的近三倍。互联网和数字内容产业全国领先。2018年中国互联网企业100强榜单中广东上榜企业14家，腾讯和网易排名全国前五。

表2 2018年广东电信业务表现

指标名称	单位	绝对值			增长率(%)		
		广东	浙江	河南	广东	浙江	河南
电信业务总量	亿元	7790.4	4099.31	3947	117.50	129.06	1.66
电信业务收入	亿元	1716.2	826.67	650.2	4.40	6.59	0.03
移动电话用户	万户	16823.3	8308.75	9947	13.70	9.47	0.11
移动互联网用户	万户	15746.6	8135.81	8695.7	11.20	9.11	0.15
移动电话普及率	部/百人	150.6	148.6	104.06	11.97	—	9.45
家庭固定宽带接入普及率	部/百户	106	47.4	82.77	31.68	—	17.28

资料来源：各省通信管理局。北京、上海、福建、山东无相应年份匹配数据公布，已公布数据相差较远，不具有可比性。

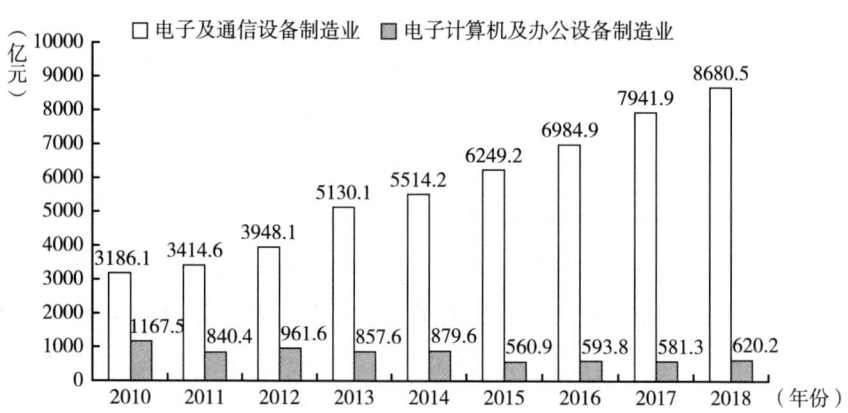

图2 2010~2018年广东电子信息制造业情况

资料来源：广东省统计局网站。

表3　2016~2018年广东主要电子产品产量及占全国比重

种类	绝对值			占全国的比重（%）		
	2016	2017	2018	2016	2017	2018
移动通信手机产量（万台）	95230.18	80076.30	80818.28	51.52	42.37	44.94
微型电子计算机产量（万台）	3344.93	3778.86	4733.81	11.53	12.32	15.42
集成电路产量（万块）	2188300.00	2625100.00	—	16.60	16.78	—

资料来源：广东省统计局和中国统计局网站。

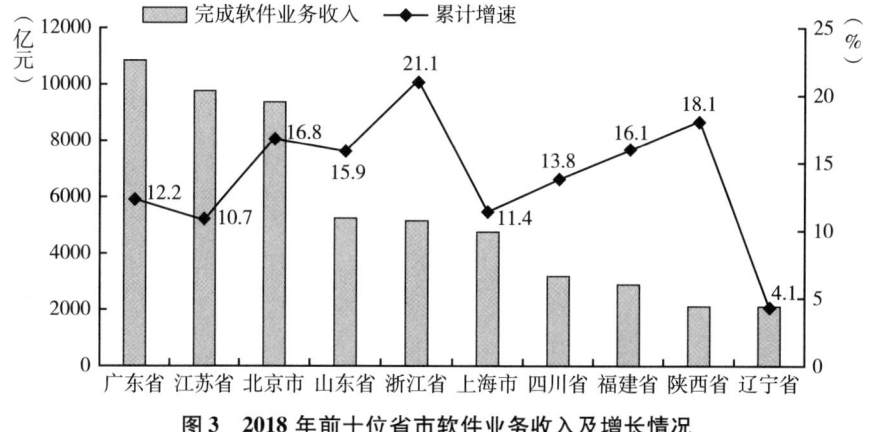

图3　2018年前十位省市软件业务收入及增长情况

资料来源：工信部《2018年软件和信息服务业统计公报》。

香港软件和信息技术服务业市场化程度较高，对外服务输出逐年增长。截至2018年5月，香港共有235家互联网服务供货商获发牌提供宽带服务；[1] 香港公司通过提供软件开发服务以及向其他国家输出服务，软件服务业已经走向国际化。此外，香港人工智能研究领域已取得较大进展，研究项目领域广泛。目前，香港有超过100个人工智能领域的研究项目，涉及深度学习、人工智能等诸多方面。[2]

---

[1] 香港贸发局：《香港资讯及通讯科技业概况》，2019年8月21日，http：//hong - kong - economy - research.hktdc.com/business - news/article/%E9%A6%99%E6%B8%AF%E8%A1%8C%E4%B8%9A%E6%A6%82%E5%86%B5/%E9%A6%99%E6%B8%AF%E8%B5%84%E8%AE%AF%E5%8F%8A%E9%80%9A%E8%AE%AF%E7%A7%91%E6%8A%80%E4%B8%9A%E6%A6%82%E5%86%B5/hkip/sc/1/1X47J8WG/1X006NLI.htm，2019年10月2日访问。

[2] 创科香港基金会：《跑赢智能时代：香港科技创新创业白皮书》，http：//www.hkxtech.com/whitepaper/，2019年10月7日访问，第24页。

表4 香港电子通讯、电脑及资讯服务输出

单位:百万港元

项目	2013年	2014年	2015年	2016年
电脑服务	7293	7380	7156	7132
资讯服务	760	726	701	719
电子通讯服务	12401	13766	14169	14283
合计	20454	21873	22026	22134

资料来源:香港政府统计处《2016年香港服务贸易统计》。

表5 香港电子通讯、电脑及资讯服务的主要输出市场

单位:百万港元

输出市场	2014年	占比(%)	2015年	占比(%)	2016年	占比(%)
中国内地	6294	30.8	6465	29.4	6152	27.8
美国	2249	11.0	2442	11.1	2053	9.3
英国	2404	11.8	2479	11.3	2731	12.3
日本	694	3.4	603	2.7	595	2.7
新加坡	1655	8.1	1637	7.4	1696	7.7

资料来源:香港政府统计处《2016年香港服务贸易统计》。

澳门以小市场发展著称,集中发展信息科技业。信息科技业产值从2015年的4.45亿上升至2017年的6.6亿澳门元,两年累计升幅为48%。近6年澳门大学在国际水平最高、最权威的芯片奥林匹克IEEEISSCC峰会共被录用发布成果论文22篇,2019年达到8篇。

表6 澳门信息科技业基本数据

项目	2015	2016	2017
机构数量(家)	291	346	364
在职员工(人)	1536	1683	2190
产值(百万澳门元)	445.6	570.1	659.5

资料来源:澳门统计暨普查局《澳门统计局经济适度多元统计报告》(2015~2017年度)。

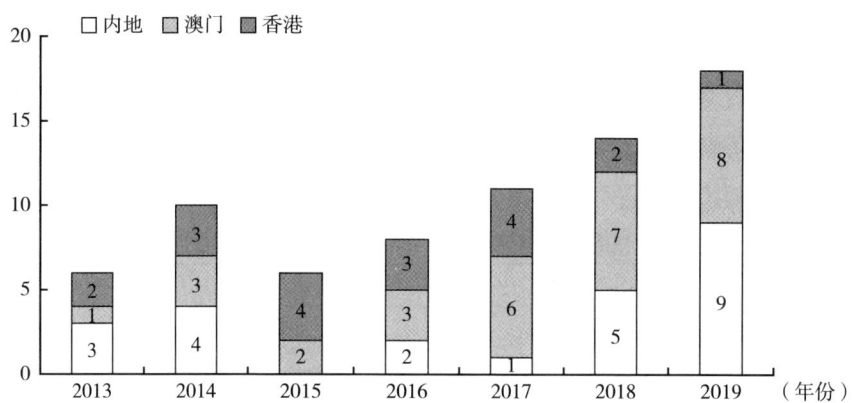

图4 ISSCC峰会论文录用中国区分析

资料来源:第二届大湾区规划论坛《创新视角展望大湾区发展》。

第三,粤港澳大湾区产业数字化处于全国先进水平①,三地发展优势互补。广东以工业数字化为基础,服务业数字化快速发展,拥有丰富的数字化应用市场和融合发展空间。香港围绕本地特色产业,利用创新及智慧科技强化目前的经济支柱,发展新引擎。澳门服务业数字化发展势头良好,电子商务开局良好,移动支付日渐普及。

广东工业数字化重点围绕工业数字化转型展开工业互联网应用、智能制造、工业技改和服务制造。目前,示范效应初步形成,截至2018年底,全省主要公有云平台商新增企业用户超过8万家。工业机器人产量超3.2万台(套),增长28.3%,占全国产量比重从15.8%上升到21%。2018年,广东网络零售额为2.03万亿元,同比增长23.7%,占全国的22.59%,居全国第一。

香港设有自家网页或网站的公司比重从2013年的26.4%上升至2017年的33.6%。数据显示,员工人数超过100名的大型公司,88%设有网页或

---

① 产业数字化,也称为数字经济融合部分,主要包括制造业数字化、服务业数字化和农业数字化。

网站；员工人数不足10名的小型公司，比率则为28%。① 金融科技已为多个金融服务行业带来颠覆性影响。香港金融管理局于2018年9月推出"转数快"系统。香港在国际机场、广深港高速铁路西九龙站及港珠澳大桥香港口岸使用智能科技，为旅客提供便利服务。

表7 香港资讯科技在工商业的使用情况和普及程度

项目	2017年
电脑 －使用电脑的机构单位比例	79.6%
互联网 －使用互联网的机构单位比例	87.7%
网站 －设有网页/网站的机构单位比例	33.6%
电子商业 －透过电脑网络递送货品、服务或资料的机构单位比例	87.0%
电子商贸销售及采购 －透过电脑网络获取订单的机构比例 －透过电脑网络提交订单的机构比例	7.5% 21.2%

资料来源：香港政府统计处《2017年资讯科技在工商业的使用情况及普及程度统计调查报告》。

澳门特区政府专门成立"跨部门推进电子商贸工作小组"，与业界合作共同推动澳门电子商务发展。截至2018年8月，澳门共有69家企业从事跨境电商。② 澳门多家银行也已率先推出网页版、继而再推出手机版的电子银行服务（见表8）。此外，澳门努力探索"智能交通"，运用信息化手段改进澳门交通体系的管理和服务水平，增强居民和游客宜行体验。

---

① 香港贸发局：《香港资讯及通讯科技业概况》，2019年8月21日，http://hong-kong-economy-research.hktdc.com/business-news/article/%E9%A6%99%E6%B8%AF%AF%E8%A1%8C%E4%B8%9A%E6%A6%82%E5%86%B5/%E9%A6%99%E6%B8%AF%E8%B5%84%E8%AE%AF%E5%8F%8A%E9%80%9A%E8%AE%AF%E7%A7%91%E6%8A%80%E4%B8%9A%E6%A6%82%E5%86%B5/hkip/sc/1/1X47J8WG/1X006NLI.htm，2019年10月7日访问。
② 《澳门电子商务近年来深耕细作跨境电商拓市场增销量》，中国新闻网，2018年12月18日：https://www.chinanews.com/ga/2018/12-18/8705479.shtml，2019年10月7日访问。

表8 澳门银行的网上业务一览

电子银行服务		中国银行澳门分行	中国工商银行(澳门)	大丰银行	大西洋银行
网页版电子银行服务	推出年份	2010年	2009年	2014年	2007年
	服务名称	1)中银e网(个人)	1)工银澳门个人网银	1)个人网上银行	1)个人网上银行服务
		2)中银e网(企业)	2)工银澳门企业网银	2)企业网上银行	2)工商网上银行服务
手机版电子银行服务	推出年份	2012年	2015年	2018年	2018年
	服务名称	澳门中银	工银澳门流动银行(国际版)	丰付宝	BNU App

资料来源：澳门相关银行官方网站。

粤港澳大湾区的农业数字化主要集中在广东地区。一是传统互联网巨头进入农业领域。2018年，腾讯、网易等互联网巨头相继宣布进入农业领域。二是传统农牧业企业与数字化企业合作。例如，温氏集团与金蝶软件合作设立广东欣农互联科技有限公司，输出农牧行业数字化整体解决方案。三是农产品流通网络化快速发展。2018年，广东农村网络零售额665.5亿元，同比增长35.3%。①

第四，数字生活形式多样化发展。数字经济新业态新模式的发展为广大居民提供了诸多数字生活途径和场景，粤港澳大湾区数字生活日益趋向多样化，移动支付全面渗透、数字化公共服务加速发展，三地联通已触手可及。

移动支付全面渗透。粤港澳大湾区的移动支付以珠三角为开端，带动香港和澳门发展。2018年，广东省移动支付交易超155亿笔、金额近60万亿元，交易笔数、金额均位居全国第一，近三年年均增长率分别达228.4%和109.2%。②

---

① 曹菁：《电商发展"英德模式"渐成》，《广州日报》2019年8月13日，央广网，http://www.cnr.cn/chanjing/gundong/20190813/t20190813_524729295.shtml，2019年10月7日访问。

② 朱文彬：《首笔香港代理见证开立内地个人银行账户业务落地》，上海证券报中国证券网，2019年3月20日，https://finance.jrj.com.cn/2019/03/20152927197185.shtml，2019年9月30日访问。

内地游客需求拉动港澳移动支付发展。以澳门为例，2018年，澳门全年移动支付交易笔数有134万笔（比2017年增加6.7倍），总交易金额为8946万澳门元（比2017年增10.6倍）。①

数字公共服务加速发展。粤港澳大湾区加快公共服务数字化转型，智慧教育、智慧医疗、智慧交通全面发展。《数字中国指数报告（2019）》显示，数字医疗城市榜单十强中有4个城市来自广东。香港医院管理局于2019年设立大数据分析平台，以促进医疗相关研究，并计划于2020年前开始为新的医院项目试行智能医院模式。澳门则与阿里巴巴合作医疗AI，支持当地卫生局"疾病趋势"预测。在智慧教育方面，广东省已经开始实施中小学网络"校校通"、优质数字教学资源"班班通"等工程。在智慧交通方面，广东大力推进"互联网+"交通；香港一方面大力推行智能运输系统及交通管理，另一方面利用数字化改善公共运输交会处/巴士站、泊车及步行环境；澳门智能交通主要集中在态势分析及预测、巴士服务需求分析、智能交通灯配时优化和交通事件智能感知四个方面。

网络提速降费明显，三地联通触手可及。截至2018底，广东省电信业务综合资费水平为0.2203，较上年底下降52%；家庭固定宽带接入资费水平为26.1元/月，较2017年底下降20.5%；手机上网流量资费为9.1元/G，较2017年底下降55.5%；企业云平台使用费用和网络使用费用降低30%以上。三地通信联通加速。2018年，电信企业已推出了多款流量包或融合套餐业务，例如广东移动用户办理4G飞享套餐，加购30元"大湾区融合服务包"，可获得陆港澳三地接听免费、流量和通话时长通用的便捷体验。

第五，数字化治理能力显著提升。粤港澳大湾区政务数据整合主要在广东地区，港澳则尝试以具体项目为抓手，重点突破。截至2019年11月，广东40个省级部门、21个地市通过省政务大数据中心共享了近4000类政务数据集。香港特区政府2018年成立儿童事务委员会，要发展中央儿童数据资料库。

---

① 《中银争取成开设内银账户试点》，《澳门日报》电子报A11版，2019年3月26日，http://www.macaodaily.com/html/2019-03/26/content_1340924.htm，2019年9月30日访问。

表9 2017～2018年广东省宽带资费水平情况

资费水平	2017	2018	变动率(%)
综合资费水平	0.459	0.2203	-52.00
宽带资费水平(元/月)	55.6	47.1	-15.29
家庭宽带消费水平(元/月)	32.8	26.1	-20.43
移动流量资费水平(元/G)	20.7	9.2	-55.56
手机上网流量资费水平(元/G)	20.5	9.1	-55.61

资料来源：广东省通信管理局。

截至2018年底，广东微信城市服务累计用户1.68亿，居全国首位。香港在政府一站式公共数据入门网站"数据一线通"（data.gov.hk）以数码方式开放更多公私营机构的数据。澳门数据开放度和充足度不足，例如，最大数据信息主体即政府和知名博彩企业，其数据长期处于封闭状态。目前，"互联网+政务服务"已成为大湾区三地政府共识。截至2019年4月，"粤省事"实名注册用户数1022.3万，接近总人口1/10；日均PN达637.8万。① 香港"互联网+政务服务"已形成"Govhk香港政府一站通"和"香港政府Wi-fi通"。澳门"互联网+政务服务"逐渐普及。目前，已有超过200项对外公共服务实现不同程度的"互联网+"。

表10 2016～2018年广东政府域名数量及变化

项目	2016年	2017年	2018年
绝对值(个)	3120	1618	867
增长率(%)	—	-48.14	-46.42

资料来源：中国互联网络信息中心（CNNIC）《中国互联网统计报告》（2016～2018年）。

智慧城市建设各具特色。广东的智慧城市建设融合于各类数字化战略与重点工程之中。例如，广州着力打造新设施、新应用、新产业、新技术和新

---

① 腾讯研究院：《数字中国指数报告（2019）》中国数谷，http://www.cbdio.com/BigData/2019-05/23/content_6123836.htm，2019年10月7日访问，第68页。

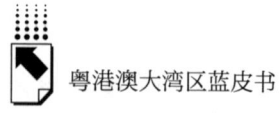

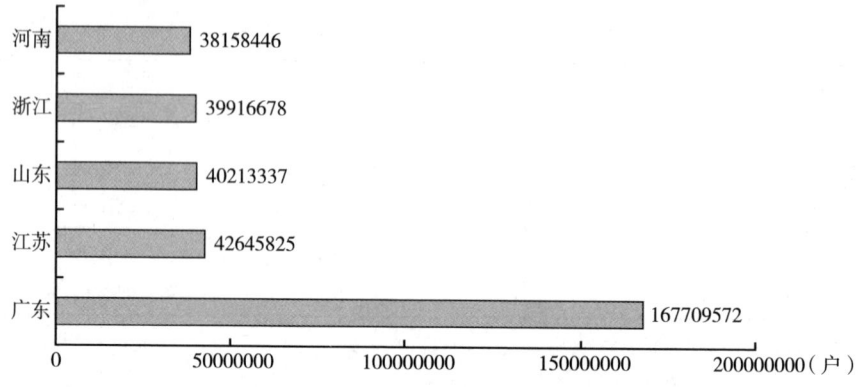

图 5 截至 2018 年底累计微信城市服务用户数 Top5

资料来源：中国互联网络信息中心（CNNIC）《2018 年中国互联网统计报告》。

生活的"智慧广州"；深圳在互联网普及、数字经济等领域迅速确立了领先优势。香港发布《香港智慧城市蓝图》，目标是建设成世界级的智慧城市。澳门则将智能城市建设作为推动其发展的全新动力，2017 年与阿里巴巴集团签署《构建智慧城市战略合作框架协议》，助力《澳门特别行政区五年发展规划（2016～2020 年）》落地。

二 数字经济是粤港澳大湾区主要驱动力

1. 数字经济是粤港澳大湾区成为世界一流湾区的产业支撑

世界发展史上，纽约湾区、旧金山湾区、东京湾区均因其独具特色的产业支撑而成为世界一流湾区。相较于其他三大湾区，粤港澳大湾区的特色在于数字经济。联合国《2019 年数字经济报告》明确指出，全球数字经济一直由一个发达国家和一个发展中国家共同领导：美国和中国。当前的贸易摩擦部分反映了对前沿技术领域全球主导地位的追求。在中国，粤港澳大湾区之一的广东数字经济规模已是全国第一。与国际数字经济发展水平相比，粤港澳大湾区各城市呈现数字经济部分领域如芯片、基础软件等跟跑，互联网、云计算等并跑，人工智能、物联网等领域领跑多种局面并存的发展态势。大湾区内的数字经济巨头正布局多行业、多元化的数字生态圈，并吸引了众多风投资本加入其中。2018年粤港澳大湾区独角兽企业23家,占总企业数量14%,共估值659.85亿美元,占总估值10.5%。

2. 数字经济是粤港澳大湾区最鲜明的底色

具有全球影响力的国际科技创新中心是粤港澳大湾区重要的战略定位,目的是要建成全球科技创新高地和新兴产业重要策源地,这其中数字经济将扮演重要角色。以基础研发、数字技术和应用场景为一体的数字经济将成为大湾区科技创新的鲜明特征。

3. 数字经济是粤港澳大湾区未来发展的重要驱动力

数字经济已经上升为国家战略,并成为拉动我国经济增长的重要引擎以及产业转型升级的重大突破口。目前,粤港澳大湾区内多个城市的产业构成仍以传统产业如外贸加工业、转口贸易、休闲娱乐为主,面临提升商业效率、降低成本、技术创新尤其是用新产业来替代旧产业的内在要求,大数据技术、"互联网+"、智能制造正在成为粤港澳大湾区内部提质增效、转型升级的新引擎。

三 粤港澳大湾区数字经济发展优劣势分析

当前粤港澳大湾区数字经济发展已经具备了良好的产业基础,三地在数字经济合作方面可以充分做到优势互补、协同发展。但是在跨区域、跨制度协作机制方面仍然有待完善。

粤港澳大湾区数字经济产业互补优势明显。广东拥有坚实的数字经济产业制造基础,拥有丰富的数字化应用市场和融合发展空间,产业互联指数排名全国第一。香港在资讯及通讯科技、即需即用软件(SaaS)、物联网、数据分析、人工智能、机械人、VR和AR等新兴数字产业领域具有较强研发能力,奠定了其湾区数字经济科研中心的地位。[①] 澳门在集成电路设计、人

---

① 张艺:《第11届香港创业日开幕,支持四大类创业企业》,新浪财经网,2019年5月16日,https://finance.sina.com.cn/roll/2019-05-16/doc-ihvhiqax9168093.shtml,2019年10月4日访问。

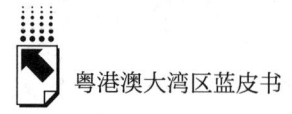

工智能等新兴产业领域也拥有国际领先的研发成果。

尽管如此，粤港澳大湾区数字经济融合发展仍面临着跨区域、跨制度协作机制障碍。一是在"一国两制三种法律体系"框架下，港澳又有独立的数据安全法律制度，再加上国家网络安全法将港澳视为境外，造成大湾区三地涉及跨境数据传输的要求和标准会难以协同，构成政策壁垒。二是缺少大湾区数字经济的统筹规划。对大湾区数字经济发展战略、产业融合重点、技术重点突破领域等缺少前瞻性研究和政策系统性设计。大湾区缺乏能够有效整合全球创新资源、具有全球影响力的数字经济创新与应用示范性平台。

四 粤港澳大湾区数字经济融合发展的建议及前景展望

针对当前粤港澳大湾区数字经济发展的劣势，提出四点建议。

第一，建立大湾区数字经济协调发展机制。在国家组建的粤港澳大湾区建设领导小组框架下组建大湾区数字经济发展委员会，将各地自身的数字经济发展规划职能向上让渡给该委员会，由其全面统筹制订大湾区数字经济发展规划，协调三地数字创新合作活动，不断深化数字经济各领域合作。

第二，加强数字经济发展规划引导。将数字经济发展融入湾区建设，统一规划部署，在粤港澳大湾区国际科技创新中心建设方案、基础设施互联互通、构建现代产业体系等专项规划中侧重数字经济的内容。将数字经济纳入大湾区战略性新兴产业发展的重点领域。以数据流引领技术流、物资流、资金流、人才流，汇聚流通，建设云上湾区、数字湾区、智慧湾区。

第三，搭建大湾区数字经济开放合作平台。利用粤港澳大湾区沟通内外、辐射全球的独特优势，同时利用粤港澳大湾区、"一核一带一区"和泛珠三角区域叠加效应，建设粤港澳大湾区国际数字经济创新中心，引导全球资金、技术、人才和数据等核心创新资源汇聚，在工业互联网、大数据、云计算、人工智能等领域联合开展数字核心技术攻关，培育一批领军企业和独角兽企业，打造全球数字技术创新高地和数字经济融合应用典范。

第四，共建大湾区数字经济合作重点工程。一是加快数字经济领域重点实验室建设。在新一代人工智能、新一代半导体等港澳优势领域联合开展粤港澳联合资助计划,谋划重点领域粤港澳数字经济联合实验室。二是以珠三角国家大数据综合试验区建设为契机,探索建立粤港澳大湾区大数据中心。三是创建粤港澳信息化合作区及青年创业园。吸引民间资本设立粤港澳信息化创业基金,与港澳高校合办学校或培训基地,建立研究院和孵化器、产业园及青年创业园。探索建立三地红利分享机制。四是实施数字人才引进与培育工程。发挥港澳国际化城市优势,加快引入一批国际化数字人才团队。坚持数字人才培育,广泛设置人工智能、云计算、大数据等与数字经济发展相关的专业与招生目录,推进数字经济产学研深入跨界合作。

2019年G20大阪峰会《数字经济大阪宣言》发布WTO新电子商务规则。在世贸组织现有协定和框架基础上,"大阪规则"将成为未来世界数字经济领域发展最为重要的行进路径"红绿灯"规则。

当前大湾区数字经济总体水平领先全国并跻身世界先进行列,呈现跟跑、并跑、领跑并行的特征。数字基础设施水平跻身世界先进行列,数字产业化水平稳居全国前茅,产业数字化处于全国先进水平。但依旧存在合作机制不畅、基础研发能力总体偏弱、创新应用体系有待进一步完善、数字化人才较为缺乏等问题。综上,建议通过建立大湾区数字经济协调发展机制、构建分工与协同的数字经济创新体系、搭建大湾区数字经济开放合作平台以及通过包含人才工程在内的重大工程等进一步推动湾区数字经济发展,使其成为引领粤港澳大湾区比肩其他三大湾区的主要引擎。

参考文献

陈晓红:《数字经济时代的技术融合与应用创新趋势分析》,《中南大学学报(社会科学版)》2018年第5期。

何枭吟:《数字经济发展趋势及我国的战略抉择》,《现代经济探讨》2013年第3期。

逄健、朱欣民:《国外数字经济发展趋势与数字经济国家发展战略》,《科技进步与对策》2013年第8期。

B.7 2018~2019年粤港澳大湾区产业协同发展报告

向晓梅　吴伟萍　林正静*

摘　要： 粤港澳三地具备协同构建现代产业体系的基础条件与优势，产业体系完备，集群优势明显，市场开放度及国际化程度较高，但由于受多种因素影响，大湾区联动打造产业国际竞争新优势仍面临诸多挑战。未来粤港澳大湾区要充分发挥各自产业比较优势，推动资源要素自由流动和优势互补，促进产业协同发展，联动打造世界级产业集群，协同构建具有国际竞争力的现代产业体系，成为引领高质量发展的典范。

关键词： 世界级产业集群　现代产业体系　国际竞争力　高质量发展

随着粤港澳大湾区建设作为国家战略深入推进，粤港澳三地产业协同发展获得了新的发展空间；新一轮科技革命和产业变革的孕育兴起，全球产业重组和产业链布局调整步伐加快，也为粤港澳大湾区增强产业国际竞争优势提供了机遇。

---

* 向晓梅，博士，广东省社会科学院经济研究所所长，研究员，研究方向为区域经济与产业经济；吴伟萍，硕士，广东省社会科学院经济研究所，研究员，研究方向为区域经济与产业经济；林正静，博士，广东省社会科学院经济研究所，助理研究员，研究方向为区域经济与产业经济。

一 粤港澳大湾区协同构建现代产业体系的基础条件分析

(一)粤港澳大湾区产业发展的现状特征

1.产业转型升级加快,"制造+服务"双轮驱动产业发展

改革开放40余年来,粤港澳大湾区已形成门类齐全、规模庞大的制造业和服务业体系。珠三角九市已初步形成以战略性新兴产业为先导、先进制造业和现代服务业为主体的产业结构;香港、澳门地区服务业高度发达,服务业占地区生产总值的比重超过90%。如图1显示,粤港澳大湾区的三次产业结构由2011年的1.51∶35.79∶62.71调整为2018年的1.15∶32.52∶66.33,形成"三二一"的产业格局。服务业在国民经济中的比重不断上升并成为粤港澳大湾区经济的第一大产业,第二产业则呈现缓慢下降趋势,经济增长已由工业经济主导向服务经济主导转变。

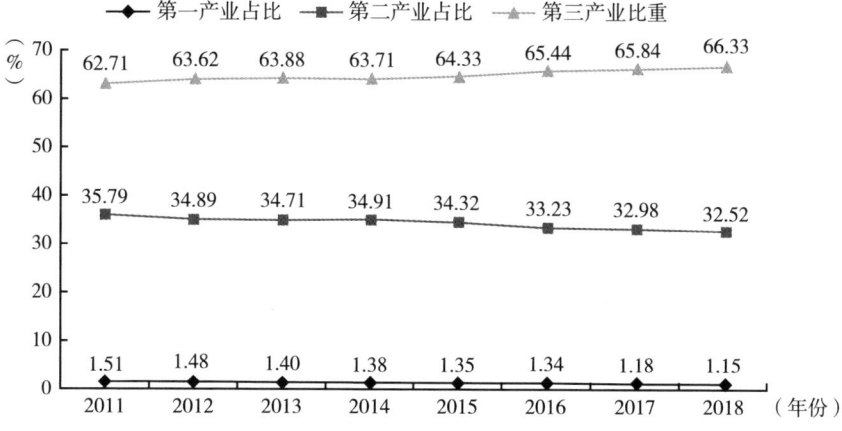

图1 粤港澳大湾区三次产业结构变动情况

资料来源:根据2012~2018《广东统计年鉴》、香港特区政府统计处、澳门统计暨普查局的数据计算整理而得,2018年资料来源于广东省发改委《粤港澳大湾区构建现代产业体系规划(2018~2035年)》。

分区域来看，2018年广东省三次产业结构为4.0∶41.8∶54.2，与上年相比，第一产业比重不变，第二产业和第三产业比重"一降一升"，分别下降和提高0.6个百分点，产业转型升级走在全国前列。珠三角地区的三次产业结构比重由2008年的2.39∶50.31∶47.3调整为2017年的1.56∶41.66∶56.78。其中，第三产业的比重呈逐步提升态势，第三产业占GDP的比重于2012年突破50%，2017年达到56.78%，开始呈现服务业主导经济增长的发展格局。

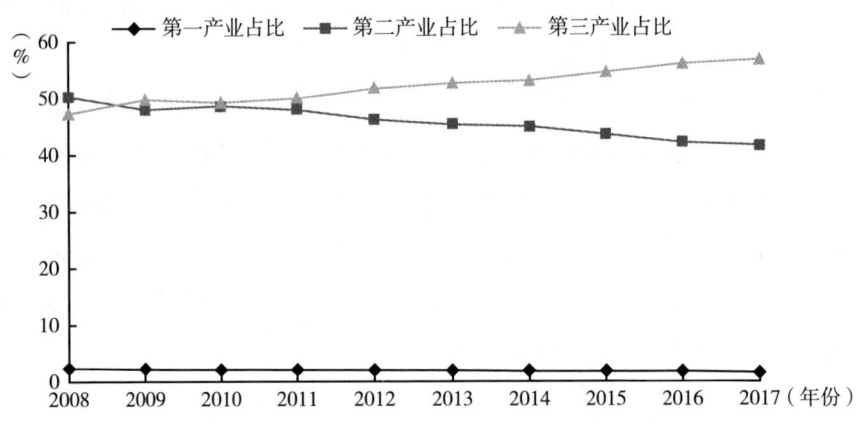

图2　珠三角地区三次产业结构变动情况

资料来源：2018年《广东统计年鉴》。

香港、澳门的产业结构整体上与珠三角地区有较大不同。香港、澳门的第三产业高度发达，2017年第三产业占比分别为92.3%和94.93%，服务经济特征明显；而第一产业占比极少，香港不超过0.1%，澳门则无第一产业；两地第二产业的占比也很低，香港从2006年到2017年12年间第二产业都在7%上下徘徊，而澳门的第二产业则呈明显下降趋势，由2006年的15.29%降为2017年5.07%。

湾区内11个城市的产业结构差异也较为明显，第三产业占比最高和最低之差超过50个百分点（见表1），呈现多阶段、混合型的产业结构特征。

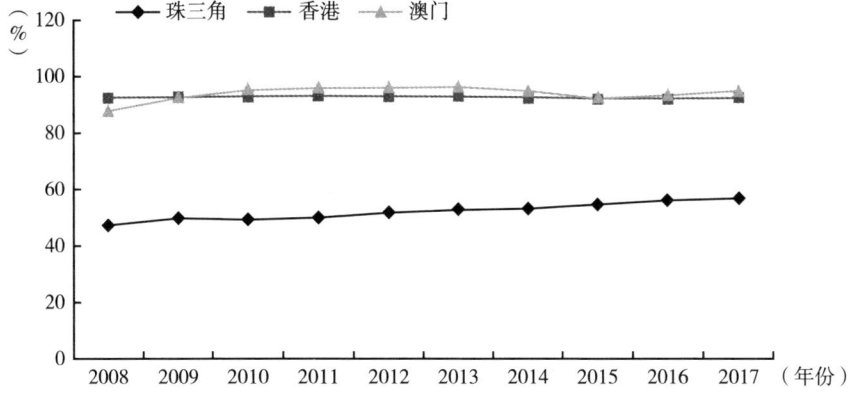

图3 粤港澳大湾区分区域第三产业占比

资料来源：2008~2018《广东统计年鉴》、香港特区政府统计处、澳门统计暨普查局。

表1 2017年粤港澳大湾区各城市的产业结构

单位：%

城 市	第一产业	第二产业	第三产业
广州	1.03	27.95	71.02
深圳	0.09	41.43	58.48
珠海	1.83	48.12	50.06
佛山	1.42	57.72	40.86
惠州	4.35	52.66	42.99
东莞	0.30	48.31	51.38
中山	1.62	50.29	48.09
江门	6.96	49.25	43.79
肇庆	15.48	36.57	47.96
香港	0.1	7.60	92.30
澳门	0	5.10	94.90

资料来源：《中国统计年鉴2018》《广东统计年鉴2018》，《香港主要统计数字一览2019》，《澳门产业结构2017》，香港数据由经济活动的分类整理计算而得。

对比世界其他知名湾区，如东京湾区、旧金山湾区、纽约湾区等，粤港澳大湾区的产业结构及产业发展趋势和三大湾区相似，但三大湾区第三产业占比均在80%以上，粤港澳大湾区与之相比仍有差距（见表2）。然而，粤港澳大湾区的主导产业具有"制造+服务"的互补特色，珠三角雄厚的制造业基础与港澳地区发达的金融与专业服务的互补协调发展有助于提升产业国际竞争优势。

表2 粤港澳大湾区与世界三大湾区产业及经济状况比较（2017年）

湾区	GDP（万亿美元）	人均GDP（万美元）	第三产业占比（%）	主导产业	港口集装箱吞吐量（万TEU）
东京湾区	1.91	4.39	82.30	金融服务、汽车、石化等制造业	798
纽约湾区	1.44	6.15	89.45	金融服务、房地产、医疗保健	671
旧金山湾区	0.88	11.33	82.80	创新科技、专业服务	242
粤港澳大湾区	1.51	2.18	65.84	创新科技、制造业、金融服务	7643

资料来源：根据wind资讯、东兴证券研究所、中国港口协会以及《广东统计年鉴2018》、香港特区政府统计处、澳门统计暨普查局的数据整理而得。

2. 制造业持续向中高端推进，先进制造业和高技术制造业主导作用增强

粤港澳大湾区的制造业主要集中在珠三角地区。2018年珠三角先进制造业和高技术制造业占其规模以上工业增加值比重分别达59.4%和35.8%，比上年分别提高0.8个和0.7个百分点。其中，深圳继续保持领先优势，先进制造业和高技术制造业占其规模以上工业比重分别达72.1%和67.3%，比上年分别提高0.9个和0.6个百分点。

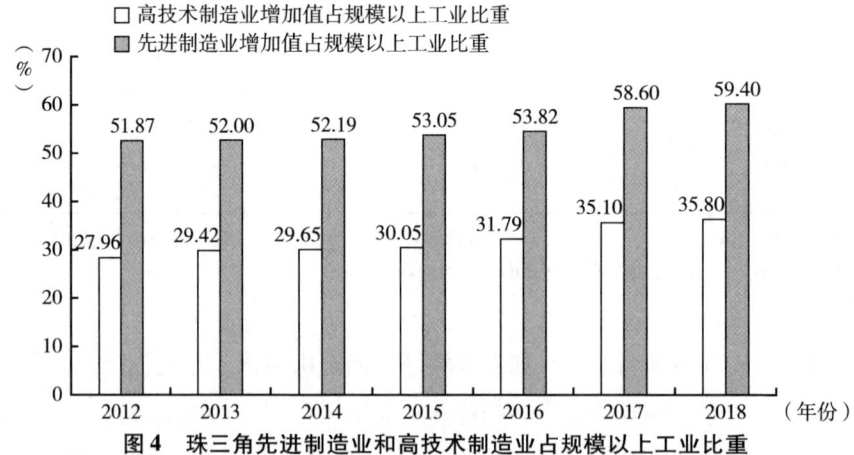

图4 珠三角先进制造业和高技术制造业占规模以上工业比重

资料来源：根据2012~2018年《广东统计年鉴》计算整理而得，2018年资料来源于广东统计信息网。

目前，珠三角地区的制造业增加值约占全省的80%，从高技术制造业的六大细分行业对比来看（见图5），2017年电子及通信设备制造业、电子计算机及办公设备制造业、医药制造业在六大产业中居主导地位，其中，电子及通信设备制造业在六大产业中的比重由2012年的72.06%上升至2017年的83.66%，占比最高，发展迅猛。

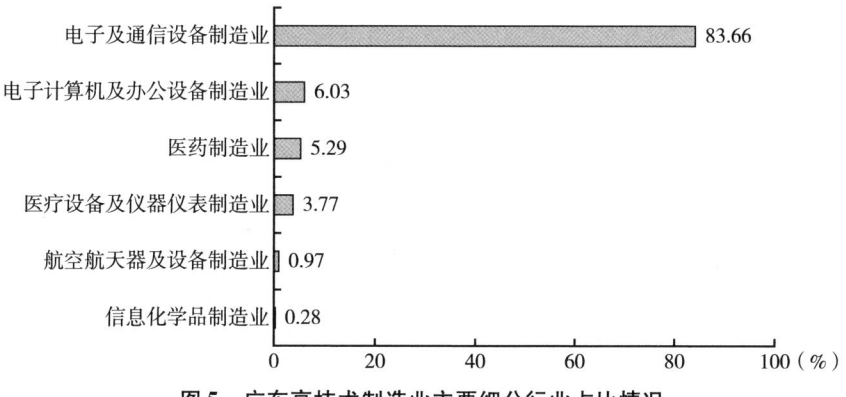

图5 广东高技术制造业主要细分行业占比情况

资料来源：根据2018年《广东统计年鉴》计算整理而得。

再从先进制造业细分行业来看，高端电子信息制造业、先进装备制造业、先进轻纺制造业、石油化工产业居先进制造业主体地位。其中，高端电子信息制造业占比最高，达到42.50%（见图6）。

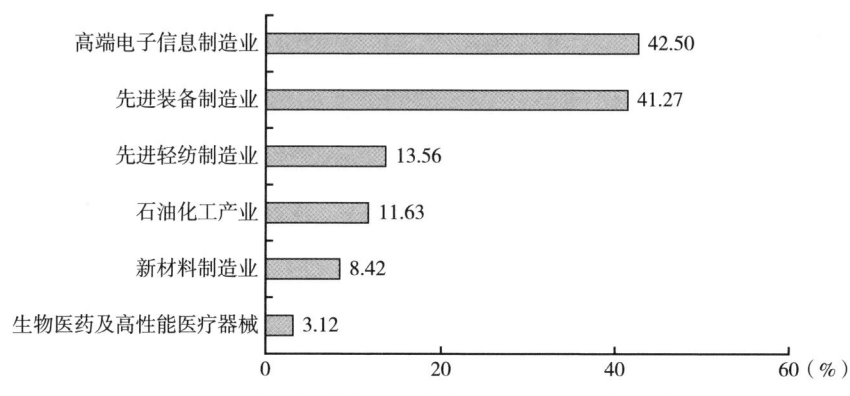

图6 广东先进制造业主要细分行业增加值比重

资料来源：根据2018年《广东统计年鉴》计算整理而得。

3. 服务业内部结构进一步优化，现代服务业取得较快发展

2018年，粤港澳大湾区现代服务业及生产性服务业继续保持平稳较快发展，以高技术服务业、互联网经济等为代表的新产业新动能成为服务业的增长极。

（1）珠三角服务业结构特征

珠三角规模以上服务业企业和营业收入占广东省9成以上，服务业保持良好发展态势。2018年，珠三角现代服务业实现增加值30278.64亿元，同比增长7.2%，现代服务业占服务业增加值比重为65.3%，珠三角现代服务业增加值占全省比重达91.2%。2018年，珠三角地区规模以上高技术服务业营业收入达到10976.5亿元，高技术服务业企业户数、营业收入和利润总额分别占全省的95.4%、96.4%和97.8%。

服务业特别是高端服务业向中心城市聚集优势明显。2018年，广州、深圳两市的规模以上服务业企业户数和营业收入合计占全省的比重分别达到67.6%和82.2%。新兴信息技术服务、金融服务、科学研究和技术服务业以深圳为首，租赁和商务服务业、健康服务、文化创意和设计服务以广州为首。另外，2018年上半年，各地市的服务业占地区生产总值的比重普遍上升，珠三角作为生产性服务业富集区，实现生产性服务业增加值11804.02亿元，同比增长8.0%，占全省的比重达86.8%。

表3 2018年上半年广东各地市生产性服务业增加值情况

地区	增加值（亿元）	增长（%）	占服务业比重（%）	占地区生产总值比重（%）
广州	4476.77	6.9	59.5	42.0
深圳	3939.52	9.3	59.4	35.8
珠海	346.43	7.5	58.0	26.7
佛山	803.45	8.3	45.6	18.0
惠州	344.97	6.3	41.6	17.3
东莞	1058.74	9.4	52.6	27.4
中山	425.43	7.9	48.1	22.8
江门	259.92	10.2	41.8	19.1
肇庆	148.78	1.5	37.8	16.3
珠三角	11804.02	8.0	55.5	31.5

资料来源：根据广东省统计信息网的统计快讯和统计分析的数据计算整理而得。

(2) 香港服务业结构特征

在香港服务业中,生产性服务业明显支撑服务业增长,其中较为突出的是金融类服务业、仓储物流业、资讯及通信业。2017年,仓储物流、金融类及专业类服务三大生产性服务业占香港本地生产总值的比重为37.10%。此外,香港的法律、会计和咨询等专业服务业也继续保持平稳较快发展,尤其是法律行业,香港目前拥有1200余家本地律师行和70多家海外律师事务所。

表4 香港三大生产性服务业占本地生产总值的比重

单位:%

年份	运输、仓库、邮政及速递服务	金融类服务	专业服务及其他工商业支援服务	合计
2011	6.31	16.06	12.41	34.78
2012	5.99	15.86	12.80	34.65
2013	5.98	16.49	12.41	34.88
2014	6.24	16.68	12.38	35.31
2015	6.45	17.63	12.35	36.43
2016	6.17	17.75	12.50	36.42
2017	6.00	18.90	12.20	37.10

资料来源:由香港特区政府统计处数据整理而得,2017年资料来源于香港2019年的统计月刊。

(3) 澳门服务业结构特征

澳门是国际性休闲度假、旅游和娱乐中心,也是连接我国和葡语系国家的重要桥梁。澳门的经济增长主要来源于服务业,从服务业内部结构来看,虽然博彩业占主体,但近几年博彩业占比开始降低,金融及商业服务、仓储物流及通信等服务业的占比逐年增加。2017年博彩业、金融及商业服务类、仓储物流及通信类产业占比分别为49.1%、21.5%和2.7%,澳门的服务业结构逐步调整优化。

澳门博彩业高度发达。2017年,澳门经营博彩活动的10家企业总收益为2680.1亿澳门元,博彩业对经济贡献的增加值为1790.7亿澳门元,比上年增长17.6%。

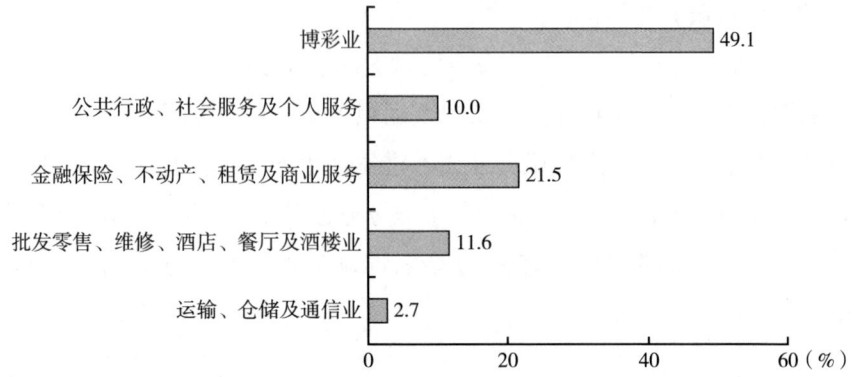

图7 2017年澳门服务业主要行业占本地生产总值比重

资料来源：根据澳门统计暨普查局数据库整理而得。

表5 澳门博彩业行业概况

项目	2017年 （单位：百万澳门元）	2016年 （单位：百万澳门元）	增长率 （％）
总收益	268009	225859	18.7
增加值总额	179071	152306	17.6
盈利	157737	132446	19.1

资料来源：澳门统计暨普查局。

银行业和保险业作为澳门金融体系的两大主体，即使过去数年经历经济放缓，但相比其他行业仍能保持较为平稳的发展。其中，金融业是澳门的四大经济支柱之一。目前，澳门银行共有22家，包括本地银行和外资银行分行。保险业方面，截至2017年底，获得许可在澳门经营保险业务的保险公司有24家，其中11家为寿险公司，其余为非寿险公司。火灾、劳动保险、汽车保险及医疗保险为四大主要的非人寿保险。

4. 新产业新业态新商业模式发展迅速

（1）广东及珠三角地区

2018年广东新经济增加值比上年增长8.9％，占地区生产总值的比重为25.5％。珠三角地区研发与实验发展经费支出超2200亿元。国家产业创新中心、制造业创新中心建设稳步推进，已初步形成了国家级、省级创新平台为"源头"，以企业为主体的制造业创新体系。其中，主营业务收入5亿元以上工业企业实现研发机构全覆盖。

一是"互联网+"、数字经济等新业态和新商业模式引领发展。2018年1~11月，广东战略性新兴服务业实现营业收入比上年增长19.4%。互联网和相关服务业增长31.0%，软件和信息服务业增长20.1%。2018年，新兴消费业态持续较快发展，全省社会消费品零售总额增长8.8%，占全国的10.4%。其中，限额以上单位无店铺零售业态零售额比上年增长10.9%；"互联网+支付"高速增长，限额以上餐饮企业通过公共网络实现的餐费收入比上年增长60.3%，增幅同比提高18.1个百分点；快递业完成业务量增长26.0%。

二是创新驱动不断增强，智能设备等新兴工业产品产量快速增长。智能手机、平板电脑、可穿戴设备等新型电子产品不断更新换代。2018年，新能源汽车比上年增长206.1%，碳纤维增强复合材料增长49.4%。2018年上半年，37家人工智能企业落户广州，珠海海工装备、佛山智能制造装备已形成年产值超100亿元的产业集群。

三是外贸新业态持续发展壮大，走出去步伐加快。2018年，广东跨境电商进出口比上年增长72%，市场采购出口增长2倍。此外，全年经核准境外新增中方实际投资额比上年增长57.7%。

（2）港澳地区

根据2018年全球创新指数（Global Innovation Index），由香港与深圳的创新及科技业组成的深港科技集群是世界第二大科技集群。香港的初创企业主要研究重点包括：资讯及通讯科技、即需即用软件（SaaS）、物联网、数据分析、生物科技、人工智能、机械人、VR和AR以及新材料。在应用方面，则包括金融科技、智慧城市及智能家居、医疗保健和大数据应用等。香港还拥有丰富的高校资源及基础科研优势，在计算物理、化学、生物等核心技术领域具备优秀的科研能力。如商汤科技和香港中文大学研发出准确度超过99%的自动人脸识别系统，腾讯和港科大联手成立"微信-港科大人工智能联合实验室"等。其中，商汤科技公司在大湾区已实现了技术落地，覆盖从智慧城市到手机、机器人等

18个行业，成为行业"小巨人"。

澳门在生命健康与中医药、集成电路设计等新兴产业领域的科技创新也居于世界先进水平。如在中医药领域，澳门大学（澳大）和澳门科技大学（澳科大）成果丰硕。澳科大近3年内在影响因子10以上期刊发表30余篇论文，并成立2家合组公司推动产业化成果转化。澳门大学的集成电路设计在国际领先，近6年在国际水平最高、最权威的芯片奥林匹克IEEEISSCC峰会共被录用发布成果论文22篇，加上香港科大的18篇，粤港澳大湾区占了我国被录用论文的73%。另外，华为海思、中兴、全志等国内不少前十的芯片设计企业都在大湾区，澳门有很强的优势开展产学研合作。截至2018年底，共有6家澳门本地金融机构（中国银行、工商银行、大丰银行、大西洋银行、广发银行、澳门通等）提供移动支付服务，当中较普及的为澳门通推出的MPay澳门钱包，占整体交易金额约9成。

（二）粤港澳大湾区协同构建现代产业体系的优势分析

1. 享有国家级战略规划和政策红利叠加，为湾区内产业协同发展提供了巨大空间

《规划纲要》把"构建具有国际竞争力的现代产业体系"作为推进大湾区建设的重要目标。同时，湾区内有香港和澳门两个特别行政区，深圳、珠海两个经济特区，以及广东自贸区的南沙、前海蛇口和横琴三个片区，深圳还被赋予建设中国特色社会主义先行示范区的新使命。自由港、特别行政区、经济特区、自由贸易试验区、中国特色社会主义先行示范区的制度叠加效应，以及《粤港澳大湾区规划纲要》实施所带来的国家战略政策红利，为大湾区探索跨境、跨制度产业协同化发展奠定了重要基础，也为提升湾区产业国际竞争力提供了难得的机遇和发展空间。

2. 区位条件好，经济总量大、交通基础设施互联互通，为打造内联外通的产业发展格局奠定基础

粤港澳是重要的口岸和贸易枢纽，也是重要的经贸中心。2018年，粤港澳大湾区GDP达到11万亿元，同比增长7%，略高于全国国内生产总值（6.6%）。

同时，海陆空立体交通基础设施互联互通，使其具有交通便捷、物流成本相对较低的优势。广深港高铁在2018年完成建设，香港到深圳只需14分钟，香港到广州只需48分钟；此外，2018年港珠澳大桥的正式开通，极大地缩短了粤港澳三地的时空距离，从而促进三地之间生产要素的流动和配置，为粤港澳产业合作和协同发展奠定基础。

3.产业结构和生产率差异带来产业转移和升级的空间，有利于实现先进制造业和现代服务业的融合发展

粤港澳大湾区各城市发展水平之间形成了一定的梯次和"中心－外围"结构。湾区内除港、深外的大多数城市仍然处于由制造业向高端制造业和服务业转型升级的过程中。香港作为国际自由贸易港和国际金融中心，澳门作为著名的世界旅游目的地，均拥有高度发达的现代服务业；珠三角是全球最大的制造业基地之一，具有发展先进制造业的坚实基础。此外，港澳和内地9个城市之间存在发展梯度，形成了独特的多阶段、混合型经济特征。因此，粤港澳三地完备的产业体系和错位发展的产业结构，有助于实现先进制造业和现代服务业的融合发展。

4.资本市场与科技创新协同发展，有利于培育壮大战略性新兴产业，构建创新协同生态圈

2018年，粤港澳大湾区的高校数量为173家，其中有5所为世界百强大学；广东省孵化器总数达901家。此外，粤港澳大湾区资本市场成熟，科技金融深度融合。香港交易所、深圳交易所证券市场互联互通，资本市场与科技创新协同发展。粤港澳大湾区的特色科技产业突出，已经形成了新一代移动通信、平板显示等7个产值超千亿元的战略性新兴产业集群。湾区内丰富的科研资源和发达的资本市场，有助于构建创新协同生态圈，促进新兴产业的发展。

（三）粤港澳大湾区协同构建现代产业体系面临的问题与挑战

1.制度的多样化差异阻碍了生产要素的流动和大湾区产业的有效融合

相比其他湾区，粤港澳大湾区有两种社会制度、三个关税区。三地及三个

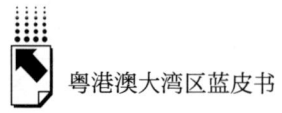

独立的关税区在相关法律法规及机制、制度等方面相差很大,形成人才流动及定居受限,职业技术资格、能力测试结果等不能互认;医疗、教育福利不能同等享受等问题,严重阻碍跨境人力、物质、资金、信息资源的流动。

2. 部分地区和领域还存在同质化竞争和资源错配现象,制约了粤港澳大湾区产业协同发展进程

粤港澳大湾区内很多城市间主导产业差异化程度尚不明显,产业结构偏重制造业,现有制造业的比重比较大。区内除港、深外的大多数城市仍然处在由制造业向高端制造业和服务业转型升级的过程中。同时,在现行财税体制下,各地区行政主体的利益导向还十分突出;此外,三地都各自建立了不少主导产业类似的产业园区,但尚未能形成联动效应,制约了粤港澳大湾区产业协同发展进程。

3. 内部发展差距依然较大,协同性、包容性有待加强,不利于形成上下游完整的产业链条

粤港澳三地协同发展机制和利益分配协调机制仍不够完善,产业链上下游没有进行深度合作和发展。此外,城市之间的创新联系与互动不足。对于港澳的独特优势认识还不够充分,创新要素之间的互动低于世界发达湾区的水平。破解本位主义思维,使整个产业发展提升过程既能顾及每个城市自身前景,又能达到协调发展效果,是贯穿大湾区战略始终的突破点。

二 粤港澳大湾区协同构建具有国际竞争力的现代产业体系的路径选择

由于受制度差异与跨境产业创新合作机制障碍等多种因素影响,大湾区联动打造产业国际竞争新优势仍面临诸多问题和挑战。未来粤港澳大湾区要充分发挥各自产业比较优势,推动资源要素自由流动和优势互补,着力培育战略性新兴产业,加快发展先进制造业与现代服务业,协同构建具有国际竞争力的现代产业体系,为粤港澳大湾区经济高质量发展提供强大引擎。

（一）以"智能化、服务化、绿色化"为方向，培育壮大世界级先进制造业集群

1. 大力发展智能制造

依托珠三角的先进制造业基础，联合港澳开发5G通信高端器件、人工智能等重点领域。支持智能家电制造业创新中心等创新载体建设，开展产业共性技术研究。加快人机智能交互、工业机器人等技术应用，建设智慧园区、智能工厂和数字化车间，大力推广机器人应用。加快发展工业互联网，支持工业企业运用工业互联网新技术、新模式实施数字化转型。培育一批具备产业链整合能力和世界级影响力的智能制造骨干企业和领军型企业。

2. 大力发展服务型制造

围绕粤港澳大湾区的消费电子、家电、建材家具等优势制造领域，促进"制造+服务"融合发展，推广服务型制造新模式，引导企业提供研发设计、故障诊断、远程运维等产业链延伸服务，从主要提供产品向提供"产品和服务"转变。推动传统制造企业和高端生产性服务业融合发展，培育壮大创业孵化、科技咨询等科技服务业和设计、会展、电子商务等商务服务业。

3. 大力发展绿色制造

加快大湾区传统制造业的绿色改造升级，推动全产业链和产品全生命周期绿色发展，创建绿色工厂、绿色园区；培育壮大节能环保、新能源等产业，大力研发应用先进节能环保技术、工艺和装备，构建循环产业链条。

（二）以科技创新为引领，联动打造具有国际竞争力的战略性新兴产业集群

1. 强化科技创新对战略性新兴产业的引领和支撑作用

高标准打造"广州－深圳－香港－澳门"科技创新走廊，应联合大湾区优势科研力量，围绕5G信息通信、人工智能、网络空间科学与技术、生命信息与生物医药等领域，充分发挥科技基础设施对原始创新和重大产业关键技术突破的支撑作用。联合香港、澳门的高校、科研机构共建世界一流的

工程技术研究中心、国家级实验室、重点实验室和新型研究机构。推动粤港澳三地共建科技成果转移转化平台和科技成果孵化基地，设立粤港澳产学研协同创新联盟。

2. 培育壮大具有国际竞争力的战略性新兴产业集群

立足珠江东岸电子信息产业的发展基础，以广州、深圳、东莞、惠州为重点，聚焦半导体芯片、超高清视频、新型显示、高性能集成电路、5G通信等领域，打造电子信息产业集聚区。以珠海、佛山、中山、江门为重点，聚焦智能装备、工业母机、高端医疗器械、海洋高端装备、航空航天等领域，打造以"微精尖"装备及核心零部件为特色的高端装备产业集群。依托穗港深等中心城市，培育基因检测、基因工程药物等细分领域产业集群。以广州、深圳、佛山、肇庆为重点，培育新能源、节能环保等产业集群。以广州、佛山、江门为重点，壮大特色新材料产业集群。

（三）以"专业化、高端化"为方向，推动现代服务业体系协同发展

1. 构建优势互补、协作配套的现代服务业体系

依托香港、澳门物流业丰富的管理经验，共同推动粤港澳物流服务自由化，携手打造国际物流枢纽。以深圳、广州为重点，推动与香港、澳门在文化创意产业方面开展深度合作。成立粤港澳大湾区文化创意产业联盟，加强粤港澳大湾区文化创意产业交流、产学研深度对接和成果转化。同时通过整合粤港澳三地工业设计资源，加强工业设计人才合作；联合港澳共建工业设计合作产业园和合作平台，打造粤港澳大湾区工业设计走廊；建立粤港澳大湾区会展联盟；促进会计审计、法律、争议解决服务业及其他商业支援服务业发展；共同探索专业服务业的"湾区标准"。

2. 推动粤港澳金融竞合有序、协同发展

可重点支持广州、深圳、珠海、佛山等市金融业错位发展，共建国际金融枢纽。推动粤港澳开展绿色金融合作，加快粤港澳科技金融创新发展。以深圳为重点，联合香港、澳门建设大湾区科技投融资体系，强化金融服务科技创新能力。主动对接港澳优质金融资源，推动广东与香港、澳门在保险、

证券、银行市场等领域的深度对接合作；允许港澳金融企业独资经营，开展离岸货币、证券和其他金融衍生产品的交易业务；推动大湾区内人民币跨境使用，支持金融机构开展 RQFII、QDII 及 QDLP、QFLP 等跨境投资业务；加快推进粤港澳三地金融支付服务合作共赢发展，提高跨境金融服务水平。

（四）以海洋资源优势为依托，努力推进海洋经济与产业合作

充分发挥粤港澳三地在海洋产业上的互补优势，加快构建粤港澳海洋科技协同创新体系，携手建设现代海洋产业基地。首先，应大力构建粤港澳海洋科技协同创新共同体。充分发挥香港海洋基础研究、深圳全球海洋中心城市建设的优势以及南沙、前海、横琴等重大合作平台的作用，推动粤港澳海洋科技协同创新。其次，着力推动建设粤港澳现代海洋产业体系。充分发挥香港作为国际航运中心优势，持续提升广州、深圳国际航运综合服务功能，打造世界级港口群。依托粤港澳三地优质滨海旅游资源及产业基础，大力发展邮轮游艇，加快建设深圳太子湾、广州南沙湾、香港启德港等邮轮母港，积极探索粤港澳游艇合作机制。扶持海洋生物医药、海洋工程装备制造、海水综合利用等发展潜力大、带动性强的海洋新兴产业，提升海洋产业核心竞争力。

三 粤港澳大湾区协同构建具有国际竞争力的现代产业体系的体制机制创新

（一）健全跨区域产业合作的沟通协调机制

加强对粤港澳大湾区产业合作沟通协调机制的顶层设计，明确粤港澳三地政府的实施主体责任。加快完善香港、澳门、广州、深圳四大中心城市政府协调机制和珠三角城市群地方政府协调机制，定期或不定期就大湾区产业合作事宜进行磋商，积极寻求促进粤港澳大湾区产业发展交流合作的有效途径。积极探索粤港澳大湾区政府协调新机制，进一步发挥粤港、粤澳联席会

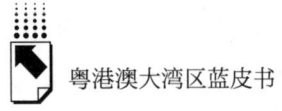

议等政策协调机制,实现常态化的政策沟通与协调。健全粤港澳大湾区产业合作民间参与机制,构建包含工会、商会、行业协会、研究智库、非政府组织等民间组织在内的沟通网络,鼓励成立粤港澳大湾区跨行业产业、技术、创新、人才等联盟,搭建多种形式的粤港澳民间交流合作平台,持续深化粤港澳民间组织合作交流。

(二)构建促进现代服务业深度开放的体制机制

高标准高质量建设自由贸易试验区。构建与港澳接轨的服务业标准化体系,制定港澳专业人士在广东执业管理办法,扩大与港澳专业资格互认范围,进一步便利港澳人员跨境执业,加快推动粤港澳检验检测认证认可机构深度合作、结果互认。全面推进港澳投资备案制,对港澳资金实行准入前国民待遇加负面清单管理模式,进一步取消或放宽对港澳投资者的资质要求、持股比例、行业准入等限制。

(三)完善产业要素自由流动的市场机制

通过电子化、信息化等手段,进一步便利港澳与内地居民往来。加强内地与港、澳口岸部门的协作,探索"合作查验、一次放行""入境查验、出境监控"等新通关模式,降低人员通关成本。制定和完善港澳与内地车辆通行政策和配套交通管理措施,允许两地牌机动车通行多个口岸,实现粤港澳通关物流无缝对接。突破科技要素流动藩篱,促进粤港澳科技合作供需信息共享,推动大湾区大数据中心和大湾区大型科学仪器设施资源共享平台建设,对科研设备的进出境予以通关便利,实现粤港澳科研设备的共享共用。推动科研资金跨境使用便利化,探索大湾区内科创资金自由结算的可能性。

参考文献

韩永辉、张帆:《粤港澳大湾区的区域协同发展研究——基于供给侧结构性改革视角的分析》,《治理现代化研究》2018年第6期。

孔建忠:《粤港澳大湾区下粤港产业融合发展研究》,《当代经济》2018年第14期。

李晓峰:《加快生产性服务业与制造业融合,促进粤港澳大湾区服务贸易发展》,《广东经济》2018年第10期。

向晓梅、杨娟:《粤港澳大湾区产业协同发展的机制和模式》,《华南师范大学学报(社会科学版)》2018年第2期。

赵晓斌、强卫、黄伟豪等:《粤港澳大湾区发展的理论框架与发展战略探究》,《地理科学进展》2018年第12期。

赵逸靖、千庆兰:《全球视角下粤港澳大湾区的现状特征及发展方向》,《广东经济》2018年第11期。

B.8
2018～2019年粤港澳大湾区
国际贸易发展报告

李开益 李 丽*

摘 要： 国际贸易是粤港澳大湾区社会经济发展的重要特征和产业优势。2018年，粤港澳大湾区对外贸易继续稳步发展，其全球贸易中心和国际采购中心的地位得到进一步巩固。大湾区内部城市间的贸易往来协作也稳步推进，湾内贸易水平不断提升。要将粤港澳大湾区打造成世界级自由贸易港，需要从内外两个方面着手：一方面，对标全球一流自由贸易港的各项发展指标，为大湾区国际贸易树立更严苛的发展标准；另一方面，需要通过"放开一线、管住二线"等途径，充分结合粤港澳大湾区自身特点，真正实现湾区内自由贸易港的一体化。

关键词： 国际贸易 组合式自由贸易港 全球贸易中心 港区一体化

湾区经济是一种高度国际化的经济形态。与世界其他知名湾区相比，粤港澳大湾区"经贸港湾"特点尤为明显。国际贸易之所以能够成为粤港澳大湾区发展的突出特征，除了该湾区具备地理位置优越、各种资源充

---

* 李开益，海关总署广东分署研究室主任，主要研究方向为海关业务改革和海关监管等；李丽，海关总署广东分署研究室干部，中国海关学会广州分会副秘书长，主要研究方向为粤港澳大湾区对外贸易发展和海关政策。

沛,以及拥有各种建立世界级城市群所需的基本自然地理条件外,还有其他诸多因素。如粤港澳大湾区本身具备强大的制造业基础,长期以来被誉为"世界工厂";粤港澳大湾区还有发达的物流贸易网络体系,交通物流网络可谓四通八达,使其经贸往来有着通畅的运输网络可依托;其市场销售网络也如蜘蛛网一般遍布全球。仅仅广州、佛山、深圳和东莞四个城市,就拥有总计2000多个批发分销市场,堪称拥有世界级发达水平的分销网络。因此,了解粤港澳大湾区的经贸动态,是我们审视和判别其发展态势的重要途径之一。

一 粤港澳大湾区对外贸易稳步发展

2018~2019年,粤港澳大湾区对外贸易在全球贸易摩擦中继续稳步前行,全球贸易中心、国际采购中心的地位得到进一步巩固。

(一)广东九市外贸发展情况

2018年,世界经济温和复苏,国内经济稳中向好,推动广东九市外贸进出口持续增长。2018年广东九市外贸进出口总值为6.86万亿元,占全省95.8%,增长5.4%。其中,出口4.06万亿元,增长1.7%;进口2.8万亿元,增长11.4%。在结构上总体呈现以下特征。

(1)贸易方式以一般贸易和加工贸易为主。2018年,广东九地市一般贸易进出口总值3.15万亿元,占同期九地市外贸进出口值(下同)的45.9%;加工贸易进出口总值2.56万亿元,占37.3%。

(2)贸易伙伴集中在中国香港地区、东盟、美国。广东九地市对香港地区进出口1.13万亿元,增长0.6%;对东盟进出口9136.7亿元,增长11.3%;对美国进出口总体保持增长,2018年进出口8250.3亿元,增长1.4%。上述三地合计占同期九地市进出口总值的41.8%。

(3)民营企业发展迅猛。广东九地市民营企业进出口3.33万亿元,增长12.1%,占48.6%;外商投资企业进出口3.13万亿元,增长1.7%,占

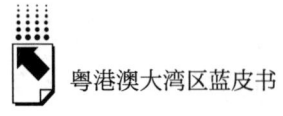

45.6%；国有企业进出口3818.6亿元，下降14%，占0.6%。

（4）出口以机电产品、劳动密集型产品为主，消费品和农产品进口增长快速。广东九地市机电产品出口2.89万亿元，增长3.8%，占广东九地市出口总值（下同）的71.1%。其中，电器及电子产品出口1.69万亿元，增长6.8%；机械设备出口6125.7亿元，增长0.8%。同期，劳动密集型产品合计出口6672.3亿元，下降6.8%，占16.8%。同期，广东九地市进口消费品1790.4亿元，增长18.1%，占广东九地市进口总值（下同）的6.4%；进口农产品1236.5亿元，增长6.7%，占4.4%。此外，初级形状的塑料进口1034.1亿元，增长8.8%。

1. 广州

2018年，广州外贸进出口总值为9811.6亿元，增长1%，占全省13.7%。其中，出口5607.5亿元，下降3.2%；进口4204.1亿元，增长7.2%。

（1）以一般贸易进出口为主，加工贸易下降。广州以一般贸易方式进出口4588.8亿元，增长4.4%，占同期广州对外贸易进出口总值（下同）的46.7%；以加工贸易方式进出口2654.4亿元，下降3.1%，占27%。

（2）对欧盟、美国、东盟进出口规模均超千亿元。广州对欧盟进出口1442.3亿元，下降0.4%；对美国进出口1312亿元，增长5.3%；对东盟进出口1297.7亿元，增长4.7%。

（3）民营企业进出口增长强劲。广州民营企业进出口4254.2亿元，增长5%，占43.3%；外商投资企业进出口4198.1亿元，增长1.4%，占42.7%；国有企业进出口1273.6亿元，下降11.6%，占12.9%。

（4）机电产品进出口超五成。出口方面，广州机电产品出口2820.5亿元，下降5.1%，占同期广州出口总值的50.3%；其中，液晶显示板出口261.1亿元，下降6.3%。进口方面，机电产品进口1981.3亿元，增长15.2%，占同期广州进口总值的47.1%。

2. 深圳

2018年，深圳外贸进出口值3万亿元，增长7%，占全省41.9%。其中，出口1.63万亿元，下降1.5%；进口1.37万亿元，增长19.3%。

（1）一般贸易进出口占主导地位。深圳一般贸易方式进出口值为1.39万亿元，增长6.1%，占同期深圳进出口总值（下同）的46.3%。同期，以加工贸易方式进出口1.07万亿元，增长16%，占35.6%。

（2）香港地区为深圳最大的贸易伙伴，对东盟贸易快速增长。深圳前四大贸易伙伴依次是中国香港地区、东盟、美国、中国台湾地区。其中，对香港地区进出口6803.1亿元，增长3.8%；对东盟进出口4320.9亿元，增长17.1%；对美国进出口2764亿元，下降5.4%；对台湾地区进出口2738.8亿元，增长21.2%。上述四者合计占55.4%。

（3）民营企业占主导地位。深圳民营企业进出口1.61万亿元，增长13%，占53.8%；外商投资企业进出口1.22万亿元，增长4.5%，占40.7%；国有企业进出口1643.1元，下降20.2%，占5.5%。

（4）进出口以机电产品为主。出口方面，深圳机电产品出口1.28万亿元，增长2.5%，占深圳出口总值（下同）的78.5%。其中，自动数据处理设备零部件出口1618.3亿元，下降1.1%；手机出口1602.3亿元，增长13.5%。进口方面，机电产品进口1.12万亿元，增长22.3%，占同期深圳进口总值（下同）的81.9%。其中，集成电路进口4948亿元，增长25.5%。此外，消费品进口883.1亿元，增长14.4%；农产品进口568亿元，增长14.4%。

3. 佛山

2018年，佛山外贸进出口总值4599亿元，增长5.5%，占全省6.4%。其中，出口3527.3亿元，增长11.8%；进口1071.8亿元，下降11%。

（1）一般贸易进出口占比超五成。佛山一般贸易进出口2468.8亿元，下降0.2%，占同期佛山进出口总值（下同）的53.7%；加工贸易进出口1330.4亿元，增长1.8%，占28.9%。

（2）主要贸易伙伴依次为东盟、美国、欧盟和中国香港地区。佛山对东盟进出口723.1亿元，增长2.2%，占15.7%；对美国进出口638.9亿元，增长14.1%；对欧盟进出口573.6亿元，增长9.7%；对香港地区进出口496.8亿元,增长0.8%。

(3) 民营企业占主导地位。民营企业进出口2681.7亿元,增长8.3%,占58.3%;外商投资企业进出口1857.8亿元,增长0.8%,占40.4%;国有企业进出口41亿元,增长37.3%。

(4) 进出口以机电产品为主。出口方面,佛山机电产品出口1905亿元,增长9.4%,占佛山出口总值(下同)的54%;劳动密集型产品出口796.7亿元,增长12.1%,占22.6%。同期,在进口方面,机电产品进口322.3亿元,下降12.4%,占佛山进口总值(下同)的30.1%;其中,液晶显示板进口80.4亿元,下降30.1%,占7.5%。

4. 东莞

2018年东莞外贸进出口总值1.34万亿元,增长9.5%,占全省18.7%。其中,出口7955.6亿元,增长13.3%;进口5464.3亿元,增长4.4%。

(1) 加工贸易与一般贸易进出口占主导地位。东莞加工贸易进出口5546.1亿元,下降5.9%,占同期东莞对外贸易进出口总值(下同)的41.3%;一般贸易进出口5530.7亿元,增长27.4%,占41.2%;此外,海关特殊监管方式进出口2326.5亿元,增长16.9%,占17.3%。

(2) 主要贸易伙伴依次为美国、中国香港地区、欧盟和东盟。东莞前7大贸易伙伴依次为美国、中国香港地区、欧盟、东盟、韩国、中国台湾地区和日本。对美国进出口1875.8亿元,增长7.6%;对香港地区进出口1749.4亿元,增长0.1%;对欧盟进出口1661.1亿元,增长20.8%;对东盟进出口1554.4亿元,增长17.3%;对韩国进出口1324.1亿元,增长9.8%;对台湾地区进出口1138亿元,增长10.8%;对日本进出口1008.4亿元,下降1.2%。

(3) 民营企业进出口值占比超五成。东莞民营企业进出口7083.2亿元,增长23%,占52.8%;外商投资企业进出口6161.1亿元,下降2.7%,占45.9%;国有企业进出口160.9亿元,下降0.7%,占1.2%。

(4) 机电产品出口占据主要地位。出口方面,机电产品出口6008.8亿元,增长15.2%,占东莞出口总值的75.5%;其中,电器及电子产品出口4066.4亿元,增长18.7%。进口方面,机电产品进口4254亿元,增长5%,

占东莞进口总值的77.9%；其中，电器及电子产品进口3628.5亿元，增长7.6%。此外，农产品进口124.4亿元，下降9.8%；废纸进口101.7亿元，下降20.2%。

5. 惠州

2018年，惠州市进出口总值3334.7亿元，下降2.4%，占全省4.7%。其中出口2208.8亿元，下降1.1%；进口1125.8亿元，下降4.8%。

（1）加工贸易占据主导地位。从贸易方式看，惠州市加工贸易进出口2431亿元，下降6.2%，占同期惠州对外贸易进出口总值（下同）的72.9%；一般贸易进出口871亿元，增长9.2%，占26.1%。

（2）外资企业进出口居首位。外资企业进出口2883.1亿元，下降4.4%，占86.5%；民营企业363.4亿元，增长18.2%，占10.9%；国有企业进出口88.2亿元，下降5%，占2.6%。

（3）韩国为惠州最大的贸易伙伴。韩国、中国香港地区、美国、东盟、欧盟、日本和中国台湾地区位居惠州市前7大贸易伙伴，对上述7地合计进出口2841.9亿元，占85.2%。其中排前三位的是韩国、中国香港地区和美国，进出口值分别为762.5亿元、612.1亿元和460.6亿元，分别占全市总进出口的22.9%、18.4%和13.8%。

（4）出口商品以机电产品为主，进口商品主要为集成电路、液晶显示板。出口方面：出口机电产品1825.9亿元，下降2.4%，占惠州出口总值的82.7%；其中，出口电器及电子产品1534.5亿元，下降2.6%。进口方面：进口集成电路348.5亿元，下降10.2%；初级形状的塑料34.1亿元，增长3.5%。

6. 珠海

2018年，珠海市进出口总值3247.7亿元，增长8.5%，占全省4.5%。其中，出口1887亿元，增长0.2%；进口1360.7亿元，增长22.6%。

（1）一般贸易占比超五成。从贸易方式看，珠海市一般贸易进出口1801.8亿元，增长8.7%，占同期珠海对外贸易进出口总值（下同）的

55.5%；加工贸易进出口1122.7亿元，增长10.6%，占34.6%。

（2）外资企业进出口居首位。珠海市外资企业进出口1536.9亿元，增长11.7%，占47.3%；民营企业进出口1247.8亿元，增长11.3%，占38.4%；国有企业进出口461.7亿元，下降6.9%，占14.2%。

（3）东盟、欧盟、美国、中国香港地区为主要的贸易伙伴。从贸易伙伴看，东盟、欧盟、美国和中国香港地区是珠海市前4大贸易伙伴，对上述4地合计进出口1406亿元，占43.3%。其中东盟、欧盟和美国进出口值分别为409.7亿元、362.8亿元和361.6亿元，分别占全市总进出口的12.6%、11.2%和11.1%。

（4）出口主要是机电产品，集成电路进口大幅增长。出口方面：珠海市出口机电产品1442.6亿元，增长4.6%，占全市出口总值的76.5%；其中，电器及电子产品811.8亿元，增长11.7%。同期，出口劳动密集型产品137.9亿元，占7.3%。进口方面：珠海市进口集成电路295.9亿元，增长73.7%；原油202.3亿元，下降7.9%；农产品35.3亿元，增长83.9%。

7. 中山

2018年，中山市进出口2341.6亿元，下降9.3%，占全省3.3%。其中出口1801.7亿元，下降12.3%，进口539.9亿元，增长2.6%。

（1）一般贸易与加工贸易占主要地位。中山市加工贸易进出口1170.4亿元，下降2.7%，占同期中山对外贸易进出口总值（下同）的50%；一般贸易进出口1132.9亿元，下降14.1%，占48.4%。

（2）以外资企业为主。中山市外商投资企业进出口1444.1亿元，下降0.6%，占61.7%；民营企业进出口771.4亿元，下降22.4%，占32.9%；国有企业进出口126亿元，下降6.7%，占5.4%。

（3）美国、欧盟、东盟为主要的贸易伙伴。美国、欧盟、东盟、中国香港地区、日本、中国台湾地区和马来西亚位居中山市贸易伙伴前7位，对上述7地合计进出口1744.6亿元，占74.5%。其中，美国、欧盟、东盟进出口值分别为486.9亿元、376.1亿元和276.3亿元，占比分别为20.8%、16.1%和11.8%。

（4）出口商品主要是电子产品、灯具、家电，进口商品主要是集成电路、初级形状的塑料。出口方面：中山市出口电器及电子产品488.7亿元，下降1.1%，其中出口家电（彩电、电扇、空调、冰箱、微波炉）合计250亿元；出口灯具69.8亿元，下降23.2%。进口方面：中山市进口集成电路120.7亿元，增长8.4%；初级形状的塑料41.5亿元，增长5%；液晶显示板33.5亿元，下降30.6%；自动数据处理设备的零件28.4亿元，增长38.7%。

8. 江门

2018年，江门市进出口1472.2亿元，增长6.3%，占全省2.1%。其中出口1123亿元，增长4.4%，进口349.2亿元，增长12.8%。

（1）以一般贸易为主。从贸易方式看，江门市一般贸易进出口948.7亿元，增长5.5%，占同期江门对外贸易进出口总值（下同）的64.4%；加工贸易进出口493亿元，增长5.4%，占比33.5%。

（2）以外资企业为主，民营企业紧追其后。江门市外资企业进出口829.4亿元，增长10.7%，占56.3%；民营企业进出口630.9亿元，增长0.6%，占42.9%。

（3）美国、中国香港地区、欧盟为主要的贸易伙伴。美国、中国香港地区、欧盟、东盟、韩国、日本和德国是江门市前7大贸易伙伴，对上述7地合计进出口1023.7亿元，占69.5%。其中，对美国、中国香港地区、欧盟分别进出口262.1亿元、227.9亿元和225.3亿元，占比分别为17.8%、15.5%和15.3%。

（4）出口商品主要是劳动密集型产品、印刷电路产品，进口商品主要是农产品、纸浆、初级形状的塑料。出口方面：江门市出口劳动密集型产品228.8亿元，增长5.2%；出口电器及电子产品218.9亿元，下降9.2%。进口方面：江门市进口初级形状的塑料39.9亿元，增长30.2%；进口纸浆39.6亿元，增长5.4%；进口农产品28.1亿元，增长66.4%。

9. 肇庆

2018年，肇庆外贸进出口值为389.8亿元，仅占全省的0.5%，增长

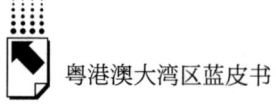

8.9%。其中，出口237.6亿元，增长6.9%；进口152.2亿元，增长12.2%。

（1）一般贸易占绝对地位。肇庆一般贸易进出口238亿元，增长20.2%，占同期肇庆对外贸易进出口总值（下同）的61.1%；加工贸易进出口150.6亿元，下降1.7%，占38.6%；上述两种贸易方式进出口值合计占99.7%。

（2）除中国香港地区外，对美国、东盟、欧盟、日本贸易均总体增长。肇庆前5大贸易伙伴依次是美国、中国香港地区、东盟、欧盟、日本。对美国进出口88.4亿元，增长24.2%；对香港地区进出口66.7亿元，下降5.5%；对东盟进出口51.4亿元，增长1%；对欧盟进出口44.7亿元，增长6.8%；对日本进出口41.4亿元，增长4.4%。上述5者合计占75.1%。

（3）外商投资企业进出口值稳居第一。肇庆外商投资企业进出口193.9亿元，下降6.4%，占49.7%；民营企业进出口175.7亿元，大幅增长31.7%，占45.1%；国有企业进出口17亿元，增长6%，占4.4%。

（4）机电产品出口降幅较大，废金属进口占比超七成。出口方面，肇庆机电产品出口91亿元，增长11.2%，占肇庆出口总值的38.3%；其中，电器及电子产品出口35.9亿元，增长17.6%；金属制品出口13.7亿元，增长12.5%。进口方面，废金属进口110.3亿元，增长30.1%，占肇庆进口总值的72.5%。此外，农产品进口4.9亿元，增长16%。

（二）中国香港外贸发展情况

中国香港作为一个自由贸易港，货物进出口基本实现全面自由化，在国际贸易中发挥了重要的作用。2018年，香港地区外贸进出口规模7.5万亿元，其中，进口3.98万亿元，整体出口3.51亿元。

1. 区域结构

香港进口来源地主要集中在中国内地、台湾地区和新加坡，整体出口主要集中在中国内地、美国和印度。2018年，香港地区进口来源地的前三位分别为中国内地、台湾地区和新加坡，2018年，香港地区从中国内地进口

1.84万亿元,从台湾地区进口2854.9亿元,从新加坡进口2649.7亿元,以上三者占香港地区进口总值的60.1%。出口方面:香港地区整体出口至中国内地、美国、印度分别为1.93万亿元、3009.7亿元和1133.2亿元,以上三者占香港地区出口总值的66.8%。

2. 商品结构

香港进口和整体出口商品主要为电动机械仪器和通信设备仪器。2018年,香港地区进口主要商品为电动机械、仪器和用具及零件,占香港地区进口值超三成。2018年,电动机械、仪器和用具及零件进口规模达1.48万亿元,占37.2%;通信设备进口规模达6265.9亿元,占15.7%。整体出口商品和进口保持一致的变动趋势,2018年,香港地区整体出口电动机械、仪器和用具及零件1.34万亿元,占香港地区整体出口值的38.1%;通信设备6557亿元,占18.7%。

(三)澳门外贸发展情况

2018年,澳门对外整体进出口值1023亿澳门元,增长17.4%,其中出口121.9亿澳门元,增长8.1%;进口901亿澳门元,增长18.8%;贸易逆差779.1亿澳门元。

1. 区域结构

中国内地、香港地区、欧盟为澳门主要贸易伙伴。从贸易伙伴看,2018年澳门对中国内地进出口值达335.3亿澳门元,占同期澳门进出口总值的32.8%;对香港地区进出口值146.1亿澳门元,占14.3%;对欧盟进出口值227.4亿澳门元,占22.2%,上述三者合计进出口值708.8亿澳门元,占69.3%。

2. 商品结构

澳门进口商品主要是电信设备及精油香膏。2018年,澳门主要进口消费品583.8亿澳门元,占同期澳门进口总值的64.8%,其中食品饮料及烟草137.3亿澳门元。具体分商品来看,进口电信及声音收录、回放器具、设备93.1亿澳门元,主要来自中国内地;进口精油、香膏及芳香材料70.3亿

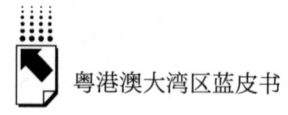

澳门元,主要来自法国和意大利;进口未列明的照相器具设备及钟表69.8亿澳门元,主要来自瑞士;进口服装及衣服配件55.3亿澳门元,主要来自意大利和中国内地;进口旅行用品手袋及类似容器44.3亿澳门元,主要来自意大利和法国。

澳门出口商品主要为机器设备及机械用具零件、钟表。在出口方面,2018年,澳门主要出口机器设备与零件25.6亿澳门元,增长93.1%;钟表12.4亿澳门元,增长20.7%;珠宝钻石7.3亿澳门元,下降17.6%;纺织品及成衣6.8亿元,下降19.6%;电子元器件4.9亿澳门元,下降33.8%。

二 湾内贸易水平不断提升

粤港澳大湾区内部各城市之间的贸易往来在"前店后厂"的基础上起步,规模不断扩大,领域不断拓宽。2018年广东九市与港澳之间的贸易持续繁荣,结构不断优化。

(一)广东九市与香港地区之间的贸易合作

2018年,广东九市对香港地区进出口1.13万亿元,增长0.6%。其中对香港地区出口1.11万亿元,增长1.2%,自香港地区进口197.8亿元,下降24.1%。

(1)加工贸易占比过半。2018年广东九市对香港地区以加工贸易方式进出口6637.7亿元,增长9%,占同期广东九市对香港地区进出口贸易总值(下同)的58.7%;广东九市对香港地区以一般贸易方式进出口3086.9亿元,下降5.3%,占27.3%。

(2)外资企业仍占据主导地位。2018年,九市外资企业对香港地区进出口6753.1亿元,下降1.2%,占比59.7%;民营企业进出口4136.8亿元,增长6.7%,占比36.6%;国有企业进出口414亿元,下降21%,占3.7%。

(3)固体废物、农产品为主要进口商品,出口以机电产品为主。2018

年，广东九市自香港地区进口废金属56.2亿元，下降45.7%，占同期广东九市自香港地区进口总值的28.4%；农产品进口20.1亿元，增长32.3%；废塑料进口0.6亿元，下降97.7%。同期，出口方面，广东九市对香港地区出口机电产品8831.9亿元，增长2.6%，占同期广东九市对香港地区出口总值的79.4%，其中出口手机1609.8亿元，增长16%，出口自动数据处理设备及其部件1192.2亿元，下降7.3%，出口集成电路682.7亿元，增长17.9%。

（二）广东九市与澳门地区之间的贸易合作

2018年，广东九市对澳门进出口总值128.8亿元，下降14.8%。其中对澳门出口125.7亿元，下降13.7%；对澳门进口3.1亿元，下降45.2%

（1）以一般贸易为主。2018年，广东九市对澳门以一般贸易方式进出口96.5亿元，下降16.7%，占九市对澳门进出口贸易总值（下同）的74.9%；以加工贸易方式进出口22.2亿元，下降2.5%，占17.2%。

（2）民营企业占据主导地位。2018年，广东九市对澳门民营企业进出口57.4亿元，下降34.2%，占44.6%；外商投资企业进出口39.3亿元，下降4.3%，占30.5%；国有企业进出口32.1亿元，增长40.2%，占24.9%。

（3）进口商品主要为铜材、纸烟，出口以电力、农产品、劳动密集型产品为主。2018年，广东九市自澳门进口铜材1.5亿元，下降31.1%，占同期广东九市自澳门进口总值（下同）的48.1%；纸烟进口0.8亿元，增长72.6%，占27.3%。同期，广东九市对澳门电力出口31.4亿元，增长29.4%，占同期广东九市对澳门出口总值（下同）的25%；农产品出口18.4亿元，增长5%，占14.7%；劳动密集型产品出口14.8亿元，下降0.6%，占11.8%。

三 朝着粤港澳自由贸易港的建设目标继续前行

从全球大湾区发展实际来看，除我国外其他三大湾区都位于发达国家。金融高度发展是纽约湾区最重要的特征，纽约交易所、华尔街通过整合全球的资源来推动美国经济发展；科技创新是旧金山湾区最重要的核心竞争力；东京湾区高端工业领跑亚洲。可以看出，粤港澳大湾区还无法形成比较优势，而自由贸易港可成为粤港澳大湾区奋起直追其他知名湾区的重要着力点，可将其建设和发展自由贸易港的优秀经验进行复制，推广至全国。

（一）通过国际对标探索建设自由贸易港

探索建设自由贸易港是粤港澳大湾区建设的重要方向，要依托香港自由贸易港，促进深圳港、广州港等港口与之协作，共同形成特色鲜明、世界著名，自由化、法治化、国际化、现代化的自由贸易港群，成为中国特色社会主义开放经济的标杆和范例。

目前全球先进的自由贸易港主要有中国香港、新加坡、迪拜等，且各具特色。

香港的自由贸易实现了全域覆盖。香港不设置贸易壁垒，不对进出口商品的种类、价格、贸易主体身份进行管制，对一般商品不征收关税，没有主动的进出口配额。香港对货物进出口只实施最低限度的发证管制，且运输工具进出不受海关限制。在香港设立公司成本很低，外商投资者可以100%地拥有公司。香港对银行提供信贷融资不设定准则，对外资公司参与当地证券交易没有限制，国际投资者可以自由投资香港发行的债务工具。香港对国际资金流动限制少，资金可自由进出香港，外汇及黄金市场完全开放。

新加坡实现了一站式通关服务。新加坡境内目前共有8个自由贸易区。区内无财税优惠，但货物进入自贸区不需要任何海关文件，也不需缴税；只有离开自贸区、进入新加坡时才需要海关通关和缴税等。货物进入新加坡自由贸易区的存储区，可以直接凭过境提单办理通关。新加坡贸易管理电子平台贸易网将海关、税务、安全等35个政府机构连接在一个网络中，通关实施单一窗口处理，码头全程自动化无纸作业，各种流程无缝对接。企业只需递交一份电子文件,与进出口贸易相关的所有申报和审核手续都可以在网上完成,最快可以在 10 秒钟内完成通关手续。

迪拜成功建起了功能集聚自贸区。迪拜是海湾地区的贸易、航运、金融、物流和科技中心,拥有 30 多个自贸区。迪拜自由贸易区对区内企业有大力度的税收优惠,实行 50 年内零企业税(可延续的优惠)、零个税、零进口关税或再出口关税,并且区内资本、外汇完全自由流动,允许 100% 外资所有。由别国运入迪拜自由区的货物,无须缴纳关税,海关对区内货物只采取随时抽查的方式进行监管。区内无最低工资标准和雇用本地员工要求,进一步降低劳工成本。

(二)设立自由贸易港先行区

粤港澳大湾区建设自由贸易港具有天然优势,如中国香港是迄今最自由、最开放的自由贸易港。改革开放以来,毗邻香港地区是广东对外开放的重要优势,在引进港资企业、加强与国际贸易市场和规则对接的过程中,广东对外开放度不断提升,有超过 70% 的外商直接投资来自香港地区。目前,在 CEPA 框架下的粤港澳服务贸易自由化深入推进,开放领域超过 95%;自贸区前海片区在跨境人民币贷款、跨境人民币双向资金池等方面已开展试点,跨境金融指数增长 62%,这都为广东自由贸易港建设提供了制度创新的基础。广东探索自由贸易港建设,可以充分发挥与香港地区联系紧密、规则对接及时的优势,借鉴香港自由贸易港建设专项经验,学习其金融和国际管理制度,实现与香港地区动能互补和无缝对接,以高标准规划建设开放度最高的世界级自由贸易港区。

(三)建设组合式自由贸易港区

粤港澳大湾区中的各个城市在产业发展上存在交错和业态竞争,通过建设自由贸易港契机,可以进一步加强广东和香港地区、澳门之间的协同,形成组合式的自由贸易港。

1. 实施路径

广东、香港地区和澳门加强交流，在贸易便利化、投资便利化等方面进一步推进。广东、香港地区、澳门有地缘优势，有很多经验可以借鉴。香港地区已经连续23年被美国传统基金会评为"全球最自由经济体"，这与香港地区在贸易自由、金融自由、财政健康等方面排名第一，且司法环境完善、营商环境良好、监管制度高效有关。香港作为自由港，在国际贸易、企业经营、人员进出、资讯流通和资金进出等方面享有高度自由。

2. 实施模式

粤港澳协同形成组合式的自由贸易港，形成具有全球竞争力的湾区增长极。从国际实践看，虽然许多自由贸易港建在物理港区内，但香港作为开放水平最高的自由贸易港，其涵盖范围突破了物理港区而包括了城区。粤港澳建设组合式自由贸易港，还需要将金融、科技作为核心，广东特别是深圳具有高科技优势，而香港地区有金融优势；在自由贸易港建设中，还要处理好自由贸易港范围设置的问题。发挥电子商务企业和供应链企业高度集聚的优势，探索跨境电商、外贸综合服务、离岸贸易等新业态的发展模式与监管模式。

3. 特色定位

成功打造粤港澳自由贸易港，一方面应与国家"一带一路"倡议相结合，着重考虑与新兴市场比如东南亚市场的合作，为"走出去"的企业服务，尤其是针对东南亚地区企业，成为发展中国家企业的总部聚集地。另一方面，应注重广东与香港地区、澳门开展"泛珠三角"合作，形成联动效应，互助互补。为支持粤港澳自由贸易港发展，可以考虑建设一条"物流走廊"，发挥区域辐射带动效应，真正实现前海依托港澳、服务内地、面向世界的目标。

4. 制度创新

自由贸易港建设的前提条件是需要有港口、有口岸，进而实现港区一体化。而自由贸易港建设的关键是真正实现"一线放开，二线管住，区内自由"。一线放开是基本的内容,对口岸管理体制机制进行集约化的改革。二线要管住实现风险可控,"二线"如何实现有效监管至关重要。强调"区内自由"则是指升级版的更大自由度,同时要实现联动发展。未来粤港澳自由贸易港建设的路径可分步实施,首先实现广东自由贸易试验区与香港、澳门自由港充分对接,打造制度创新高地,做到可复制可推广;其次将企业销售、物流、研发、高级管理人员、资金池等聚集于区内,充分实现企业区域性功能集中的目标;最后打造自由贸易港要跟国家战略联动叠加实施,使其成为建立社会主义市场经济体制升级版的载体。同时,相关法律、法规以及条例的及时修订也是自由贸易港建设的前提和基础。

参考文献

毛艳华:《粤港澳合作四十年》,中国社会科学出版社,2018。

张晓辉:《近代粤港澳经济史研究》,中国社会科学出版社,2018。

张光南:《粤港澳合作:政商手册——服务贸易"负面清单"》,中国社会科学出版社,2016。

陈广汉、刘洋:《粤港澳大湾区建设与港澳发展新机遇》,《广东经济》2019年第4期。

B.9
2018~2019年粤港澳大湾区海洋经济协同发展报告

向晓梅　吴伟萍　何颖珊*

摘　要： 作为世界四大湾区之一，粤港澳大湾区具有典型的海洋经济特征，实现海洋经济协同发展对于推进粤港澳大湾区建设具有极大的促进作用。粤港澳三地具备海洋经济协同发展的基础条件与产业优势，未来应积极探索粤港澳大湾区海洋经济实现良好协同发展的新方法新思路，有效消解诸多制约海洋经济协同发展的机制障碍，不断提升大湾区海洋经济的整体实力和竞争力，努力形成海洋经济优势互补、良性互动的积极局面。

关键词： 海洋科技创新走廊　海洋经济协同发展　蓝色经济空间　粤港澳航运中心

　　湾区经济是海洋经济的独特形式，它是海洋与陆地合作的重要载体，是港口经济、集聚经济和新兴产业经济相互融合的独特形态。全球的湾区经济大多具有高度开放、创新引领、区域融合等一系列特征。长期以来，粤港澳在航运物流、港口联盟、海洋科研等方面均建立起不同程度的合作关系，为

---

* 向晓梅，博士，广东省社会科学院经济研究所所长，研究员，研究方向为产业经济与海洋经济；吴伟萍，博士，广东省社会科学院经济研究所，研究员，研究方向为产业经济与海洋经济；何颖珊，广东省社会科学院与华南师范大学联合培养博士后，研究方向为产业经济与海洋经济。

后续的海洋经济合作奠定了坚实基础。此外,《内地与港澳更紧密经贸关系安排》(CEPA)、《深化粤港澳合作推进大湾区建设框架协议》等一系列政策的签署,也加深了粤港澳大湾区的合作与要素流通。

一 粤港澳大湾区海洋经济发展现状及产业优势分析

(一)广东省海洋经济发展现状及产业优势

广东省第十二次党代会提出"建设海洋经济强省,打造沿海经济带,拓展蓝色经济空间"的战略目标。2018年全省海洋生产总值1.93万亿元,连续24年位居全国首位,占全国海洋生产总值的23.2%。海洋经济已成为广东省经济发展的全新动力源。

1. 海洋渔业

无论从海水养殖产量还是海水养殖面积来看,广东省沿海地区一直位居全国前列。在海洋捕捞业方面,广东省加快实施远洋渔船更新建造工程,推动捕捞业向远海、远洋迈进。2017年,广东省海洋渔业增加值379亿元,其中远洋渔业产业规模进一步提升,共有18家远洋渔业企业194艘远洋渔船进行生产,总捕捞量5.06万吨,产值9.08亿元。2018年,广东省海洋渔业增加值达到442亿元。

2. 海洋生物制药业

近年来,广东省海洋药物和生物制品业已形成完整的渔业捕捞、种苗繁育、健康养殖、海洋资源勘探等产业的上游产业链,成熟的海产品精深加工和海洋生物活性物提取技术等产业的中游产业链,以及齐全的海洋生物医药、海洋保健食品、化妆品与精细化工产品、生物饲料等产业的下游产业链。

3. 海洋工程装备制造业

广东省海洋工程装备制造产业发展领域较为全面,涵盖了海洋矿产和油气资源勘探开发装备制造、海洋可再生能源利用装备制造、海水淡化装备制造等领域。截至2018年底,广东省拥有海洋工程装备制造"四上"企业超

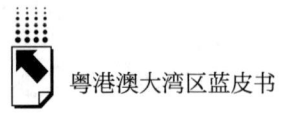

111家。广东省预计在"十三五"期间总投资800亿元。

4. 海上风电业

广东省海上风电产业发展势头良好,华能电力、华润电力、中电投、广东粤电等电力行业巨头纷纷在湛江外罗、阳江沙扒、南鹏列岛、饶平、惠来等广东省沿海地区布局风电项目。2017年,广东省大力布局海上风电,公布了3.3GW海上风电建设规划,总投资约594亿元。截至2018年底,广东省涉海风电"四上"企业达40家。

5. 海洋公共服务业

近年来,广东为海洋大数据产业的跨越发展提前布局,不仅完成了相关技术报告的编制工作,而且在搭建海洋大数据综合管理平台、海洋科技大数据平台、海洋防灾减灾基础数据库等方面取得了显著进展。广东省目前已有一大批在海洋大数据等方面有建树的龙头企业,为今后打造"智慧海洋"打下了良好的基础。

6. 海洋交通运输业

历经多年建设发展,广东省已逐渐形成了以五大沿海港口和两大内河港口为龙头,辐射华南、西南,面向全球的港口群全新发展格局。2018年,广东省规模以上港口国际标准集装箱吞吐量为5714万TEU,规模以上港口货物吞吐量172862万吨,均位居全国第一。

7. 滨海旅游业

在邮轮旅游方面,2017年,深圳蛇口与广东南沙出入境邮轮数量达180艘次,出入境人员达58万人次,出入境人员数量位居全国第三。在游艇旅游方面,2017年6月,粤港澳游艇"自由行"实施方案由设想变为现实,并在广州南沙举行首航活动。截至2018年底,全省滨海旅游业增加值为3283亿元。

(二)香港海洋经济发展现状及产业优势

1. 航运服务业

2017年,香港成为全球第七大贸易经济体,国际贸易蓬勃,港口效率卓越,船东、货主及贸易商云集于此。经过一百六十多年的持续发展,航运服务业已成为香港的重要支柱产业，其业务范围主要涉及船舶管理、船务经纪、船务融资、航运保险及法律等。

表1 香港船务服务业收入情况

单位：亿港元

类别	2015年	2016年	2017年	2017年较2016年增长率（%）
船务代理/管理人，以及海外船公司驻港办事处	74	73.2	76.3	4.5
远洋货轮船东/营运者	845	741	691	-6.7
货柜码头及货运码头运营者	89	88	82.8	-5.9
往来香港与珠三角港口的轮船船东及营运者	69	64	66.6	3.4
港内水上货运服务	11	10	10.4	4.0
中流作业及货柜后勤活动	56	50	51.4	2.8
航空及海上货运代理	1097	1033	1206.5	16.8

资料来源：香港贸发局：《香港航运服务业概况》；香港政府统计处：《运输、仓库及速递服务业的业务表现及营运特色的主要统计数字》。

2017年香港跨境海上运输业增加值为64.8亿元港币，较2016年下降7.4%。全年业内共有雇员人数12467名，较2016年下降4.5%，其中包括船东与营运者、船务代理、船舶管理人以及外国船公司本地办事处的员工。截至2018年前3个月，香港处理的货物达6600万公吨。

2.物流业

2018年香港国际机场的货物吞吐量（包括航空邮件）突破510万公吨，航空公司超过120家。香港国际机场拥有5个规模数一数二的货运站，每年可处理700万吨货物。2018年香港成为全球第五大货柜港。

表2 香港物流业机构单位数

单位：个

服务业务	截至2017年12月	截至2018年6月	截至2018年12月
航空运输服务	160	72	170
航空货运代理服务	1312	1335	1333
海上货运代理服务	17632	2359	2410

资料来源：香港贸发局：《香港物流业概况》；香港政府统计处：《就业及空缺按季统计报告》。

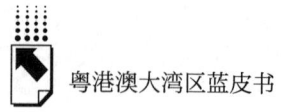

航空运输。2018年,香港有38%的总出口以及45%的总进口经由空运处理,而在1980年仅有26%的总出口以及19%的总进口经由空运处理。显然,该比重上升与香港作为全球自由贸易港以及卓越的清关效率关系甚大。香港清关手续简便,加上香港国际机场24小时运作,因此经由香港把产品空运往中国内地十分方便。

货运代理。目前,香港较大型的货运代理商主要提供全面的运输及物流服务,而小型的货运代理商则提供价格低廉的基本服务。这些服务具有灵活和个性化的特点,因此能帮助客户有效处理到付货、清关及物流等相关业务。

表3 香港货运总量

单位:百万吨

类别	2013年	2014年	2015年	2016年	2017年	2018年
海运	184.2	197.3	168.6	164.1	176.9	164.6
河运	91.8	100.4	88.0	92.6	104.7	94.0
道路货运	25.6	24.2	22.8	21.9	22.1	21.8
空运	4.1	4.4	4.4	4.5	4.9	5.0
合计	305.7	326.3	283.8	283.1	308.6	285.4

资料来源:香港贸发局:《香港物流业概况》;香港海运港口局:《香港港口运输统计摘要》。

港口物流。目前,香港每年货柜处理能力合计约2000万TEU。为了满足港口及物流业的发展需要,香港政府已实行多项措施加强港口建设,把葵青货柜港的港池及进港航道的深度由15米挖深至17米,让特大货柜船在任何潮汐情况下都可进出货柜码头。疏浚工程大致上已于2016年4月完工,余下工程预期于2020年完成。

表4 在港注册的船只数目及总吨数

年份	船只数目(只)	比上年增长(%)	总吨位(千吨)	比上年增长(%)
2013	2327	6.1	86435	9.6
2014	2373	2.0	92782	7.3
2015	2477	4.4	102293	10.3

续表

年份	船只数目（只）	比上年增长（%）	总吨位（千吨）	比上年增长（%）
2016	2513	1.5	107574	5.2
2017	2545	1.3	113841	5.8
2018	2622	3.0	125222	10.0

资料来源：香港特别行政区政府海事处整理。

表5 香港的港口货物吞吐量

单位：百万吨

类别	2016年	比重（%）	2017年	比重（%）	2018年	比重（%）
海运货物	164.1	63.9	176.9	62.8	164.6	63.7
出口及进口	70.7	43.1	73.0	41.3	68.6	41.7
转运	93.4	56.9	103.9	58.7	95.5	58.3
河运货物	92.6	36.1	104.6	37.2	94.0	36.3
出口及进口	54.6	59.0	65.3	62.4	56.5	60.1
转运	38.1	41.1	39.3	37.6	37.4	39.9
总计	256.7	100	281.5	100	258.5	100

资料来源：香港贸发局：《香港物流业概况》。

表6 香港货物总吞吐量

单位：百万吨

类别	2015年	2016年	2017年	2018年	比上年增减（%）
葵青货柜码头	15.6	15.2	16.2	15.5	-4.7
远洋轮船	12.8	12.2	13.3	12.7	-4.9
内河货船	2.8	3.0	2.9	2.8	-3.7
中流作业及其他码头	4.5	4.6	4.5	4.1	-9.1
远洋轮船	1.1	1.3	1.3	1.1	-15.7
内河货船	3.4	3.3	3.3	3.0	-6.4
总 计	20.1	19.8	20.8	19.6	-5.7

资料来源：香港贸发局：《香港物流业概况》；香港港口发展局：《香港港口运输统计摘要》。

（三）澳门海洋经济发展现状及产业优势

在澳门，与海洋经济发展密切相关的产业主要是运输及仓储业。2017

年，澳门运输及仓储业增加值为73.3亿澳门元，运输及仓储业的行业收益总额为223.3亿澳门元。其中陆路运输的收益总额为37.75亿澳门元；水路运输的收益总额为25.32亿澳门元；航空运输的收益总额为42.74亿澳门元；运输相关及辅助服务的收益总额为117.51亿元（见表7）。

表7 澳门运输、仓储业细分行业增加值

单位：百万澳门元

类型	增加值总额			行业收益总额		
	2017年	2016年	2015年	2017年	2016年	2015年
总额	7329	6972	6121	22332	19998	18930
陆路运输	2235	1985	1511	3775	3172	2528
水路运输	834	982	859	2532	2556	2518
航空运输	904	898	826	4274	4100	4023
运输相关及辅助服务	3356	3107	2925	11751	10075	9862

资料来源：澳门特别行政区政府统计。

由于澳门大部分商品需要从香港转口到澳门，物流成本较高。澳门也缺乏规模化的仓储及物流中心，难以为客户提供专业化大规模的物流服务。随着港珠澳大桥的建设开通以及24小时通关的顺利实现，澳门与香港以及珠三角在物流方面的互联互通将会更便利，从而有效降低物流成本，推动澳门运输及仓储业发展。

二 粤港澳大湾区海洋经济协同发展面临的问题与挑战

（一）体制障碍、区划限制及地区利益冲突等阻碍大湾区海洋经济的有效整合

由于不同行政区划的界限、行政体制分割，粤港澳三地之间在产业对接、信息沟通、资源配置等方面尚存在一定的协调难度，阻碍了三地海洋产业及海洋科技资源的有效整合。同时，多层面、跨区域的产业及经贸合作协调机制仍有缺失，制约了粤港澳大湾区海洋经济协同发展进程。

(二）粤港澳三地的海洋新兴产业仍较弱小，集群效应难以发挥

整体来看，珠三角海洋经济存在发展方式粗放、海洋新兴产业发展缓慢、海洋产业过度集中于特定近岸海域、海洋科技成果转化力度不能有效支撑海洋产业发展、未能有效遏止海洋生态恶化等突出问题。同时，香港和澳门的滨海旅游、航运物流等传统产业仍占主体地位，港澳两地相关实体产业基本处于空白状态。

（三）海洋资源配置能力的不对等对海洋经济协同发展造成一定影响

香港一直秉承"小政府、大市场"的发展模式，广东则采取"小市场，大政府"的发展模式。这两种模式的区别主要体现在三个方面：第一，前者的市场化程度较高，因此市场在资源配置中起基础性作用，更符合经济发展规律；第二，前者的政府是服务型政府而非管理型政府，因此能够减少繁文缛节，提高决策效率；第三，前者能够与国际市场紧密联系在一起，从而有效降低与国际接轨的交易成本。

三 粤港澳大湾区海洋经济协同发展的新路径

（一）将海洋科技协同创新确立为粤港澳海洋经济协同发展的核心任务

1. 建设"链条化、平台式"的海洋科技创新体系

一是构建海洋创新成果源头供给平台。提升原始创新和关键核心技术创新能力，组织大湾区科研院所与企业联合申报、承担国家重大海洋应用基础研究、高技术研究项目和重大海洋科技工程。二是加快建设海洋科技创新平台。建设海洋技术中试平台、海洋公共服务平台、工程技术研究试验中心等，全面提升科技兴海服务能力。三是建设海洋科技推广服务中心。四是建设海洋金融、海洋信息等海洋科技中介服务体系。

2. 加强跨区域创新联动，建设"广深港澳海洋科技创新走廊"

以南沙自贸区、东莞滨海湾新区、东莞松山湖、前海自贸区、深圳海洋新城、深圳国际生物谷、光明科学城、横琴自贸区、珠海经济技术开发区等为合作载体，建设一批海洋价值创新园区和特色海洋产业聚集区，将"广深港澳海洋科技创新走廊"打造成为国家海洋科技创新的策源地。

（二）加强海洋新兴产业合作

1. 推动新一代海洋电子信息制造业合作

支持新型显示屏、集成电路、5G等前沿科技企业对接海洋龙头企业，促进新一代电子信息技术在海洋经济领域的应用。开展船载智能终端等高端海洋电子设备及系统研制开发、海洋水声通信系统建设。支持涉海企业对接香港应用科技研究院国家专用集成电路系统工程技术研究中心开展涉海集成电路合作攻关。支持涉海企业开展工业互联网和人工智能试点。

2. 推动海洋生物医药合作

加强海洋生物医药技术创新合作，利用海洋生物资源，开发海洋微生物抗肿瘤、心血管疾病的活性物质和疫苗，推进海洋医用材料、创伤修复产品的研发和产业化。推动广州国家生物产业基地、深圳国家生物产业基地、中山国家健康科技产业基地、华南现代中医药城、珠海生物医药科技产业园等在粤生物医药产业园以及港澳科技园、港澳产业园、港澳科技企业孵化器建设，支持组建粤港澳海洋生物医药产业联盟。

3. 推动海洋工程装备制造业合作

深入推进海洋工程装备制造业供给侧结构性改革，推动粤港澳海洋工程装备智能化。落实技术改造倍增计划，鼓励企业开展工业技术改造。支持珠海云洲无人船基地项目建设，支持广东海洋工程装备制造企业与港澳现代服务业合作。

（三）推动海洋服务业合作，助力大湾区海洋经济转型升级

粤港澳大湾区要优化香港、澳门、广州、深圳等中心城市专业服务业功能，建设涉海服务业与海洋经济融合发展新格局。

1. 推动海洋金融服务业合作

推动粤港澳合作共建海洋金融服务平台。要面向国际市场，加快打造集海洋自然资源和生产要素配置、涉海企业资产流转、涉海知识产权交易等功能于一体的海洋产权交易中心。充分发挥香港航运金融的比较优势，积极推广船舶融资租赁等海洋金融产品。支持南沙、前海蛇口自贸试验片区开展航运交易、航运金融、临港大宗商品交易、支付与结算、航运经纪以及航运信息等业务。加快推进粤港澳航运服务行业管理标准和规则衔接，推进粤港澳航运服务业人员职业资格互认。

2. 建设粤港澳航运中心及港口联盟

加快推进粤港澳港口群协同发展，将广州港、深圳港打造成为国际门户枢纽港，带动东莞港、珠海港发展，打通港口与腹地交通运输通道，加快推进珠江口东西两岸港口资源优化整合，建设世界级港口群，全力打造高能级国际航运中心。

四　粤港澳大湾区海洋经济协同发展重点领域

（一）航运物流

推动粤港澳大湾区形成分工合作、优势互补、竞争有序的航运发展格局，增强全球航运枢纽地位。以港口为依托，强化港口服务功能，提高港口综合效益。大力发展集装箱运输和多式联运，积极开辟国际海运干线班轮。加快组建国际航运金融租赁公司、海洋开发银行、国际航运保险仲裁快速理赔服务中心等航运金融机构。发挥环珠江口湾区海空港联动综合效应，完善珠江东西岸战略通道，推动深圳、东莞与中山、珠海在海岛联合开发、海洋产业等方面合作。

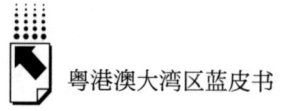

（二）海洋工程装备制造

推动深远海智能海工装备产业化，开展智能水下机器人、水下潜器工作母船研发，积极引入水上飞机，开发耐碰撞远程无人遥控水面救生艇等海洋智能设备。依托港澳国际化和人才集聚优势，积极引进相关人才，增强研发设计和运营能力，提高海洋工程装备产品的全球占有率，实现海工装备服务的全球化布局。优化海工装备产业空间布局，重点推进广州龙穴、珠海中船等船舶与海洋工程装备制造基地建设。以广州、深圳为重点，布局建设海洋油气资源勘探开发和加工储备基地。以深圳、江门为重点，打造深海海洋装备试验和装配基地。

（三）邮轮旅游

提升南沙、太子湾邮轮母港及停靠补给港和游艇俱乐部辐射力，围绕邮轮母港建设海洋主题公园，开辟海上丝绸之路旅游专线。以珠江口湾区港口群为重点，加快推进邮轮母港建设以及配套设施完善。以广州、深圳为依托，争取国际邮轮通关便利化政策，简化口岸查验程序，积极探索"多点挂靠"的邮轮旅游新模式。支持澳门与珠海联合打造旅游教育培训基地，联合规划建设珠江西岸邮轮母港。

（四）海洋生物医药

积极开展重要海洋动植物和微生物基因组及功能基因、海洋生物药用功能基因、工农业用功能基因、海洋经济动植物及其病原微生物重要功能基因等技术研发，抢占海洋生物基因资源的制高点。依托深圳国家基因库等生物产业载体，建设南海微生物物种资源库和基因资源库。

（五）天然气水合物产业化

争取在深圳海洋新城、南沙自贸区等区域设立天然气水合物综合研究开发基地，发展深海探测、资源开发利用、海上作业保障装备及其关键系统和专用设备。一是联合港澳科研院所开展天然气水合物资源勘查，评价资源潜力。二是加快天然气水合物试开采进度，支持港澳资金、人才、技术参与天然气水合物产业化进程。三是加强天然气水合物科技创新国际化合作，发挥港澳国际化优势，联合引进世界天然气水合物前沿科研院所、专家、龙头企业，形成天然气水合物产业化策源地效应。

（六）海洋环保治理

推动地市之间同步投入、同步推进跨界河流治理政策措施。积极探索粤港水污染治理合作机制，对接香港海洋污染国家重点实验室和澳门海洋发展研究中心，在污染监察科技研究、海洋生态系统影响研究、风险评估以及污染控制与生物修复等环保公共服务合作方面形成共识，共同开展跨界水质控制策略研究，进行环保技术交流合作，推进联合治理。

五　粤港澳大湾区海洋经济协同发展的制度及机制创新

（一）构建海洋科技创新协同机制，建设广深港澳海洋科技创新走廊

1. 深化广东与港澳海洋科研合作，促进海洋经济产学研协同发展

支持粤港澳地区企业、高等院校、科研院所开展海洋科技协同创新，共建高水平的技术研发机构和人才培养机构等协同创新平台，联合开展重大海洋科技攻关，将香港优势海洋基础科研力量纳入广东海洋科技计划体系。支持设立粤港澳海洋经济产学研创新联盟。

2. 协同推进广东与港澳海洋科技合作平台与基地建设

发挥港澳两地政治影响，向港澳有序开放国家在粤科研设施，逐步建立科研设施共享机制。支持粤港澳有关机构积极对接国家海洋科技重大专项和科技计划，共同建设国际海洋科技创新平台。推动广东省涉海国家重点实验室与香港海洋污染国家重点实验室组建海洋科技创新联盟。

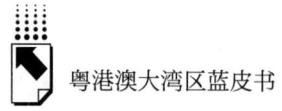

（二）深化开放，促进大湾区海洋经济协同发展

1. 加强粤港澳大湾区与"一带一路"沿线海洋经济合作

在国际贸易技术壁垒日益加剧的外部背景下，充分发挥香港"超级联络人"和澳门葡语系国家纽带优势，面向新加坡、以色列、瑞士、芬兰、德国、英国等"一带一路"沿线国家，瞄准世界海洋科技前沿和未来产业重点领域，以美国冷泉港实验室项目为样板，在涉海微电子、人工智能、生物医药、海工装备等海洋相关产业，靶向引进诺贝尔奖科学家实验室，弹性柔性引进境内外科学家参与重大科研项目，发展"院士经济"。

2. 布局国际海洋技术转移中心网络体系

重点建设拥有海洋科技信息服务中心、科技成果展示中心、国际科技交流中心、国际科技培训中心等主要功能区的海洋技术转移平台，培养面向国际开展技术转移服务的专业团队，建立国际海洋技术转移服务联盟。

3. 提升海洋经济投资、贸易便利化水平

对照世界银行营商环境指标体系，提高营商环境改革创新的针对性、系统性、时效性。实施自贸区2017年版外商投资负面清单，率先在全国实现一般企业商事等级确认制。启动证照分离2.0版改革，创新建设项目审批模式，探索以"一会三函"等方式建立海洋交通运输、海洋公共服务类基础设施审批快速通道，推动重点海洋基础设施建设项目尽快开工。深化国际贸易"单一窗口"建设，进一步推进口岸通关改革。

4. 创建中国涉海制度创新示范区

充分发挥自贸区和保税区作用，实施区域港口资源整合，面向对外开放进一步优化深圳航运发展中心的口岸通关、外汇管理、税收管理等政策，实行"境内关外"特殊管理模式。研究设立"南海合作开发基金"，打造南海利益共同体，建设维护和平稳定的南海关系。发挥香港英美法系的纽带作用，探索建立适合我国海洋经济发展、与国际海事规则充分衔接的中国涉海管理制度创新区。

（三）加强海洋经济协同发展的要素支撑

1. 加大海洋人才培育和引进力度

加大港澳及海外高层次海洋科技创新人才及其团队引进力度。优化整合教育科研机构，构建具有全球及区域竞争力的海洋高等教育院校、海洋实验室，强化与国内外高水平院校机构的合作。完善广东与港澳海洋科技人才交流合作机制，充分发挥港澳国际化优势，推动粤港澳海洋科研人员联合代表国家参与国际大科学计划和大科学工程。鼓励支持广东与港澳相关机构联合举办海洋经济创新创业活动。通过股权众筹、技术众包、专利技术入股等形式，发挥粤港澳三地科技创新基金、产业投资基金引导作用，培育一批瞪羚企业和独角兽企业。

2. 发展海洋金融，加强金融资源对海洋经济协同发展的支持

拓展海洋直接融资渠道。借鉴新加坡海事金融激励计划（Maritime Finance Incentive Scheme，MFI），设立海洋信托基金，推动基金在港交所、深交所上市。推进粤港澳海洋金融合作，支持珠三角涉海企业在港交所上市融资，形成港交所"海洋板块"上市公司。推动开发性金融促进战略性海洋新兴产业发展试点，加快开展首台（套）重大技术装备保险补偿机制试点，支持海洋传统产业改造升级、海洋新兴产业培育壮大、海洋经济绿色发展以及涉海重大基础设施建设，鼓励和支持涉海企业上市。探索建立多种形式的担保机制，引导金融机构增加对海洋产业与海洋科技的信贷投放。

参考文献

广东省社会科学院产业经济研究所课题组：《南沙海洋经济创新发展战略研究》，2018年10月。

中山大学课题组：《海洋经济在粤港澳大湾区中的贡献与着力点研究报告》，2017年12月。

广东省海洋与渔业厅、广东省发展与改革委员会：《广东省海洋经济发展"十三五"

规划》，2017年6月。

广东省海洋与渔业厅：《广东海洋发展报告》，2017。

深圳市委市政府：《关于勇当海洋强国尖兵加快建设全球海洋中心城市的实施方案》，2018年10月。

中山大学课题组：《广东海洋科技创新驱动发展专题报告》，2016年10月。

陈明宝：《要素流动、资源融合与开放合作——海洋经济在粤港澳大湾区建设中的作用》，《华南师范大学学报》（社会科学版）2018年第2期。

辜胜阻、曹冬梅、杨嵋：《构建粤港澳大湾区创新生态系统的战略思考》，《中国软科学》2018年第4期。

科技创新篇

Scientific and Technological Innovation

B.10 2018~2019年粤港澳大湾区科技协同创新发展报告

陈 夏*

摘 要: 2018年以来,粤港澳大湾区科技协同创新工作的政治站位和大局意识不断提高,高标准设计推进大湾区建设;科技体制改革在深化中创新发展,协同机制不断健全完善;原始创新能力进一步提升,重大科技平台不断取得重大突破;"双创"工作蓬勃发展,高科技企业和战略性新兴产业群具有持续领先优势;创新发展环境不断优化完善,创新活力得以全面激发。与此同时,粤港澳大湾区科技创新协同发展仍然面临一系列现实问题需要着力解决。

---

* 陈夏,《科技管理研究》杂志社副主编,广东省科学学与科技管理研究会理事,高级科技咨询师,经济师,主要研究方向为科技管理和科技出版。

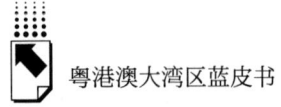

关键词： 科技创新　协同机制　创新平台　科技体制改革　粤港澳大湾区

数据显示①，2018年粤港澳大湾区的经济总量（GDP）② 达到16419.7亿美元③，相当于全球排名第11位的韩国，进入世界500强企业的数量突破20家④。2019年2月18日，中共中央、国务院印发《粤港澳大湾区发展规划纲要》（以下简称《纲要》），打造具有全球影响力的国际科技创新中心是粤港澳大湾区建设的主要核心任务，将带动我国科技创新迈向新台阶，成为高质量发展的典范。创新发展是粤港澳大湾区建设的基本原则之一，科技创新是其重要支撑，而科技协同创新成为重要的突破口。

一 粤港澳大湾区科技协同创新主要指标情况

2018年，粤港澳大湾区初步形成了有利于创新创业的良好氛围，创新基础国内领先，创新要素富集，创新互补不断加强。

（一）创新投入

2018年，粤港澳大湾区的R&D经费投入强度（R&D经费与GDP的比

---

① 香港政府统计处、澳门统计暨普查局、珠三角各市统计局、香港贸易发展局：《粤港澳大湾区各市主要经济指标（2018年）》，香港贸易发展局，2019年6月18日，http://hong-kong-economy-research.hktdc.com/business-news-article/%E7%B2%A4%E6%B8%AF%AF%E6%BE%B3%E5%A4%A7%A7%E7%B9%BE%E5%8C%BA/%E7%B2%A4%E6%B8%AF%E6%BE%B3%E5%A4%A7%E7%81%BE%E5%8C%BA/%E7%B2%A4%E6%B8%AF%E6%BE%B3%E5%A4%A7%E7%81%BB%9F%E8%AE%A1%E6%95%B0%95%E6%8D%AE%E6%A6%82%E8%A7%88/tc/1/1X498Z5Y/1X0AE3Q1.htm，2019年9月10日访问。

② 以当时市价计算。

③ 以当年平均外汇兑换率换算。

④ 王聪：《广东省科技厅厅长王瑞军：促进三地科技创新要素高效流动　打造粤港澳优势互补战略性新兴产业》，南方网，2019年2月27日，http://news.southcn.com/gd/content/2019-02/27/content_185405538.htm，2019年9月10日访问。

值）为2.06%①，接近全国水平（2.19%）②；R&D经费主要投入信息技术、消费品、工业和金融4个领域③。2018年广东省科技综合实力和自主创新能力实现新突破，R&D投入总量超过2500亿元，占广东省GDP比重达2.65%，技术自给率达73%④。广东全省规模以上工业企业建立研发机构比例达38%，企业类工程中心R&D经费投入占全省R&D经费投入的50%左右；全省219家新型研发机构全年R&D总投入约96亿元⑤。争取中央财政资金2亿元支持江门、佛山、惠州、中山高新区"双创"特色载体建设⑥。香港特区政府2018年度财政预算案预留500亿元支持创新科技发展⑦。

（二）教育和人才资源

2018年，粤港澳大湾区拥有高校173所，其中拥有5所世界百强大学；香港中文大学等6所香港大学在深圳设立了72个科研机构⑧。在QS、泰晤士高等教育两大世界排行榜中，粤港澳大湾区分别拥有8家、9家世界500强高校⑨。

---

① 中创产业研究院、广东材料谷：《2019年粤港澳大湾区创新发展能力研究》，《科技与金融》2019年第7期。
② 《2018年中国R&D经费超1.9万亿元 投入强度创历史新高》，中国新闻网，2019年8月30日，http://baijiahao.baidu.com/s?id=1643300218669103416&wfr=spider&for=pc，2019年9月10日访问。
③ 中创产业研究院、广东材料谷：《2019年粤港澳大湾区创新发展能力研究》，《科技与金融》2019年第7期。
④ 吴哲：《2019广东省政府工作报告显示 粤区域创新综合能力排名保持全国第一》，南方网，2019年1月29日，http://www.gd.gov.cn/gdywdt/gdyw/content/post_2163968.html，2019年9月10日访问。
⑤ 根据广东省科学技术厅网站数据统计。
⑥ 《打造"双创"升级版：广东省5个国家高新区获得国家创新创业特色载体建设项目》，《广东科技》2019年第2期。
⑦ 《香港财政预算案新增500亿支持创新科技发展》，人民网，2018年3月1日，http://www.sohu.com/a/224645425_114731，2019年9月10日访问。
⑧ 王聪：《广东省科技厅厅长王瑞军：促进三地科技创新要素高效流动 打造粤港澳优势互补战略性新兴产业》，南方网，2019年2月27日，http://news.southcn.com/gd/content/2019-02/27/content_185405538.htm，2019年9月10日访问。
⑨ 《大湾区——未来国内最大的名校聚集地》，澎湃新闻，2019年3月13日，https://www.thepaper.cn/newsDetail_forward_3115240，2019年9月10日访问。

粤港澳大湾区内，截至2018年底，广州拥有超过80所普通本专科院校；香港的高校实力雄厚；澳门近几年加大了在高等教育方面的投入，科研影响力显著提升；珠海、佛山、东莞等地的高等教育均有长足发展[①]。

截至2016年底，珠三角9市有在站博士后1231人，高职称专业技术人才13797人[②]。2018年，广东省三大科技人才计划中，新增"珠江人才计划"团队53个（31个引进团队和22个本土团队）、"扬帆计划"15个团队、"广东特支计划"121名科技创新创业领军人才和科技创新拔尖人才；全省219家新型研发机构职工总数超过4.24万人，其中研发人员总数近1.93万人[③]。

（三）机构创新平台与企业实力

据统计，截至2018年末，粤港澳大湾区共有43家国家重点实验室[④]。此外，粤港澳大湾区还有1个国家自主创新示范区、3个国家创新型城市和25个国家工程研究中心[⑤]。2018年广东省孵化器总数达901家、众创空间总数达804家，有国家级孵化器培育单位139家，港澳的大学、科研机构也在广东兴建了一批产学研合作和成果转化基地[⑥]。

截至2018年底，粤港澳大湾区拥有20家世界500强企业，约4.3万家

[①] 《大湾区，未来国内最大的名校聚集地》，搜狐网，2019年3月12日，http://m.sohu.com/a/300765104_508415，2019年9月10日访问。

[②] 全球化智库（CCG）、南方国际人才研究院：《粤港澳大湾区人才发展报告》，2018年11月21日，https://www.docin.com/p-2155409423.html，2019年9月10日访问。

[③] 根据广东省科学技术厅网站数据统计。

[④] 全球化智库（CCG）、南方国际人才研究院：《粤港澳大湾区人才发展报告》，2018年11月21日，https://www.docin.com/p-2155409423.html，2019年9月10日访问。

[⑤] 正略咨询"特色小镇和产业园的产业规划及招商引资"研究课题组：《粤港澳大湾区：制造业发展特征和趋势研判》，正略产业互联网研究所，2019年8月16日，http://www.sohu.com/a/334275380_472883，2019年9月10日访问。

[⑥] 王聪：《广东省科技厅厅长王瑞军：促进三地科技创新要素高效流动 打造粤港澳优势互补战略性新兴产业》，南方网，2019年2月27日，http://news.southcn.com/gd/content/2019-02/27/content_185405538.htm，2019年9月10日访问。

国家级高新技术企业①。2018年,广东全省有14家国家级高新区,省级以上高新区共23家;全省高企数量达45279家;全省已入库科技型中小企业28075家,占全国总量的28.1%,位列全国首位②。

(四)创新绩效

中国社会科学院发布的《四大湾区影响力报告(2018):纽约·旧金山·东京·粤港澳》③测评结果显示,粤港澳大湾区的整体影响力指数排名第三,创新影响力指数排名第二。根据"壹专利"专利检索分析数据库④统计,2018年,粤港澳大湾区共申请专利359776件,其中发明专利申请149253件,占比为41.49%;实用新型专利申请123834件,占比为34.42%;外观设计申请86689件,占比为24.10%。从申请人类型看,以企业专利申请为主,占比高达79.70%;其次为个人专利申请,占比为13.55%;大专院校和科研单位的专利申请较少,占比分别为5.16%和1.30%。从专利技术领域来看,以电数字数据处理领域最多,共申请专利14801件,占前十大热门IPC分类(小类)领域的20.6%;专利申请量排前三位的分别是金属制品、机械和设备修理业、仪器仪表制造业和通用设备制造业。

粤港澳大湾区内传统行业(主要包括化学原料及化学制品制造业,橡胶和塑料制品业,电力、热力的生产和供应业等7个行业)转型升级加速,2015~2017年的专利总量共计26982件;新兴行业(主要包括计算机、通信和其他电子设备制造业和电气机械和器材制造业2个行业)在2015~2017年的专利总量共计238227件⑤。2018年,广东省先进制造业增加值占

---

① 王聪:《广东省科技厅厅长王瑞军:促进三地科技创新要素高效流动 打造粤港澳优势互补战略性新兴产业》,南方网,2019年2月27日,http://news.southcn.com/gd/content/2019-02/27/content_185405538.htm,2019年9月10日访问。
② 根据广东省科学技术厅网站数据统计。
③ 温源:《社科院发布〈四大湾区影响力报告(2018)〉》,光明网,2019年1月21日,http://mini.eastday.com/bdmip/190121200057114.html#,2019年9月10日访问。
④ 壹专利-专利检索分析数据库,http://www.patyee.com/,2019年9月10日访问。
⑤ 李语、陈育柱:《〈粤港澳大湾区协同创新发展报告(2018)〉全文》,人民网,2018年9月21日,http://gd.people.com.cn/n2/2018/0921/c123932-32085048.html,2019年9月10日访问。

规模以上工业增加值比重达56.4%,第三产业对GDP贡献率上升至58.9%①。

2018年,广东全省科技成果登记数量超过3000项,合同成交金额再创历史新高②。2018年,广东省共有45项重大科技成果获2018年度国家科学技术奖,获奖项目数占全国比重达到15.79%,创历史新高,其中华为技术有限公司获得国家科技进步一等奖③。

(五)科技金融

在不断推动科技创新释放新活力的过程中,越来越多的粤港澳大湾区内企业进入上市阶段,新上市公司数目从2011~2015年的年均18家增长至2016年的59家、2017年的105家④。根据《粤港澳大湾区金融发展报告(2018)》,截至2018年8月末,粤港澳大湾区内,批准合格境外机构投资者(QFII)额度为1004.59亿美元,人民币合格境外机构投资者(RQFII)额度达6274.72亿元,合格境内机构投资者(QDII)获批额度为1032.33亿美元;2015年至今,各类投资机构向总部位于粤港澳大湾区广东9市的投资就有13822起,其中披露投资额的投资事件总金额达5721亿元,超过一半的融资方为互联网IT、电子信息、机械制造、生物技术与医疗健康行业,2/3的企业处于扩张期、成熟期,未来预计将有大批高新技术企业待上市⑤。2018年,广东省创新创业基金总额达71亿元,撬动社会资本超过250亿元,累计投资项目257个⑥。

---

① 根据广东省科学技术厅网站数据统计。
② 根据广东省科学技术厅网站数据统计。
③ 根据广东省科学技术厅网站数据统计。
④ 金融读书会公众号:《【《粤港澳大湾区金融发展报告(2018)》系列第36期】股权市场融合推动大湾区新经济产业迅速发展》,新浪财经,2019年7月11日,https://finance.sina.com.cn/stock/relnews/cn/2019-07-11/doc-ihytcerm2864823.shtml,2019年9月10日访问。
⑤ 金融读书会公众号:《【《粤港澳大湾区金融发展报告(2018)》系列第36期】股权市场融合推动大湾区新经济产业迅速发展》,新浪财经,2019年7月11日,https://finance.sina.com.cn/stock/relnews/cn/2019-07-11/doc-ihytcerm2864823.shtml,2019年9月10日访问。
⑥ 王聪:《广东省科技厅厅长王瑞军:促进三地科技创新要素高效流动 打造粤港澳优势互补战略性新兴产业》,南方网,2019年2月27日,http://news.southcn.com/gd/content/2019-02/27/content_185405538.htm,2019年9月10日访问。

二 粤港澳大湾区科技协同创新主要措施和成效

（一）坚持以习近平新时代中国特色社会主义思想为指导推动科技协同创新工作，高标准建设粤港澳大湾区

2018年8月15日，粤港澳大湾区建设领导小组第一次全体会议提出，要全力建设"广深港澳"科技创新走廊，打造大湾区国际科技创新中心。广东省深入学习贯彻习近平总书记关于粤港澳大湾区建设重要论述，把粤港澳大湾区建设作为新时代广东开启改革开放新征程的总牵引。广东省人民政府在实施《粤港合作框架协议》《粤澳合作框架协议》中均明确提出携手推进粤港澳大湾区打造国际科技创新中心工作。

2018年，广东省积极推动出台《广东省人民政府关于加强基础与应用基础研究的若干意见》《广东省基础与应用基础研究基金重点领域项目实施方案》等创新政策及相关配套文件。

（二）强化粤港澳大湾区科技创新协同，不断优化和完善科技创新协同机制

2018年，广东省科技厅以粤港澳大湾区国际科技创新中心建设为工作重心，全力打造一流的普惠性政策与创新环境、领先的区域创新能力与支撑保障体系。4月26日，省科技厅[1]发布《2018年广东省科技创新战略专项资金粤港联合资助计划（项目）指南》，对粤港共建的研发机构提供资金支持，规定2014年6月1日至2017年12月31日内在港共建的研发机构可以享受补助，在粤的研究机构不超过10项、在港不超过5项，每项补助为150万元；同日，香港特区政府科技创新署发布公告表示，2018年粤港科技

---

[1] 广东省科技厅规划财务处：《广东省科学技术厅关于发布2018年广东省科技创新战略专项资金粤港联合资助计划（项目）指南的通知》，广东省科学技术厅，2018年4月26日，http://gdstc.gd.gov.cn/tzgg/content/post_612977.html，2019年9月10日访问。

合作资助计划接受的申请分为三类，分别由香港特区政府科技及创新基金资助、内地相关单位资助的 25 个科技范畴和粤港或深港两地政府联合资助①。2018 年粤港联合创新资助项目达 151 个；经科技部批准，2018 年香港建立的 16 家国家重点伙伴实验室、6 家国家工程技术研究中心香港分中心作为试点获得了中央财政总计约 2200 万元的"过河"科研资金支持②。

2018 年，广东省科技厅大刀阔斧改革科技奖励制度，出台了《广东省关于深化科技奖励制度改革的方案》③ 等，新规定将奖励对象由"公民"改为"个人"，并逐步推动实现符合条件的省外、国外人士平等参与评选。

（三）打造原始创新策源地，为科技创新协同建设更多重大科技平台

重大科技项目是体现国家战略目标、集成科技资源、实现重点领域跨越发展的重要抓手。2018 年，广东省与科技部实施部省联动"宽带通信和新型网络"国家重点研发计划，计划 2018～2020 年间将启动 30 个左右项目、共约 150 个课题，有望形成一批具有世界先进水平的标志性成果并带动千亿元级的产能④。2018 年，广东省重点领域研发计划牵头和参与申报的单位共计 736 家，其中，249 家为广东省外单位，占 33.83%，其中不乏港澳创新主体；立项项目中，港澳科研团队参与项目占比达 9.58%⑤。2018 年，广东省获得国家自然科学基金资助经费总额近 20 亿元，获资助项目 3751 项；

---

① 刘洁妍、杨牧：《粤港科技合作资助计划接受申请》，人民网，2018 年 4 月 27 日，http://hm.people.com.cn/n1/2018/0427/c42272-29955405.html，2019 年 9 月 10 日访问。
② 《大湾区创新网络加速成型 建设"广州－深圳－香港－澳门"科技创新走廊》，新浪财经，2018 年 8 月 16 日，http://finance.sina.com.cn/roll/2018-08-16/doc-ihhtfwqr9738003.shtml，2019 年 9 月 10 日访问。
③ 《一图读懂广东省人民政府办公厅关于印发广东省关于深化科技奖励制度改革方案的通知》，广东省人民政府门户网站，2018 年 11 月 10 日，http://www.gd.gov.cn/zwgk/zcjd/wjjd/content/post_161287.html，2019 年 9 月 10 日访问。
④ 《我省与科技部联动实施的国家重点研发计划"宽带通信和新型网络"重点专项正式启动》，广东省科学技术厅，2018 年 10 月 29 日，http://zwgk.gd.gov.cn/006939801/201810/t20181029_786662.html，2019 年 9 月 10 日访问。
⑤ 根据广东省科学技术厅网站数据统计。

广东省自然科学基金立项率达30.82%，同比提高近2倍①。

广东省投入3亿元支持散裂中子源"微小角中子散射谱仪"和"能量分辨中子成像谱仪"建设，推进大科学装置应用。2018年，中国散裂中子源已完成验收并正式投入使用，我国成为继英、美、日之后第四个拥有散裂中子源的国家②。2018年，广东省与中国科学院围绕粤港澳大湾区国际科创中心建设达成合作协议，初步对接了总投资约10亿元的太赫兹国家科学中心、总投资约8亿元的寒武纪智能超算平台建设③。截至2018年，国家超级计算广州中心南沙分中心已为港澳及海外超过150个科研团队提供了"天河二号"超算服务④。启动了粤港澳大湾区脑科学与类脑研究中心建设；筹划成立了南方量子科技协同创新研究院并落户深圳。

2018年，广东省启动建设第二批3家省实验室，其中，化学与精细化工省实验室的建设模式为汕头市承接主体实验室，潮州、揭阳市设立分中心；南方海洋科学与工程省实验室的建设模式为广州、珠海、湛江市同步建设；生命信息与生物医药省实验室的建设模式为深圳市承建⑤。首批4家广东省实验室建设的组织架构已逐步完善，科研项目顺利启动，共有国内外院士60余位参与。2018年，广东省新增精密电子制造技术与装备省部共建国家重点实验室1家，全省重点实验室累计达352家（含省企业重点实验室111家）⑥。

---

① 根据广东省科学技术厅网站数据统计。
② 《中科院积极推进粤港澳大湾区国际科技创新中心建设》，中国新闻网，2019年1月18日，https://baijiahao.baidu.com/s?id=16230040648271788998&wfr=spider&for=pc，2019年9月10日访问。
③ 《中科院积极推进粤港澳大湾区国际科技创新中心建设》，中国新闻网，2019年1月18日，https://baijiahao.baidu.com/s?id=16230040648271788998&wfr=spider&for=pc，2019年9月10日访问。
④ 《创新加速度：粤港澳大湾区迈向国际科技创新中心》，搜狐网，2019年5月14日，http://www.sohu.com/a/313774425_120106186，2019年9月10日访问。
⑤ 《广东启动建设第二批省实验室》，科技部门户网站，2018年11月29日，http://www.most.gov.cn/dfkj/gd/zxdt/201811/t20181128_143874.htm，2019年9月10日访问。
⑥ 根据广东省科学技术厅网站数据统计。

2018年11月，广东省政府与中国科学院签署协议①，争取共建珠三角综合性国家科学中心。截至2018年末，广东省与中科院开展项目合作累计近7000项，累计新增产值3200多亿元，新增利税380多亿元，共同设立科技产业基金8支、总规模达28.15亿元②。

2018年10月24日，港珠澳大桥正式通车运营。港珠澳大桥建设创造了400多项专利、6项世界之最。在港珠澳大桥开通之际，广东省科技厅③已筹划布局粤港澳大湾区交通建设智能维养与安全运营工程技术研发中心建设，以维护好港珠澳大桥运营管理秩序，总结好港珠澳大桥建设科技成就，进一步集聚放大港珠澳大桥科研攻关成果，为粤港澳大湾区各项建设提供借鉴。

粤港澳大湾区专利产出持续增长。统计数据④显示，2018年，广东省发明专利授权量为53259件。其中，大湾区城市群是广东全省创新的核心区域，大湾区广东9市的发明专利申请量达到51684件，占全省当年授权发明专利总数的97%，专利的估值总和为229亿元。

（四）大力推动创新创业，战略性新兴产业群初步形成

2018年，广东省高新技术企业达45279家，保持全国领先优势；全省已入库科技型中小企业28075家，占全国总量的28.1%，排名全国首位；全省省级工程中心有5166家，企业类工程中心研究开发经费投入占全省的50%左右；众创空间总数为886家，常驻创业团队和初创企业数量近2.5万家；全省孵化器累计毕业企业超1.6万家，培育高新技术企业2232家，上

---

① 《广东与中科院合作建设粤港澳大湾区国际科技创新中心》，新浪网，2018年11月19日，http：//gd.sina.com.cn/news/zhanjiang/2018-11-19/detail-ihnyuqhi1733040.shtml，2019年9月10日访问。
② 根据广东省科学技术厅网站数据统计。
③ 《粤港澳大湾区交通建设智能维养与安全运营工程技术研发中心建设提上议事日程》，广东省科学技术厅，2018年10月12日，http：//zwgk.gd.gov.cn/006939801/201810/t20181012_784549.html，2019年9月10日访问。
④ 《广东2018年发明专利估值240亿元》，广东省人民政府网，2019年7月4日，http：//www.gov.cn：8080/xinwen/2019-07/04/content_5405993.htm，2019年9月10日访问。

市（挂牌）企业580家，带动就业总人数达55万人，其中吸纳应届大学生就业人数达6.6万人；深圳、广州高新区成功跻身世界一流高科技园区，珠海依托横琴高新技术片区建设"双自联动"试点园区，取得较好成效；全省新认定省级大学科技园3家，累计共有省级及以上大学科技园11家[①]。2018年，珠三角国家科技成果转移转化示范区成功获批建设。

大力支持港澳青年人才到粤开展创新创业，加强港澳青年创新创业服务和创新创业基地及平台等建设。近几年，珠海充分利用港澳高校、科研院所的优势，共同合作设立创业创新中心、科研机构等平台，掀起粤港澳科技协同创新的热潮：澳门大学在横琴设立珠海澳大科技研究院，港资企业金邦达启动珠海市金融科技中心建设，珠海市进一步深化粤港澳科技协同创新，成为国际创新资源进入内地的"桥头堡"[②]。

2018年11月，粤港澳大湾区科技金融联盟（以下简称金融联盟）、大湾区科技金融服务中心（以下简称金融服务中心）揭牌成立[③]。通过组建金融联盟和金融服务中心，可以对接香港交易所资本市场，推动粤港澳大湾区科技金融深度合作，集聚粤港澳优质资源，共同营造积极有序的"双创"氛围。2018年，实现国家科技成果转化引导基金首次在广东设立子基金，总规模达10亿元[④]；广东省专利质押融资规模居全国第一[⑤]。2018年，广东省报名参加中国创新创业大赛的企业共有5465家，其中有133家企业进入国家行业赛的总决赛，数量居全国前列[⑥]。

当前，粤港澳大湾区内战略性新兴产业集群初具规模，集群创新效应带

---

① 根据广东省科学技术厅网站数据统计。
② 蔡国兆、刘大江、刘宏宇：《粤港澳大湾区科技协同创新 打造全球科技创新高地》，新华社，2018年12月13日，http://www.sohu.com/a/281604524_267106，2019年9月10日访问。
③ 《粤港澳大湾区科技金融联盟、大湾区科技金融服务中心揭牌成立》，搜狐网，2018年11月13日，http://www.sohu.com/a/275165467_366465，2019年9月10日访问。
④ 《科技部|2018年度首批国家科技成果转化引导基金拟设立创业投资子基金公示》，搜狐网，2018年11月29日，http://www.sohu.com/a/278607661_672824，2019年9月10日访问。
⑤ 吕绍刚、姜晓丹、夏凡：《逼近10万亿，广东经济总量连续30年全国第一》，2019年1月29日，http://www.sohu.com/a/292294816_120030313，2019年9月10日访问。
⑥ 根据广东省科学技术厅网站数据统计。

动新经济迸发新活力。2018年，深圳市战略性新兴产业增加值合计9155.18亿元，占深圳市GDP的37.8%①。广东省统计局数据显示，2019年第一季度，全省新经济增加值为5984.91亿元，占广东省GDP的比重为25.1%，世界级先进汽车产业集群、世界级超高清视频产业发展高地等正在加速形成。国际会计师事务所毕马威2018年对粤港澳大湾区调查报告显示②，技术与创新行业是受访者认为将会受益最多的3个关键行业之一。

（五）优化人才发展环境，全面激发创新活力

2018年，广东省委、省政府出台关于加强新形势下引进外国人才工作的实施意见，全面推行"人才优粤卡"政策，引进第七批31个创新创业团队、240名高层次人才，来粤工作的境外专家超过38万人次③。优化全球引智布局，2018年广东省新设2个引进海外高层次人才工作站——省贸促会意大利和新加坡代表处，省工作站达到13家，布局更加合理④；新增3个国家学科创新引智基地——南方医科大学侯凡凡院士领衔的肾脏损伤与修复的机制及临床诊治学科创新引智基地、广州医科大学焦仁杰教授主持的天然免疫机理研究学科创新引智基地、华南农业大学兰玉彬教授主持的精准农业航空应用技术研究学科创新引智基地，全省创新引智基地总量与上海并列全国第一⑤。2018年5月，香港特区政府宣布了为期3年的"科技人才入境计划"⑥。

---

① 《2018年深圳统计公报：GDP总量24221.98亿 常住人口增加49.83万》，中商情报网，2019年4月20日，https://baijiahao.baidu.com/s?id=1631335532428122416&wfr=spider&for=pc，2019年9月10日访问。
② 《毕马威：香港青睐粤港澳大湾区就业环境》，新华网，2019年5月15日，http://www.xinhuanet.com/fortune/2019-05/15/c_1210135034.htm，2019年9月10日访问。
③ 根据广东省科学技术厅网站数据统计。
④ 《2018年广东省引进海外高层次人才工作站工作会议在河源召开》，广东省人力资源和社会保障厅网站，2018年4月19日，http://www.gdhrss.gov.cn/gzdt/12405.jhtml，2019年9月10日访问。
⑤ 冯海波：《广东高校新增3个创新引智基地》，《广东科技报》，2018年8月22日，http://dy.163.com/v2/article/detail/DPQN61H10530LRED.html，2019年9月10日访问。
⑥ 张庆波、陈然：《香港开通创科人才引进"专线"》，《人民日报》（海外版），2018年5月9日，http://paper.people.com.cn/rmrbhwb/html/2018-05/09/content_1853280.htm，2019年9月10日访问。

粤港澳大湾区不断加大科技创新"补短板"的力度。近两年来，已有7家诺奖实验室陆续落户深圳，2018年8月兰迪·谢克曼国际联合医学实验室落户深圳宝安；国际欧亚科学院中国科学中心粤港澳大湾区科技创新基地落户东莞，将在电子信息、人工智能、生物医药、先进制造、新材料等方面深度整合创新资源，支撑粤港澳大湾区国际科技创新中心建设，助力"一带一路"建设实施①。

2018年11月，主题为"拥抱新时代，抢抓新机遇，激发新动能"的2018年粤港澳大湾区院士峰会②在东莞举行，开展院士对话、院士专家科技成果对接会、新一代信息前沿技术与智能制造论坛、新材料前沿科技与产业发展论坛、生物医药产业发展论坛、院士团队助力创新驱动发展成果展、院士峰会高端访谈及院士专家企业行校园行等活动。2018年，广东省突出重大科技成果科学普及、中小学生与青少年科学普及、依托重大科技平台和大型科技场馆及新媒体推动科学普及，省科技计划设立资助总金额为200万元的粤港澳大湾区科技馆联盟建设专项③，整合科普资源，组织大湾区内科技馆、科普机构、非政府组织等单位组建粤港澳大湾区科技馆联盟，搭建科普资源的共建共享平台，促进创新文化的培育孵化，开展科技成果的展示交流，推动科普理论的学术研讨，探索青少年科学教育的方法途径。

三 粤港澳大湾区科技创新面临的问题、挑战与对策

粤港澳大湾区建设国际科技创新中心，为粤港澳三地充分发挥各自比较

---

① 彭琳：《广东正成为世界级创新实践场：粤港澳大湾区发明专利申请量超其他三大湾区总和》，南方网，2018年10月25日，http://news.southcn.com/gd/content/2018-10/25/content_183792985.htm，2019年9月10日访问。
② 《2018年粤港澳大湾区院士峰会在东莞举行》，广东省科学技术厅网站，2018年11月6日，http://zwgk.gd.gov.cn/006939801/201811/t20181106_787535.html，2019年9月10日访问。
③ 《广东省科学技术厅 广东省科学技术协会关于发布2019~2020年度科技创新普及专题指南的通知》，广东省科学技术厅网站，2019年7月12日，http://gdstc.gd.gov.cn/gkmlpt/content/2/2536/post_2536484.html，2019年09月10日访问。

优势、深化科技创新互利合作、实现融合发展提供了重大历史机遇,在党中央的部署、领导和大力支持下,在广东省委、省政府的带领下,在香港、澳门、广州和深圳四大核心城市的引领下,粤港澳大湾区必将建设成为世界级科技创新中心,并为推动我国科技创新发展提供重要支撑。然而,粤港澳大湾区所具有的"一国两制、三个关税区、三种货币、三种法律体系"的特点,使国际科技创新中心建设面临一些困难和问题,需要粤港澳协同打造宜于创新的良好生态系统,使人才、资本、技术、信息等诸多创新要素有效对接融合,各类创新主体高效联动,还要有法治化、市场化的环境以及"敢于冒险、包容失败"的创新文化[1]。粤港澳大湾区建设的进一步深度协同,突破口在于科技协同创新。

(一)存在的主要问题与挑战

原始创新能力是一切科技创新的源头和动力。目前粤港澳大湾区已经具备了较好的创新基础,未来发展中创新也将是最主要的支撑,协同创新更是关键。粤港澳大湾区生产要素高度集聚,具备成为国际科技创新中心的基础条件,但不利因素也显而易见,主要存在基础薄弱、原始创新能力不强、生产要素存在流通障碍、面临科技成果转化"最后一公里"等问题[2]。

1. 技术创新发展潜力巨大,但内部发展不均,整体科技创新实力仍有待提升

与世界三大湾区——东京湾区、纽约湾区和旧金山湾区相比,粤港澳大湾区的R&D占GDP比重处于相对劣势地位,与三大湾区存在一定距离。从粤港澳大湾区R&D经费投入强度来看[3],深圳研发投入强度为4.34%,已达到发达国

---

[1] 中国民主同盟广东省委员会参政议政处:《大会发言——关于加快建设粤港澳大湾区国际科技创新中心的建议》,2019年1月26日,http://www.gdmm.org.cn/DocHtml/1/Article_20191269106.html,2019年9月10日访问。

[2] 王聪:《广东省科技厅厅长王瑞军:促进三地科技创新要素高效流动 打造粤港澳优势互补战略性新兴产业》,南方网,2019年2月27日,http://news.southcn.com/gd/content/2019-02/27/content_185405538.htm,2019年9月10日访问。

[3] 中创产业研究院、广东材料谷:《2019年粤港澳大湾区创新发展能力研究》,《科技与金融》2019年第7期,第70页。

家水平，也远远领先于湾区内其他城市；尽管广州的研发投入总量达到532亿元，但研发投入强度仅为2.48%。从全国范围来看①，深圳与北京、上海位居全国研发投入第一梯队，广州研发经费总量低于天津。在波士顿咨询公司（BCG）发布的《2018年全球最具创新力企业排名报告》②中，粤港澳大湾区拥有4家最具创新力企业，远低于旧金山湾区（8家）。根据2017年世界知识产权组织发布的专利数据③，粤港澳大湾区施引专利（即引用和产业化）数量近5年的平均仅为旧金山湾区的33%，科技创新质量和效率仍有待提高。

2. 基础与应用基础科研创新能力仍较弱

在基础研究经费与人员投入实现较快发展的双重背景下，粤港澳大湾区的基础研究取得了一定的成果和重大突破，但基础研究的整体水平较低，基础研究创新能力较薄弱，缺乏源头性的重大理论创新；高水平大学、科研院所和实验室的总体数量与国际创新中心的地位还不相匹配，且地域分布不均衡，对国际科技创新资源的高度集聚效应也尚未形成。据统计④，2018年粤港澳大湾区高校总数（173所）落后于纽约湾区的227所，其中香港有5所高校进入世界前100名，但最近几年排名在下降。2018年我国普通高校（未包括港澳台地区）共有2663所⑤，其中广东高校总数为153所，仅占5.75%⑥。根据

---

① 中商产业研究院：《2018年全国各省市研发投入排行榜：6省市超千亿元 广东稳居第一》，中商情报网，2019年9月3日，http：//www.askci.com/news/chanye/20190903/1707471152260.shtml，2019年9月10日访问。

② 波士顿咨询公司：《波士顿咨询：2018年全球最具创新力企业》，中文互联网数据资讯网，2018年6月21日，http：//www.199it.com/archives/739717.html，2019年9月10日访问。

③ 《WIPO：2017年世界知识产权指标报告》，搜狐网，2017年12月21日，http：//www.sohu.com/a/211836774_810912，2019年9月10日访问。

④ 全球化智库（CCG）、南方国际人才研究院：《粤港澳大湾区人才发展报告》，2018年11月21日，https：//www.docin.com/p-2155409423.html，2019年9月10日访问。

⑤ 《2018年我国共有学校51.88万所 在校生达2.76亿人》，央广网，2019年7月24日，http：//baijiahao.baidu.com/s?id=1639924772627610398&wfr=spider&for=pc，2019年9月10日访问。

⑥ 《教育部批准！广技师将更名为"大学"，广东还有3所新设本科》，《广州日报》2018年6月1日，http：//baijiahao.baidu.com/s?id=1602085540800458389&wfr=spider&for=pc，2019年9月10日访问。

教育部公布的《2017年高等学校科技统计资料汇编》①，2018年广东省内高校科技经费榜单中，中山大学是39亿元、华南理工大学是23亿元；而香港高校1991~2014年间获取的科技经费总和只有91亿元②，远远不如广东名牌大学。

3. 人才流动与融合尚未充分，人才环境和人才数量均有待进一步优化和提升

目前粤港澳大湾区内高学历高素质人才占总人口数的比重偏低，人才质量整体低于世界其他三大湾区，人才集聚效应还未形成。根据2015年全国1%人口抽样调查数据③，粤港澳大湾区6797.49万常住人口中，接受过高等教育的人口达到1187.81万人，占比为17.47%。其中，受高等教育人才占常住人口的比例，香港、深圳分别是26.18%、25.19%，而东莞只有15.74%。此外，国内新一二线城市"抢人大战"给粤港澳大湾区人才引进等带来挑战。创新型、技术型、知识型人才的跨区域流动交易成本较高，人才社会福利如子女教育、医疗保障、社会保险等综合配套辅助系统不完善。

4. 协同机制有待进一步改革创新

目前粤港澳大湾区内创新人才、创新要素、信息等的流动不够高效有序，协同发展机制和利益分配协调机制不够完善，协同创新能力有待进一步充分发挥。主要体现在境内外人员通关手续繁杂，大型科研设备难以调动；科研经费跨境流转不畅，难以充分利用港澳优势吸引境外资金服务粤港澳大湾区的科技创新；所得税、通信管理、社会保障等多方面存在制度差异，对人才流动产生较大的影响。

（二）对策建议

粤港澳大湾区的建设将贯彻党中央和广东省委、省政府的统一部署，携

---

① 《2017年高等学校科技统计资料汇编》，教育部，2018年5月22日，http://www.moe.gov.cn/s78/A16/A16_tjdc/201805/t20180522_336767.html，2019年9月10日访问。
② 刘增辉：《广东省教育厅高等教育处处长郑文：打造粤港澳大湾区世界一流高等教育》，2019年3月21日，http://dy.163.com/v2/article/detail/EAQFNG2U0516QHFP.html，2019年9月10日访问。
③ 全球化智库（CCG）、南方国际人才研究院：《粤港澳大湾区人才发展报告》，2018年11月21日，https://www.docin.com/p-2155409423.html，2019年9月10日访问。

手港澳科技创新部门推进实施粤港澳大湾区科技创新行动计划，强化大湾区协同创新的顶层设计，聚焦技术攻关、基础研究、人才集聚、要素联通、创新创业、国际合作等行动举措，全面打通和融合创新链、产业链、资金链，着力提高大湾区科技创新体系的开放性和国际化水平，着力提升大湾区的国际技术竞争力。

1. 完善制度设计，为粤港澳大湾区国际科技创新中心建设提供保障和指引

建议成立由国家相关部门和粤港澳三地政府组成的大湾区科技创新协调发展委员会，通过定期联席会议制度等制度形式，研究制定和协调大湾区科技发展战略及相关重大事项，协调解决科技创新合作中的重大问题，为创新主体的合法权益提供保障，以激发创新主体跨境创新合作的能动性和积极性，提升科技创新协同的力度和效率，构建开放型区域协同创新共同体。

2. 深化科技创新合作，增强科技创新能力

建议积极争取推动大科学装置设备通关便利，简化研发用高端材料的通关审批程序；推动大型科学仪器设备资源共享，推进已有大科学装置向港澳地区高校、科研机构开放。加强创新基础能力建设，超前部署科学研究和前沿技术，组织实施国家重大科技专项；进一步鼓励和支持港澳高等院校和科研机构承担广东省级科技计划项目，加强关键核心技术攻关；同时加强区域知识产权政策协调，促进知识产权资源共建共享。

3. 扎实做好基础与应用基础研究，推动科技创新可持续发展

建议在粤港澳大湾区建设过程中注意避免短期的政绩规划倾向，综合配置短期投资和长期投资，把基础学科、基础研究做扎实。在深化科技体制改革中不断创新发展机制，吸引更多从事研发、基础研究、前沿科学研究的机构和团队落户粤港澳大湾区。坚定立足于自身攻坚克难的信念，自主研发核心技术、关键技术。

4. 厚植已有的创新创业沃土，立足长远增加科技创新人才供给

建议坚持人才培养与引进"两条腿"走路，形成规模宏大、结构合理、素质优良的创业创新人才队伍。贯彻国家"双一流"战略，对标世界一流

大学深化教育教学改革,探索建设粤港澳大湾区高等教育集群,同时吸引国内外一流大学来大湾区建设国际化、创新型、高水平特色学院或分校。完善大湾区内高校的创业创新教育,大力支持港澳青年人才和高校毕业生到粤开展创新创业。在加快科技人才引进的同时,注重改善科技人文环境,加强创新文化建设。

参考文献

辜胜阻、曹冬梅、杨嵋:《构建粤港澳大湾区创新生态系统的战略思考》,《中国软科学》2018年第4期。

王志民:《把握粤港澳大湾区发展机遇 携手打造国际科技创新中心》,《学习时报》2018年8月31日,http://theory.people.com.cn/n1/2018/0831/c40531-30262907.html,2019年4月4日访问。

《广东扎实推进科技创新强省建设 区域创新综合能力排名保持全国第一》,广东省科学技术厅网站,2019年2月1日,http://gdstc.gd.gov.cn/gdkj/content/post_2165436.html,2019年5月4日访问。

崔文骏、李婷婷:《科技舆情观察:规划发布 粤港澳大湾区科技创新怎么干?》,人民网,2019年2月22日,http://bbs1.people.com.cn/post/129/1/2/171085479.html,2019年9月10日访问。

B.11
2018~2019年粤港澳大湾区智能制造发展报告

严若谷*

摘　要： 以目前的工业体系规模和产业集群竞争力为基础，粤港澳大湾区已经具备成为世界级智能制造中心的核心条件。本文在总结2018年粤港澳大湾区智能制造热点事件的基础上，通过对标对表全球先进智能制造的行业技术，明确未来建设智能制造智慧湾区的技术突破口与政策着眼点。同时，结合全球前沿技术，描绘了粤港澳大湾区智能制造的发展愿景，并对大湾区智能制造的发展趋势做出合理预测。最后，本文还将在如何改进产业链、创新链以及环境生态链的工作方面，提出一系列具有针对性的建议。

关键词： 智能制造　数字化　网络化　工业互联网一体化　粤港澳大湾区

一　粤港澳大湾区智能制造进入新阶段

作为全球工业生产网络中举足轻重的制造中心，粤港澳大湾区正处于技术创新引领下的制造业高质量发展转型跨越阶段，智能制造发展呈现持

---

* 严若谷，博士，广东省社会科学院企业研究所副研究员，主要研究方向为智能制造和企业营商环境改革等。

续高速增长态势。与美国、德国、日本全球智能制造领跑者的技术差距正在不断缩小，未来集成应用广泛、市场空间巨大等优势将进一步显现。大湾区智能制造发端于产业转型升级，并由最初的生产再造转向智能制造产业的示范培育与工业互联网一体化推广应用。大湾区智能制造的发展与应用既是工业生产技术更新迭代的自然选择，也是地区政府与企业、市场协同联动主动作为的结果。从产业应用效能看，大湾区制造智能化尚处于机械化与数字化并存，智能化前沿突破与自动化普惠推广并举，行业间、地区间、企业间发展不平衡不协调矛盾激化的关键转型期。一方面，粤港澳大湾区拥有工业体系完备、制造产业价值链持续升级的基础优势，智能制造装备供给端与工业制造场景应用端地理临近的市场优势以及联手港澳、产学研成果转移转化体系健全的创新优势与开放优势。另一方面，核心零部件与关键技术受制于人，地区行业发展不平衡，智能制造基础数据与人力资源储备不足。

二 大湾区智能制造发展历程

结合产业政策相关制度安排以及大湾区工业经济结构升级拐点，大湾区智能制造经历了三个演化阶段。

（一）数字化起步（2002~2011年）——产业转型升级为制造业智能化发展提供技术储备阶段

作为第一代智能制造，其技术关键是将计算机数字集成控制系统（CIMS）广泛应用于制造业[①]。2002年，广东省开始实施技术改造重点项目扶持政策，结合全省产业梯度转移，有序引导珠三角企业开展信息化建设和技术改造升级。相继出台了《关于加快发展装备制造业的意见》（粤发

---

① 周济：《智能制造有三个模式分两步走》，2017世界智能制造大会发言材料，http://article.cechina.cn/17/1209/10/20171209104310.htm，2019年3月1日访问。

〔2003〕16号）和《关于印发广东省工业产业结构调整实施方案（修订版）的通知》（粤府办〔2005〕15号）等相关文件（见表1）。

表1　2002~2012年技术改造和技术创新政策导向

年份	技改项目导向	政策
2002	用高新技术和先进适用技术改造提升传统产业。推进企业信息化建设，包括企业管理、研制、生产过程信息化，信息化装备及系统（硬件和软件）	《关于2002年全省技术改造重点项目导向计划申报工作的通知》（粤经贸投资〔2002〕115号）
2004	振兴装备工业、推进企业信息化，鼓励信息化示范性改造项目	2004年全省技术改造项目重点领域
2005	包括紧密装备制造业重点示范的十大"双优"技改工程	《关于申报2005年省财政预算挖潜改造资金技术改造项目的通知》（粤经贸技术〔2005〕240号）
2010	重点支持重大产业基地建设工程、新兴产业培育工程、优势产业升级转型工程	《关于征集2010年省级财政支持技术改造招标项目的通知》（粤经信技改〔2009〕255号）
2012	开展产业链配套工程，推动"装备入企业"，抓好工业设计培育发展	《关于印发2012年技术改造投资工作要点的通知》（粤经信技改〔2012〕102号）

（二）网络化崛起（2012~2016年）——两化融合驱动智能制造转型发展阶段

自2012年起，大湾区制造中心步入了以"互联网+"不断推进制造业和互联网融合发展的转型期。"互联网+制造"旨在实现企业内和企业间协同，推动数字化制造向数字化网络化制造转变[①]。2015年先后出台了《广东省智能制造发展规划（2015~2025年）》《广东省工业转型升级攻坚战三年行动计划（2015~2017年）》《广东省"互联网+"行动计划（2015~2020年）》（粤府办〔2015〕53号），围绕智能制造发展的系列规划政策日臻完善（见图1、表2）。

---

① 周济：《智能制造有三个模式分两步走》，2017世界智能制造大会发言材料，http://article.cechina.cn/17/1209/10/20171209104310.htm，2019年3月1日访问。

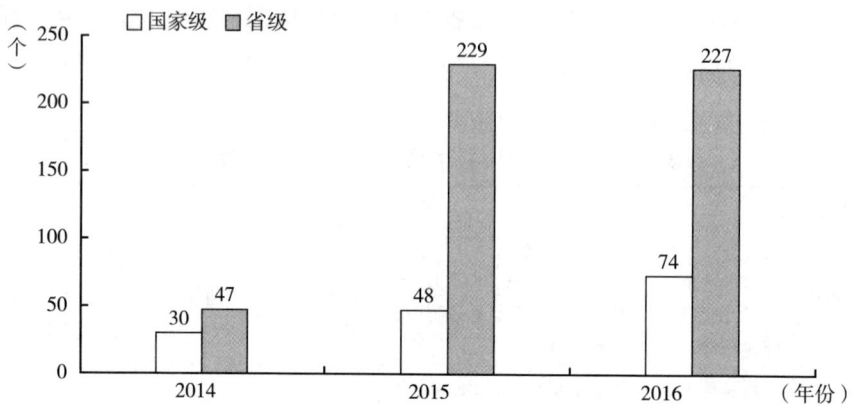

图 1　2014～2016 年大湾区 9 市两化融合贯标试点企业统计

资料来源：《广东省经济和信息化委关于 2016 年度全省两化深度融合工作情况的通报》（粤经信信息函〔2017〕12 号）。

表 2　2015～2016 年技术改造和技术创新政策导向

年份	区域范围	主要政策
2015	广东全省	每个重点行业选取 3 家企业开展"设备换人"改造示范,选取 10 条生产线进行"生产系统智能化"改造,选择 10 个地区优势产业打造主导产业整体提升基地
2016	珠江西岸装备制造业产业带	全年新引进投资亿元以上项目达 226 个,总投资额 1921 亿元,培育 15 家机器人骨干企业

资料来源：《2016 年广东省先进制造业发展回顾与展望》,搜狐网,http://www.sohu.com/a/136730236_378413,2019 年 10 月 2 日访问。

这一阶段，大湾区已有的完备工业体系与信息化先进技术加深了融合。一是基本完成信息基础设施支撑网络建设，在大湾区 9 市城镇密集地区率先完成 4G-LTE 移动宽带网络布局，可同时承载配网自动化、计量自动化等电力物联网发展的大数据通信需求[①]。二是生产系统智能化升级步伐加快，部分行业智能化水平显著提升，同时带动了区域内国产智能装备、工业软件、数控系统相关上游产业的创新发展。三是全面布局公共信息服务平台，

---

① 《加快推进专用无线宽带网络技术在我省智能电网中的应用》,广东省工业和信息化厅,http://www.gdei.gov.cn/ywfl/xxh/201507/t20150713_121372.htm,2019 年 4 月 1 日访问。

为中小企业信息化水平提升发挥了积极作用。部分传统行业借助两化融合推动生产模式变革与组织方式重构,实现了行业"二次加速"。

(三)智能化加速(2016年至今)——工业互联网平台化全产业链一体化发展阶段

2016年起,大湾区智能制造进入加速期。制造系统本身具备了学习能力是第三代智能制造的基本范式,通过将深度学习技术应用于制造领域,知识的产生、获取、运用和传承驱动创新发生革命性变化[①]。伴随大制造业整体智能化水平的不断提升,大湾区制造在全球制造业竞争格局中的战略优势进一步显现。一是分行业智能制造模式的推广应用,进一步促进产业链上下游智能整合。如在石化、水泥建材领域形成实时操作生产优化、安全管控等智能化发展模式;在医药领域实现了过程控制、质量溯源等智能工厂的集成创新;在家具、印刷、文具等行业形成大规模个性化定制的共性发展模式。二是工业互联网先行效应明显,形成了一定规模的智能制造产业生态群。"云网降费"计划[②]以及FusionPlant、BEACON、美云智数等一批"双跨"和行业性工业互联网平台[③]的搭建,进一步降低了中小企业"上云上平台"的准入门槛。三是龙头企业与产业集聚耦合效应凸显,若干智能制造示范基地迅速崛起。东莞在工业机器人领域,深圳在娱乐机器人领域,广州在汽车及零部件、食品包装、塑料机械、农产品等领域实施智能制造示范应用,促进产业向自动化、智能化升级。

三 2018年大湾区智能制造发展的基本态势

1. 循环累积效应进一步凸显

2018年广东机器人及智能装备的产业规模超2000亿元,占全国市场份

---

① 周济:《智能制造有三个模式分两步走》,2017世界智能制造大会发言材料,http://article.cechina.cn/17/1209/10/20171209104310.htm,2019年3月1日访问。
② 由华为、腾讯等7家云平台商、电信运营商联合开展。
③ 为培育工业互联网创新资源,广东省推动华为、富士康、美的等公司建设了FusionPlant、BEACON、美云智数等一批"双跨"和行业性工业互联网平台。

额的1/3①。从智能制造技术驱动力看,全球智能制造基础创新与技术推广应用周期持续缩短,以材料微型化、应用智能化为方向的技术创新将成为支撑制造业快速增长的关键动力。数据显示,2018年全球智能制造产值持续保持10%的年均复合增速②,工业机器人、民用无人机、智能手机等大湾区智能制造优势行业在全球影响力进一步提升③。

2. 政策协同性显著增强

2018年,大湾区智能制造体制机制进一步完善,为产业创新发展提供了重要的政策支撑。一是产业规划引领性加强。印发了《广东省新一代人工智能发展规划》(粤府〔2018〕64号),对智能制造基础科研、协同创新平台、重点产业集聚、创新生态培育等多个关键环节进行了战略布局(见表3)。

表3 2020年广东省人工智能发展目标体系

项目	定性指标	定量指标
综合竞争力	人工智能产业核心规模突破500亿元,带动相关产业规模达到3000亿元	50家以上人工智能核心领域国家高新技术企业;10个以上人工智能产业集群
公共平台建设	构筑具有国际影响力的广东人工智能开放创新平台体系	重点打造医疗影像、智能语音、智能无人系统、智能制造、智能家居、智能海工制造等开放创新平台
关键技术	高级机器学习理论、自然语言处理技术、自主无人系统取得重大突破	具有标志性的重大科技成果10个以上,核心发明专利500项以上,主导或参与制定人工智能技术标准规范10项以上

二是进一步强化战略规划,实现与各专项扶持政策的有效衔接。广东省先后出台了《广东省加快发展新一代人工智能产业实施方案(2018~2020

---

① 根据《广东省新一代人工智能发展规划》发展基础章节2017年数据测算。
② 前瞻产业研究院:《2017~2022年智能制造行业市场前瞻与投资战略规划分析报告》,https://www.qianzhan.com/analyst/detail/220/171127-6c1301fc.html。
③ 2017年广东省工业机器人产量20662台,同比增长50.2%,占全国产量的16%,保有量约8万台;民用无人机产量283.12万架,同比增长69%,产值占全国超七成的市场份额;智能手机产量8.28亿台,占全球产量约1/3。

年)》《推动新一轮技术改造促进产业转型升级的意见》《工业企业技术改造三年行动计划（2018~2020年)》，并形成了包括基础科技攻关、智能制造重点企业、公共平台建设、创新型产业集聚培育等在内的、覆盖全产业生态的扶持政策。2018年大湾区省级智能制造试点示范项目中，有61%是制造业智能化改造，18%是智能装备与系统集成，15%是工业互联网（见图2）。

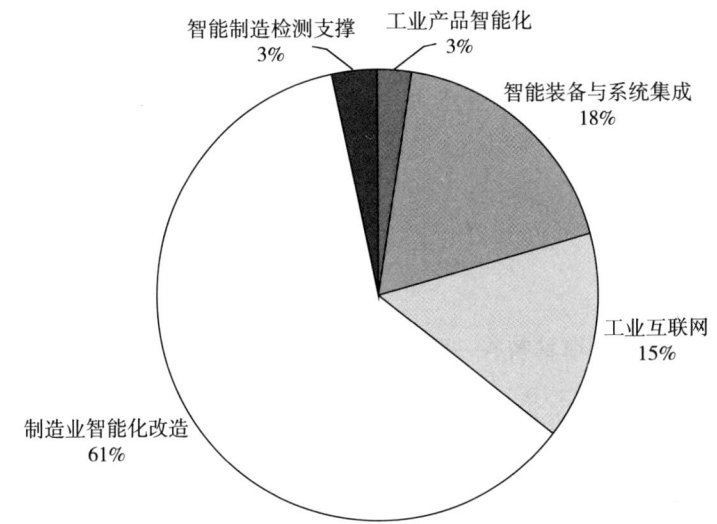

图2 2018年大湾区省级智能制造试点示范项目类型统计

资料来源：根据2018年广东省智能制造试点示范项目（粤经信创新函〔2018〕80号）统计。

3. 区域分工继续深化

珠三角地区拥有大疆、柔宇科技、碳云智能、优必选、魅族等人工智能领域知名企业。未来，深圳将率先开展人工智能特色应用场景示范，在"AI+市民生活"、"AI+智慧城市"营造等智慧城市融合发展方面开展多项先行试点①。佛山是珠江西岸装备制造业产业带的重要节点，2018年初，完成新一轮技术改造规模以上工业企业超过50%。佛山市将智能装配制造、

---

① 《深圳市新一代人工智能发展行动计划（2019~2023年）》。

金属加工、高端新型电子信息、半导体照明、节能环保、新能源汽车作为佛山发展职能制造的主导方向①。

4. 领先企业战略布局加速成型

产品生命周期短、市场开放竞争激烈以及技术优势带来的强行业垄断性是智能制造产业的重要特征。从重点企业战略发展看，加大研发投入保持技术领先优势是大湾区内明星企业的常见模式。以深圳大疆为例，它占全球消费级无人机超50%的份额，2018年其全球国际专利申请（PCT）总数达到9128项②。同时，部分重点企业利用差异化、系统化、垂直化并购加快市场规模扩张，已形成了全球化的创新研发、生产制造和销售服务布局。另外，广州数控等控制器领域领军企业，也开始向高端运动控制方案商转型。

专栏1：博林智谷—香港科技大学-博智林联合研究院

博智林机器人实验中心是由香港科技大学、佛山顺德区政府、碧桂园集团三方联手搭建的大湾区智能制造科技创新平台示范项目。项目占地约10平方公里，1.3万平方米的实验中心已于2018年7月正式启动投入使用，15万平方米的智能工厂、27万平方米的机器人总部大厦将在2019年4月陆续交付。项目总投资800亿元到机器人产业，打造国际化的机器人科技研发高地、粤港澳机器人孵化与示范高地、世界知名机器人制造与应用高地、高质量的产城人融合发展高地。重点发展建筑机器人、建筑新材料应用、智慧建筑大数据和机器人通用技术。当前阶段重点聚焦建筑机器人研发，横向拓展通用机器人、发展人工智能技术。向上游集成系统化解决方案，向下加快核心关键技术攻关。实现全产业链布局，率先实现核心零部件全国产化、核心技术全自主知识产权。

---

① 《看佛山：发挥政府引导功能 推动智能制造产业发展》，佛山市委党校2018年贯彻新发展理念建设现代化经济体系专题研讨班材料，http://static.nfapp.southcn.com/content/201807/20/c1323693.html，2019年6月4日。

② 世界知识产权组织（WIPO）公布的2018年全球国际专利申请（PCT）排名。

四 大湾区智能制造面临的现实挑战

相比全国其他地区，粤港澳大湾区智能制造更早进入数字化网络化智能化全产业体系的快速发展期。尽管大湾区工业机器人密度、市场空间、投资并购数等指标均高速增长，但其基础创新、产业生态、政策体系等方面还有待提高，其吸引智能制造外资、人才、技术要素的集聚能力也有提升的空间。

（一）技改市场需求驱动大湾区智能制造快速崛起，但基础创新短板依然突出

市场需求是大湾区智能制造发展的根本动力，目前大湾区已经形成包括智能产品、智能生产以及智能服务的智能制造系统。近年来，在"中国制造2025"政策引导下，国内智能装备市场规模持续扩大。特别是广东省实施技术改造重点扶持以来，珠三角大量制造业企业实施自动化、数字化改造。该地区在生产工艺优化、全流程安全管控、大规模个性化定制、质量检测溯源等方面，陆续形成可复制与推广的智能生产组织模式。

同时，制造业企业生产工艺改造升级也促使智能制造设备产业加快产能扩张。为快速占据市场份额，大湾区装备制造业在机器人核心零部件国产化、尖端技术零部件量产化、海外低端设备市场占有率方面具有一定领先优势。以核心零部件中技术壁垒最高的减速器为例，尽管攻坚国产工业机器人减速器等研发技术存在难度，但其整体产品质量逐步提高，一些核心指标已经达到国际水平，出现了一些可量化生产的企业。机器人零部件的国产化，大大降低了智能化技术改造的成本。这种进口替代比率的提升，也使得大湾区在占领海内外低端市场方面保持价格优势。

基础创新优势不足，智能制造核心技术受制于科研能力不足等问题，已

成为制约智能制造发展的第一短板。该问题主要表现为基础共性研究科学实力不足,如支撑先进装备的新材料科学、智能交互感知的通信科学等;同时,还表现为关键技术、核心部件对外依存度高,自主品牌企业尚未形成规模、缺乏核心竞争力等。

(二)广泛系统集成应用为大湾区智能制造创造了联动优势,但平台型组织力量依然薄弱

大湾区工业企业集聚性较强,大部分的大型工业企业,以及竞争力较强的创新型工业企业均集中在珠三角地区,并与大量智能装备系统方案解决商结成了多元网络组织。下游系统集成商,是机器人商业化、大规模普及化的关键,主要根据不同的应用场景和工业用途对智能装备进行有针对性的系统集成与软件开发。目前,珠三角有大量企业集中在这个环节,生产出来的机器人通过系统集成后,投入到下游的汽车、电子、金属加工等产业。

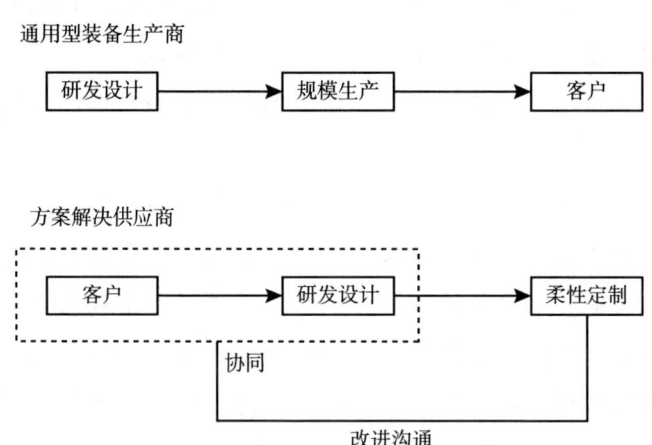

图3 方案解决供应商参与智能制造一体化的生产模式

与此同时,有利于智能制造产业体系发展的平台型机构、平台型知识服务企业仍然不足。特别是工业大数据基础储备不足,制约了大湾区智能制造

的系统性升级。受到制造业数字化转型尚未完全普及，以及制造模块智能化水平参差不齐的影响，现有工业大数据的采集、存储不足。对未来建立系统性的工业参数标准等数据挖掘难以形成有效支撑。

（三）港澳合作为智能新技术开放应用赢得了更多机会，但地区行业发展不平衡现象依然严重

大湾区日益成熟的区域创新网络体系，有助于智能制造前沿技术的快速吸收、转化与应用。一是大湾区拥有联系港澳相对成熟的产学研科技成果转化体系。大湾区智能制造新技术研发推广应用相关市场、组织网络已初具规模。二是港澳创新合作不断深化为大湾区智能制造提供新的技术支撑。香港在工业软件设计、企业供应链动态优化管理等方面仍具备一定的行业优势。据香港统计公报显示，2017年有研发协作安排的机构，将其44%的协作伙伴放在珠三角地区。三是相关跨国企业持续加大对大湾区智能制造的投入。世界工业机器人龙头企业与珠三角合作日益紧密，完成多项企业的引进合作，有力地推动了珠三角地区机器人产业规模的扩大。

（四）制度环境对于大湾区智能制造的导向作用明显，但财政扶持政策精准性有待进一步提高

大湾区先行构建精准有效的智能制造产业政策体系。一是重视规划引领的顶层设计。率先全国出台了智能制造中长期规划，发布了《机器人产业发展专项行动计划（2015~2017）》《工业企业技术改造三年行动计划（2018~2020）》，同时积极做好对珠江西岸先进装备制造业的产业带布局。二是坚持发挥示范项目的带动效应。在大湾区制造智能化起步期，尚不具备全面推广智能制造的基础，以试点示范为引领，以培育制造示范基地为载体，形成骨干企业、专精特中小微企业的梯队生态群。三是大湾区持续加大在机器人和物联网方面的技术创新公共服务平台建设，充分发挥珠三角、香港科研院所和高校技术研究、人才队伍对智能制造发展的支撑作用（见表4）。

表4 大湾区机器人产业重大技术支撑平台

项目	地点	平台特色
中国（广州）智能装备研究院	广州	智能制造共性关键技术创新、智能检测评定、技术成果转化
华南智能机器人创新研究院	佛山	新技术、新装备及系统工程的创新研发、产业协同、孵化投资、公共服务
广东省智能机器人研究院	东莞	围绕3C行业，开展高精高效智能工业机器人研究，涉及多轴工业机器人、机器视觉、大功率工业激光器、工业大数据等领域
中以机器人研究院	广州	立足中国－以色列经济技术合作新机制，开展机器人和智能制造技术引进、孵化
松山湖国际机器人产业基地	东莞	联合香港、内地及全球的高校、研究所、企业、上下游供应链等资源，专注机器人及相关行业的创业孵化
国家机器人检测与评定中心（广州）	广州	机器人产品及部件的检测、认证和校准，检测能力覆盖九成以上现行机器人国家标准
国家工业机器人质量监督检验中心（广东）	顺德	华南地区工业机器人质量检测、型式试验、企业中试、标准验证、产品研发等技术服务核心平台
国家智能控制系统制造产业计量测试中心	广州	产业专用的量值服务、产业关键参数计量服务、产业专用测量和测试装备研制服务

资料来源：根据广东省主要城市机器人平台介绍整理。

五 大湾区智能制造发展前景展望

尽管大湾区智能制造在数控机器人等工业数字化领域存在一定的核心技术储备不足等创新壁垒，但就新一代工业智能化发展所需的认知、感知、组织间自学习等技术趋势而言，大湾区与国外起点接近。结合大湾区工业体系与制造业集群自身优势，未来适宜于大湾区重点发展的智能制造主攻方向有以下几个。

（一）以工业机器人为代表的智能制造装备产业中心

继续利用先进装备制造产业先发优势，加快在装配传感器和具备人工智能机器人产业中占据中高端市场份额。立足大湾区 3C 产业智能制造领域的集群规模与数字化制造示范优势,加快开展机器人 3D 视觉、AI 图像检测以及动态视觉传感等方面的联合技术攻关与适用研究。结合已有高端装备业基础,加快实现高端制造向工厂数字化与智能化发展。

(二)具有自感知能力的智能模块化区域化智能制造系统

目前人工智能与制造业的融合发展,更多针对制造领域中的市场分析、产品设计、生产管控、设备维护等单个环节,进行专家系统和智能辅助系统开发,缺少对"智能化孤岛"的互联互通集成。大湾区可基于泛在制造、云制造以及基于工业大数据的主动制造,形成互联互通一体化的社会化开放式区域化智能制造系统。通过全制造流程、全生命周期数据、全区域制造信息的互联互通,实现分布、异构制造资源与制造服务的动态协同联动及决策优化。

(三)基于大数据驱动的产业供应链管理创新

发挥大湾区工业体系和产业链完整优势,基于大数据对设计、采购、制造、使用、服务、回收、拆解等环节的多阶集成反馈,实现运维一体化的供应链组织方式再造。在采购环节,运用新一代互联网技术培育虚拟产业集群,使供应链管理向优化资源配置的虚拟化和网络化转变。在制造环节,采用专家系统、神经网络、遗传算法等多智能体系优化业务流程,通过培育组织运营柔性及战略柔性能力,实现业务边界模糊化。

六 对策建议

(一)加快关键核心技术的高端突破

以关键核心技术为主攻方向,加强 5G 工业应用、边缘计算、人工智能、区块链等前沿技术协同攻关。面向生产制造新需求,加强网络化协同制造、智能制造、云制造等应用技术研究,形成技术研究和产业应用互促互进的良好局面。

(二)完善智慧智能服务生态圈

让市场、终端消费与生产各链条之间的冗余环节进一步缩减,降低信息交换成本。以市场倒逼技术创新的局部优化改进到突破式创新。智能制造末端服务环节的培育,影响生产企业提高生产技术、了解市场需求。主要三个方面:市场转向新趋势,评价数据的搜集整理,分析。加快形成企业内、企业间、产业上下游、产业生态圈的集成与协同,实现"智能+网络化",实现更大领域、更深层次的公共技术平台——共享协同集成创新的推进。

专栏2:三地合作搭建智能制造服务平台

2016年,香港工业总会下属香港自动化科技协会获得香港政府《发展品牌、升级转型及拓展内销市场专项基金》(机构支援计划)资助,旨在向内地市场推广香港自动化科技的品牌与形象,推动大湾区智能制造产业融合发展。

项目为期两年,主要通过若干活动推动内地与香港的智能制造合作,包括创立自动化工业商贸交流圈、举办国际自动化技术论坛,以及在内地自动化展览会上设立"香港馆"。2018年,这一类政府引导、市场主导三地合作项目数量进一步增多。在大湾区合作中发挥了有效的服务平台作用,进一步完善了智能制造相关生产网络。

(三)加快制造业集群向智能化产业基地转型

继续扶持龙头企业发挥产业集群智能化转型中的骨干示范作用。鼓励智能制造加强网络技术标准、体系架构的统筹规划、有机衔接,构建先进的工业互联网骨干网络,推动形成统一的工业数字化互联接口标准,实现网络互联、设备互通、系统集成、数据互操作。

（四）构建智能制造开放新格局

大力支持产学研用，开展国际交流，深化在人工智能、工业互联网、智能装备制造领域的技术标准、体系建构、平台发展、安全保障、人才培养等方面的跨国合作。鼓励跨国公司、国外机构在大湾区建设智能制造研发机构、人才培训中心、示范工厂项目。鼓励更多本土企业以国际标的并购、技术合作等方式提升智能制造技术水平，鼓励智能制造相关行业参与国际通用智能制造工业体系的标准化制定工作。加强在工业互联网网络安全治理方面的国际探索与合作。

参考文献

潘文彪、陈志云、张宁：《中国装备制造企业转型升级实践研究和企业智能制造体系构建的建议思考》，《现代管理科学》2019 年第 2 期。

韩江波：《智能工业化：工业化发展范式研究的新视角》，《经济学家》2017 年第 10 期。

B.12
2018~2019年粤港澳大湾区科技创新政策进展报告

王茜 任志宏*

摘 要： 近一两年，粤港澳三地围绕本地科技创新瓶颈，针对性地提出一系列科技创新政策。广东注重基础创新，香港提出推动科技创新的一揽子政策，澳门强调要落实"教育兴澳"和大力推动中小型科技企业发展等。三地围绕《粤港澳大湾区发展规划纲要》以及建设国际科技创新中心总体思路，不断改进有关科研创新的相关政策和措施，并于2018年5月首次实现科研资金"过河"安排。本文就最近两年来的粤港澳大湾区科技创新相关政策和措施进行了梳理，并对其影响进行了分析。

关键词： 国际科技创新中心 科技创新政策 人才培育 基础研究 粤港澳大湾区

在科技创新制度决策方面，粤港澳三地始终坚持问题导向，已经初步形成了一套政府推动科技创新的政策工具箱。2018年，粤港澳大湾区继续坚持科技创新战略，针对当前科技创新存在的现实问题，锐意改革并出台了促进性政策，不断破除各种体制机制障碍。

---

* 王茜，博士，广东省社会科学院财政金融研究所，助理研究员，主要研究方向为财政科技创新政策评估；任志宏，博士，广东省社会科学院财政金融研究所所长，研究员，主要研究方向为财政科技创新政策评估、金融市场。

一 粤港澳三地科技创新政策现状

近年来,广东较之前更加注重基础研究领域创新,并在原有科技创新政策基础上进一步细化和深入;香港则针对科技创新现实问题,提出推动科技创新的一揽子政策;澳门的科技创新政策通过落实教育兴澳和推动中小企业发展发挥作用。

2018年8月,广东省人民政府印发《关于加强基础与应用基础研究的若干意见》(粤府〔2018〕77号),共包括10部分33条意见。11月,广东省出台落地文件《广东省基础与应用基础研究基金重点领域项目实施方案》(粤科基字〔2018〕213号),明确了广东省基础与应用基础研究基金重点领域项目实施要以加强统筹规划、突出目标导向等为原则,依据科学发展态势,实施动态调整优化,旨在为下一个5年广东省的基础科学研究提供指引。

在万众创新创业方面,2018年8月,广东省人民政府印发《关于强化实施创新驱动发展战略进一步推进大众创业万众创新深入发展的实施意见》(粤府〔2018〕74号),在优化创新创业生态环境、充分释放全社会创新创业潜能方面做出要求。具体包括创建珠三角国家科技成果转移转化示范区、建设知识产权保护和运营中心、推进高校和科研院所创新创业资源共享、开展投贷联动等融资服务模式创新、打造国际风投创投中心、实施工业互联网协同创新行动、大力发展分享经济、大力发展数字经济、推进生态环保领域创新发展、支持返乡下乡人员创新创业、大力引进高层次人才、激发科研人员创新创业活力、构建全链条创新创业孵化育成体系、加快建设"双创"示范基地、优化创新创业政务环境等15类内容。

在创新驱动发展战略方面,2016年广东省人民政府办公厅印发《广东省工业企业创新驱动发展工作方案(2016~2018年)》(粤府办〔2016〕46号),阐述了工业企业落实创新驱动发展战略的总体要求、重点任务和保障措施。除支持工业企业创新创业以外,广东省还鼓励高校科研院所科研人员创新创业，并对相关人事问题出台专门文件。除以上工业贸易以外，农业领域创新驱动战略体现在具体制度改革上，2018年12月，广东省人民政府办公室发布了《关于深入推进科技特派员制度的实施意见》（粤府办〔2016〕101号），主要目的是与农民建立"风险共担、利益共享"的共同体，推动农村创新创业深入开展。共分四个部分：总体要求、主要任务、保障措施和组织实施。创新举措包括科技特派员制度长效化机制化、选派人员范围和方式丰富多样、解除科技特派员服务的后顾之忧、进一步鼓励创新创业和成果转化四个方面。

为保障各种创新活动的顺利开展，广东省从科研管理和科技创新奖励制度改革角度出台保障性政策。在科研管理方面，广东省一方面注重平台项目和科研载体管理，另一方面注重科研资金管理。科研创新奖励制度则多见于后补助政策和科研创新奖励改革。

平台和项目管理类文件多出自广东省科技厅，大致分为针对某一对象的总体管理、事前认定、事中监督、事后检查登记备案四大类，四大类中事后检查登记备案占较大比例。但2018年的管理制度主要是事前认定和事中监督。2018年4月，广东省科学技术厅印发《省科技计划项目合同书管理细则（试行）》（粤科规范字〔2018〕2号）。2018年10月，广东省科技厅会同省商务厅、省财政厅、省税务局、省发展改革委编制印发了《广东省技术先进型服务企业认定管理办法（试行）》（粤科高字〔2018〕205号），旨在增强广东服务业的综合竞争力。

科研资金管理类政策也在近年来有了诸多调整。2017年4月，广东省委省政府办公厅印发《关于进一步完善省级财政科研项目资金管理等政策的实施意见（试行）》（粤委办〔2017〕13号），大力放松行政监管，赋予科研活动自主权。为了推动该实施意见落地见效，广东省财政厅2018年还先后出台了《关于省级财政科研项目资金拨付管理的暂行规定》和《广东省财政厅关于省级财政社会科学研究项目资金的管理办法》两个政策性文件。

科技创新奖励方面，2018年2月，广东省科学技术厅和财政厅对后补助文件进行修订，印发《关于科技企业孵化器、众创空间后补助试行办法

（修订）》（粤科规范字〔2018〕1号），将众创空间纳入后补助范围，加大对粤东西北地区的扶持力度，取消运营后补助地市配套的要求，进一步完善科技奖励制度。同时，2018年10月，广东省人民政府办公厅印发《广东省关于深化科技奖励制度改革方案的通知》（粤府办〔2018〕33号），重点任务包括重组科技奖励体系、实行提名制、创新评审制度、调整奖励对象要求、规范科学技术奖设置权限、优化专家评审机制、健全公开透明的科技奖励诚信制度、积极对接国家科技奖励、大力鼓励社会力量设立科学技术奖等。改革后，省科技奖授奖总数将不超过185项，比之前减少三成；奖金总额上限为7300万元，比之前增加了2800万元，增幅为62%，奖励力度为目前国内省市最高。2019年，为加快实施创新驱动发展战略，深化科技体制机制改革，广东省再次出台1号文《关于进一步促进科技创新若干政策措施的通知》（粤府〔2019〕1号）（简称广东"科创12条"），促进科技创新。

香港则针对科技创新现实问题，通过调整政府组织框架、融通创新资金需求、建立创新平台、引进培育人才、推动科普事业发展、鼓励技术转移等方式为科技创新提供资金、人才、基础设施等软硬件保障，为科技创新营造良好的社会氛围，提供顺畅的组织机构保障。

一是调整政府组织框架。香港《行政长官2017年施政报告》中决定对政府组织架构进行大力调整以适应新的施政纲要，成立创新及科技督导委员会、行政长官创新及策略发展顾问团、政策创新与统筹办事处，将效率促进组归入创新及科技局。

二是以财政金融为纽带，融通创新资金需求。除传统的企业支援计划、科技券计划、伙伴研究计划等外①，2016年香港成立创科创投基金和"创科创投基金公司"的专责公司，与伙伴风险投资（风投）基金以约1∶2的整体配对投资比例，共同投资本地创科初创企业。自2019年2月27日起，科技券纳入创新及科技基金下一个恒常的资助计划。科技券下每名申请者的资

---

① 香港特别行政区科技创新署创新及科技基金：《伙伴研究计划》，https：//www.itf.gov.hk/l-sc/PRP.asp，2019年10月2日访问。

助上限由二十万元增加至四十万元，申请资格也放宽至包括根据《公司条例》在香港注册成立的公司，及在香港成立的法定机构（政府资助机构及其附属公司除外）。同时，向大学教育资助委员会（教资会）辖下研究资助局（研资局）的研究基金投入额外200亿元。此外，政府与企业及平台合作，共同推动初创企业发展。创新科技署已于2018年7月至8月与6家投资公司共同落实"创新创投基金"，香港科学园（科学园）和数码港分别获政府拨款70亿元和2亿元加强其对进驻企业的支援。

三是引进培育多领域人才。香港政府于2018年8月公布首份人才清单，涵盖11个香港经济发展最需要的专业。在创科方面，相继推出"本地研究生学业豁免计划"在内的多项措施，在引入、培训及留住人才等方面三管齐下，壮大本地创新人才库。在海运人才方面，向"海运及空运人才培训基金"注资2亿元，加强培育行业专才。此外，除了委聘资深大律师和资历较深的大律师负责检控部分较为复杂或敏感的案件外，律政司亦会积极考虑扩大现有委聘经验不足十年的大律师担任资深大律师或资历较深的大律师副手的安排，让更多资历较浅的大律师能汲取处理案件的宝贵经验。律政司亦计划推出一项联系计划让资历较浅的大律师参与民事法律工作。

四是设立科技创新平台。2018年，取得立法会通过100亿元捐款，在香港科学园建设专注于医疗科技和人工智能及机械人科技的两个科技创新平台。法国的巴斯德研究所"Institut Pasteur"和中国科学院辖下的广州生物医药及健康研究院和北京自动化研究所已率先表达加入平台的意愿，与本地大学和科研机构合作。①

五是开放政府数据，为科研提供所需的原材料。香港特别行政区政府已在2018年9月敲定开放政府数据政策和推行措施，促进智慧城市发展。政策要求所有的政府部门须制定和公布其年度开放数据计划。此外，医院管理局（医管局）正积极筹建大数据分析平台，让研究人员参与医管局的临床

---

① 《行政长官2018年施政报告》，中华人民共和国香港特别行政区官网，2018年10月10日，https://www.policyaddress.gov.hk/2018/sim/pdf/PA2018.pdf，2019年9月4日访问。

数据，并为他们提供有关培训，以便合作进行项目研究。

六是推动科普教育发展。教育局会持续在中小学推动"科学、科技、工程及数学"（STEM）教育，加强支持学校为学生提供更多学习、观摩和比赛的机会，让他们发挥在科学及科技方面的潜能。教育局已在2017年向学校发放"计算思维一编程教育"的课程补充文件，也已开始为学校领导层和中层管理人员举办STEM教育培训课程。未来，政府将会拨出5亿元，在未来五年每年举办"城市创科大挑战"，就与市民生活息息相关的议题，公开邀请各界提出创科解决方案。获选的方案除可获得资金外，亦有机会在合适的公营机构试用，以得到实践和优化。

七是推动技术转移。香港各所大学均有优秀出色的科研人才。为充分释放香港的科研力量，促科技转移及研发成果实践，创新及科技基金目前资助的三项有关计划的拨款将增加1倍："大学科技初创企业资助计划"对每所指定大学的资助上限亦由现时每年400万元提高至每年800万元；以及每所"国家重点实验室"及"国际工程技术中心香港分中心"的每年资助由现时500万元提高至1000万元，以支持科研及成果转化工作。①

澳门的科技创新政策主要体现在落实教育兴澳和推动中小企业发展方面。一是全力落实教育兴澳、人才建澳的发展战略。澳门特区政府制定了《高等教育制度》并确定于2019年生效，政府表示要积极跟进相关配套法规的立法工作，以及高等教育委员会、高等教育基金等新增架构的组建。在非高等教育方面，《本地学制正规教育课程框架》及《本地学制正规教育基本学力要求》行政法规，将于2019/2020学年全面实施，以推动科学设置课程。② 有序推行以学校自评为核心，结合外评的学校综合评鉴新模式。加快

---

① 中华人民共和国香港特别行政区：《行政长官2018年施政报告》，第32~33页，2018年10月10日，https：//www.policyaddress.gov.hk/2018/sim/pdf/PA2018.pdf，2019年9月4日访问。
② 中华人民共和国澳门特别行政区：《二〇一八年财政年度施政报告》，第15页，2017年11月14日，https：//www.gov.mo/zh-hant/wp-content/uploads/sites/4/2017/11/2018_policy_cn.pdf，2019年7月4日访问。

完成修订职业技术教育法规及《特殊教育制度》法规，促进教育多元发展。此外，官民合作加强校园爱国爱澳教育，增强学生的国家意识和民族认同；实施青年培养和人才发展战略，优化以家庭为基础、教育为支撑、政府政策和资源为指导，社会各界合力的青年和人才培养系统。

二是优化各项扶持措施，助力中小企业发展。中小企业占澳门企业总数的九成以上，是推动经济适度多元化的重要力量，对促进社会稳定、科技创新发展起着积极的作用。为支持中小企业发展，澳门政府启动了"支持中小企行动计划"，持续优化各项财政及行政支持政策措施，加大对相关企业的扶持力度，减轻他们的经营压力。并助力中小企业人力资源开发，提供相关的配套服务，妥善处理中小企业的外雇申请。此外，2016年，澳门特区政府推出的《澳门特别行政区五年发展规划（2016~2020年）》，把辅助企业创新确定为未来五年规划里面的一个重点。

二 粤港澳大湾区科技创新政策合作情况

粤港澳大湾区科技创新政策合作主要围绕粤港澳大湾区建设尤其是科技创新中心建设展开。2019年2月，《粤港澳大湾区发展规划纲要》单列一章"建设国际科技创新中心"，国际科技创新中心建设工作逐渐落地。在此过程中，三地政府签署多项协议，展开多领域合作，通过政策创新和大科学装置建设，共同推动科技创新中心建设。

第一，完善区域创新体系，协同创新格局加速形成。2018年1月，国务院印发《国务院关于全面加强基础科学研究的若干意见》（国发〔2018〕4号），明确提出"推动粤港澳大湾区打造国际科技创新中心"。2018年8月，中共中央政治局常委、国务院副总理、粤港澳大湾区建设领导小组组长韩正15日在北京人民大会堂主持召开粤港澳大湾区建设领导小组全体会议，表示支持香港建设国际创新科技中心，支持澳门建设中医药科技产业发展平台。

2018年9月，广东省人民政府印发《关于加强基础与应用基础研究的若干意见》（以下简称《若干意见》），共有10部分33条意见，针对广东省基础研究顶层设计、经费投入和重大科研平台不足、科研管理体制机制有待完善等问题，明确了到2022年、2035年、21世纪中叶的发展目标，提出了多项改革创新措施。此外，针对粤港澳大湾区国际科技创新中心建设，广东省加速出台了一批加强区域创新规划引导的政策措施，如《广东高新区创新发展战略提升行动实施方案（2017~2020年）》等。

2018年，中央不同部委与特区政府签订多份合作协议，其中，国家发展和改革委员会（发改委）和粤澳两地政府签订的《深化粤港澳合作推进大湾区建设框架协议》，国家科学技术部（科技部）与香港特区政府签署的《内地与香港关于加强创新科技合作的安排》等都涉及科技创新相关内容，为三地科创合作提供顶层设计。2018年5月，科技部和财政部推出新政策，允许香港的大学和科研机构通过竞争择优方式，承担"中央财政科技计划"项目，并可以在香港使用有关资助，实现了本港科技界盼望多年的科研资金"过河"安排。①

第二，推动项目建设，打造粤港澳大湾区世界级大科学装置集群。科学装置是科技创新的重要基础设施，打造粤港澳大湾区世界级大科学装置集群是建设国际科技创新中心的重要支撑。在总体方向方面，粤港澳大湾区将充分利用香港国际化程度高、珠三角产业配套能力强的优势，争取国家在粤布局建设国家大科学中心。截至2019年4月，广东省已建设4个大科学装置。②

在粤港澳合作方面，2019年1月，香港理工大学与中国科学院下辖的两所研究机构——数学与系统科学研究院和广州地球化学研究所合作成立的"联合实验室"28日在香港理工大学校园举行揭幕典礼。

除大科学装置这一硬件基础设施以外，国家级创新平台和创新团队也尤

---

① 中华人民共和国香港特别行政区官网：《行政长官2018年施政报告》，第32页，2018年10月10日，https://www.policyaddress.gov.hk/2018/sim/policy.html，2019年9月1日访问。
② 综合开发研究院：《把粤港澳大湾区建设成新的亚洲价值链（制造+科技）中枢》，澎湃新闻，2019年4月12日，https://www.thepaper.cn/newsDetail_forward_3291574，2019年9月20日访问。

为重要。2018年12月,广东省科技厅副厅长刘炜在座谈会上表示,围绕粤港澳大湾区科技社会经济发展需求,广东将在未来5年建成大型产业技术创新联盟、新型研发机构、技术创新中心、院士工作站等高水平产学研合作创新平台300个以上,实施高水平产学研合作项目500项以上,建设产学研国际合作团队100个以上,遴选100个创新创业团队。

三 粤港澳大湾区科技创新政策展望

无疑,中央政府和粤港澳三地将在科技创新领域展开更深入的合作。例如,针对国际科技创新中心建设的专项政策,国家发展改革委正在组织编制粤港澳大湾区打造国际科技创新中心的实施方案①。广东省科技厅正在联合香港、澳门组织编制《粤港澳大湾区科技创新行动计划(2018~2022)》。香港本地科技创新基础设施的建设完成,也将为科技创新提供良好支撑。例如,落马洲河套区"港深创新及科技园"的基建工程已于2018年6月展开。科学园的扩建工程将较预期提早一年于2019年年内完成;而"创新斗室"人才公寓,以及将军澳工业屯的"数据技术中心"和"先进制造业中心"亦会如期在2020年后相继完成。②

在未来,香港政府致力于通过把握"一带一路"和粤港澳大湾区建设的机遇,推动科技创新内外联通,促进香港本地科技创新持续健康发展。澳门政府会坚守"一国"之本,善用"两制"之利,在融入国家发展大局中,充分发挥自身优势和特点,更主动地将外部助力转化为内部动力,把建设"一中心、一平台"推向新的阶段。广东省政府则继续坚持科技创新战略,保持应用技术创新优势,提升基础研究实力,打通从基础研究到应用研发的科技创新全链条。

---

① 苏力、王良钰、王辉、肖雄:《广东省发改委:〈粤港澳大湾区发展规划纲要〉预计近期获批》,澎湃网,https://www.thepaper.cn/newsDetail_forward_1969347,2019年10月2日访问。
② 中华人民共和国香港特别行政区:《行政长官2018年施政报告》,第30页,2018年10月10日,https://www.policyaddress.gov.hk/2018/sim/pdf/PA2018.pdf,2019年9月1日访问。

参考文献

倪外:《香港建设全球科技创新中心:困境、机理与路径》,《上海经济研究》2018年第10期。

许洪彬、胡祎萌、王涛:《香港特区政府科技创新政策研究——基于香港特首2017年施政报告分析》,《全球科技经济瞭望》2018年第3期。

陈志峰、梁俊杰:《澳门专业人才引进:历史、现状与改进》,《港澳研究》2017年第2期。

B.13
港深河套合作：以科技创新合作为引擎拉动大湾区发展

谢许潭*

摘　要： 占据着天然优势地理位置的河套地区，其发展进程是在努力深化粤港澳大湾区的港深科技合作，助力粤港澳大湾区整体发展的大背景下开启的。自2011年11月港深双方签署多份合作协议以来，河套地区的建设就在港深"共同开发、共享成果"的原则下不断推进。2018年，在港深双方的努力下，河套地区的港深科技合作迈入了全新台阶，进一步凸显了科技创新合作在粤港澳大湾区高质量发展中的引擎角色。无疑，河套地区将成为集国家自主创新平台、大湾区国际科创中心平台、深化港深紧密合作关系平台三大平台于一身的合作平台，为湾区其他城市，乃至全国各地展开科创合作提供了可学习和借鉴的优秀典范。

关键词： 科技创新合作　国际科技创新中心　共同开发　港深合作

河套地区是1997年港深合作治理深圳河时，对河流截弯取直，在新旧河道之间形成的"人造地"。河套地区面积为1平方公里，仅相当于前海的1/15。从开启到正式落地，港深河套合作有着十余年的酝酿基础。多年来，

---

* 谢许潭，博士，广东省社会科学院国际问题研究所，副教授，主要研究方向为科技创新合作和世界级城市群建设。

港深双方希望促成更高层次合作的共识首次达成，并上升到高等教育及高科技研发等更高层次更尖端的产业合作等领域。

一 酝酿基础和发展背景

2017年1月3日，香港与深圳签署了《关于港深推进落马洲河套地区共同发展的合作备忘录》，同意合作发展河套地区为"港深创新及科技园"。港深双方就河套包括其他飞地的土地业权、合作领域和内容、开发机制以及打造港深科技创新合作区等达成了基本共识。河套地区总面积大约为87公顷，是香港科学园面积的4倍。因此，"港深创新及科技园"将会成为香港最大的科技创新园区，香港也会支持深圳开发其河北侧毗邻河套地区的相关地带，实现优势互补，成功构建具有强大的聚集和协同效应的"港深科技创新合作区"。

在此次签署的《备忘录》中，明确规定了开发项目以公益性为主，香港特别行政区政府主要负责基础设施建设。香港科技园公司将成立全资拥有的附属公司，负责"港深创新及科技园"的上盖建设、运营以及管理工作。深圳和香港双方将会共同成立"河套区港深创新及科技园发展联合专责小组"，就园区开发及运作提供决策建议。[①] 该《备忘录》的出台，标志着此前有关工业区、加工区、新兴工业和边境贸易区的长达20年的争论终于平息。

各种合作的推进需要明确有序的中长期规划进行战略部署。2017年11月，福田区政府正式推出《深圳市福田区现代产业体系中长期发展规划（2017~2035年）》，提出了"创新为魂、高端决胜、建成世界级湾区现代产业引领区"的启示录、路线图和政策库。河套－福保片区位于港深"直接结合部"，距离深圳CBD直线距离仅5公里。努力成为"一带一路"国

---

① 《港深创新及科技园来了》，人民网，2017年1月4日，http：//sz.people.com.cn/n2/2017/0104/c202846-29549455.html，2019年2月9日访问。

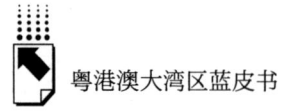

际化创新合作平台、粤港澳大湾区科技发展新引擎、港深跨境深度合作创新支点,是河套地区的长期建设目标。

二 全新的政策框架与战略支撑

2018年10月22日至25日,习近平总书记来到广东考察时提出,要深化港深合作,并使其在共建"一带一路"、推进粤港澳大湾区建设中发挥更大作用。持续深化港深科技合作是支撑粤港澳大湾区发展的一个重要内容。河套地区的发展,就是在这种努力深化港深科技合作、助力粤港澳大湾区整体发展的大背景下展开的。无疑,在将深圳努力建设成为国际科技创新中心的过程中,港深科技合作将会是其中的"重头戏"。同时,这也是香港强化自身优势,保持长期繁荣稳定的现实需要。

为了给河套地区在新时期的发展提供全新的政策支持,深圳市委于2018年4月成立了市建设港深科技创新特别合作区领导小组。① 福田区还成立了由高圣元区长担任组长的区建设深港科技创新特别合作区领导小组,下设五个专责小组,全面对接市建设合作区领导小组及市专责小组。另外,还成立了港深科技创新特别合作区深方管委会筹备办公室,下设综合协调、政策研究、对外联络三个小组。至此,市、区建设合作区的组织架构正式运作,并在4月召开了市建设港深科技创新特别合作区领导小组办公室第一次会议,听取了福田区关于合作区规划开发推进情况,以及下一步重点工作和合作空间规划的初步成果等汇报。这标志着河套地区发展的相关领导小组工作机制开始全面运行,合作区的建设进入了"快车道"。②

---

① 《定了!深圳成立高规格架构建设港深科技创新特别合作区》,深圳福田政府在线,2018年5月2日,http://www.szft.gov.cn/ftxx/xwdt/bmdt/201805/t20180502_11807692.htm,2019年5月4日访问。
② 《河套地区开发升级了!深圳成立高规格架构建设领导小组!》,深圳综合开发研究院,2018年4月30日,https://baijiahao.baidu.com/s?id=1599090448493446477&wfr=spider&for=pc,2019年2月4日访问。

三 不断从理论和实践进行双轨探索的河套地区建设

虽然有了明确的规划与愿景，但不足以保证河套地区的科创合作会一帆风顺。在2018年这个纪念改革开放40周年的重大历史节点，河套地区作为港深合作的重要载体，能否成功开启飞速建设进程，需要在实践中积极摸索，也需要采纳多方社会意见并密切跟踪发展动态，真正摸索出理论与实践的新亮点、新思路和新模式。

（一）在专题研讨与实践调研中进行综合规划

目标明确、布局全面和可持续发展的总体规划，是保证河套地区港深合作顺利推进的重要前提。2018年7月9日，深圳市委书记王伟中主持召开了领导小组第一次会议，原则上通过了合作区的深方区域"1+N"规划体系和政策框架等重点事项，明确了规划统筹、政策研究、对港协调等重点工作的要求。随后，深圳市发改委牵头编制了合作区总体规划和"先行先试"政策，并将"先行先试"政策提交给了10月份召开的粤港澳大湾区第二次领导小组会议审议。这个"1+N"规划体系不仅包含了总体规划，还囊括了深圳多个部门制定的产业、空间和交通规划等。由深圳市科创委牵头，合作区的科技产业规划编制完成。该规划明确以微电子、人工智能、生物医药和新材料作为未来的重点产业发展方向，并且据此来布局相关科研项目。2018年9月26日，深圳市政协六届十三次主席会议召开，专门就河套地区的合作前景与挑战进行了热烈的讨论。会上，福田区区长高圣元表示，深圳已经成立了高规格的港深科技创新特别合作领导小组及专责领导小组。深圳市发改委牵头编制了合作区总体规划和先行先试的政策，基本完成了合作区深方区域"1+N"规划体系的衔接。

（二）加大政策支持力度与专项资助额度

在2018年开年之际，深圳方面就在其年度工作报告中对在河套地区推动新一轮港深合作给予了高度的战略关注。2018年1月15日，深圳市政协六届四次会议召开，市政协主席戴北方做了政协六届委员会工作报告。他强调，深圳与香港在科创领域具有强大的优势互补潜能。深圳方面应尽快牵头协调，形成落马洲河套北岸地区配套地块的功能开发方案，使北岸地区能够借助区域发展所带来的红利，进行转型升级。①

同样，河套地区新一轮港深科创合作进程的开启，也激发了香港往该地区投入了更高的战略关注。继《落马洲河套地区分区计划大纲图》于2018年1月30日获香港行政长官会同行政会议核准后，香港财政司在2月28日发表了《2018/2019年度财政预算案》，宣布将在其2018至2019年度财政预算案中预留200亿元港币用于落马洲河套地区"港深创新及科技园"第一期发展。7月20日，香港行政区行政长官林郑月娥到访深圳，与深圳市市长陈如桂会面，并参观了当地的科技企业。在此次访问中，林郑月娥表示非常期待香港与深圳进一步加强科技创新领域的交流与合作。目前，落马洲河套地区港深科技创新园已经完成规划程序，并将获得7亿港元进行前期开发工作；她还强调，香港方面会争取在2021年将园区首块土地用来建设研发中心等工程。②

香港方面表示，要在与深圳合作的同时努力增强自身的科技创新力，这也将成为提升港深科技创新合作合力的重要抓手。香港特区政府还宣布，将会向创新及科技基金注资100亿港元；也会预留100亿港元支持建设医疗科技创新平台和人工智能及机械人科技创新平台。为了培养更多的科技创新高端人才，香港政府还将会在创新及科技基金中预留5亿港元，并在2018年下半年落实《施政报告》公布的科技专才培育计划，包括推出博士专才库计划等，以配对资金形式资助本地企业人员，使其接受高端科技培训。显然，香港方面在人才培养和科技创新能力提升方面做出的种种支持性的新规

---

① 《今年重点关注落马洲河套地区的科创产业园建设》，《南方都市报》2018年1月16日，http://epaper.oeeee.com/epaper/H/html/2018-01/16/content_4100.htm#article，2019年2月4日访问。

② 《林郑月娥：期待港深加强创新科技交流合作》，人民网，2018年7月20日，http://hm.people.com.cn/n1/2018/0720/c42272-30161306.html，2019年2月4日访问。

划，以及大力度增加拨付的资助金额，也必将推动港深合作在河套地区结出更加丰硕的果实。

从深圳方面来看，福田区政府进一步加大了推动河套地区港深合作的政策调试力度，尤其对各项突出的科创项目和人才队伍，推出了各项新的奖励与支持措施。2018年10月11日，深圳市福田区政府公布了《深圳市福田区支持科技创新发展若干政策》。这是福田区政府为贯彻国家、省、市促进科技创新的决策部署，为提升福田区科技自主创新能力和高新技术产业核心竞争力而制定出的最新政策。其中包含了对研发创新人才支持的相关政策规定。支持对象包括各种创新载体，如设立在福田区的国家级重大创新载体、各种企业承担的国家工程实验室、工程（技术）研究中心和企业技术中心等。尤其对企业建设创新载体的行为提供重大支持，如规定要根据上年度深圳市科技创新委员会公布的"深圳市创新载体名单"，按照不同标准给予高额奖励。另外，还拟对各种研发机构、"珠江人才计划"团队和"孔雀计划"团队等给予不同额度的资金和政策支持。这一套全新的支持政策将执行到2019年12月31日为止。①

四 科技创新：推动港深合作乃至粤港澳大湾区飞速发展的重要发力点

作为港深合作进一步推进的重大承载区，河套地区有着广阔的科技创新发展空间。毫无疑问，科技创新领域的合作将会是推动港深合作，乃至整个粤港澳大湾区飞速发展的重要新引擎。科技创新合作的规划，也因此被赋予了极高的战略定位。2018年3月6日，深圳市委书记王伟中率队到福田区调研落马洲河套地区开发建设工作时强调，要加快建设港深科技创新特别合作区。同一天上午，深圳市市长陈如桂出席全国两会的广东省代表团举行的

---

① 《深圳市福田区支持科技创新发展若干政策》，福田政府在线，2018年10月11日，http://www.szft.gov.cn/mszc/znshp/xgfw/zcfg/201810/t20181011_14200808.htm，2019年2月4日访问。

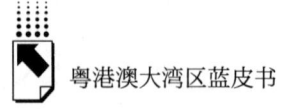

开放日活动,提出要支持港深共同建设科技创新特别合作区。①

至于推行这些倡议的具体方法,委员们提出了各种观点。如全国政协委员、深圳市副市长吴以环指出,要辐射出港深的引擎作用,提升河套地区的战略规划层级;将该地区打造为粤港澳大湾区国家级创新合作平台,关键在于制度创新,核心是营造更加具有活力的科技创新体制机制,重点在于实施与香港接轨的政策。目前来看,该区域附近还没有成熟的科创产业形成规模效应。因此,成功推动合作区长远发展,需要将深圳河沿岸地区作为依托空间,特别是将深圳河沿岸深圳侧作为依托。作为河套地区各种合作的重要交汇点,深圳河贯穿了福田、罗湖、南山、盐田四个高密度城市建成区,以及龙岗区大鹏、葵涌、南澳三个街道,其重要战略意义不言自明。

目前,根据2017年《合作备忘录》所提出的政策意向来看,落马洲河套地区会按照河套地区规划和工程研究所建议,要发展科技研发、高等教育和文化创意产业三项功能。创新及科技园内发展的最大总楼面面积限位120万平方米,但是可以适当地灵活分配用于上述三项用途。显然,《合作备忘录》的签署促使香港方面对科技创新投注了更高的战略关注。近些年来,香港政府不但加入对创新及科技发展的投入,而且于2015年专门成立了新的政策局,即创新及科技局,并在2016年投入了超过180亿港元支持创新及科技发展。创新及科技局成立后,国内外顶尖科研机构来香港建立科研或生产基地的兴趣也在明显提升。

2018年2月28日,深圳福田区在深圳召开了2018年产业发展大会。此次大会是福田区进一步深化供给侧结构性改革、精准解决企业发展痛点、引导产业发展方向的重大举措。② 6月21日,保信亚太生物科技入驻港深科技创新特别合作区"国际生物医药产业园"的仪式在福田区委大楼正式举行,

---

① 《王伟中调研落马洲河套地区开发建设》,《深圳特区报》2018年3月7日,http://www.sznews.com/news/content/2018-03/07/content_18598789.htm,2019年2月4日访问。
② 《深圳高标准打造"港深科技创新特别合作区"》,香港商报网,2018年2月28日,http://www.hkcd.com/content/2018-02/28/content_1080663.html,2019年1月4日访问。

这是港深科创合作的重大成果之一。2018年11月12日，香港创新及科技局局长杨伟雄与深圳市副市长艾学峰在香港共同主持了河套区港深创新及科技园发展联合专责小组第四次会议。双方在会上讨论了港深创新及科技园公司工作进度报告及未来工作安排、落马洲河套区基建配套工程的工作进度及港深创新及科技园批地安排；港深创科园公司的商业模式和商业计划研究也计划在2019年上半年完成。①

不难预见，河套地区将成为国家自主创新平台、大湾区国际科创中心平台，以及深化港深紧密合作平台。港深双方在教育文化合作方面也取得了重要进展。2018年3月29日上午，香港中文大学（深圳）第四所书院——祥波书院正式成立。作为香港中文大学（深圳）的第四所书院，祥波书院将保持与香港中文大学其他书院之间的密切交流，同时引导学生积极关注并深入了解港深两地的社会、经济、文化形势，从而推动学生们开阔视野，为港深两地的交流合作与粤港澳大湾区的发展贡献力量。香港特别行政区行政长官林郑月娥，深圳市委书记王伟中，香港中文大学董事会主席梁乃鹏等出席揭幕仪式。王伟中表示："深化港深合作，教育合作是战略重点，特别是以港中大（深圳）为代表的优质高效的兴办，为深圳高等教育发展提供了国际先进的经验，培养了一大批优秀人才，深圳将以更大力度和举措创造更好的环境，推动双方结出丰硕成果。"②

福田区政府与香港的科技合作为河套地区的建设提供了极为有利的外部生态。在2017年签署的《备忘录》指导下，福田区政府不断加大与香港科技创新合作的力度。到2018年3月底，福田区打造的"港深协同创新中心"初现雏形。

---

① 《河套区港深创新及科技园发展联合专责小组在香港举行第四次会议》，《香港特别行政区政府新闻公报》2018年11月12日，https：//www.info.gov.hk/gia/general/201811/12/P2018111200643.htm，2019年1月2日访问。

② 《港深合作再结硕果 港中大（深圳）祥波书院成立》，深圳新闻网，2018年3月29日，http：//www.sznews.com/news/content/2018-03/29/content_18774777.htm，2019年3月3日访问。

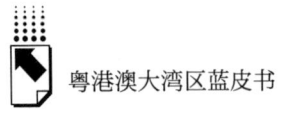

五 港深合作在河套地区实现飞跃性发展所面临的现实问题

推动港深合作在河套地区成功地实现飞跃性发展,必须着实解决一系列的现实问题。

首先,港深之间的教育事业,尤其是高等教育文化合作方面还有较大的完善空间。科技创新的根本动力,来自充满活力的高端科技人才培养事业,以及高度灵活、便捷与细致的人才配套措施的支持。在2018年的全国两会上,深圳大学校长李清泉提出"创建湾区联合大学,推动粤港澳高等教育协同发展"的建议,其中一项非常重要的举措,就是在河套地区、珠海横琴和广州南沙分别设立联合大学的校区。显然,只有港深之间进一步推进高等教育事业的合作,才能为可持续科创合作提供长期保障。

其次,由于内地资本市场管制等因素,内地的金融科技将难以实现国际化互通。因此,粤港澳大湾区需要充分激发香港作为全球金融中心的功能,发挥其连接大湾区乃至我国其他地区与全球金融市场的纽带作用。而这种纽带作用,需要通过香港与深圳在河套地区共同建设环球金融科技枢纽才能真正付诸实践。在河套地区,深圳一侧园区可打造为大湾区金融科技网络中心,创立可相互兼容和方便使用的电子应用支付平台,以及各种区域性电子商贸平台,鼓励金融机构开展数字货币、区块链研究运用,促进湾区跨境电子商务业务发展。在香港一侧园区,则可利用其双向连接内地和国际市场的优势,帮助在河套落地的国际金融科技企业打入国际市场,为本地及内地金融科技企业打造"走出去"的海外网络。①

为了破解目前河套地区的发展难题,各界专家与港深双方各级政府人员提出了诸多建设性的建议。如民建深圳市委在提案中提出,需要打造适合规

---

① 《深圳市政协助力河套地区港深科技合作》,《深圳特区报》2018年9月27日,http://sz.people.com.cn/n2/2018/0927/c202846-32102320-4.html,2019年2月4日访问。

划产业发展的最优软硬环境。该提案还在立法和政策支持方面明确提出，应大胆地尝试制定有利于合作区发展的规则和政策，使其有效服务和扶持合作区企业发展。另外，曾少强委员提出，要在合作区打造港深生物医药产业协同创新的重大平台，面向国际产业最前沿共建生物医药科创中心，使之成为继坪山国家生物产业基地、坝光国际生物谷之后生物医药发展新引擎。另有其他委员提出，要在深圳河东段沿岸片区和福田落马洲河套区，科学规划建设"深圳河港深创新经济带"。[①] 显然，这些观点都为河套地区未来的发展提供了富有前瞻性的参考。

六 结语

河套的发展规划出台后，政界与学界频频将其拿来与前海进行比较。不难预见的是，深圳未来将会形成"西有前海、东有河套"的港深合作的两大支撑点，这也是湾区实现融合发展中的又一标志性事件。正如深圳市政协委员方舟在《关于加快推进前海和落马洲河套地区建设的提案》中所谈到的那样，"毫无疑问，河套地区港深创新及科技园对港深双方的创新科技发展，均具有非常深远的意义。对深圳来说，河套地区开发有利于深圳福田保税区、皇岗口岸停车场和罗湖'小河套'等地域实现功能转型与产业升级，推动港深科技合作中的体制机制创新，并有力推动港深间要素更有效地分配与流动，也有利于提升深圳对全球创新科技高端人才的吸引力，让深圳可以充分利用香港研发机构中的尖端科技项目等。对香港来说，河套地区有利于其引进深圳知名高新科技企业在香港驻扎下来，提升香港科研成果转化与产业化能力，以及对国际知名科技创新企业的吸引力"。

港深双方也需要思考如何更加高效地利用已有的基础设施，如港珠澳大桥和广深港高铁交通网络等，用硬件的基础来支撑科技创新合作的拓展。总

---

① 《河套地区开发成为头号话题》，《深圳商报》2019年1月17日，http://www.sznews.com/news/content/2019-01/17/content_21354549.htm，2019年3月2日访问。

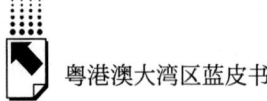

而言之,香港和深圳在粤港澳大湾区建设中可以打造双引擎,未来的港深合作可以培育更多新平台和新模式,做出更多体制和机制方面的探索,并将这种全新的模式推行至整个湾区的建设中去,努力成为全国其他地区学习和借鉴的优秀范本。

B.14
莞深携手建设大湾区大科学装置集聚区

万 磊 陈杰英*

摘 要： 东莞近年来持续加大科技创新力度，正从"世界工厂"向"智造之都"转型。随着国家重大科技基础设施散裂中子源的建成并投入使用，东莞开始高标准规划建设中子科学城，以此增强源头创新和基础研究能力。未来，中子科学城将与深圳光明科学城深度融合，一体联动，共同打造宜研宜居的世界级科学家荟萃之城、品质湾区的最佳示范地、机制创新的科学与工业综合体，为粤港澳大湾区建设具有全球影响力的国际科技创新中心助力添彩。

关键词： 大科学装置群 中子科学城 国际科技创新中心 深莞合作

具有全球影响力的国际科技创新中心是粤港澳大湾区的战略定位之一和重要建设内容。自《粤港澳大湾区发展规划纲要》公布以来，湾区各市在创新发展上持续发力，由创新企业、创新产业、创新载体、创新制度、创新环境构成的创新体系不断完善。被冠以"世界工厂"之名的东莞，拥有丰厚的实体产业积淀和完整的科技转化链条。在创新发展理念的指引下，东莞高新技术产业蓬勃成长，逐渐迈进产业中高端。随着国家重大科技基础设施

---

* 万磊，博士，中共东莞市委党校市情研究中心特聘研究人员，主要研究方向为地方政府治理、产权与政治；陈杰英，硕士，广东金融学院副教授，主要研究方向为发展经济学、区域经济学。

散裂中子源的建成，东莞进一步规划中子科学城，作为广深港澳科技创新走廊的重要节点之一，积极谋划与深圳光明科学城深度融合，努力为湾区技术创新和新兴产业储备强大的基础研究能力。

一 粤港澳大湾区大科学装置的总体布局

粤港澳大湾区是我国科技创新最为活跃的地区之一，是众多新技术、新产业、新模式的发源地，但基础研究和源头创新能力与世界一流湾区相比还有一定差距。习近平总书记视察广东重要讲话要求举全省之力建设粤港澳大湾区，打造高质量发展的先行区、示范区，强调要增强自主创新能力和实力。

广东省积极落实习近平总书记指示精神，承担起国家赋予的战略任务，把推进广深港澳科技创新走廊建设、携手打造具有全球影响力的国际科技创新中心作为关键领域和重要环节，通过大科学装置的建设促进重大研究成果的产生。据不完全统计，广东在建和已建成大科学装置有9项，其中4项为国家重大科技基础设施，呈现多点布局趋势。深圳光明科学城即将建设6个大科学装置，包括脑模拟与脑解析设施、合成生物研究设施、材料基因组大科学装置平台、空间引力波探测地面模拟装置、空间环境与物质作用研究设施、精准医学影像大设施。大科学装置在广东全省的合理布局，尤其是深圳光明科学城与东莞毗邻，为东莞携手深圳促进大科学装置的集群联动、取得规模效应提供了现实基础。

表1 广东省大科学装置布局情况

项目名称	落户地点	进度	依托单位	主要功能
国家超级计算广州中心	广州	建成投入使用	中山大学	超级计算机、云计算
国家超级计算深圳中心（深圳云计算中心）	深圳	建成投入使用	中科院深圳先进技术研究院	超级计算机、云计算
国家基因库	深圳	建成投入使用	华大基因研究院	储存和管理遗传资源、生物信息和基因数据

续表

项目名称	落户地点	进度	依托单位	主要功能
中国引力波探测工程"天琴计划"（国家重大科技基础设施）	珠海	在建	中山大学	引力波探测
大亚湾反应堆中微子实验项目	深圳	建成投入使用	中科院高能物理研究所	中微子振荡试验。获得国家自然科学一等奖
江门中微子试验	江门	在建，2019年底建成	中科院高能物理研究所	确定中微子质量顺序
加速器驱动嬗变研究装置（国家重大科技基础设施）	惠州	在建，2025年建成	中科院广州分院	核废料嬗变技术
强流重离子加速器装置（国家重大科技基础设施）	惠州	在建，2025年建成	中科院近代物理研究所	核物理和天体物理基础研究；重离子束应用研究；核能开发
散裂中子源（国家重大科技基础设施）	东莞	建成投入使用	中科院高能物理研究所	凝聚态物理、化学、材料

注：本文在使用"大科学装置"这一概念时是泛指，使用"国家重大科技基础设施"时是特指纳入《国家重大科技基础设施建设中长期规划》与《国家重大科技基础设施管理办法》中的项目。由于对"大科学装置"并无统一的定义，故不同资料显示的广东大科学装置的总量也不尽相同。

资料来源：《国家重大科技基础设施建设中长期规划（2012~2030年）》；梁永福、盘思桃、林雄：《大科学装置集群的协同创新与产业带动效应》，《科技管理研究》2018年第3期；根据笔者调研中科院高能物理研究所东莞分部、中科院近代物理研究所惠州分部的资料汇总。

二 东莞走向源头创新的新起点：散裂中子源

大科学装置集聚区的特点在于数个装置相对集中布局，相互联系，相互作用。散裂中子源是东莞大科学装置集聚区建设的装备依托与技术基础。散裂中子源的成功运行，是未来进一步引进更多大科学装置形成集群效应的前提。

（一）散裂中子源的建设过程

大科学装置的建设是一个漫长而审慎的过程，需经过立项、可行性研究、初步设计、开工报告等程序后才能审批通过，最后进入项目实施建设阶段,散裂中子源同样历经了科学的决策和长期的建设。2005年7月19日,国务院原科教领导小组原则批准未来5年内建造9个重大科学装置,散裂中子源位居其首。2007年2月13日,中国科学院与广东省人民政府签署合作备忘录,双方将共同向国家申请建设散裂中子源装置。2008年9月28日,国家发改委正式批准散裂中子源项目建议书。2011年2月24日,国家发改委正式批复可行性研究报告。同年5月12日,中国科学院正式批复项目初步设计及概算,10月20日,散裂中子源在东莞大朗举行奠基典礼。2014年10月15日,加速器首台设备——负氢离子源进入隧道安装。2017年8月28日,散裂中子源首次打靶成功,获得中子束流。2018年3月25日,通过中国科学院组织的工艺鉴定验收,开始进入试运行阶段,2018年8月23日,散裂中子源顺利通过国家验收,正式投入运行。①

(二)散裂中子源的建设运行机制

1. 以中央为主、地方配套的投资结构

大科学装置是国家决策、国家投资,以财政投入为主。散裂中子源规划用地1000亩,首期用地400亩,总投资18.67亿元,广东省级投资1.5亿元,东莞市承担3.5亿元,东莞投入部分主要用于基建。散裂中子源的日常运行经费、维护经费、科研经费、行政办公经费主要由国家财政投入负责。散裂中子源从事的一部分科研项目由国家立项,如国家自然科学基金、大科学装置前沿研究重点专项、大科学装置科学研究联合基金等;一部分是中国科学院高能物理研究所自身依托散裂源的研究计划;一部分是企业用户,需要根据实验内容适当付费。

2. 职责明确的"总部-分部"组织结构

散裂源中子的法人单位是中国科学院高能物理研究所,共建单位为中国科学院物理研究所。高能所成立直属分支机构——东莞分部,负责管理和推

---

① 根据中国科学院高能物理研究所东莞分部宣传手册整理,亦参见百度百科,https://baike.baidu.com/item/%E4%B8%AD%E5%9B%BD%E6%95%A3%E8%A3%82%E4%B8%AD%E5%AD%90%E6%BA%90/2018800?fr=aladdin,2019年3月4日访问。

动散裂中子源装置及国家实验室建设。东莞分部现有工作人员412人，其中在编的专业技术人员299人，博士后与研究生78人，这是科研的主体力量。人员的编制属于中国科学院高能物理研究所，人才引进、职称评定、薪酬待遇等与本部标准一致。

3.专业、开放、共享的独立运行机制

散裂中子源的建设是为了高效能的利用。作为一个大型的研究设施和开放平台，使用者并不仅仅是中科院高能物理研究所自身，而是面向广阔的用户群体。使用的频率越大，用户的水平越高，就越能发挥散裂中子源的价值。散裂中子源成立科技委员会，对装置的科学发展方向、对装置的重大改造计划提供咨询和评议意见，对装置的使用效果提供考核和评估等；成立用户委员会，建立科学、民主、开放的课题遴选制度，以求依托中子散裂源汇聚更多人才和智慧，放大使用效能。

（三）散裂中子源的多重作用

1.资源集聚作用

散裂中子源等大科学装置具有科技价值大、资源投入大、国际化开放程度大、持续运行规模大等特点，如同巨大的磁铁发出磁力集聚相关的资源。一是科学设施的集聚。当今的科学研究越来越需要借助大型科技设施开展，而科技设施的集中建设将取得协同创新作用，散裂中子源将带来相关装置的集聚。目前，东莞正在与中科院密切接触，争取在散裂中子源周边建设南方光源项目。二是研究机构的集聚。相关学科的实验室需要依托大科学装置开展研究，例如新材料实验室、半导体实验室、物理化学实验室、分子生物学实验室，这些实验室将围绕散裂中子源就近建设，以强化互动，便利使用。三是人才团队的集聚。人才是创新的第一资源，大科学装置需要众多科研人员参与，如理论科学家、实验科学家、产业化领域科学家、专业技术背景的产业化人才，科研人才和科研团队的集聚将显著提高东莞的人才资源储备。四是产业的集聚。大科学装置将带来新兴产业的出现，带动本地企业转型升级并催生一批创新型企业在东莞生长落地。2017年8月，位于松山湖的生物制药企业东阳光集团与中科院高能物理研究所签署了硼中子俘获治疗项目合作协议,成为散裂中子源的重要用户,致力于利用中子散射技术治疗肿瘤疾病,研究新型药品。

2. 协同创新作用

学科的交叉点上更容易取得创新性的成果。大科学装置能为不同学科领域的互相交流互相合作提供平台。例如,散裂中子源的实验过程需要海量的数据计算,于是成为广州超级计算中心天河二号的用户。大科学装置在广东珠三角的密集布局,恰好能发挥不同装置的功能互补作用,能让不同学科的人才互相交流、探讨、碰撞、启发,起到协同创新、多向发力的作用。特别是,能发挥与香港、澳门的科技合作优势,促进整个大湾区产业链条的结构性变革,形成研发与制造的有机融合。

3. 技术外溢作用

通过大科学装置的前沿研究,能够取得重大科学成果,在此基础上的原始技术创新有助于冲破技术壁垒,攻克产业发展过程中的关键技术和难题,解决"卡脖子问题"。新知识、新技术又会溢出到相关的主体,带动高校的科研水平提升,营造科技创新氛围,形成人才高地和创新高地。重大科技成果通过市场转化,推动传统企业转型升级,促进新兴产业策源,最终助推转变经济发展方式,形成以创新为主要驱动力的高质量发展状态。

4. 产业带动作用

在我国已经建设的大科学装置中,散裂中子源是与产业应用最接近的装置载体。在工程建设时期,散裂中子源就已经发展出多领域的先进技术,如加速器技术、核探测和监测、精密电源、束流测量、低温制冷、精确测量和控制、电磁测量、数据分析、遥控维护、辐射防护、超导等;依托中子源运行后中子谱仪产生的新成果和新技术,如质子和中子应用技术、新材料、新能源等技术的应用研发,将会极大地促进东莞众多战略性新兴产业的发展。在试运行期间,散裂中子源就对东莞的产业发展提供了支持。据中科院高能所东莞分部介绍,华为公司已经在散裂中子源上开展过一次材料实验,并准备合作建设谱仪。

中科院高能物理研究所近年来充分发挥以加速器技术、探测器技术为核心的技术资源优势，面向国家和市场需求，研发和转化了一系列拥有自主知识产权的民用非动力核技术设备和产品，有望与东莞雄厚的制造业基础相结合，落地壮大。在工业辐照领域，如辐照直线加速器用于食品辐射加工、医疗用品消毒灭菌、辐射化工、半导体辐照等；在能源利用方面，利用散裂中子源能够开展新型能源、清洁能源的研究，推进汽车工业研发电动环保汽车电池；农业方面，辐照诱变育种技术可以借助散裂中子源开展。

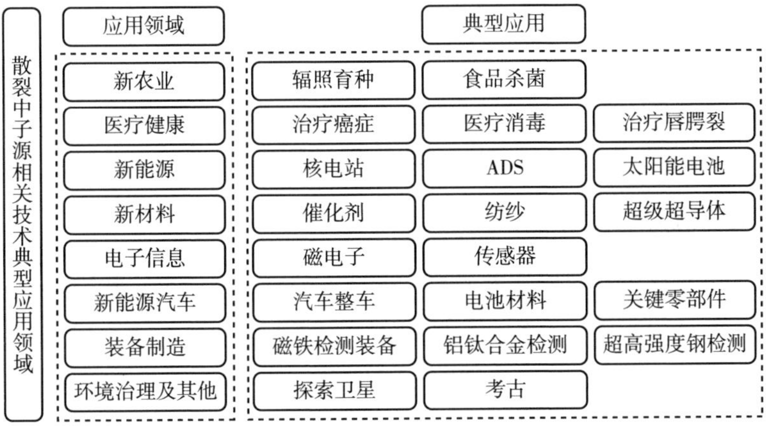

应用领域	典型应用			
新农业	辐照育种	食品杀菌		
医疗健康	治疗癌症	医疗消毒	治疗唇腭裂	
新能源	核电站	ADS	太阳能电池	
新材料	催化剂	纺纱	超级超导体	
电子信息	磁电子	传感器		
新能源汽车	汽车整车	电池材料	关键零部件	
装备制造	磁铁检测装备	铝钛合金检测	超高强度钢检测	
环境治理及其他	探索卫星	考古		

（左侧纵向标签：散裂中子源相关技术典型应用领域）

图1 散裂中子源产业应用情况

资料来源：张玲玲、张利斌、赵明辉、张秋柳：《依托大科学装置产业化的人才需求和发展策略研究——以散裂中子源为例》，《科技促进发展》2018年第12期，第1118~1125页。

（四）散裂中子源的运行成效

散裂中子源自2018年8月正式运行，到2019年7月6日，完成2018~2019年度开放运行任务。本年度累计打靶供束时间达到4055小时，供束效率接近92%。靶站输出的中子束流性能优良、持续稳定，中子供束效率优于99.6%。本年度运行开放了两轮中子散射用户课题申请征集，共完成用户课题101个，取得新型锂离子电池材料结构、斯格明子的拓扑磁性、自旋霍尔磁性薄膜、高强合金的纳米相、太阳能电池结构、芯片中子单粒子效应等领域的多项成果,同时开展了航空材料、可燃冰、页岩、催化剂等初步研究。开放运行期间,按散裂中子源工程设计计划,进行了装置的机器研究,有助于进一步提高束流功率和运行效率。根据用户需求,首期三台谱仪完成既定的机器研究任务,增加了高低温、磁场、高压等多种样品环境,提供了更加丰富的实验条件。①

三 东莞建设大科学装置集聚区的创新扩展：中子科学城

（一）战略共识：中子科学城的规划提出

地方政府对于单个的大科学装置、对其本身的科学研究介入有限。因此,东莞需要做地方政府能做的事,做地方政府该做的事,既能承接散裂中子源的综合外溢效应,又能支持散裂中子源更好地运行,使大科学装置更能发挥科研潜力。这就需要东莞纵向积极对接国家大科学装置研究项目,横向联合广州、深圳、香港、澳门等粤港澳大湾区科研强市。由此,东莞高度重视建设大科学装置集聚区,中子科学城这一战略平台应运而生。

中子科学城规划面积53.3平方公里,地处松山湖国家高新区,距东莞市区约20公里,距深圳约10公里,北向广州约80公里,南向香港约100公里,位于广深科技创新走廊中部、粤港澳大湾区中心腹地、珠三角城市群的核心区域,得天独厚的地理位置使得中子科学城可以更好更快地承接吸引粤港澳湾区的科学、技术、产业、资金、人才等优质资源。中子科学城将瞄准散裂中子源、同步辐射光源、自由电子激光等大科学装置研究方向,围绕新材料、电子信息、新能源、医疗健康、高端装备制造五大核心领域,规划构建涵盖基础研究、产业创新、公共服务的4大重点实验室、5大前沿交叉

---

① 杨圣沛：《中国散裂中子源圆满完成首轮开放运行,完成40项用户课题获多项成果》,东莞时间,http://news.timedg.com/2019-02/03/20811631.shtml,2019年10月1日访问。

技术平台和5大产业创新平台,发展具备产业转化特色的"科学研究→技术开发→产业应用"三环节创新链条模式,建成国内一流、世界知名的地标性创新区域和原始创新策源之城。

2019年初,东莞市委十四届八次全会提出全力打造"湾区都市·品质东莞"的目标。2019年市政府工作会议提出,推进散裂中子源二期建设,加快谋划南方光源等大科学装置,对标国家实验室的建设标准加快建设松山湖材料实验室,推进"中子科学城-光明科学城"主通道规划建设,增强重大科学设施集聚协同效应,携手打造粤港澳大湾区综合性国家科学中心。

(二)区域创新系统:中子科学城的创新要素集聚

在大科学装置共建方面,散裂中子源规划继续建设20台谱仪,在省委、省政府和省有关部门的大力支持下,正在散裂中子源旁边规划建设南方光源(同步辐射光源+自由电子激光)。在国家科技创新发展的总体框架下,粤港澳各界对参与谱仪建设表现出极高的热情。结合粤港澳区域发展特点和产业发展需求,东莞市积极推动各方参与谱仪建设,目前包括中山大学、南方科技大学、工信部五所、东莞理工学院、东莞材料基因高等理工研究院、北京大学深圳研究院等单位都有共建意向,其中东莞理工学院参与共建的谱仪将对接港澳科技创新需求,联合香港大学、香港科技大学、香港理工大学、澳门大学等高等院校专家学者共同开展研究建设。拟在散裂中子源周边建设的南方光源项目,中科院高能所在开展预研方案编制过程中,面向港澳科学界、产业界召开了专题研讨会,了解建设需求并听取意见建议,还积极吸收港澳科学家参与设计和建设,旨在把南方光源建设成为粤港澳大湾区前沿科技研究的重要联合创新平台。

在新型研发机构建设方面,松山湖高新区经过多年发展,已成为国内外闻名的创新平台和新兴产业集聚区。松山湖高新区现有新型研发机构32家,孵化器39家,其中国家级8家、省级15家;累计引进省创新科研团队25个,市创新科研团队23个。吸引各类科研人才约5700人,服务企业超过2

万家。2018年，新型研发机构新增成果转化和服务收入108亿元。①

在实验室建设方面，2018年，中子科学城的重要组成部分——松山湖材料实验室正式挂牌运行。松山湖材料实验室是首批启动建设的4家广东省实验室之一。实验室由王恩哥院士担任理事长，汪卫华院士担任实验室主任，赵忠贤院士担任学术委员会主任。

在粤港澳产业合作方面，依托"松山湖粤港澳文化创意产业实验园区"和"粤港澳服务贸易自由化省级示范基地"，松山湖不断加强与港澳地区在原创技术、研发资源等方面的全方位合作，多次举办莞港澳交流对接推介活动，吸引多名港澳籍人才在东莞创新创业。目前，松山湖港澳投资企业共有128家，投资总额约281亿元。创新机构、创新企业、创新资源的集聚为中子科学城的基础研究和市场转化提供了充足的条件。

环境与城市品质方面，中子科学城将针对科学研究需求，建设一流的学术交流中心、公共实验室等，建设资源丰富、使用便捷、技术先进、联通世界的图书信息资料中心。针对科学家公共服务需求，加强包括医疗、基础教育方面的人才引进，强化普惠制医院、中小学、幼儿园的建设，提供一流的公共服务。针对科学家对外交流的需求，将建设快速联通广州、深圳、香港的对外交通，便捷高效的市、镇、园区内公共交通。针对居住需求，将筹建高标准的人才住房，为高水平人才提供价格低、条件好的人才安居房。针对生活便利需求，将结合周边镇街规划，建设丰富的商业设施和业态。针对环境需求，将打造美好的自然风光和社区公共空间，建设宜研宜居宜学的科学新城。

（三）科学与工业综合体：基础研究和市场转化

近年来，东莞的高新技术产业蓬勃发展，已经摆脱了原有的低端制造形象。东莞的工业结构向中高端演进的态势明显。高技术产品出口超过40%，

---

① 东莞市新型研发机构联合发展委员会：《东莞新型研发机构发展动态》2019年3月总第4期（内部资料），第25页。

R&D占GDP比重达2.55%。截至2019年4月份，东莞高新技术企业总数达5790家，位列全国地级市第一。特别是在松山湖高新区，华为终端总部、大疆、生益科技、易事特等高新技术企业成功入驻，为基础研究的市场转化提供了产业基础。

科学对技术和产品的影响是长远的、间接的、潜移默化的。东莞政府要保持战略定力，立足长远，淡化功利思维，在中子科学城提供有利于科学研究和技术开发的制度安排、公共服务和社会文化环境，重点支持企业的研发活动，而非直接的产业补贴。中子科学城核心的37平方公里内，将为科学聚焦，为产业留白。松山湖和东莞其他区域要为中子科学城的产业落地提供服务。最终，在多元主体的共同努力下，建成科学与工业的综合体。

（四）携手深圳建设综合性国家科学中心

中子科学城与光明科学城距离相近，直线距离仅7公里左右。东莞与深圳产业互补，东莞携手深圳共建综合性国家科学中心的主阵地，以粤港澳大湾区为立足点，完全有能力建成国际科技创新中心，抢占基础研究的世界前沿。

莞深两地的产业创新与融合一直具备良好的基础。近年来，莞深合作的层次得到进一步提升，新产业、新业态、新模式不断涌现，两地携手转型升级。据东莞市内资促进中心统计，东莞市在亿元以上的产业项目中，有近半数项目来自深圳。深圳目前来莞落地的多是高新技术企业，如华为、大疆、蓝思等，助推东莞在保持实体经济优势的基础上，成为"智能制造之都"。穗莞深城际轨道、赣深高铁等线路的开通将便利莞深之间的往来。东莞在大规模的制造业上具有明显的成本优势，深圳的研发创新具有技术优势，两者可以优势互补，形成深圳研发、东莞制造的格局。

东莞与深圳在基础研究和原始创新合作上也具备成熟条件。东莞已经建成散裂中子源，对于未来建设大科学装置集聚区有了基本的装置载体。近年来，东莞的科技创新活动正在蓬勃发展。2015年，包括东莞在内的珠三角国家自主创新示范区获批。2018年，科技部批准东莞进入新一批创新型城市。《中国城市创新竞争力发展报告（2018）》显示，东莞创新竞争力排名全国第18位。政策层面，东莞市政府出台了《广深科技创新走廊东莞段空间规划》和《关于打造创新驱动发展升级版的行动计划》等十几项文件，确定了"一廊两核三带多节点"的创新发展空间格局，以落实省的广深科技创新走廊战略，打造创新驱动发展升级版。

深圳是著名的科创中心，早在2008年就入选成为国家级创新型城市，2012年获批深圳国家自主创新示范区，2019年7月24日，世界知识产权组织（WIPO）发布了2019年全球创新指数（Global Innovation Index 2019，GII），深圳-香港集群近三年来高居全球第二。深圳的创新体现出明显的市场特色，以企业创新为主，但在基础研究和源头创新上的能力不足，因此正在补足短板，发力建设。深圳光明科学城作为加强基础科学研究、提升源头创新的核心引擎，将建设成为粤港澳大湾区国际科技创新中心的核心功能承载区和综合性国家科学中心的重要组成部分，代表国家参与全球科技竞争与合作。光明科学城规划范围北起深莞边界，东南至光明区边界，西以龙大高速为界，总面积99平方公里，未来将聚集中山大学深圳校区和6个大科学装置。

目前，南方光源等数个新大科学装置已初步确定将落户东莞，大科学装置集聚区的雏形已经具备。中子科学城与光明科学城的集聚发展正在拉开序幕，所以应提前做好科研方向规划、科研成果转化、体制机制设计、交通对接、公共服务联通等工作。两大科学城联合港深河套地区等区域加强科技创新协同合作，将充分发挥各方优势，增强重大科学设施集聚协同效应，促进优势互补和互利共赢，吸引和对接更多的全球创新资源，打造开放互通、布局合理的粤港澳大湾区创新体系，有利于催生一批颠覆性的新技术、新产品和新企业，将为综合性国家科学中心建设带来高度叠合效应。

2019年8月9日，中共中央、国务院印发《关于支持深圳建设中国特色社会主义先行示范区的意见》，提出以深圳为主阵地建设综合性国家科学中心。广东将举全省之力支持，东莞更是责无旁贷。深圳光明科学城有望与东莞中子科学城成为综合性国家科学中心的先行启动区和核心承载区，将打造成资源丰富、最有集聚力的科研特区，推出活力充沛、最完善高效的科创政策，成为具有世界级影响、代表中国基础研究前沿水平、产生重大应用成果和产业策源能力的科学新城。

参考文献

陈相：《粤港澳大湾区财政科研经费的制度特征及跨境使用路径》，《深圳大学学报》（人文社会科学版）2018年第5期。

陈套、冯锋：《大科学装置集群效应及管理启示》，《西北工业大学学报》（社会科学版）2015年第1期。

黄琦、万磊：《粤港澳大湾区城市群建设中的产业创新与融合研究——以华为入莞为例》，《科技管理研究》2018年第10期。

王志民：《把握粤港澳大湾区发展机遇　携手打造国际科技创新中心——深入贯彻习近平总书记对香港科创工作重要指示精神》，《学习时报》2018年8月31日，第001版。

魏亚东：《大科学装置关联产业人才培养路径的初探》，《东莞理工学院学报》2017年2第1期。

杨娜娜、张长生：《借鉴国外管理经验，更好发挥广东省大科学装置作用》，《探求》2015年第1期。

杜德斌：《全球科技创新中心：动力与模式》，上海人民出版社，2015年4月。

方在农主编《科技进步与科技创新研究》，人民出版社，2003年10月。

聂永有、殷凤、尹应凯：《科创引领未来——科技创新中心的国际经验与启示》，上海大学出版社，2015年8月。

王珺、袁俊：《粤港澳大湾区建设报告（2018）》，社会科学文献出版社，2018年4月。

吴江：《科技创新与产业转型研究》，经济管理出版社，2014年3月。

《东莞中子科学城与深圳光明科学城等区域共建综合性国家科学中心有关情况》（东莞市发改局提供）。

《莞深协同共建综合性国家科学中心重点问题研讨会建言实录》（松山湖高新区提供）。

《中国科学院大科学装置运行管理办法（试行)》。

人文湾区篇

Construction of Humanistic Bay Area

B.15
2018~2019年粤港澳大湾区
青年文化交流报告

赵道静*

摘　要： 多年来，粤港澳青年文化交流诞生了很多优秀品牌，形成了良好的交流合作机制。2018年以来，大湾区青年文化交流搭建起了更多信息化平台，文化交流的参与主体日益多元，文化交流活动由国家、省向市级延伸。随着粤港澳大湾区高质量发展的深入推进，参与三地文化交流的青年群体将更加庞大。当然，三地青年文化交流依然存在诸多问题，如各类项目因缺乏高效的统筹机制而呈现碎片化特征，交流过程中双向互动还不充分等。只有不断加大政策支持

---

* 赵道静，广东省社会科学院社会学与人口学研究所，助理研究员，主要研究方向为社会学和人口学。

力度，提升统筹协调工作机制的运作效率，大力推动各类交流合作机构的建设，才能有效破除诸如此类的现实障碍。

关键词： 青年群体　文化交流　人文湾区　统筹机制　粤港澳大湾区

党的十八大以来，在以习近平同志为核心的党中央对港澳工作战略方针的指引下，内地与港澳文化交流丰富多彩，文化交流量稳步增长。据文化和旅游部统计，2018年经文化和旅游系统审批的内地与港澳文化交流项目达1658项，较2017年增长16%，交流人数共22335人次，较2017年增长13.6%[①]。早在粤港澳大湾区战略规划出台之前，大湾区内包括文学、音乐、动漫、影视等在内的各行业、各文化单位乃至民间的文化交流，以各种方式在各个空间紧密进行着。

一　粤港澳大湾区青年文化交流的新动向

国家高度重视港澳青年与内地的文化交流，固定的品牌化活动成为港澳青年感知内地的上佳选择。国家文化部、港澳地区文化机构历来十分重视港澳青年与内地的文化交流和合作，每年开展一批内地与港澳文化交流重点项目，多年来已开展了以梦想、成长、文娱、国粹等多元文化为主题的活动，全方位、宽领域、多渠道地构建了内地与港澳青年的链接。目前，已形成的品牌活动包括港澳大学生文化实践活动、内地与港澳青年文创交流营、香港青少年民族文化研习计划、国粹香江校园行、香港校园艺术大使计划等。

---

① 《内地与港澳文旅人士在杭共叙交流合作成果》，新华网，http://www.xinhuanet.com/2019-06/26/c_1124674328.htm，最后访问日期：2019年6月26日。

同时，国家出台了一系列政策措施推进港澳与内地的文化交流。2017年11月和12月，文化部与香港特区政府及澳门特区政府，分别签订了《内地与香港特区深化更紧密文化关系安排协议书》、《内地与澳门特区深化更紧密文化关系安排协议书》，根据"一国两制"实践新发展以及内地与港澳文化交流新情况，将内地与港澳文化交流合作提升到更高的层次和水平，为未来内地与港澳文化交流与合作注入了新的活力。

香港特区政府2014年推出"青年内地交流资助计划"，多年来资助民间团体举办内地交流团，就历史、文化、艺术、科学、体育运动、经济、人民生活、社会制度等特定主题进行交流考察活动，促进香港青年对国情的认识和了解，增加对国民身份的认同。2018~2019年度共资助319个交流项目，约4000名香港青年受惠[1]。2018年特区政府还举办四个专题青年实习计划。广东团省委、省青联自2015年起推出粤港澳台青少年合作发展项目"青年同心圆计划"，三年来已开展交流活动项目637个，人数覆盖累计超过13万人次[2]，已形成"薪火相传"之"同根同心"香港中小学生国民教育活动、"寻找家乡的故事"返粤寻根问祖考察交流团、香港青年服务团、"情义两地行"粤港青年志愿服务合作营、"高飞远翔"粤港青年明日领袖培训计划、"爱我中华"两岸青年大汇聚火车团、"展翅计划"港澳青年来粤实习项目、"创青春"广东青年创新创业大赛等多个高质量品牌项目。澳门特区政府2016年推出"千人计划"。2017年澳门基金会在"千人计划"基础上成立"千人汇"，为澳门青少年提供一个互相学习、共同促进的交流平台。截至2018年，"千人计划"共有3000多名青少年参加。同时，澳门特区政府推出"澳门青年湾区实习计划"，开展一系列以文化教育等元素为切入点的交流实习项目。

---

[1]《粤港澳大湾区建设-青年发展》，香港粤港澳大湾区网，https：//www.bayarea.gov.hk/tc/opportunities/youth.html，2019年9月20日访问。

[2]《"青年同心圆"粤港青少年交流网站上线》，《南方日报》官网，http：//epaper.southcn.com/nfdaily/html/2018-03/10/content_7707417.htm，2018年3月10日访问。

二 2018年粤港澳大湾区青年文化交流取得新成效

（一）广东省青联搭建"青年同心圆"粤港澳台青少年交流网站和"大湾区青年家园"，通过信息化手段做实大湾区青年文化交流平台

2018年初，广东团委、省青联试运行"青年同心圆"粤港澳台青少年交流网站，为开展湾区青年交流活动提供统一便利、多功能的信息化平台。省青联还依托港澳青少年在粤服务机构、广东共青团各地"青年之家"工作阵地，联合香港新家园协会在湾区多个城市筹建粤港澳大湾区青年家园，2019年1月19日，大湾区青年家园揭牌仪式在暨南大学举行。目前，粤港澳已有20余家机构参与建设"大湾区青年家园"，组建跨地域、跨城市、跨机构、跨专业的服务网络，吸引港澳青年积极参与粤港澳大湾区建设。2018年以来，广东省青联持续全面推进内地同港澳青少年互利合作，重点开展第五届"创青春"广东青年创新创业大赛暨首届粤港澳大湾区青年创新创业大赛等活动。

（二）粤港澳大湾区青年文化交流合作的参与主体日益多元，企业、社会团体和社会组织成为推动青年文化交流合作深度发展的重要力量

与以往主要由政府主导开展青年文化交流活动不同，近年来各类社会组织和社会团体也积极参与大湾区的青年文化交流。2017年11月，团省委、省青联联合53家有影响力、号召力的粤港澳青年团体，成立了粤港澳大湾区青年行动联盟并召开了第一次联盟会议，通过共建平台、互享资源，实现效用最大化，推动重大项目和重要研究成果合作共用。2018年5月广州市青年联合会与深圳在内的8个地市签署了《"粤港澳大湾区发展与创新"青年人才广州交流会合作框架协议书》。

2018年10月，珠海横琴新区社会事务局主办、珠海大横琴泛旅游发展

有限公司承办了以"多元文化交流"为主题的粤港澳大湾区联合研学活动。该活动吸引了来自香港、澳门、广州、深圳、珠海5个城市的百名青少年大学生参加，为粤港澳青少年搭建了一个认识大湾区、体验大湾区、融入大湾区的交流平台。

2018年12月，由中华中山文化交流协会、中国文化管理协会演艺工作委员会主办的"首届海峡两岸·粤港澳大湾区音乐节"在广州南沙开幕，这次音乐节活动促进了海内外中华音乐人特别是青年音乐家的艺术交流、事业合作与情感融合，增进了海峡两岸及港澳地区青年艺术家的民族与国家认同感。

（三）青年文化交流从国家、省级层面向市级层面延伸，珠三角各市积极开展粤港澳青年文化交流活动

2018年7月，由珠海市青联、澳门青联、香港青贤智汇主办，珠澳青年交流促进会、澳门学联、香港文化产业联合总会、香港大湾区青年网、澳门文创综合服务中心、珠海市学联等协办的《新时代大湾区青年启航计划合作框架协议》签订暨"珠港澳青年文创汇"启动仪式在珠海乐士文化区举办，聚焦新时代青年视角和需求，重点立足"青年学生思想引领""文化创意及新媒体""青年就业及创业"三大领域，进一步拓展交流合作领域，提升交流合作层次。"珠港澳青年文创汇"由三地有代表性和影响力的青年组织牵头发起，以青年群体为主体，以文化创意为重点，旨在助推珠港澳文创领域青年人才交流、优势资源共享、深度协同发展，助力三地产业合作共赢共享，同时支持港澳青年更好地融入国家发展大局。

12月，"青创杯"第五届广州青年创新创业大赛颁奖暨广州共青团2019年粤港澳大湾区青年交流"1234N"计划发布会在广州国际媒体港举行，发布了广州共青团2019年粤港澳大湾区青年交流"1234N"计划[①]。2019年2月，深圳前海管理局印发了《关于支持港澳青年在前海发展的若干措施》，在支持港澳青年参访、实习和就业，支持港澳青年创新创业，

---

① 《粤港澳大湾区青年交流"1234N"计划发布》，《广州青年报》2019年1月3日，A08版。

完善港澳青年发展平台和强化港澳青年生活保障四个方面推动港澳青年在前海聚集发展。

三 粤港澳大湾区青年文化交流的前景与挑战

（一）粤港澳大湾区国家战略为大湾区青年文化交流提供了广阔的空间

《粤港澳大湾区发展规划纲要》指出：加强粤港澳青少年交流。支持"粤港澳青年文化之旅"、香港"青年内地交流资助计划"和澳门"千人计划"等重点项目实施，促进大湾区青少年交流合作。

随着大湾区建设的推进，港澳居民在内地学习、就业、创业、生活将会有更加便利的条件，很多利好政策正在制定和实施。包括：一是2018年9月1日实施的"符合条件的港澳居民可以在内地申领港澳居民居住证"政策，年末已经有近10万香港居民、近2万澳门居民申领了港澳居民居住证，这意味着已有十多万港澳居民在公积金社保、教育医疗、证照申办、求职就业等方面可以享受与内地居民一样的权利、基本公共服务和便利。二是全国首创的"广州人才绿卡"为粤港澳大湾区青年人才落户广州提供了更多可能，截至2018年4月，人才绿卡已累计发放3772张[1]。三是"粤港澳大湾区青年家园"将针对在湾区升学、就业、创业及定居的港澳青少年和拟赴港澳发展广东青年的核心需求，提供信息咨询、法律咨询等全方面服务。四是广东团省委、省青联将开通"湾区青年热线"。五是南沙自贸区大力完善粤港澳（国际）青年创新工场和"创汇谷"粤港澳青年文创社区建设。目前，"创汇谷"园区已建成青年创业孵化基地、青年创业学院、青年创意工坊等功能区，打造了极具特色的"澳门青创空间""青创人才公寓"

---

[1] 刘丹颖、肖雄：《为湾区建设建言献策！粤港澳青年开展深度交流》，《南方日报》官网，http://epaper.southcn.com/nfdaily/html/2018-05/23/content_7724985.htm，2018年5月23日访问。

"青创共享餐厅",并提供企业孵化、法律服务、知识产权、行销服务、人才服务等配套服务,还为港澳青年专才统一配备"港澳青才卡",提供可预约的个性化服务。这些利好政策的释放将推动大湾区成为吸引青年和人才的洼地。

(二)粤港澳大湾区青年文化交流面临的挑战

一是青年文化交流缺乏全局性统筹机制和平台,活动项目碎片化特征较为明显。在广东团省委联合中山大学粤港澳发展研究院发布的《粤港澳大湾区青年发展指数报告》中指出:粤港澳青少年交流存在港澳青年对大湾区的认识不足、青少年交流活动资源统筹不足、港澳青年融入湾区建设的配套服务不足、港澳青年实习需求的存量挖掘不足等问题[①]。从大湾区青年文化交流的历史与现状分析,可以发现粤港澳青年文化交流以品牌、项目为主,但各品牌和项目的开展并没有三地共同参与的平台来统筹,粤港澳文化合作会议机制和广东省青联"青年同心圆"在一定范围内对青年的文化交流有统筹协调作用,但整个大湾区仍然缺乏一个全方位的统筹机制和平台,可能导致效率低下、分工不明确、工作力度不到位等问题,一定程度上影响交流的成效。在文化的交流形式上,部分交流项目还是走马观花式的参观、形式化的联谊。同时,随着大湾区建设的加快推进,三地间文化交流需要配齐公共文化基础设施,优化公共文化服务,目前大湾区各市公共文化服务发展还存在资源和设施缺口以及各地发展不均衡等问题,如何优化公共文化资源,更好地服务于青少年的文化交流也是大湾区政府需要解决的问题。

二是制度壁垒,语言、生活、文化和价值观差异致使港澳青年对于大湾区的融入度还有待提高,只有加强青年文化交流才能为提升其人文认同感提供助力。尽管国家和广东省已制定了不少利好政策为港澳居民在内地学习、就业、创业、生活提供便利,但依然存在不少制度壁垒有待突破。比如香港

---

① 李婷:《搭建粤港澳青少年交流平台 促进两地青年双向交流》,南方网,http://travel.southcn.com/l/2019-01/28/content_184997630.htm,2019年1月28日访问。

10年有效期的回乡证收费达390港元；港澳子女不能享受内地义务教育。另外，语言、生活方式、价值观念的差异也影响港澳青年与内地的文化交流。从调查数据来看，2017年广东省青联对港澳青年到内地实习交流项目的参与者进行统计，结果显示2016~2017年参与内地交流项目的港澳青年人数超过2000人，但是真正在内地实现就业创业的港澳青年不足100人[1]。2018年《香港青年粤港澳大湾区发展指数》研究结果显示，在香港受访的809位香港青年中，暂时不愿意去广东省发展的比例高达46.1%，而愿意的仅有19.8%[2]。这从侧面反映出港澳青年在内地创业就业率不高，亟须通过加强粤港澳大湾区的青年文化交流让港澳青年更好、更全面地认识内地，认识大湾区。

三是青年文化交流以单向交流为主，双向互动交流较为缺乏。从媒体宣传角度看，在网络上搜索内地与港澳青年文化交流的信息主要集中于港澳青年到内地开展文化交流活动，极少有对内地青年赴港澳开展文化交流的宣传报道。从当前国家和粤港澳大湾区已开展的文化交流活动品牌和项目情况看，也多以港澳青年在内地的参观学习、实习游学为主。大湾区青年的文化交流不应该仅限于港澳青年到广东和内地其他省市的学习交流，还应该重视内地青年到港澳的文化交流，港澳和广东虽然同属岭南文化，但港澳在很多领域比如文创要比广东做得好，更具国际化视野和创新，值得内地青年学习，因此还需加强青年文化的双向互动交流。

三 应对挑战的建议

从粤港澳大湾区青年文化交流的发展历程及2018年以来的情况看，粤

---

[1] 林洁、张夺：《广东政协委员提出让"粤港澳大湾区青年卡"打通创业壁垒》，中国政协网，http://cppcc.china.com.cn/2018-02/01/content_50375777.htm，2018年2月1日访问。

[2] 《为港青年发展多搭台梯 把握粤港澳大湾区建设机遇》，中国青年网，http://finance.youth.cn/finance_cyxfgsxw/201812/t20181219_11819586.htm，2018年12月19日访问。

港澳大湾区青年间的文化交流形式多样，内容丰富，交流机制和交流平台都基本搭建起来，青年间的文化交流已逐渐步入成熟发展阶段。但大湾区青年间的交流依然存在诸如活动项目碎片化、缺乏全局统筹机制、缺乏双向交流等难题需要解决。随着大湾区国家战略的实施，粤港澳青年文化交流需求将更多，未来青年文化交流需要在以下几个方面多努力。

一是需要尽快建立大湾区青年文化交流的常态化统筹协调工作机制。目前国家层面的青年中长期发展规划和广东省青年中长期发展规划已经发布实施，大湾区也需要具体细化和深化《粤港澳大湾区发展规划纲要》中涉及青年群体的部分，定期研究解决促进青年在湾区发展的新情况、新问题，及时增进三地对青年发展各项政策制定与落实的沟通，提升政策的适应性与协同性，形成促进大湾区青年发展的政策合力。

二是需要建立健全粤港澳大湾区青少年交流合作机构。整合青年文化交流的官方和民间交流平台，在"大湾区青年家园"的基础上组建起一个能统筹全局的文化交流机构，整理明晰各类青年文化交流项目和活动，开发大湾区青年文化交流大数据共享信息平台并在各媒介进行大力宣传，让内地与港澳青年能够及时准确获知文化交流活动等信息。要充分利用粤港澳大湾区内的高校和青年学生组织，通过教育合作交流推进青年文化交流。未来三地之间的高校交流，更要紧紧抓住大湾区建设的历史契机，遵循优势互补和互利合作的原则，成为三地青年文化交流的主力军。

三是需要加大政策支持力度，推动大湾区青年文化交流的双向互动。国家要尽快出台促进粤港澳青年在大湾区创新创业的优惠政策。可考虑加大力度推动内地优秀青年学生到香港和澳门学习交流，并在资金、配套协调方面为他们提供资助，以使三地学生可以双向互动和平衡发展。对于香港和澳门而言，要积极改善配套接待能力。国家应积极鼓励及推动内地学校以及民间团体以不同形式与港澳学校及学生多做互动交流，以扩大两地交流的空间与深度。同时，要提升大湾区公共文化服务水平，加大粤港澳三地公共文化交流，相互学习借鉴，完善公共文化设施配套。内地可适当简化出入境查验制度，港澳则可以探索居民身份之外更为灵活的居留制度。边检、海关等部门要充分利用信息手段开发新技术,为便利通关提供条件。

参考文献

陈建硕:《粤港澳大湾区新发展带给青年的新机遇》,《新视界》2018年第6期。

黄玉蓉、曾超:《文化共同体视野下的粤港澳大湾区文化合作研究》,《广州大学学报》(社会科学版)2018年第10期。

刘智标、何志均:《粤港澳大湾区城市发展、制度壁垒与人文价值链认同机制的构建》,《当代经济》2018年第17期。

谢宝剑、胡洁怡:《港澳青年在粤港澳大湾区发展研究》,《青年探索》2019年第1期。

余欣:《推进"一带一路"建设下粤港澳文化交流与合作》,《城市观察》2017年第5期。

B.16 2018~2019年粤港澳大湾区新型智库建设报告

赖妙华*

摘 要: 在推进粤港澳大湾区高质量发展进程中,三地智库不仅在规划制定、方案机制设计、政策咨询研究上发挥重要作用,还具备释疑解惑、凝聚共识、促进政策沟通和民心相通等功能。《粤港澳大湾区发展规划纲要》明确提出,要支持内地与港澳智库加强合作,为大湾区建设提供智力支持。而2018年以来举办的多次智库高端论坛,2019年新成立的粤港澳大湾区智库联盟等,都是智库发展与合作共进的显著成果。只有共同打造高水平智库交流合作平台,提高智库在湾区发展决策中的影响力和咨询功能,才能切实增强话语权,提升智库的国际影响力。

关键词: 智库合作 大湾区智库联盟 智库话语权 粤港澳大湾区

建设粤港澳大湾区,合力建设国际科技产业创新中心、打造国际一流湾区和世界级城市群,亟须充分发挥粤港澳三地智库的先行作用,为推动大湾区合作和发展提供强大智力支撑。

---

* 赖妙华,博士,广东省社会科学院,助理研究员,主要研究方向为社会人口学与人口流动。

一 粤港澳大湾区智库发展的基础与政策框架

粤港澳全方位多领域合作为三地智库合作搭建了良好平台。1998年香港特别行政区政府与广东省人民政府建立的"粤港合作联席会议"制度，促进两地经济交融。2003年和2004年香港特别行政区政府、澳门特别行政区政府分别与中央人民政府签署《内地与香港关于建立更紧密经贸关系的安排》和《内地与澳门关于建立更紧密经贸关系的安排》，标志着港澳与内地的合作从最初的经济贸易合作逐渐扩大到产业协同发展、基础设施与交通、社会公共服务等领域，为三地智库合作搭建了良好平台。2008年深圳与香港签署5个合作框架协议[1]，其中包括《落马洲河套地区综合研究合作协议书》。协议指出深圳、香港两地在互惠互利基础上，就河套地区的发展进行综合研究，标志着粤港两地已扩展到经济贸易合作、社会民生合作、研究咨询全方位合作。

《粤港合作框架协议》和《粤澳合作框架协议》将智库合作、共同研究作为重点工作。《实施〈粤港合作框架协议〉2017年重点工作》（粤府函〔2017〕38号）指出[2]，发挥粤港发展策略研究小组机制作用，推动两地专家学者围绕粤港共同参与"一带一路"建设等议题开展深入研究，举办相关研讨活动，服务两地政府决策。鼓励粤港两地高等院校、科研机构、企业加强合作，组织研究团队，在广东共建联合实验室及研发中心，开展不同形式的合作研究项目。《实施〈粤澳合作框架协议〉2017年重点工作》（粤府函〔2017〕179号）[3]明确，要加强粤澳发展策略小组参谋作用，围绕粤澳携手参与"一带一路"、粤港澳大湾区城市群发展规划及当前合作重点开展专

---

[1] 《深港签署5个合作框架协议 合作向全方位拓展携手抗击金融海啸》，《南方日报》，http://www.gd.gov.cn/govpub/zwdt/dfzw/200811/t20081114_73343.htm，2019年3月1日访问。

[2] 广东省人民政府：《广东省人民政府关于印发实施粤港合作框架协议2017年重点工作的通知》，http://www.gd.gov.cn/gkmlpt/content/0/145/post_145881.html，2019年6月4日访问。

[3] 广东省人民政府：《广东省人民政府关于印发实施粤澳合作框架协议2017年重点工作的通知》，2017年7月12日，http://www.gd.gov.cn/gkmlpt/content/0/146/post_146171.html，2019年6月20日访问。

题调研及政策研究,服务两地合作发展。《深化粤港澳合作 推进大湾区建设框架协议》(下文简称"框架协议")和《粤港澳大湾区发展规划纲要》(下文简称"规划纲要")为三地智库合作指明了方向。框架协议要求,强化粤港澳合作咨询渠道,吸纳内地及港澳各界代表和专家参与研究探讨各领域合作发展策略、方式及问题;发挥粤港澳地区行业协会、智库等机构的作用。

二 三地智库的基本建设情况

粤港澳三地智库取得长足发展,为智库合作奠定了坚实基础。目前而言,三地智库发展主要态势如下。

(一)广东省智库发展态势与成效

作为改革开放的先行地,广东省智库建设起步早、发展快,已初步建立起一套具有强大影响力与公信力的智库体系[①]。智库建设取得了一定成效,主要表现在以下三个方面:①党政智库数量多、研究力量雄厚,智库人才结构不断更新,智库水平明显提升,为各级党委、政府提供"决策咨询、建言献策"。②社会科学院作为政府的"思想库"、"智囊团",基础理论研究与应用决策研究并举,研究成果丰富多样。社科院决策研究与党政组织及其他智库组织均可密切沟通,面向现实求发展,政策参与度不断增强。③社会智库在政策研究方面思维灵活,具备较强的独立性和专业性,研究成果越来越受到政府的重视,对政策的影响力也逐步扩大。

(二)香港智库发展态势与成效

香港智库发展迅速,势头良好。香港智库主要呈现三个特点[②]:一是数

---

① 广东省政府发展研究中心课题组:《加快广东新型智库建设的思考与对策》,《广东经济》2015年第7期。
② 杨健:《发挥香港智库积极作用 为湾区提供智力支持》,《大公报》,http://www.takungpao.com/news/232109/2019/0308/257259.html,2019年4月6日访问。

量多、类型多样化。香港有近40家智库,既有"香港政策研究所"、"团结香港基金"等实力较强、规模较大的综合型智库,也有"汇贤智库"、"智经研究中心"等人才较多、运作灵活的民间智库,呈现多姿多彩的发展态势。二是精英多、研究广。智库汇集了一批高素质人才,研究领域涵盖政治、经济、民生、国际等问题,并经常发表专业且具采纳价值的研究报告和政策倡议。三是合作多、国际影响大。香港智库不仅致力于香港自身的研究,而且积极推动各方关系的联动与合作。尤其在促进香港与内地关系的发展方面献计献策。[①] 其中"团结香港基金"创办仅四年多就跻身全球最佳智库排名榜第131位。

(三)澳门智库发展态势与成效

澳门特区政府及社会各界特别重视智库的作用。先后成立了澳门特区政府政策研究室等政府型智库。在澳门高校中成立了一批研究机构,如澳门大学澳门研究中心、澳门城市大学葡语国家研究院等。民间智库也发挥其广泛的影响力,成立如发展策略研究中心、汇贤社、汇智社等实力较强的社会智库。

澳门智库机构在丰富和发展澳门"一国两制"实践、提高特区治理能力、促进澳门与香港和内地的交流合作等方面均提供了智力支持。目前来看,澳门智库与澳门特区政府互动比较高效。在完善体制内研究力量的基础上,特区政府非常注重整合各类智库组织的研究力量,保持政府智库和民间、高校智库的亲密合作。[②] 因此,政府研究机构和高校、民间研究机构的互动合作,是特区政府在建立和完善专家咨询制度的过程中最为显著的特征和启示。

---

① 中评智库:《香港智库存重大发展机遇》,中国评论通讯社,http://zp.fis3.com/doc/1048/0/1/1/104801188.html?coluid=7&kindid=0&docid=104801188,2019年8月8日访问。
② 郭益奋、陈庆云:《科学决策及其制度依托——澳门特别行政区的启示》,《中国行政管理》2010年第9期,第127页。

三 粤港澳三地智库合作和建设的最新态势

当前，粤港澳三地智库从分散独立发展逐渐开始加深合作。

（一）成立粤港澳大湾区研究院，加强"湾区经济"研究，为智库建设提速①

2017年由广东省委宣传部牵头，广东省发展和改革委员会、广东省人民政府港澳事务办公室、广东省社会科学院指导，南方财经全媒体集团等机构共同组建的粤港澳大湾区研究院，正是广东加强"湾区"研究，深度参与粤港澳大湾区建设的实质性一步。其目标是建立"政府+媒体+金融+智库"的新型产学研一体化体制，联合粤港澳地区及世界知名高校、科研机构、专家团队，打造国际知名、国内一流的高端智库，为粤港澳大湾区建设提供政府决策咨询服务；发布《粤港澳大湾区研究报告》，打造权威指数和数据发布平台，提升粤港澳大湾区的经济话语权和国际影响力。

（二）积极举办粤港澳大湾区智库高端论坛，三地智库为大湾区发展建言献策

2018年4月25日，广东省社会科学院和香港明汇智库等机构共同主办的"首届粤港澳大湾区智库论坛"在香港成功举办，本次论坛主题为"一国两制下的粤港澳大湾区建设"。② 论坛还举行了《粤港澳大湾区建设报告2018》蓝皮书与《粤港澳大湾区智库发展报告2018》的发布仪式。2019年，粤港澳大湾区智库高端论坛围绕"同心共建大湾区"的主题③，共同探

---

① 《加强"湾区经济"研究 广东粤港澳大湾区智库建设提速》，中国新闻网，http://www.chinanews.com/cj/2017/06-30/8265554.shtml，2019年8月8日访问。
② 《首届"粤港澳大湾区智库论坛"在香港举办》，国际在线，http://baijiahao.baidu.com/s?id=1598724761099100460&wfr=spider&for=pc，2019年8月8日访问。
③ 《粤港澳大湾区智库论坛在港举办》，人民网，http://hm.people.com.cn/n1/2019/0301/c42272-30951766.html，2019年6月27日访问。

讨如何解读和落实《粤港澳大湾区规划纲要》。三地智库正凝聚共识、加强合作，为粤港澳大湾区建设提供智力支持。

（三）推动成立粤港澳大湾区智库联盟，共同打造高水平智库交流合作平台

2019年6月26日，粤港澳三地智库代表在广州签署框架协议[1]，广东粤港澳大湾区研究院、香港"一国两制"研究中心、澳门发展策略研究中联合发起成立粤港澳大湾区智库联盟，推动三地智库合作。根据协议，粤港澳大湾区智库联盟将围绕大湾区建设的重大理论和现实问题开展前瞻性、战略性研究，提出专业化、建设性政策建议。同时，发挥桥梁纽带作用，结合《粤港澳大湾区发展规划纲要》相关政策的出台实施，以三地公众喜闻乐见的方式解读阐释、发声引导、交流资讯信息，有效沟通连接公共政策与民意，巩固大湾区建设的社会民意基础。积极发挥宣传推广作用，广泛凝聚社会各界共识，通过举办论坛活动、开展国际智库交流、发表研究成果等，面向世界讲好粤港澳大湾区精彩故事，提升大湾区的国际影响力和对全球优秀人才的吸引力。[2]

（四）社会各界建立联系机制，加强交流与合作，助推粤港澳大湾区发展

2018年12月粤港澳大湾区首家高端文化智库落户珠海，助力人文大湾区建设。[3] 结合粤港澳大湾区发展现实需要，依托北京师范大学文化创新与传播研究院的发展基础，北京师范大学粤港澳大湾区文化创新与传播研究中

---

[1] 广东省人民政府：《粤港澳三地智库签署大湾区智库联盟框架协议 欧阳卫民出席签约仪式并致辞》，http://www.gd.gov.cn/gkmlpt/content/2/2524/post_2524059.html，2019年6月27日访问。

[2] 赵殿红：《澳科大社文所加入粤港澳大湾区智库联盟》，澳门科技大学，https://www.must.edu.mo/cn/iscr/news/28829-article06271315-c，2019年8月1日访问。

[3] 方俊明：《粤港澳大湾区首家高端文化智库落户珠海》，大公网，http://www.takungpao.com/finance/236132/2018/1212/219057.html，2019年8月1日访问。

心在珠海校区成立。2019年7月3日,教育部学校规划建设发展中心举办主题为"融合、创新、共享、发展"的粤港澳大湾区教育协同发展研讨会①。研讨会启动粤港澳大湾区教育协同发展联盟,旨在搭建粤港澳大湾区教育和人才交流合作的平台。

四 粤港澳大湾区智库合作面临的挑战

(一)智库参与决策咨询机制不顺,对决策影响力十分有限

一是智库与决策部门互动不足、决策影响力较弱。除澳门智库与澳门特区政府已经形成良好互动外,广东和香港的智库与决策部门缺少有效交流机制。政府决策部门对学术界基础性研究关注度不高。如广东省决策部门除了与党政智库联系较为密切外,与其他智库如社科院、党校行政学院和高校等智库并未建立起协调运行的长效互动机制,常规性沟通联系机制仍不够完善。

二是决策评估和监测机制存在缺失。智库的决策咨询研究与现实的决策实施没有直接联系起来,科研人员无法了解决策实施操作过程中的具体程序,也无法对决策实施的效果进行有效评估和监测,更无法对决策建议和成果进行反思和改进。

三是智库科研评价机制尚不健全。智库科研评价机制一直采用高校的评价机制,以学术论文和规划基金课题为主要考核标准,科研评价机制较为单一,智库人员的研究成果在职称评定时往往不被认可,给以决策研究为主的智库人员的成果考核和职称评定带来很大影响。

(二)智库跨区域合作需不断加强

长期以来,粤港澳三地智库缺乏深度合作。在粤港澳大湾区建设的驱动

---

① 《粤港澳大湾区构建教育协同发展联盟》,《人民日报》,http://www.gd.gov.cn/gdywdt/ydylygd/content/post_2528978.html,2019年8月1日访问。

下，粤港澳三地智库的交流与合作得到全面纵深发展。当前，三地智库之间的人员往来、交流研讨、课题合作趋于频繁。但要看到，目前的交流合作还处在零散、浅层状态，缺乏深度合作机制，协同创新效益不明显，与大湾区建设的要求差距较远。对大湾区的研究阐述主要侧重于政策宣传和基础性知识的解读，其主体以媒体和学术机构为主，也有一些专家学者参与，但总体上碎片化严重，还不成系统、不成规模，原则性的宏观阐述多，深入具体的政策性研究少，在谋划大湾区发展中产生的作用和影响力还不够，不能满足粤港澳大湾区建设的"脑力"需要。三地智库之间、国际智库之间的合作不足、关联性不够，国际话语权和影响力有限。

（三）智库人才不足，人才缺乏流动性

智库建设最重要的是人才，只有掌握了最高端的智库人才方能建成最好的智库。当前粤港澳三地智库建设中人才培养均存在不足。一是由于资源不足，智库未能提供优厚的条件吸引和挽留优秀人才，社会上视政策研究为"冷门"工作。二是智库人员的分配激励机制尚不完善。智库研究人员的收入一般按照相应级别职称来分配，与其科研贡献挂钩不紧密，往往不能获取与其智力付出相匹配的收入，难以调动科研人员的积极性和创造性。三是智库人才的流动性较差。研究人员进入政府机构任职的情况还很少。目前仍未能建立智库与政府、政党之间的人才输送机制，智库人才缺乏发展空间。

（四）智库开放程度不高，制约国际话语权和国际影响力的提升

我国与国外智库、国际组织机构的交流合作机会不是很多，智库研究人员特别是官办智库人员，还因为种种原因的限制，无法保证能够定期与国外的智库交流。这不利于我国智库国际化水平和对外影响力的提升。

五 推动粤港澳大湾区智库合作的路径选择

港澳智库天生具有国际化的基因，自带"开放"的属性，这正是内地

智库欠缺和不足之处。① 因此，粤港澳三地智库的合作具有强耦合性，应发挥协同合作效应，优势互补集中发声，共同推动粤港澳大湾区的合作与发展，真正发挥"1＋1＋1"大于"3"的叠加效果和协同效应。具体而言，智库合作可以从以下几个方面推进。

（一）建立和完善智库参与决策的长效机制，加强智库的咨询研究能力，打造政府与公众的沟通桥梁

充分发挥粤港澳不同领域智库的比较优势，构建以特定问题和领域为导向的专业智库网络。深入开展相关课题研究，为大湾区建设建言献策，推动智库研究成果向大湾区建设政策实践拓展。合理分工，共同编撰大湾区系列指数及蓝皮书，如GDP指数、融合指数、生活指数、可持续发展指数、"一国两制"实践指数等，并进一步考虑共同编撰大湾区发展蓝皮书，以全面反映情况，为湾区发展提供量化分析和研究支持。

（二）依托粤港澳大湾区智库联盟，构建共享智库网络，融汇三地智库研究资源

建立"粤港澳大湾区智库联席会议"机制，每年设定议题开展专题合作，并围绕大湾区建设举办高端论坛和专题研讨会等。以"大湾区智库联盟"为依托，组建智库联盟专家委员会，使港澳智库与内地智库资源共享，互为补充，在机制上实现三地智库深度协同，共同打造大湾区研究、协同、发布和转化平台；搭建粤港澳大湾区智库论坛、圆桌会议等合作平台，构建有行动力的智库合作模式，发挥不可或缺的构建世界第四大湾区的思想力作用。倡议成立"大湾区智库发展基金"，设立相应的理事会，负责基金日常管理和运营，组织年度预算经费、捐赠经费、委托经费等多渠道资金资源。

---

① 广东省社会科学院、粤港澳大湾区研究院：《粤港澳大湾区智库发展报告2018——智库合作引领湾区未来》，2019年4月，第19~21页。

(三)走湾区特色的智库之路,即实现智库+媒体传播+产业界的充分互动

建设有影响力的湾区特色智库,需要智库、媒体和产业界的通力合作,建立"智库+媒体+产业"的运营模式,发挥各自优势,聚合智库资源,以媒体为纽带,加强与产业界互动,跨界交叉深度融合,高效配置智慧资源,共同传播推广粤港澳大湾区的形象,将湾区内产业品牌推向国际,共同服务国家战略。

(四)发挥大湾区开放功能,推动湾区聚拢全球智库人才

发挥港澳尤其是香港国际金融中心、国际资讯中心作用,发挥大湾区强大的人才集聚功能,吸引国际智库人才为大湾区发展服务,构建全球人才合作交流的国际平台。创新人才激励机制,探索推行岗位聘任制等灵活的人才流动机制。建立健全智库人员流动制度,增加决策部门与智库之间的沟通交流,实现人才双向流动。

(五)力争生产出更多高质量的思想产品,提升智库影响力和国际话语权

强化智库的话语塑造能力。一方面要加强智库专业知识能力的建设。通过严格要求智库人员的学习质量和效果,提升各大智库的整体专业水平。另一方面,要加强智库国际交往,加强全球合作的对话、交流与协作。扩大学术、政策、社会和国际四大影响力。扩大学术影响力,选择前沿课题,谋求突破性进展。积极扩大政策影响力,对前瞻性、储备性、战略性的问题进行深入的研究。还要不断扩大社会影响力,引领社会思潮。更要积极扩大国际影响力,努力扩大中国的国际话语权和影响力。大湾区建设必须释放面向世界的开放潜能,发挥粤港澳尤其是香港智库作用,开展与国际智库机构的交流合作,面向全球推介大湾区品牌形象。三地智库可以就湾区发展比较、湾区发展特色等合作举办各种类型的国际智库高峰会,增进国际智库机构对大

湾区的了解和研究；也可通过与国际智库的多方合作，创办研究基地，合作开展专题研究，出版书籍、编撰报告等，汇聚智慧和成果，提升粤港澳大湾区的国际影响力。

参考文献

贾海薇：《发展"大社科"研究系统　建设"强智库"战略工程——从广东智库现状谈智库发展》，《行政管理改革》2016年第3期。

景春梅：《中国特色新型智库建设的七大难题与八项建议》，《光明日报》2015年10月21日。

林志鹏、孙海燕：《粤港澳大湾区智库建设的定位与路径》，《决策探索》（上）2019年第2期。

余晖：《创新高校智库协同机制助力大湾区合作发展》，《中国社会科学报》2019年9月5日。

李瑞、李北伟、李扬：《地方智库协同创新模式选择与实现路径》，《情报杂志》2019年第8期。

金鑫、林永亮：《"一带一路"建设中的智库交流——"一带一路"智库合作联盟建设实践及发展前景》，《当代世界》2019年第5期。

B.17
2018~2019年粤港澳大湾区文旅融合发展报告

刘伟 李宏 陈梓睿*

摘　要： 文化和旅游业是粤港澳大湾区建设的重要内容和载体，《粤港澳大湾区发展规划纲要》对粤港澳三地协同发展提出了明确要求，也给大湾区实现文化旅游深度融合、实现高质量发展提供巨大的空间和机遇。2018年以来，大湾区在研学旅行、文创园区建设、夜游经济、影视音乐和共同文化市场等领域发展迅猛，呈现一大批文旅、金融、科技相融合的新业态。粤港澳携手扩大开放，在"一带一路"建设、参与国际交流合作、开拓国际市场等方面的合作前景极为广阔。无疑，成功建设人文湾区将会成为我国向世界展示文化自信的绚丽窗口。

关键词： 文旅产业融合　共同文化市场　人文湾区　高质量发展　粤港澳大湾区

粤港澳大湾区建设自全面启动以来，大湾区文化和旅游业发展迅猛。广东省大力推动优质公共文化资源覆盖，目前全省建成村级综合性文化服务中心25721个，覆盖率达到99.62%[②]。同时，广东省已建成新时代文明实践中心

---

* 刘伟，博士，广东省社会科学院国际问题研究所所长，研究员，主要研究方向为文化旅游产业；李宏，华南理工大学博士，主要研究方向为区域经济学；陈梓睿，博士，广东省社会科学院国际问题研究所，助理研究员，主要研究方向为产业经济学、文旅融合。
② 徐子茗、黄堃媛、汪思婷：《奏响文旅融合发展"协奏曲"》，《南方日报》2019年10月1日。

(所、站)10317个，基层文明实践活动进一步提质升级。以"共建人文湾区"为目标，珠三角九城正充分发挥文化建设的引领支撑作用。

2018年，广东省旅游总收入1.36万亿元，旅游外汇收入205.12亿美元，均位居全国第一[①]。文化和旅游产业正在成为广东重要的支柱产业，不断释放更多经济新动能，文化和旅游消费成为广东经济的主要拉动力。2018年，大湾区合计接待入境游客超过1.2亿人次，接待入境外国人超过2400万人次，外国人占入境游客的比例在20%左右[②]。2019年广东将以2700万元支持各地打造旅游精品路线，并争取通过3年时间努力搭建坚实的文旅融合平台，推动形成全省各地城乡处处皆有景观、皆有文化品位的全域旅游新态势。

一 大湾区文化旅游融合发展态势

各市紧抓粤港澳大湾区建设重要机遇，以提升文化和旅游的内涵和品质为重点，以文化和旅游深度融合助推粤港澳大湾区建设，更好地满足人民群众宜居宜业宜游的湾区美好生活诉求。

(一)跨区域文旅活动频繁

粤港澳大湾区得到发展的最显著表现就是各城市间交流日益便利频繁，2018年以来，各类大型新型跨区域文旅活动频次大幅增长。

1. 广州

2018年4月3～5日，2018亚洲乐园及景点博览会在广州隆重举行，展会吸引了近35个国家和地区的500家游戏游艺设备厂商、主题公园和景点服务商等代表参展，展览总面积达75000平方米，展位数量达3800个，一举成为亚洲规模最大的乐园及景点行业盛会[③]。博览会致力于打造国际乐园

---

① 全杰：《2018年广东全省旅游总收入1.36万亿元》，人民网，2019年2月28日，http：//gd.people.com.cn/n2/2019/0228/c123932-32691527.html，2019年8月16日访问。
② 杨劲松：《开放是粤港澳大湾区旅游业发展根本动力》，《中国旅游报》2019年3月1日。
③ 《2018亚洲乐园及景点博览会广州举行》，《人民日报》(海外版)，2019年4月10日，http：//m.haiwainet.cn/middle/352362/2018/0410/content_31295422_1.html，2019年7月15日访问。

及景点交易、展示的最佳平台,力推亚洲游乐产业的高效和健康发展。

首届粤港澳大湾区文化艺术节由文化和旅游部、广东省人民政府、香港特别行政区政府、澳门特别行政区政府共同举办。艺术节2019年6月18日在广州开幕,以"湾区花正开"为主题,整合大湾区各地优质文化和演艺资源,在大湾区11个城市同步开展演出,包括11个板块共计100多项系列活动,活动持续到年底①。

广东国际旅游产业博览会(旅博会),作为广东省重要的旅游产业品牌活动,已成为推动海内外旅游业交流互鉴、开放合作的重要平台和展现旅游业态丰富成果的靓丽名片。2019年8月30日,旅游产业博览会在广州会展中心开幕②,吸引来自50余个国家和地区及国内的专业买家约2万人次洽谈采购,约50万人次观众进馆参观。

广州还举行了文旅产业投资对接会。在2019广东文化和旅游产业投融资对接会上,数百家文旅企业寻求合作商机,8家机构共同发起设立规模100亿元的"湾区文化旅游产业投资基金"。组委会共收录462个项目,其中广东省项目264个,超过1亿元及以上的项目275个,10亿元及以上的项目122个,超过百亿元的项目23个,项目涵盖生态旅游、动漫游戏、智慧旅游等新业态新产品。

创新是文艺的生命。广州通过持续举办中国音乐金钟奖、中国(广州)国际纪录片节、中国国际漫画节等一系列大型文化节展活动,不断提升城市文化品位和国际国内文化影响力。由中共广州市委宣传部和广州市文化广电新闻出版局出品、广州歌舞剧院创作演出的大型民族舞剧《醒·狮》摘得第十一届中国舞蹈"荷花奖"③。有"南国红豆"之称的粤剧,紧跟时代步伐,首尝国内粤剧4K全景声电影《头啖汤》,珠江电影集团、广东粤剧院出品的《白蛇传·情》全片时长101分钟,特效画面超过90分钟,创下全

---

① 徐子茗、李培:《文化融通正当时 人文湾区花正开》,《中山日报》2019年6月25日。
② 《2019广东国际旅游产业博览会在广州开幕》,《经济日报》,http://baijiahao.baidu.com/s?id=1643341545376550186&wfr=spider&for=pc,2019年9月3日访问。
③ 《广东舞剧〈醒·狮〉喜摘"荷花奖"》,《信息时报》2018年12月31日。

国戏曲电影之最，极具震撼力。

2. 深圳

近年来，深圳坚持以文化为纽带、以艺术为桥梁、以情感为链接，自2017年起先后与香港、澳门联合举办了三届"同心耀中华"深港澳台青年文化交流艺术季活动，邀请深港澳55支青年演出团队在深圳、香港、澳门举办了27场文艺演出，共计3000名青年直接参与，辐射覆盖青年65万人次，促进深港澳台青年深度交流融合，取得较好的社会效果和较大的影响力。

2018"一带一路"文化发展论坛暨粤港澳大湾区文化合作高峰论坛在深圳举行①，数百位与会嘉宾就"一带一路"倡议与构建人类命运共同体、粤港澳大湾区在该进程中的机遇与挑战等内容展开演讲及交流，10家企业被授予"'一带一路'文铧功勋企业"荣誉称号。同时，粤港澳大湾区文化产业联盟、粤港澳大湾区文化产业联盟筹委会也正式揭牌，致力于推动湾区城市文化事业发展。

中国（深圳）国际文化产业博览交易会由国家文旅部、广电总局、新闻出版总署、省政府和深圳市政府联合主办，已经连续多年在深圳举办。2019年，第十五届国际文化产业博览交易有2312个政府组团、企业和机构参展。

3. 香港

2017年12月，粤港澳大湾区旅游业界合作峰会在香港会议展览中心举行。约300位来自国家旅游局、粤港澳大湾区政府机构和旅游局代表，以及旅游业界人士齐聚香江，共同探讨粤港澳大湾区的发展潜力、旅游资源和机遇。与会旅游协会代表共同签署了《粤港澳大湾区旅游业界合作协议书》。

2017年，粤港澳大湾区论坛在香港召开，这是首个以粤港澳大湾区发展为主题的高峰论坛②。来自海内外政商学界的400多位来宾齐聚香港，共

---

① 《2018"一带一路"文化发展论坛暨粤港澳大湾区文化合作高峰论坛在深举行》，深圳新闻网，2018年8月20日，http://www.sznews.com/news/content/2018-08/20/content_19902150.htm，2019年7月26日访问。

② 《首届粤港澳大湾区论坛将于6月20日在香港召开》，搜狐网，2017年6月17日，http://www.sohu.com/a/149763372_115433，2019年9月2日访问。

同探讨如何共建粤港澳大湾区，打造世界级科技湾区。2019年2月26日，由香港明汇智库、广东省社会科学院、粤港澳大湾区研究院主办的粤港澳大湾区智库高端论坛在香港举行。来自粤港澳智库界及社会各界人士300余人出席论坛，围绕"同心共建大湾区"的主题，共同探讨如何解读和落实《粤港澳大湾区规划纲要》。

香港特区政府已向西九文化区管理区提供了216亿元的一笔拨款，用以把一块40公顷的优质临海地段打造成具备世界级设施的综合文化艺术枢纽——西九文化区。西九文化区计划是政府为配合香港长远的文化艺术基建及发展需要而做出的一项策略性投资，目标是促进文化产业有机发展，以及凸显香港富有文化艺术气息的国际大都会形象[①]。该文化艺术设施将于2016年起分三批落成。戏曲中心在2019年1月20日开幕后，香港故宫文化博物馆也将于2022年建成。届时，来自故宫的国宝将会到这里展出，游客将获得丰富的文化体验。这将极大地有益于开拓香港年轻人的视野、启发年轻人的智慧，帮助他们了解中国历史文化。2018年，访港旅客超过6500万人次。广深港高铁香港段贯通、港珠澳大桥通车、粤港澳大湾区概念成型，给香港旅游带来澎湃动力。

4. 澳门

2019年4月26日，第七届澳门国际旅游（产业）博览会在澳门开幕[②]。本届博览会将重点推动共建"一带一路"和粤港澳大湾区旅游等多个领域的合作，来自53个国家及地区的452家企业和单位参展，本届旅博会恰逢澳门回归祖国20周年，推出"共庆回归二十载 缤纷多彩澳门游"特展，全方位、多角度地展示澳门在"一国两制"成功实践下，持续丰富旅游资源和产品、全力建设世界旅游休闲中心。

"相约澳门——中葡文化艺术节"已经举办多年，以文化为纽带，以艺

---

① 贾思玉：《西九龙文化区，提升香港文化实力新引擎》，中国新闻网，2011年10月18日，http://www.chinanews.com/ga/2011/10-18/3397686.shtml，2019年8月5日访问。
② 王晨曦：《第七届澳门国际旅游（产业）博览会开幕》，新华网，2019年4月26日，http://www.xinhuanet.com/2019-04/26/c_1124422623.htm，2019年9月14日访问。

术为载体，2019年共有来自内地以及8个葡语国家的文化艺术精英相聚澳门，带来6大精彩活动①。"中葡文化艺术节"持续推动"中国与葡语国家文化交流中心"的建设工作，发挥澳门作为"中华文化为主流、多元文化共存"的平台角色，深化中国与葡语国家之间的文化交流合作，并提升到全新高度，展现多元文化名城魅力，进行丰盛的文化交流。

5. 珠海

2017年元旦，珠海标志性文化地标——珠海大剧院落成使用，这是中国唯一建设在海岛上的歌剧院②。珠海大剧院由一大一小两组"贝壳"组成，构成了歌剧院的整体形象，因此得称"日月贝"。珠海大剧院总投资10.8亿元，是珠海"一院三馆"（珠海大剧院、珠海市博物馆、城市规划展览馆、珠海市文化馆）之一。大剧院自使用以来，极大地提高了大湾区高端音乐艺术演出频率，密切了粤港澳之间的文化交流，其中港澳艺术团体以及青少年文化交流活动近百场。

2019年4月，横琴国际休闲旅游岛建设方案获得国务院批复。横琴国际休闲旅游岛以休闲旅游业为核心，深入推进粤港澳更紧密合作，旨在逐步将横琴建设成为面向未来、国际品质、生态优先、协同发展、智慧支撑的国际休闲旅游岛。

6. 佛山

佛山大力建设国家级西樵山文旅小镇，依靠坚实的文旅产业基础，依托"中国历史文化名镇"的资源优势，发挥西樵山国家5A级旅游景区的辐射作用，谋篇布局。西樵山依托深厚的岭南文化底蕴、优越的自然生态优势，构建"一山两江三岛"的旅游空间格局，全力推动"文化+体育+旅游+城市"的深度融合发展，打造具有鲜明岭南文化特色的国际旅游目的地。

---

① 《第二届"相约澳门——中葡文化艺术节"在澳门举行》，中华人民共和国国家发展和改革委员会网站，2019年7月6日，http：//www.ndrc.gov.cn：8080/fzgggz/dqjj/zhdt/201907/t20190706_941080.html，2019年9月15日访问。
② 《中国唯一建设在海岛上的歌剧院——珠海大剧院》，搜狐网，2019年5月30日，http：//www.sohu.com/a/317590347_120166926，2019年7月30日访问。

2018年接待游客已达到350万人次。

佛山高度重视发展影视产业。南海影视城与国艺影视城是佛山的两大影视拍摄基地,每年在此取景拍摄电影几十部。其中,南海影视城是中央电视台四大直属影视摄制基地之一,占地1500余亩,是珠江三角洲内理想的拍摄基地与游览胜地。2018年以来,佛山选择了30个传统古村落进行活化开发,着力打造为影视取景地,获得了来自全国各地的电影拍摄剧组的青睐,也带动了当地的旅游业快速发展。

7. 东莞

2018年,东莞在全国率先尝试举办了公共文化和旅游产品采购会。2019年9月7日,"2019粤港澳大湾区公共文化和旅游产品采购会"在东莞举行,有342家企业单位进入本届文采会9大展区,有来自粤港澳各城市的超过4000种文化、旅游和体育产品,接受社会各方采购①。文采会作为首个辐射粤港澳大湾区的文、旅、体产品大型公益性展示交易平台,以人文建设为重点,设有粤港澳特邀展区,主要展示大湾区城市文旅体重点领域重大项目成果和新举措新业态。

近年来,东莞的群众体育开展得如火如荼,亮点不少。作为著名的"全民运动之城",这座城市近年来打造了多个品牌体育赛事。全市篮球联赛已经成功举办16年②。东莞打造品牌赛事活动,策划并举行了东莞市户外时尚运动节,旨在通过设置各类时尚运动项目,吸引市民特别是年轻人参加,展示东莞"年轻、时尚、活力、动感"的城市形象。

8. 惠州

惠州各类文旅综合体快速发展。以秋长小镇为例,整体规模面积约55平方公里,主要包括秋长镇官山村、周田村、茶园村、双田村、岭湖村五大村落。根据村落不同的特色特点,将村中废弃房屋和零散土地整合开发建设

---

① 《2019粤港澳大湾区公共文旅产品采购会在东莞举办》,新浪网,2019年8月2日,http://gd.sina.com.cn/city/2019-08-02/city-ihytcitm6446447.shtml,2019年9月27日访问。
② 陈沛鸿:《东莞市体育局:建设体育强市 打造全民运动之城》,东莞时间网,2018年6月29日,http://www.timedg.com/2018-06/29/20669032.shtml,2019年7月29日访问。

成文旅项目，整体升级改造，植入多种文旅功能，重点展现"田园体验、村落民俗和影视基地"三大业态。

特色公园是惠州一个亮点。读者文化公园是以"读者"强大的IP为核心，集文化创意、文化交流、文化体验、文旅互动、文创设计、文化消费等文化IP全产业链开发为主题的文化产业园。项目以文化为驱动，创意为主导，商旅互动，打造集原创设计、众创空间、文化体验为一体的高端时尚、产业化的读者原创基地和文化示范公园，以"城市为体，文化为魂"着力打造集文化、艺术、创意、设计、休闲、酒店、公寓、教育培训等于一体的商业综合体。

9. 中山

中山市旨在建设文化引领型城市，尤其重视孙中山文化资源的弘扬开发。以"传承文化根脉，共筑中山未来"为主题，2019中山文化遗产主题活动在孙中山纪念堂正式拉开帷幕[①]。活动旨在推广与传承中山非物质文化遗产，全面展示中山非遗文化，通过非遗展示、非遗展演、文旅融合打造中山非遗展示与传播的示范项目，营造全民共同参与、保护弘扬非物质文化遗产的良好氛围。游艺产业是中山的特色优势产业，中山在此基础上开始建设"游艺产业城"。2018年，中山游艺产业城产值达到27亿元。

10. 江门

江门"粤港澳青年文化之旅"活动自2009年起已连续成功举办了11届，是内地与港澳青年文化交流的重要品牌[②]。2019年粤港澳青年文化之旅以"侨乡文化，魅力江门"为主题，由文化和旅游部支持，广东省文化和旅游厅、香港特区政府民政事务局、澳门特区政府高等教育局联合主办，江门市文化广电旅游体育局承办。

侨乡文化节是江门的品牌，2019年的主题是"人文湾区相约侨乡"[③]。

---

① 《传承文化根脉，共筑中山未来》，中山市文化广电旅游局网站，2019年7月1日，http://www.zs.gov.cn/wgxj/zwgk/view/index.action?did=4337&id=530260，2019年8月6日访问。
② 程景伟、董柴玲：《粤港澳青年文化之旅已连办11届 成文化交流品牌》，新华网，2019年7月25日，http://www.xinhuanet.com/gangao/2019-07/25/c_1210213127.htm，2019年8月17日访问。
③ 《人文湾区 相约侨乡》，《惠州日报》2019年8月10日。

通过文化、旅游、体育节事活动,展现江门侨乡独特的生态之美、人文之美、自然之美,提升江门城市知名度和影响力,进一步促进江门文化、旅游产业发展,有近100项文化、旅游、体育节事活动。

11. 肇庆

肇庆以打造国家级旅游度假示范区为主线,加快文旅体深度融合,打造全域旅游品牌。十五届省运会后,肇庆的体育事业更加注重与文化广电旅游的高度融合,2018年肇庆举办肇庆国际马拉松、肇庆徒步日、星湖赛龙舟、全国中老年篮球赛、南粤古驿道定向大赛等一系列品牌赛事。最有代表性的是2018年12月启动的为期60天的粤港澳大湾区(肇庆)光影艺术节,不只是一个"让人狂欢与快乐"的年终派对,更是一场展示大湾区传统特色文化的文旅活动;还有粤港澳大湾区(肇庆)旅游美食嘉年华暨青年厨艺交流比赛,来自港澳与广州等10个城市的厨艺队伍为各界奉献了深厚的江鲜美食文化;2019年,广东过大年活动主会场也设在肇庆,令五湖四海的游客到肇庆就能体验岭南特色民俗风采。

(二)三地各地政府促进文旅融合的新政策频频出台

2019年7月,广东发布了《中共广东省委广东省人民政府关于贯彻落实〈粤港澳大湾区发展规划纲要〉的实施意见》,以及《广东省推进粤港澳大湾区建设三年行动计划(2018~2020年)》等文件。早在2017年,香港和澳门分别公布《香港旅游业发展蓝图》《澳门旅游业发展总体规划》,以促进地区旅游业发展。随着大湾区建设的不断推进,各地政府陆续出台多项促进政策。

1. 多市出台全域旅游实施方案

珠海出台《珠海市加快创建国家全域旅游示范区实施方案》,佛山出台《佛山市发展全域旅游促进投资和消费实施方案》《佛山市促进全域旅游发展扶持办法》,江门出台《国际特色旅游目的地全域旅游发展规划(2019~2030)》《促进全域旅游发展实施方案》,惠州出台《惠州市创建国家全域旅游示范区工作方案》。

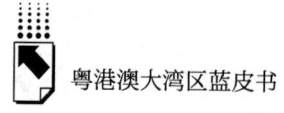

2. 多地成立文旅发展产业基金

相关政策有《珠海市文化创意产业发展专项资金管理暂行办法》《珠海市旅游产业发展专项资金管理暂行办法》《中山市旅游业发展专项资金管理办法》《东莞市旅游产业发展专项资金管理办法》《惠州市财政局市委宣传部关于文化产业发展专项资金管理办法》等。

3. 高度重视保护和开发非遗文化

相关政策有《中山市文化遗产保护项目补助资金管理办法》《惠州市历史文化名城保护条例》《东莞市非物质文化遗产保护与管理暂行办法》等。

4. 文旅产业深度融合发展

相关政策有《深圳文化创意产业振兴发展政策》《东莞市关于促进会展业发展实施意见》《东莞市莞香文化发展实施方案》《珠海经济特区促进横琴休闲旅游业发展办法》《珠海市文化创意产业园区及基地管理试行细则》等。

5. 提升公共文化供给

相关政策有《中山市文广旅局资助业余文艺团队实施办法（2019年修订）》《江门市农村文体协管员队伍建设实施办法（试行）》《深圳市博物馆事业发展五年规划》等。

（三）粤港澳大湾区文旅融合过程中存在的问题

粤港澳大湾区城市之间在推动文旅融合方面仍存在发展定位不明、产业链低端、产业园区同质化、研学旅行成效不足、人才问题突出等发展瓶颈。

1. 部分城市的文旅发展定位仍然不明确

以东莞为例，文旅发展定位模糊，文化限于原有低成本制造业领域，文旅产业又缺乏竞争力，缺少代表性企业；又如，肇庆自然旅游资源丰富，但旅游业发展缓慢，总体定位不明确，资源运用缺乏体制机制支撑，对外推广宣传不够。

2. 文创园同质化较为严重

产业园区是文旅建设的重要载体，但一些地产集团转型后在珠三角各城市发展文旅项目，本质上还是"文化牌子下的地产项目"，延续旧的发展模式，同一城市园区同质化明显。珠海金嘉创意谷、乐土文化园、V12创意园、金地动力港，四个重要创意园区存在较为明显的竞争。

3. 研学旅行成效不足

大湾区研学旅行发展迅速，但研学旅行存在的问题主要表现为三个方面：一是只旅不学，这种现象多存在于港澳地区来大陆的研学团中；二是只学不旅，这主要是一些学校，苦于没有课程、师资缺乏、尚无基地。

4. 影视产业发展层次尚低

各地都在投资建造影视基地，例如，佛山的南海影视城、西樵山影视基地、惠州罗浮山影视基地、中山影视城，但大多作为取景地，缺乏多层次多元化的影视业开发，运作方式市场化、产业化发展不足，影视相关产业链尚未完全形成。江门正着手打造电影自贸区，这是一个可喜的探索。

5. 部分城市人才流失问题严重

人才是现代社会竞争与发展的重要生产力，但中山、肇庆、江门等城市近年来文化人才外流问题突出，主要是因为当地缺乏盘活资源的人才发展战略与体制机制。大湾区非核心的节点城市，尚未出台足够有吸引力的人才引进机制和人才得以发展的重要平台，很难吸引外地文旅人才。

二　粤港澳大湾区文旅融合的现状与特征

文化和旅游是粤港澳大湾区建设的重要内容和载体，目前，大湾区文旅融合发展呈现五大特点。

（一）研学旅行成为文旅融合新风口

大湾区已经涌现一批研学基地，研学旅行市场正在兴起。各地已有300多个各级研学旅行基地，数百家企业展开与此相关的业务。一方面，基于粤港澳三地交流已有青少年研学交流、各种主题演讲、企业家沙龙、创意设计、文创研修班、产学交流等形式，粤港澳三地政府、企业及社会多元参与。另一方面，注重活动实效，强化产学对接，通过与高校的合作，进一步链接企业端、市场端资源，强化人才培养、供需对接、产品孵化，依托学堂培训平台资源，并在产业园区、重点文化企业和高校等地分别设点建设实践基地、文创孵化基地。

（二）文创园及行业协会蓬勃兴起

大湾区文创园如雨后春笋般爆发，仅广州市就有各类文创园区近百家，以羊城创意产业园、深圳万科云设计公社为代表，逐步构建文创产业集聚区和文创产业带。另外，由羊城晚报报业集团创始和发起成立了广东省粤港澳大湾区文化创意产业促进会[①]，为文创产业发展提供长足的动力。

（三）夜游经济成为文旅融合的全新增长点

夜间旅游是一种新的文旅产业发展模式，既让传统旅游资源焕发新活力，也创造出新的旅游吸引点和文化旅游产品；既可以提升城市、景区旅游资源和非传统旅游资源的利用效率以及使用价值，也能够提升游客的时间利用率和旅游体验度。精彩纷呈的夜间旅游能为城市带来经济、社会、人文等多重价值，从而为游客提供一种焕然一新的体验，进而延长游客停留时间，拉动夜间旅游消费。

（四）影视与音乐艺术产业发展迅速

影视产业成为新热点。如佛山出台《佛山市南方影视中心影视产业发展规划（2018~2025年）》，提出要对接港澳，打造华南最大规模的影视中心，推动"粤港澳大湾区影视产业合作示范区"。惠州在罗浮山建设影视基地的基础上，加快推进"粤港澳大湾区影视产业中心"的建设。形成多层次的音乐节。例如，香港举办2019首届粤港澳大湾区音乐节，港澳大湾区（广州南沙）音乐节、珠海北山音乐节等，各地各层次的音乐演出

---

① 彭启友：《广东省粤港澳大湾区文化创意产业促进会成立仪式暨研讨会在广州举行》，金羊网，2018年12月12日，http：//news.ycwb.com/2018-12/12/content_30151346.htm，2019年6月23日访问。

场次逐渐增加，丰富了各个年龄段、文化层次的观众的需求，培养了一批有欣赏能力的观众。而以酷狗音乐、荔枝 FM 等为代表的互联网数字音乐平台呈现超高速成长的趋势，也意味着未来音乐消费市场会有巨大的空间。

（五）粤港澳文化共同市场正在迅速成型

大湾区具有最为广阔的市场，正形成较为完整的供应链。一方面，以香港、深圳、广州、澳门作为大湾区的发展"极点"，构成了大湾区文化和旅游发展的"四梁八柱"，明确香港—深圳、广州—佛山、澳门—珠海强强联合的引领带动作用的基点；另一方面，珠海、东莞、惠州等大湾区重要节点城市、共同文化市场发展与"极点"城市形成产业链上下游发展的新态势。粤港澳大湾区 11 座城市，每年大型演唱会、电影、出版、音乐、出版等行业的市场规模已达千亿元级[1]。大湾区文化产业有较好的基础。数据显示，2018 年，珠三角（不含港澳）文化产业规模约为 3500 亿元，加上香港、澳门的文化产业约千亿元增加值，粤港澳大湾区的文化产业增加值约为 4500 千亿元，约占全国的六分之一[2]。根据最近发布的 2018 中国城市创意指数（CCCI）显示，香港、深圳、广州分居第二、第三、第六位。

三 大湾区文旅融合发展三大趋势

（一）各类技能培训将为文旅产业增长提供强劲助力

人才是第一资源。各地积极推动教育合作发展，推进粤港澳职业教育在

---

[1] 朱茜：《粤港澳大湾区产业前瞻之旅游业：粤港澳旅游产业发展新趋势解读》，前瞻网，2018 年 7 月 27 日，https://www.qianzhan.com/analyst/detail/220/180727-a1fbe9e6.html，2019 年 8 月 24 日访问。
[2] 金巍：《粤港澳大湾区文化金融如何突破？》，《经济日报》2018 年 12 月 24 日。

招生就业、培养培训、师生交流、技能竞赛等方面的合作，共建一批特色职业教育园区。如澳门旅游学院将会进入广东建设粤港澳大湾区旅游教育培训基地，建设人才高地，完善国际化人才培养模式，加强人才国际交流合作，推进职业资格国际互认。

（二）科技、文化和金融的多元融合催生新业态

粤港澳大湾区成为文化金融中心，意味着文化金融对区域经济发展具有较高的贡献值，意味着文化金融在全球、全国或特定区域的产业影响力。而科技，尤其互联网技术为文化内容传播提供了强大动力，各类主题公园开始运用各类 AI、VI 技术，为消费者提供高度真实感的体验。

（三）与"一带一路"和太平洋岛国交流大幅提高

粤港澳大湾区与太平洋各岛国的合作潜力大、发展前景好，密切与太平洋岛国的友好往来，进一步深化双方的交流与合作。

近年来，广东与"一带一路"沿线国家和地区文化交流的结构布局不断优化，质量效益显著提升，在出版、动漫游戏、创意设计、文化设备制造等领域培育了一批具有国际竞争力的重点出口企业和品牌。2017 年，广东文化产品出口覆盖了全球 160 多个国家和地区，对"一带一路"沿线国家出口 66.94 亿美元，同比增长 28.5%①。2018 年 2 月，广州国际友城文化艺术团赴奥克兰市开展文艺演出活动，"2018 广州文化周"惊艳亮相新西兰②。

以色列是"一带一路"沿线重要的节点国家。2015 年 6 月，通过收购香港英飞尼迪资本管理有限公司，珠海华发集团成为以色列英飞尼迪集团的

---

① 刁鹏：《广东参与"一带一路"为何持续领跑，答案看过来！》，搜狐网，2018 年 10 月 11 日，https://www.sohu.com/a/258881169_731021，2019 年 6 月 18 日访问。
② 卢健鹏：《2018 广州文化周"惊艳亮相新西兰 广州国际友城文化艺术团赴奥克兰市开展文艺演出活动》，广州市文化广电旅游局，2018 年 2 月 8 日，http://www.xwgd.gov.cn/xwgd/zwxx/201802/cf8cdcc45a65408a9d93050c6dd54914.shtml，2019 年 8 月 19 日访问。

重要战略合作伙伴①,并组织举办了中以科技创新投资大会。这是粤企参与"一带一路"建设迈入高质量发展阶段的一个缩影。另外,香港、广州、深圳拥有国际游轮母港,2018年大湾区游轮旅客出入境接待量达到257万人次,未来将会有快速成长。因此,要进一步扩大与太平洋岛国在经贸、旅游、能源资源、基础设施建设等领域的交流合作,与太平洋岛国携手共建21世纪海上丝绸之路。

参考文献

吕薇:《绿色发展》,中国发展出版社,2015。
王珺、袁俊:《粤港澳大湾区建设报告》,社会科学文献出版社,2018。
陈广汉:《粤港澳大湾区发展报告》,中国人民大学出版社,2018。
叶朗:《中国文化产业年度发展报告》,北京大学出版社,2019。
《广东致力建设粤港澳大湾区世界文化和旅游高地》,《同舟共进》2019年第7期。
宋瑞:《如何真正实现文化与旅游的融合发展》,《人民论坛·学术前沿》2019年第11期。
杨振之:《文化与旅游融合发展的动力机制》,《中国旅游报》2019年6月11日。
窦群:《把大湾区建设成为世界级旅游目的地》,《中国旅游报》2019年2月27日。
广东省政府:《推进粤港澳大湾区建设三年行动计划（2018~2020年）》,http://www.Gd.gov.c/gdywdt/gdyw/content/post_2530521.html,2019年7月15日/2019年9月15日。
国家旅游局:《2017全域旅游发展报告》,http://www.davost.com/news/detail/4607-cd898a9797.html,2017年8月23日,2019年9月15日访问。
腾讯文旅:《2018中国旅游行业发展报告》,http://www.sohu.com/a/289675967_805829.html,2019年01月16日,2019年9月15日访问。

---

① 胡良光:《展粤企形象　拓发展新路》,《今日广东数字报——侨报》2018年9月20日,http://epaper.southcn.com/oversea/jrgdqb/html/2018-09/20/content_7753173.htm,2019年8月4日访问。

B.18
2018~2019年粤港澳大湾区社会工作发展报告

李任远*

摘　要： 《粤港澳大湾区发展规划纲要》提出建设健康湾区，社会工作建设是其中的重要方面。大湾区社会工作需求巨大，且需求日渐增长。大湾区相关法律与政策为大湾区社会工作的人才建设、机构建设和资金来源提供了重要保障，极大地促进了大湾区社会工作的发展。目前大湾区的社会工作在老年人社会服务、残疾人服务、青少年服务等多个重要领域已经取得了巨大成效。未来，以建设大湾区国家战略的实施为契机，大湾区的社会工作建设将迎来新一轮的全面发展。

关键词： 社会服务　社会工作　健康湾区　粤港澳大湾区

社会工作是以利他主义价值观为指导，以科学的知识为基础，运用科学方法助人的服务活动。它对推进大湾区社会工作建设，对建设宜业宜居优质生活圈有重要意义。

一　大湾区对社会工作有巨大的需求

从大湾区现实的情况考察，大湾区在老年人服务、残障人士康复、青少

---

* 李任远，广东省社会科学院国际问题研究所助理研究员，厦门大学国际法学博士、中山大学国际法学博士后，研究方向：国际法学、海洋法学。

年服务方面有重要需求。本文基于现有可查最新数据，对大湾区香港、澳门两个特别行政区与广州、深圳、佛山、东莞、珠海、惠州、中山、江门、肇庆九市的老年人、残疾人与青少年社会工作的情况进行分析。

依据香港政府统计处2016年中期人口统计报告，65岁及以上的人口被称为长者。2016年香港共有1163153名长者；长者人口占整体人口的比例，由2006年的12.4%上升至2016年的15.9%。① 在2013年，香港约有578600名残疾人士。另外，智障人士的总数约为71000~101000人。②

据澳门特别行政区政府统计暨普查局相关统计，澳门人口持续老龄化。2016年年龄在65岁及以上的老年人口较5年前大幅上升48.6%至59383人，占总人口的9.1%，较2011年增加1.9个百分点。③ 该机构最新统计显示，2018年澳门年终总人口为667400人，其中65岁以上的人口占11.1%，比2017年上升0.5个百分点，据此推算，澳门2018年65岁以上人口约为74081人④，老年人人数与占比均进一步上升。2011年人口普查数据显示，澳门残疾人口有11141人，较2006年中期人口统计时增加2843人。⑤

2018年末，广州市常住人口1490.44万人，⑥ 据2015年广州市统计局1%人口抽样调查，共有60岁以上人口47408，照此规模推算，至2018年止，广州约有60岁以上人口近474万人。⑦ 另据广州市民政局公布的数据，截至2016年，广州市共有65岁以上人口112.4万人，人口老龄化比例近年

---

① 香港特别行政区政府统计处：《2016人口中期统计报告（主体性报告——长者）》，2018，第5~8页。
② 香港特别行政区政府统计处：《香港统计月刊专题文章：香港的人士及长期病患者》，2015，第FB2~FB3页。
③ 澳门特别行政区政府统计暨普查局：《2016年中期人口统计详细结果》，2016，第2页。
④ 澳门特别行政区政府统计暨普查局：《2018人口统计》，2018，第5页。
⑤ 澳门特别行政区政府统计暨普查局：《2011人口普查详细结果》，第6页。
⑥ 广州市统计局：《2018年广州市人口规模及分布情况》，http://www.gzstats.gov.cn/gzstats/tjdt/201902/6db3d9f811914672b68e239d3689e584.shtml，2019年6月4日访问。
⑦ 广州市统计局：《2015年1%人口抽样调查：表9-2——全市分年龄、性别、身体健康状况的老年人口》，http://www.gzstats.gov.cn/gzstats/pchb_cydc/201704/72fe735293d14986a78bcf5dd8b2ca6d.shtml，2019年6月4日访问。

来呈现上升趋势①。2006年第二次全国残疾人抽样调查数据显示，广州市残疾人比率为5.26%，残疾总人口为521200人。②

据深圳市妇儿工委、深圳市统计局统计，截至2016年末，深圳市常住人口1190.84万人，其中65岁及以上人口占比为3.27%。③ 据此推算，截至2016年，深圳市65岁及以上人口约为38.94万人。关于深圳市残疾人总人数，目前只有深圳市残疾人联合会2005年公布的数据，41496人（根据深圳市统计局发布的公告，截至2005年底全市户籍人口总数168万人，其中残疾人所占比例为2.47%推算得出该数据）。④

根据2015年全国1%人口抽样调查的结果，佛山市65岁及以上人口为50.46万人，占6.79%。与2010年第六次全国人口普查数据相比上升1.61个百分点⑤。

东莞市政府2019年3月29日新闻发布会数据显示，东莞市目前60周岁以上老年人口达到32.97万，人口结构已进入老龄化阶段。⑥

依据珠海市统计局的统计结果，截至2015年年底，珠海市65岁及以上人口为10.86万人，占6.65%。与2010年第六次全国人口普查数据相比，65岁及以上人口的比例上升1.72个百分点。⑦

---

① 广州市民政局网站：《2012~2016年广州市老年人口和老龄事业核心数据》，2019年04月01日。 http：//www.gzmz.gov.cn/gzsmzj/tjxx/201708/bdf46dc463c847e3af713a0458e292db.shtml，2019年6月4日访问。
② 广州市残疾人联合会：《广州市残疾人联合会概况》http：//www.gzdpf.org.cn/Article/A2B/19656.html，2019年5月4日访问。
③ 深圳市妇儿工委、深圳市统计局：《2016年深圳市社会性别统计报告》。
④ 深圳市残疾人联合会：《关于深圳市残疾人数的推算和统计数字》，http：//www.cjr.org.cn/contents/8/5753.html，2019年4月4日访问。
⑤ 佛山市人民政府：《佛山市2015年全国1%人口抽样调查主要数据公报》，http：//www.foshan.gov.cn/gzjg/stjj/tjgb_1110961/201810/t20181030_7352230.html，2019年4月4日访问。另外，佛山市统计局《2018年佛山统计年鉴》所公布的统计数据中，只公布了佛山市成年人与未成年人人数，并未公布老年人人数。
⑥ 东莞市人民政府网：《"东莞市居家养老服务新规"新闻发布会召开》，http：//m.dg.gov.cn/cndg/pushinfo/201903/b47bef8cdac543f2bd0b215724d6a44f.shtml，2019年4月4日访问。
⑦ 珠海市统计局：《珠海市2015年全国1%人口抽样调查主要数据公报》，http：//www.stats-zh.gov.cn/tjsj/tjzl/tjjpcgb/201606/t20160630_48678516.html，2019年4月2日访问。

依据惠州市统计局的统计结果，截至2015年，惠州市65岁及以上人口为31.16万人，占6.55%。与2010年第六次全国人口普查数据相比，65岁及以上人口的比例上升0.68个百分点。① 另据惠州市老龄工作委员会办公室网站的数据，截至2016年，惠州市60岁及以上老年人口比重为12.89%，惠州市已经进入老龄化社会。②

肇庆市截至目前最新的统计年鉴并未统计肇庆市老年人人数，目前肇庆市统计局公布的该市老年人人数来源于2010年第六次人口普查。依据该数据，全市常住人口中65岁及以上人口为354172人，占9.04%。同2000年第五次全国人口普查数据相比，65岁及以上人口的比重上升1.37个百分点。③

截至2015年，江门市全市常住人口中，0~14岁人口为63.31万人，占14.01%；65岁及以上人口为51.48万人，占11.39%。与2010年第六次全国人口普查数据相比，65岁及以上人口的比例上升2.4个百分点。④ 截至2016年7月，江门市持证残疾人总数为61481人。⑤

截至2015年，中山市65岁及以上人口为183905人，其占比较2010年第六次人口普查数据上升1.36个百分点。⑥

---

① 惠州市统计局：《惠州市2015年全国1%人口抽样调查主要数据公报》，http://xxgk.huizhou.gov.cn/0030/0204/201611/e03831aa29434654a84e3b22e1fbf858.shtml，2019年4月2日访问。注：惠州市统计局发布的《2018惠州市统计年鉴》中并无关于惠州市老年人的数量，故而本文采用2015年惠州市2015年全国1%人口抽样调查的数据。
② 惠州市老龄工作委员会办公室：《惠州：人大代表政协委员关注"养老"》，http://www1.huizhou.gov.cn/pages/cms/hzllw/html/gzdt/a58250750d3a497c87e4645f2ebb4165.html?cataId=421210a16bfe4a92bc73c7ba93f57740，2019年4月2日访问。
③ 肇庆市人民政府网站：《肇庆市2010年第六次全国人口普查主要数据公报（第1号）》，http://zwgk.zhaoqing.gov.cn/zq310/201203/t20120305_150066.html，2019年4月2日访问。
④ 江门市统计局：《江门市2015年全国1%人口抽样调查主要数据公报》，2016，第1页。
⑤ 江门市民政局网站：《全市持证残疾人情况分布表》，http://mzj.jiangmen.gov.cn/zwgk/xxgk/tjzl/201608/t20160804_593339.html，2019年4月2日访问。
⑥ 中山市统计局网站：《中山市人口发展规划显现成效——2015年全国1%人口抽样调查数据简析》，http://www.zsstats.gov.cn/tjzl/tjfx/201607/t20160722_340286.html，2019年4月2日访问。

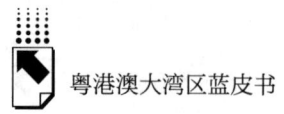

以上资料来源于香港、澳门特别行政区与大湾区九市各政府机构的相关统计,反映了大湾区各市和香港、澳门两个特别行政区老年人、残疾人人数的基本情况,这两个族群是大湾区社会工作的对口人群。关于数据的来源,有几点情况需要说明。

其一,关于资料来源与统计情况。香港方面的资料来源于香港特区政府统计处,澳门方面的资料来源于澳门特别行政区统计暨普查局,大湾区广东各地级市的人口数据则主要来源于各市统计局的统计数字,辅之以少数其他政府部门来源的数字。除了香港与澳门外,大湾区其他城市的统计局在相关的人口统计中基本不涉及残疾人人数的统计。

其二,本文整理的人口数据主要有老年人、残疾人和部分青少年数据,分别对应社会工作中的老年人社会服务、残障人士康复服务和儿童及青少年服务。以上数据反映了大湾区对社会工作有庞大的需求,这一点主要体现在以下两个方面。首先是大湾区有庞大的群体需要社会服务。以老年人为例,综合目前各地区已公开的最新人口统计资料,大部分资料统计了65岁以上人口,部分资料统计了60岁以上人口。依据目前的资料,香港、澳门、广州、深圳、佛山、江门、肇庆、中山、珠海、惠州等10个地区,65岁以上人口总数超过472万,东莞60岁以上人口32.97万,老年人人口数量大。

二 大湾区社会工作卓有成效

(一)法律与政策保障

中国内地和港澳通过了一系列法律和政策,有力地保障了大湾区社会工作的进行。内地方面,2018年最新修订的《中华人民共和国老年人权益保障法》为老年人的权益和社会工作提供了法律保障,该法第3条规定:"国家保障老年人依法享有的权益。老年人有从国家和社会获得物质帮助的权利,有享受社会服务和社会优待的权利,有参与社会发展和共享发展成果的权利。禁止歧视、侮辱、虐待或者遗弃老年人。"该法设有专章(第4章)

保障老年人社会服务的有效进行。在残疾人权益保障方面,《中华人民共和国残疾人保障法》是保障残疾人权益的基本法。此外,中华人民共和国已经于2007年签署了《残疾人权利公约》,2008年全国人民代表大会常务委员会已批准该公约,该公约于2008年8月对中国生效。① 依据该公约第45条,公约同时对香港和澳门两地生效。②

大湾区社工建设的政策保障主要由国家、广东省及各特别行政区、各市三个层面的政策组成。在国家层面,2012年中央组织部、中央政法委、中国残联等19个部委和群团组织联合发布了《社会工作专业人才队伍建设中长期规划(2011~2020年)》。③ 2018年,民政部最新出台了《社会工作方法——个案工作》、《社会工作方法——小组工作》两项行业标准,有力地推动了社会工作的行业的规范化。④ 香港方面,《残疾歧视条例》(1996年制定,2013年最新修订)与《残疾人士院舍条例》(2011年制定)是专门保障香港残疾人权益的重要法律,同时《保护儿童及少年条例》、《幼儿服务条例》、《精神健康条例》、《持久授权书条例》等均有保护残疾人权利的有关规定。在老年人社会工作方面,香港于1998年进行了"香港长者对社区支持和住宿照顾服务的需求调查"。关于青少年社会工作,香港政府于2000年开始实施"一校一社工"计划。其后,前教育署资助小学开设"学生辅导教师"职位,以提供校本学生辅导服务。⑤

---

① 《〈残疾人权利国际公约〉的实施情况——缔约国按照〈公约〉第三十五条提交的初次报告(中国)》,2010,第4页。
② 《〈残疾人权利国际公约〉的实施情况——缔约国按照〈公约〉第三十五条提交的初次报告(中国——增编:中国澳门)》,第4页。香港劳工及福利局网站:《联合国〈残疾人权利公约〉》,https://www.lwb.gov.hk/UNCRPD/https://www.lwb.gov.hk/UNCRPD/,2019年4月2日访问。
③ 中华人民共和国民政部网站:《社会工作专业人才队伍建设中长期规划(2011~2020年)》,http://jnjd.mca.gov.cn/article/zyjd/zczx/201301/20130100406268.shtml,2019年4月2日访问。
④ 中华人民共和国中央人民政府网站:《民政部发布〈社会工作方法个案工作〉、〈社会工作方法小组工作〉两项行业标准》,http://www.gov.cn/xinwen/2018-01/16/content_5257155.htm,2019年4月2日访问。
⑤ 香港特别行政区教育局:《小学"一校一社工"政策》,教育局通函第36/2018号文件。

澳门关于社会工作的重要法律有2019年最新颁布的《社会工作者专业资格制度》，以及《长者权益保障法律制度》等；重要的法令有《社会工作体系》等，重要的行政法有《敬老金制度》等。《养老保障机制及2016至2025年长者服务十年行动计划》与《2016至2025年康复服务十年规划》也是关于老年人社会工作的重要政策。

在广东省政府层面，2014年广东省制定出台了《广东省社会工作专业人才队伍建设中长期规划（2014～2020年)》，该规划提出了社会工作专业人才队伍建设必须坚持党政主导、社会协同、面向群众、服务基层、专业引领、职业发展、分类指导、有序推进的工作原则；同时，分别从社会工作人才的培养、评价、使用、激励、体制机制等五个方面明确了广东省社会工作专业人才队伍建设的重点任务。①

为了贯彻与落实《广东省社会工作专业人才队伍建设中长期规划（2014～2020年)》，大湾区多个市出台了相关的社会工作政策。广州市先后出台了多项政策以推进社会工作的发展。如2009年出台了《关于学习借鉴香港先进经验推进社会管理改革先行先试的意见》；2015年出台了《广州市社会工作行业督导人员资质备案、认证实施办法（试行）》；2018年出台了《广州市社会工作服务条例》，重点加大对社工服务的资金保障力度。

珠海市于2014年出台了《珠海市社会工作专业人才中长期规划（2014～2020年)》。2015年，珠海社会工作专业人才总量达到0.34万人，2020年，社会工作专业人才总量达到0.5万人。

东莞市于2009年出台了《中共东莞市委东莞市人民政府关于加快社会工作发展的意见》、《东莞市社会工作人才专业技术职位设置及薪酬待遇方案（试行）》，此后东莞持续出台了多项社会工作相关政策，有力地促进了东莞社会工作的发展。

大湾区其他城市也出台了多项促进社会工作的有关政策，如：佛山市出

---

① 广东省民政厅网站：《我省制定出台〈广东省社会工作专业人才队伍建设中长期规划（2014～2020年)〉》，http://www.gdmz.gov.cn/gdmz/mzyw/201407/7167812136f947b7b8d27b2479695311.shtml，2019年4月2日访问。

台了《佛山市禅城区社会工作人才培育扶持办法》(2018);惠州市出台了《惠州市社会工作专业人才中长期规划(2016~2020年)》(2016年)、《关于进一步规范民办社会工作服务机构发展的通知》;深圳市出台了《深圳市社会工作者登记和注册管理办法》(2010年修订),江门市出台了《关于加强社会工作专业人才队伍建设的意见》(2015年)[1]、《江门市社会工作专业岗位设置及社会工作专业人员薪酬待遇办法》(2016年);[2] 肇庆市出台了《肇庆市财政支持社会工作发展的实施意见》(2013年)[3] 等。

(二)大湾区各地社会工作已取得良好成效

就广东大湾区的九个城市而言,实际上已经有了两重法律与政策的保障,一是全国人大通过的法律及中央关于社会工作的政策保障,二是地方的立法、行政法律法规和政策的保障。这些法律与政策涵盖了老年人、残疾人、青少年社会工作的组织、财政、人才建设等方方面面,形成了对社会工作的有效保障。在"一国两制"制度下,香港和澳门也形成了自足的社会工作制度体系,在现有制度体系的保障下,大湾区的社会工作已取得了良好成效。

以香港为例,香港福利署长者综合服务中心(2003年4月1日起改称长者地区中心)在2001~2002年为长者推出了一系列支援服务,服务内容包括地区上安老服务的联系及支援、社区教育、个案管理、外展及社区网络工作、长者支援服务队、健康教育、教育及发展性活动、发布社区资讯及转介服务、义工发展、护老者支援等多项服务,以协助长者在社区安享晚年。[4] 长者地区中心

---

[1] 江门市民政局:《印发〈关于加强社会工作专业人才队伍建设的意见〉的通知》,http://mzj.jiangmen.gov.cn/mzzl/shgz/201510/t20151012_42458.html,2019年4月10日访问。

[2] 江门市民政局:《江门市社会工作专业岗位设置及社会工作专业人员薪酬待遇办法》,http://mzj.jiangmen.gov.cn/mzzl/shgz/201712/t20171207_533299.html,2019年4月10日访问。

[3] 肇庆市财政局:《肇庆市财政局关于印发肇庆市市级财政支持社会工作发展实施意见的通知》,http://czj.zhaoqing.gov.cn/zwgk/gggs/201312/t20131216_465025.html,2019年4月10日访问。

[4] 香港特别行政区政府社会福利署:《长者地区中心》,2019年4月11日访问,https://www.swd.gov.hk/sc/index/site_pubsvc/page_elderly/sub_csselderly/id_districtel/。

覆盖了香港18个区，有效地形成了老年人社会服务网络。

另外，香港社会福利署（社署）于2013年9月，推出第一阶段"长者社区照顾服务券试验计划"，采用"钱跟人走"的资助模式，让适格长者因应个人需要，使用社区照顾服务券（社区券）选择合适的社区照顾服务。第一阶段试验计划于2017年8月31日结束。第二阶段试验计划已在2016年10月3日开展①。

在相关法律的保障及社会各界的推动下，澳门《养老保障机制及2016至2025年长者服务十年行动计划》与《2016至2025年康复服务十年规划》得到有效落实。依据澳门特别行政区政府养老保障机制跨部门策导小组对上述两个计划所做的2017年年度评检报告，至2017年年底，《养老保障机制及2016至2025年长者服务十年行动计划》计划的短期措施204项，提前完成13项中期措施；②《2016至2025年康复服务十年规划》跨部门策导小组已完成《2016至2025年康复服务十年规划》计划的短期措施155项，53项中期措施已经提前至2017年开展，内容涵盖了防病、治疗、康复及长期照顾、法律保障、经济保障等多个领域；涵盖了约350项与残疾人士生活息息相关的方案措施，其中包括残疾预防和鉴定、医疗康复、学训练及托儿所、教育、工作就业和职业康复、住宿照顾、小区支持、社会保障等③。

在相关法律和政策的保障下，广东各市的社会工作取得了重大发展，以广州市和深圳市为例，广州市近年来在人才培养、发展社会服务机构、财政资金投入等方面均有了明显发展。在人才的培养方面，广州市先后建立了7个社会工作培训基地，2008年以来，培训社会工作人才5万人。在财政投入方面，截至2016年，市财政累计投入2085万元对143家民办社会工作服

---

① 香港特别行政区政府社会福利署网站：《长者社区照顾服务券试验计划》，https://www.swd.gov.hk/sc/index/site_pubsvc/page_elderly/sub_csselderly/id_psccsv/，2019年4月2日访问。
② 澳门特别行政区政府养老保障机制跨部门策导小组：《〈养老保障机制及2016至2025年长者服务十年行动计划〉2017年年度评检报告》，第5页。
③ 澳门特别行政区政府养老保障机制跨部门策导小组：《〈2016至2025年康复服务十年规划〉2017年年度评检报告》，第61、59页。

务机构进行一次性资助。① 广州市多项残疾人社会工作亦取得了良好成效，如2011年12月起，广州市团市委和市残联合作开展了"康园工疗站"活动。②

深圳市的社会工作在过去十多年中也取得了重大发展。2007年以来，深圳不断创新和拓展社会工作服务领域，在全市642个社区里建成社区党群服务中心668家，专业社会工作覆盖了妇女儿童、老年人、青少年、教育、残障等领域，服务总量达800余万人次。多年来，各方关注失独长者，成立"失独长者互助联盟"、"爱延续——失独不孤独温馨相伴项目"、"老吾老以及人之老"老年人关爱等多个项目更是见证了深圳市社会工作事业的全面发展③。

三 大湾区社会工作迎来新契机

未来，大湾区社会工作将继续蓬勃发展。在现有的工作基础上，2020年应从以下方面进一步推进大湾区社会工作迈上新台阶。

其一，推进大湾区老年人医疗服务逐步一体化。香港特区政府从2009年开始推行长者医疗券计划，资助符合资格、年满70岁的香港长者使用最契合他们需要的私营医疗服务。三年来，共计2968人在港大深圳医院使用长者医疗券，使用数量达到10501人次，人均就诊次数为3.37次。④

其二，继续推动大湾区社会工作的多领域建设。在过去的十几年中，香港、澳门以及大湾区其他各城市的社会工作事业在人才培养、组织机构、立

---

① 中华人民共和国民政部：《广州市社会工作十年发展报告》，http://mzzt.mca.gov.cn/article/sggzzsn/jlcl/201611/20161100887281.shtml，2019年4月13日访问。
② 广州市新跨越社会工作服务中心：《新跨越残疾人就业帮扶服务案例——"志愿在康园"项目》，http://www.xinkuayue.org.cn/index.php/Services/index/cat_ids/105，2019年4月13日访问。
③ 中国社会工作联合会官网：《保障权益，提升福祉——深圳老年社工系列服务》，http://practice.swchina.org/socialwork/ln/2018/1018/32418.shtml，2019年4月13日访问。
④ 新华网：《香港长者医疗券深圳试点三年服务人次过万》，http://www.xinhuanet.com/gangao/2018-10/11/c_1123545788.htm，2019年4月13日访问。

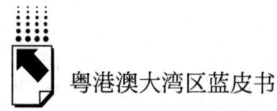

法与政策保障、平台构建等多方面均取得了长足的发展,大湾区各个地区基本形成了涵盖老年人、残疾人士、青少年服务等多领域、全地域覆盖的社会工作体系,全面推进老年人、残疾人士、青少年服务及其他服务工作的高速发展,全面提升大湾区社会工作质量。

其三,稳步推进大湾区社会工作的全面一体化。大湾区社会工作一体化程度越来越高。2019年3月28到3月29日,粤港澳大湾区城市民政部门联席会议在广州召开,会议决定由香港特别行政区政府劳工及福利局/社会福利署、澳门特别行政区政府社会工作局以及广州、深圳、珠海、佛山、惠州、东莞、中山、江门、肇庆市民政局牵头,开展共同提升养老服务质量等行动等十一项共同行动项目。会议签署了《粤港澳大湾区城市民政事业协同发展合作框架协议》①。以大湾区建设为契机,大湾区各地区正积极探索、大力开展大湾区社会工作的交流与合作,目前已经取得了一系列成果,大湾区社会工作事业也将迎来新一轮的全面发展。

---

① 《湾区民政发展造福社会》,《澳门日报》2019年4月8日访问。

B.19 粤港合作创立残疾人康复机构的颐康模式

黄彦瑜*

摘　要： 深圳康复会颐康院是境外资金资助开办、我国香港福利机构运作的残疾人康复机构。颐康院基于香港理念标准，以本地人才为主体运作，为"在粤港人"服务，是粤港合作兴建残疾人康复机构的成功典范。颐康院突破资金、人才、医疗保障的跨境瓶颈，经受住两地政策文化差异的挑战所形成的"颐康模式"，为粤港合作兴建福利机构在建设运营、人才利用、跨境就医、福利可携方面提供了可复制、可借鉴的经验。

关键词： 粤港合作　残疾人康复　颐康模式

一　粤港合作建设深圳复康会颐康院概述

具备45年康复经验的颐康院，是面向港人服务的残疾人康复服务机构。颐康院是安老院，亦是复康院，是融合护理安老、中西复康治疗及适健养生的非营利综合院舍，服务于香港及内地长者和残疾人士。该院参照香港先进的照顾理念，在身体健康、社交心理及文化需求方面全面照顾院友的需要，致力于为长者及残疾人士提供舒适居住环境、优质护理照顾及专业复康服

---

* 黄彦瑜，博士，广东省社会科学院社会学与人口学研究所，助理研究员，主要研究方向为科学与社会。

务,令院友的生命更有尊严,生活质量更高。颐康院由香港赛马会资助兴建,共提供350个床位及各类型的康复设施,人均居住面积达37平方米。其运营模式主要按照以下思路来推行。

(一)由境外资金资助开办、香港注册社会福利机构以自负盈亏的模式经营

颐康院由香港复康会已故会长方心让教授及李文彬先生建立。他们早在90年代就洞悉,可运用国内丰富的土地及人力资源,解决香港长者的安老照顾问题。在他们的努力下,在深圳盐田区觅得颐康院现址,成功建成颐康院。颐康院以民办社会福利机构名义申办,其资金来源于香港赛马会慈善信托基金(斥资八千多万),由具备50年康复经验的香港复康会负责筹建,并以"自负盈亏"的模式经营。香港赛马会在颐康院只提供筹建经费,并没有直接参与院内的管理工作。①

(二)利用特殊历史条件,以"特事特办"的形式完成院舍筹建

2005年4月,作为当时香港复康会的会长、主席的方心让爵士陪同当时分管社会福利工作的民政部副部长阎明复参观了香港社会福利机构运作。阎部长觉得香港在养老、康复方面的理念先进,许多做法值得内地借鉴,希望在内地开办以香港方式营运的社会福利机构,为内地相关院舍起示范作用,并借此解决香港因人口老化带来的院舍压力问题。最早的选址在中山,后来由于路途较远、交通不便等因素放弃,最终选址于深圳盐田梧桐山。在地块的购置方面,颐康院的土地是复康会通过市场化的途径购买获得,但是用地指标仍属于"特批"性质,因为此地块在深圳土地资源发展规划中并没有建设福利机构的打算,而是要建成与物流港相配套的现代服务业基地。在牌照申领方面,当时港资的福利机构只能以外资企业的形式在工商部门办理登记,在省一级民政局部门挂靠并接受管理,但无法被定性为非营利机构。在筹建当初,香港赛马

---

① 文汇报记者:《民办公助 北上养老可行》,《文汇报》2005年12月10日(港文版)。

会深圳康复会颐康院以"外资公司"的形式通过国家外经贸的审批①。

在内地的机构性质认定惯例中,只要以"企业"的形式在工商部门进行登记,就被默认为营利机构。即使颐康院在香港的政策框架下百分百会被认定为"非营利"机构、其上层的管理机构——复康会也被认定为"非营利"机构,在内地也不可能被认定为"非营利"性质,因此也无法享受在粤福利机构可享受的优惠政策。无法享受的政策包括:①土地使用税减免。②水电价优惠。民办非企业社会福利机构用水、用电、用燃气,按照居民生活类价格收费,颐康院就没有享受到这些优惠。③无法享受营业税、进口仪器税收豁免。5%的营业税、进口仪器的税收豁免政策颐康院均无法享受。可见,颐康院的筹建,无论从土地使用权的获得,还是营业执照的办理,只能作为特定历史背景下的特殊案例。当初无法可依、无先例可参照,许多问题的解决均是通过"特事特办"的形式进行的。

(三)基于香港理念标准,以本地人才为主体运作

颐康院的服务标准及运作均采用香港政府资助的残疾人康复服务机构的标准,颐康院有从香港派驻的注册社工、治疗师及注册护士担任管理和督导的工作。虽然颐康院的服务标准与运作均为港式风格,但人员的本地化程度很高。2009年1月1日提拔本地人为院长,并从2月20日开始全面掌管财务工作,共有33个合同工,均为本地人;清洁、保安等工作外判给专业后勤服务公司。港方的人员主要负责管理、督导的工作。

二 颐康模式的运作经验、挑战及其解决路径

(一)该模式受到粤港两地康复服务理念框架和人才培养模式差异带来的冲击

内地以家庭保障为首要,香港以个体保障为首要。事实上,理念的

---

① 深圳市规划局许可证号:1200512695,审批日期:2006年3月,办文编号:08-20051220,资料来源于深圳市规划局存档。

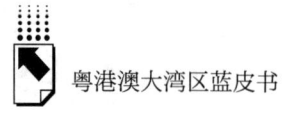

差异没有带来根本性的问题，内地康复界十分接受香港的理念；在为港人提供服务的机构采用香港康复理念、服务手法、技术手段没有任何问题，但在为粤人服务的机构中，港式风格对内地有所冲击，仍在相互适应之中。

人力资源的紧缺是粤港合作发展残疾人康复事业必须跨越的"关口"。目前在广东，由香港社工直接提供服务的机构很少。港方的专业人士均是以督导或者培训师的形式提供技术支援。人力资源本地化的主要原因并不在于法律、法规的限制问题。在用工问题上，残疾人康复不存在像医疗、法律等领域出现香港"执照"无法在内地使用，港人对内地的技术援助仅限于指导但不能"实际操作"的问题。人力资源本地化的障碍在于内地没有对口专业的人才可供选择。对于残疾人康复事业，特别是灌输了新的理念、新的技术的康复事业来讲，内地没有设立这样的对口专业。无论是在职业教育还是在学校教育的专业设置上，内地都缺乏相应的理论授课或专业培训，也就没有这方面的人才储备。

（二）资金、人才和医疗保障的跨境问题是粤港合作的瓶颈所在

境外资金能否跨境注入内地是合作兴办康复机构成功与否的关键。香港赛马会信托基金跨境资助为港人提供服务的社会机构，是在资金跨境、福利可携性方面的有益尝试。粤港澳政府参照马会思维，突破边境限制，将三地政府有限公共服务资源有条件地交由政府承认、受政府监管、有资质的服务机构，为异地生活的粤港澳人士提供基本公共服务，是构建粤港澳大湾区社会服务体系的关键。

同时为了确保香港服务机构于内地提供服务时能维持高质量，在创办机构、开展服务的前期，引入香港的高级管理人员与一线人员是非常有必要的。除了管理层级以外，社工督导也是康复领域必须从香港引入的人才类别之一。颐康院经验显示，社工督导是康复服务的重要角色，对于将香港的服务手法与技术手段引入内地尤为重要。

跨境就医或就地就医问题的解决是康复领域粤港合作能否向纵深

推进的关键。香港的服务使用者如果在内地患病,只能通过"跨境就医"与"就地就医"两种方式就医。由于没有绿色通道机制,跨境就医手续非常麻烦,由于海关过境时,禁止拨打电话的区域无法打通急救电话,经常会需要海关官员协助。"就地就医"的情况也很麻烦,由于香港医疗福利不可携,在内地康复机构使用服务的港人一旦患病,他所耗费的医疗费用香港政府并不负责;即使没有领取综援,在港就医的费用仍然比在深圳便宜得多。以门诊为例,香港普通科门诊所收的费用为每次 50 元[①],而深圳市 2018 年每诊疗人次费用为 278.49 元,是香港的数倍[②]。

(三)两地在政策框架、行政架构、管理理念、处事风格等方面的差异,是造成香港福利服务机构难以在广东运营的主要障碍

香港复康会深圳颐康院的行政总裁周敏姬女士认为,如果用香港的一套方法来解决内地遇到的问题,难以行得通。[③] 她还提出,现在为港人提供社会服务事业还未成气候,整个大环境还不够好,配套的政策措施还没有完备。牌照登记及其衍生出的制度问题是两地行政架构之间的差异引发的最重要问题。此外,由《工会法》与《劳动法》引发的矛盾最难以调和。《劳动法》规定的五天工作制在康复机构操作起来非常困难。由于院舍提供的是残疾人康复服务,康复者的自理能力不强,需要护理人员 24 小时监护。如果以 8 个小时工作时间为限制,必须请 3 位护工,这样的人手安排除了对于成本的控制不利(成本约大幅增加 20%)以外,还对于康复者的心理治疗十分不利。

---

① 数据来自香港医院管理局官方网站,使用公立医院服务的"符合资格人士",是持有根据人事登记条例所发香港身份证的人士,以及拥有香港居民身份的 11 岁以下儿童,其他则属于"非符合资格人士"。
② 深圳市卫生局:《2018 年深圳市卫生统计提要》,2019 年 7 月 11 日。
③ 广东省政府港澳事务办公室、香港特别行政区中央政策组、广东省社会科学院:《粤港合作为港人提供社会服务可行性研究》调研报告,2010 年 5 月,第 15 页。

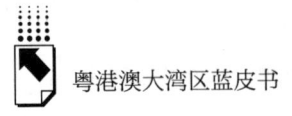

三 粤港合作提供残疾人康复服务的政策路径

（一）港澳政府积极介入是合作筹建得以顺利开展的重要保障

粤港澳合作筹建社会服务机构的成功，很大程度取决于港澳政府的积极介入，港澳政府能否成为主要的领路人与支持者是合办筹建模式成败的关键。由于与港澳的非政府机构不同，内地的非政府机构均带有浓厚的官方性质。粤港澳合作建立社会服务机构是新的事业，新的事业总要遇到新的问题，而联席会议作用有限，它往往解决的是共性的、基础性、框架性的问题，一般事务性问题难以及时得到解决。比起香港非政府组织"乱投医"、"乱用药"，透过官方渠道来解决问题往往省事得多。

（二）要进一步突破福利可携性的限制

在残疾人康复领域中，福利可携性对于服务提供者或服务使用者来讲都至关重要。对服务提供者来讲，场地购置与人力资源开发两方面都需大量资金支持。对服务使用者来讲，以香港为例，公共福利金计划下的津贴，特别是伤残津贴与医疗福利津贴，是北上康复港人最迫切需要携带过境的福利津贴。香港可参照台湾医疗服务可携性的经验，先不采取新建医院的方式，而是借用某些有资质医院的场地，创建专供港人服务的诊所、药房。这样既可以避免与当地医疗卫生资源设置规划起冲突，又可以满足港人在内地的医疗康复需求。

（三）建立政府沟通平台与机制，加强政策衔接

首先要建立两地政府沟通平台与机制，选择在省政府有公权力的政府机构作为两地政府的沟通平台，为拟在广东开设社会福利机构的香港NGO充当"领路人"。沟通机构的具体职能至少包括：①审查机构性质与资质认证，为入粤机构提供包括身份证明在内的各种证明文件等。②为机构与内地

基层部门的沟通提供协助。其次是要加强各级政府、部门间的政策衔接。中央与省政府的政策决策往往是从大处着手，并未包含具体的操作细则。地方基层政府要"吃透"政策内涵并很好地"消化"内容往往需要一定的时间，因此，新出台政策要真正进入操作层面，需要政府内各方面、各部门的通力合作。缩短沟通时间、建立沟通桥梁与机制、提高政策衔接的效率与准确度，是粤方政府为推动粤港合作必须承担的责任。再次，要建立粤港两地用工培训合作机制。内地在人才培养方面应尽量吸收香港的先进理念、服务手法、技术架构。广东在学校教育（包括职业教育与高等教育两大领域）与职业培训方面与港方展开深度合作。

（四）跨越差异较大的地域性文化和法治制度，达成合作基本共识

重新厘定与评估两地政府在合作中的角色将是成功的关键。粤港澳政府应当厘清在社会服务领域开放合作的"责、权、利"。虽然仍有少数港澳人士认为，"港澳人士既已选择直居内地，没有向港澳政府纳税，他在内地享有社会服务就不应当由港澳政府埋单[①]"。但必须看到，在内地享用安老、康复等社会服务的人员中有相当部分属于弱势群体，他们中的许多人已经没有生产能力，更不可能在内地纳税，他们的问题要当地政府解决的可能性不高。港澳方要以崭新的目光审视快速发展变化中的广东，粤方也要以务实的态度明确粤港澳三地在社会服务发展水平上的差距，双方都应本着"以人为本"的精神互相理解，携手共进。

[①] 香港智经研究院：《打造世界级珠三角都会区》之专题五《香港政府官员及专业界人士访谈》，2008年10月，http://www.bauhinia.org/assets/pdf/research/20081028/schi_GD-HK_SubReport_5.pdf，2019年1月1日访问。

三地合作篇

Cooperation within the Great Bay Area

B.20
2018~2019年粤港澳大湾区
营商环境改革报告

高怡冰 刘 城*

摘 要： 深化营商环境改革，加快构建与国际高标准衔接的经贸规则体系，打造具有全球竞争力的营商环境，是进一步提高大湾区对全球资本、人才、机构的吸引力和集聚力，增强发展动力，打造国际一流湾区的重要支撑条件。本报告在全面总结和分析粤港澳大湾区营商环境发展现状的基础上，理清存在的问题和差距，提出进一步深化营商环境改革的思路和对策建议，为深化粤港澳合作，加快形成全面开放新格局，建立开放型经济新优势提供决策参考。

---

* 高怡冰，博士，广东省社会科学院企业研究所，研究员，研究方向为创新理论和企业管理；刘城，硕士，广东省社会科学院企业研究所，副研究员，研究方向为企业竞争力和产业发展与创新。

关键词： 营商环境改革　国际经贸规则体系　粤港澳大湾区

按照打造世界一流大湾区的要求，粤港澳大湾区需要加快形成具有全球竞争力的营商环境，实现粤港澳大湾区城市之间资源要素充分流动和优化配置，实现珠三角与全球产业链和市场的深度融合和有效对接，打造世界经济发展的新引擎。近年来，广东率先推进营商环境改革，并取得显著成效，为国家推进改革、优化营商环境提供了经验，也为各地改善营商环境提供了优秀的学习样本。

一　粤港澳大湾区营商环境的发展现状

深化营商环境综合改革，是粤港澳大湾区打造一流湾区的重要内容。近年来，粤港澳大湾区在优化营商环境方面取得了长足进展。

（一）改革政策措施不断出台

2018年8月，广东省出台《广东省深化营商环境综合改革行动方案》和《广东省深化商事制度改革行动方案》，强调以企业为中心、以企业需求为导向，推动行政办事从以政府部门为中心向以行政相对人为中心转变。珠三角各市根据国家和省的工作部署，出台相关政策措施，围绕深化"放管服"改革这个转变政府职能的突破口，重点推动简政放权、优化行政审批、加强监管、优化服务。如广州2018年10月出台《广州市营商环境综合改革试点实施方案》，在提出打造营商环境"广州样本"后，将营商环境改革的对标对象瞄向全球。

加快构建开放型经济新体制，形成全方位开放格局，共创国际经济贸易合作新优势，为"一带一路"建设提供有力支撑。从具体措施来看，支持深圳、广州开发区创建营商环境改革创新实验区。推广"证照分离"改革，推进"照后减证"。完善对外资实行准入前国民待遇加负面清单管理模式。

建立开办企业"一网通办、并行办理"的工作机制。推动实现粤港澳投资跨境商事登记全程电子化。加快数字政府建设，建设在线智慧政府，建好"粤省事"综合服务平台。加快"多证合一"系统等营商主题服务系统建设。

（二）企业准入更具国际优势

2012年以来，广东在"五证合一、一照一码"改革基础上，进一步整合银行开户许可等许可证，由工商部门核发加载法人和其他社会组织统一社会信用代码的营业执照，实现市场准入"一站式"服务。实践证明，商事制度改革在珠三角各市的改革中发挥了"先手棋"和"突破口"作用，取得了良好的社会效应，是群众满意度最高、获得感最强的改革之一，同时也为全国推广商事制度改革提供了经验借鉴。

2019年，市场准入准营退出改革进一步提速，全省实现开办企业平均办理时间由30个工作日压缩至5个工作日内的目标。2019年上半年，广东省进一步实施"证照分离"改革，实现全程电子化商事登记全覆盖，企业准入更便捷。截至2019年6月底，全省实有各类市场主体1187.7万户，同比增长8.34%。2019年1~6月，全省新登记市场主体108.5万户，日均新登记企业2641户[①]。目前，全省开办企业通常需3个程序，平均办理时间压缩至5个工作日内，广东省开办企业便利度相当于全球190个经济体中前20名的水平[②]，高于我国在世界银行营商环评中第28位的排名。香港开办企业为2个程序，办理时间2天，在全球排名第5位。粤港澳大湾区在市场准入方面更加具有国际优势。

---

① 《为有源头活水来广东上半年日均新设企业2641户，每千人拥有企业46户》，《南方日报》2019年7月28日，http://epaper.southcn.com/nfdaily/html/2019-07/28/content_7813430.htm，2019年9月3日访问。

② 根据《2018年度广东各市开办企业便利度评估报告》的测算，数据引自《广东开办企业便利度进入全球前列》，《南方日报》2018年12月13日，http://news.southcn.com/gd/content/2018-12/13/content_184446751.htm，2019年3月3日访问。

（三）项目审批改革明显提速

广东省在2019年上半年实现全省政府投资项目审批时间压缩至100个工作日以内，社会投资项目审批时间控制在60个工作日以内，其中带方案出让土地及小型社会投资项目审批时间控制在45个工作日内。同时，省和各地级以上市初步建成工程建设项目审批制度框架和信息数据平台。到2020年上半年，将基本建成全省工程建设项目审批和管理体系。广州高新区（黄埔区）还实施"承诺制信任审批"、"订制式审批服务"，使企业投资项目审批时间从110个工作日压减至15个工作日。

（四）政务环境更加透明高效

广东省不断提升行政效能，持续推进行政审批制度改革，进一步清理行政审批事项，成为全国行政审批事项最少、办理最便利的地区之一。大力推进"一门式、一网式"政府服务模式改革，建成覆盖全省的网上办事大厅统一申办受理平台，统筹构建群众办事统一身份认证体系，逐步整合网上办事大厅、实体办事大厅、移动客户端、自助终端等不同渠道的用户认证。

（五）电力保障程度显著提升

加强电网建设，提高供电可靠性。持续开展电网建设攻坚，进一步加大配网建设和改造力度，配网可转供电率和环网率不断提升。2018年，广东通过精简办电环节、缩短办电时限、简化报装资料等举措为企业节约时间成本，精简用电报装流程至2~3个环节，中压业扩报装平均用时降至65天。香港获得电力3个环节，只需要24天，在世界银行营商环境获得电力排名中列第2位。深圳低压接电手续只需2个环节，办理时间原则上不超过3天；高压接电手续缩减至3个环节，办理时间原则上不超过15天（不含外线工程）。

（六）信息共享实现大幅跨越

"数字政府"建设是广东省推进营商环境改革的重要抓手。2018年，出台《广东省"数字政府建设"总体规划》,广东省在全国率先形成大平台共享、大数据慧治、大系统共治的架构,全面推进"数字政府"建设。作为"数字政府"改革代表性成果,"粤省事"小程序累计查询和办理业务2.1亿件,超过八成事项实现"零跑动",成为全国移动政务服务应用的"广东样本"①。另外,广东省通过全省统一上线"开办企业一窗受理"系统,实现"一网通办、一窗受理、并行办理"。大力推进无纸化全程电子化登记,紧紧依靠"互联网+",进一步深化"放管服"改革,加快推行审批事项全过程电子化工作,努力实现"零跑动"政务服务。

二 问题与不足

尽管粤港澳大湾区营商环境明显改善,但与《粤港澳大湾区发展规划纲要》提出的打造具有全球竞争力的营商环境战略要求相比,与国际先进地区相比,营商环境建设仍然存在着不少"短板",主要表现如下。

(一)大湾区内部仍有梯度差异

一是珠三角城市与港澳软环境建设差距明显。珠三角城市与港澳地区在廉洁型、效能型和服务型政府建设方面相比仍有差距,审批事项多、环节多,审批方式较为滞后,行政服务质量和效率有待提高。

二是珠三角城市与港澳的制度性差异明显。CEPA协议已不完全符合当前世界经济发展以及新时期国家改革开放战略的新要求,与国际高标准投资贸易协定的发展趋势和推进粤港澳大湾区经贸自由的预期战略目标不相适应,时代的变化发展和国家战略的推陈出新使得当前CEPA协议的部分内容呈现一定的滞后性。

---

① 《广东营商环境改革:首推"秒批"政务服务民生事项"指尖办理"》,南方网,2019年7月15日,http://news.southcn.com/gd/content/2019-07/15/content_188313990.htm,2019年8月4日访问。

（二）市场环境有待进一步优化

一是珠三角市场环境与港澳法治化市场环境仍有差距。香港奉行法治及自由市场经济，法制健全透明公开，对外资持有股权并无限制，资本、人才、货物和信息均自由流通。香港连续25年位居由美国智库传统基金会与《华尔街日报》发布的"全球经济自由度指数"第一位。澳门奉行自由港政策，投资营商手续相当简便。珠三角城市在法治化营商环境建设方面与香港还有明显差距，在符合国际惯例的地方性法规建设方面还有所欠缺，缺乏系统性和针对性，诚信至上的社会氛围和法治文化氛围仍需加强。

二是珠三角现代市场体系建设相对滞后。世界级大湾区充分发挥市场机制配置资源的决定作用，政府主要充当市场环境的创造者和培训者角色，鼓励要素自由流动，减少市场干预，市场化程度高，形成开放的经济结构、高效的资源配置能力，催生出强大的产业集聚效应。与世界级湾区相比，粤港澳大湾区还未形成统一、开放、竞争、有序的现代市场体系，地区保护、行政壁垒和无序竞争等各种非市场性干扰因素不同程度地存在。粤港澳大湾区的创新网络远未形成，缺乏在全球有着重大影响力的科技企业，未能形成如同硅谷一样的强大创新生态。

三是珠三角城市群内涵和影响力有待提升。世界级湾区注重城市功能分工明确，错位发展，使得集聚效应最大化，形成国际化品牌影响力。美国的纽约湾区是世界金融的核心中枢，其金融业、奢侈品、都市文化等都具有世界影响力，集聚了全球2900多家金融、证券、期货及保险和外贸机构。美国旧金山湾区是世界级科技湾区，是世界上最重要的高科技研发中心之一，汇聚了谷歌、苹果、Facebook等互联网巨头和特斯拉等企业全球总部。与世界级湾区相比，珠三角城市群在城市品质、要素吸引力、国际影响力等方面仍有存在一定差距。

（三）投资便利化水平较低

与世界级湾区（东京湾区、纽约湾区、旧金山湾区）相比，粤港澳大湾区投资贸易便利化水平亟待提升，开放型经济整体水平有待提高。如纽约的对外贸易周转额占全美的1/5，制造业产值占全美的1/3。全美最大的500家公司，1/3以上的总部设在纽约湾区。旧金山湾区GDP接近8000亿美元①。

（四）要素成本相对较高

一是生产要素供给成本比较优势减弱。面对由于市场需求多变、劳动力等资源要素成本上升、节能减排约束趋紧所形成的多重压力，要素成本优势不断削弱。近年来珠三角企业用工成本不断上升，工资薪金支出逐年增长。

二是生活和商务成本上涨趋势快。根据世界银行构建的营商环境指标体系进行测度，广深的商务成本指数得分较低，水电气成本、房价成本（按照房价收入比）并不具有国际优势，尤其是深圳的房价收入比高于纽约、东京、伦敦，广深两市的房价收入比已经位居全球前列。世界最大的人力资源管理咨询机构 Mercer 公司对全球大都会城市生活成本的调查显示，广州、深圳生活成本已进入全球前20。

三是企业为获取发展需要付出额外成本。隐形收费、间接成本、服务缺失现象未消除。某些行政收费项目减少，但转嫁为第三方收费，实际上企业负担并没有减轻。增值税抵扣规则过于复杂、责任主体不清晰，部分涉企收费细则不明晰，使得中小企业难以享受扶持政策。

（五）政务环境仍有较大提升空间

一是行政审批改革还有空间。部分职能部门审批事项还比较繁杂，个别事项企业重复跑路办事的现象依然存在，窗口服务水平还需进一步提升。市场"准入"进一步放宽，但"准入不准营"问题仍然存在，后置审批多、

---

① 何诚颖：《纽约湾区形成与发展的经验借鉴与启示》，2018年6月20日，http://hechengying.blog.caixin.com/archives/182159，2019年7月4日访问。

门槛高、办证难的情况仍不同程度存在。

二是政府服务体系建设不到位。政府服务规范化进程推进慢,规范化衡量指标体系缺失,政府服务人员的服务效果与服务对象的预期目标仍存在一定差距。政府服务信息化技术支撑保障能力不足。随着作风建设的深入推进,窗口部门"办事难"等现象明显好转,但还存在不作为的行为。如新项目上马时可能遇到以政策、纪律为借口,坚持所谓按"规矩"办事,对企业的合理诉求和合法权益不关心、不回应、不作为。

三是企业与政府沟通的渠道还不顺畅,沟通机制需要进一步健全和完善。企业的利益诉求还缺少更直接有效的反馈渠道,一方面影响"放管服"改革的进度,审批程序压缩难、审批时间缩短难的情况得不到解决;另一方面则由于政府部门缺少沟通渠道,职能重叠而又缺少协调。

三 政策建议

全面贯彻习近平总书记视察广东时的重要讲话精神,按照实现"四个走在全国前列"、当好"两个重要窗口"的要求,以打造具有全球竞争力的营商环境为目标,突出"放管服"改革,抓住转变和优化政府职能这个关键,把"数字政府"建设、政府服务改革、优化招商引资环境和提升城市形象作为着力点和突破口,全面优化营商环境。

(一)加快对接,加强监管,打造规范、有序的市场环境

一是提高国际化市场化水平。有必要在营造国际化营商环境的基础上,研究设立大湾区投资促进会和产业发展联盟,推动湾区内部产业价值链条和资源分配模式优化提升,促进产业结构的协同发展和转型升级,并且以粤港澳大湾区为一个整体开展招商引资活动。同时,通过设立空港经济发展协会和科技合作创新基金等,合作共建粤港澳大湾区统一的全要素市场融通体系。

二是打破要素流动的制度障碍。借鉴欧盟消除各国进出口、出入境、货

币、法律、通信差异的经验，在南沙、横琴、前海、河套等地推行自贸区群协同发展的先行先试机制，逐步向香港自由港管理模式靠拢，以最大限度便利人流、物流、资金流以及信息流的双向流动，力争达到自贸区群的无缝对接。

三是推动交通基础设施的网络化建设。统筹规划粤港澳轨道交通网和各级公路网的建设，积极促进港口集群和机场集群的功能延伸和拓展，促进要素市场的自由流动。依托粤港澳港口群建设国际航运中心，打造内联外通、海陆空无缝对接的物流枢纽，构建高速快捷、网络化的基础设施布局体系。

四是强化监管，营造粤港澳大湾区诚信市场。粤港澳大湾区各城市应在市场准入监管、质量安全监管、市场竞争秩序监管等方面严加控制，加强监管协同，形成"大市场、大监管"格局。建立粤港澳大湾区政府间信用合作机制，通过政府的引导和社会的参与，加强区域化的信用合作，营造诚信市场，打造具有大湾区特色的征信体系。

（二）简化程序，畅通渠道，打造开放、高效的投资环境

一是加快落实负面清单制度。充分挖掘和激发企业投资潜力，加快推进投资准入负面清单制度改革试点，严格落实企业投资项目准入负面清单、行政审批清单和政府监管清单管理。通过负面清单落实民间投资的平等待遇，有效破解弹簧门、玻璃门、旋转门等制度性桎梏。

二是降低投资成本。建立健全行政审批监管长效机制，以"建制度、减成本、促融资"为突破口，加快形成权界清晰、分工合理、权责一致、运转高效、法治保障的地方政府机构职能体系，降低企业投资的制度成本。支持有条件的银行试点探索投贷联动融资服务，优化科技创新创业企业融资结构。

三是畅通企业融资通道。推动建立政策性担保机构及统一的征信平台，实现企业信用信息一站式互联互通，扩大征信信息利用覆盖面，降低企业融资成本及金融机构放贷成本。推动银行等金融机构放宽企业技术改造贷款额

度，发展适合技改资金需求特点的金融产品和服务模式。大力发展地方产权和股权交易中心，完善多层次市场交易和循环机制，拓展金融工具的经济属性和社会属性，把融资和"融智"、"融技"结合起来。

四是加大对民营企业投资的支持力度。加快民营企业进入金融、电信、电力、石油等行业的步伐，允许民间资本设立、参股、控股相关行业企业；鼓励民营经济积极参与基础设施、大项目建设。鼓励民间资本发起设立创业投资基金、股权投资基金和产业投资基金，拓宽民间投资领域和范围。规范PPP操作规程，增强PPP模式在实践中的可操作性，稳定民间资本投资PPP项目的长期收益预期，进一步提升投资规模和效率。

（三）降低成本，加强扶持，打造宽松、稳定的经营环境

一是降低企业运营成本。延长阶段性降低社保费率优惠政策期限，合理调整最低工资标准，建立合理的工资增长机制。落实工业用地弹性出让制度，制定完善的配套优惠政策。制定出台电力市场交易规则，扩大市场交易规模。推广天然气生产管输企业向分布式能源、"煤改气"、产业集聚区等用户提供直供服务。制定物流配送便利化政策措施，降低物流运输成本。

二是减少企业税费负担。全面落实国家减税政策，抓好小型微利企业所得税、固定资产加速折旧、研发费用加计扣除、高新技术企业所得税减免等税收优惠政策的落实，对小微企业所得税优惠实行"以报代备"制度。深化"互联网+税务"服务，推进电子退库、更正、免抵调业务，开展新办纳税人"套餐"式办税。严格实施涉企收费目录清单管理，持续开展涉企保证金和经营服务性收费专项清理行动，依法查处各类涉企违法违规收费。

三是规范涉企中介服务。继续完善市直部门行政审批中介服务事项清单，规范中介服务收费行为，制定并完善中介服务规范和标准，建立统一管理、分级负责的中介服务监管机制，破除中介服务垄断，开展中介服务去行政化工作。

四是加强政府采购管理。制定公共资源交易市场健康有序发展实施意见，全面推行交易服务网上办理，统一服务标准和办事指南。健全政府购买服务目录，逐步扩大政府购买服务范围。实现政府采购项目全过程信息公开，中标、成交结果、合同签订等信息依法依规及时公开。全面开展公共资源交易实时在线监管，建立政府采购合同跟踪管理机制，建立健全政府采购投诉机制。

（四）深化改革，完善机制，打造高效、透明的政务环境

一是全面深化政府体制改革。要抓住大湾区协同发展的契机，对投资审批制度、贸易通关流程和监管报备方式进行优化调整，实现电子化、高效化、透明化以及一站式流程管理，提升贸易和投资的便利化程度。

二是健全政务公开机制，并选拔与培训行政人员，培养服务意识。建立政务公开机制、打造透明政府是粤港澳大湾区国际化营商环境建设的内在要求。例如，香港通过"网上政府"完善各部门信息化建设及共享，使得各个部门的办理事项基本上都可以在网上办理。此外，各部门网站均公布了详细的法律法规、办事指引、资料表格、负责人及部门、受理情况、办理结果等信息，方便企业投资项目办理各类事项。因此，粤港澳大湾区各级政府一方面应加强行政人员选拔与培训，提高政府办事效率和服务水平，让政府成为一个充满活力与竞争力的服务型政府。另外，加强执法，严惩公务人员的贪污腐败行为。

三是鼓励建设中介服务机构，完善投资促进服务平台。香港贸易发展局是半官方的中介机构，为众多中小企业提供专业的服务，带来方便。借鉴香港经验，粤港澳大湾区其他城市应树立以服务促投资理念，与世界一流的会计师事务所、律师事务所、境外银行、国际投资咨询机构等经营服务专业机构联合构建投资前期服务、投资中期服务和投资后期全方位投资服务，进而实现投资者考察便利化、信息和市场研究便利化、企业运营便利化，提升粤港澳大湾区专业中介服务水平。

参考文献

张晓光:《粤港澳合作:政商手册——服务贸易"负面清单"》,中国社会科学出版社,2016。

李晓惠:《粤港澳大湾区与香港》,香港商务印书馆,2019。

张燕生、肖耿、罗祥国:《中国未来:佛山模式》,中信出版社,2017。

徐现祥、林建浩、李小瑛:《中国营商环境报告》,社会科学文献出版社,2019。

B.21
2018~2019年粤港澳大湾区核心城市溢出进展报告

宋宗宏*

摘　要： 2018年以来，粤港澳大湾区核心城市溢出呈现新的亮点，核心城市与非核心城市间的协同发展机制建设有所加快，城市间基础设施建设与联通力度加大，核心城市对非核心城市的科技与产业溢出进程明显加快，广佛公共服务共享和生态环境共治成效显著。进入湾区时代，核心城市溢出范围不断扩大，溢出渠道增多，但核心城市本身尚未完成转型、非核心城市承接溢出能力有待提升、城市间体制机制障碍等制约了溢出效应的发挥。未来，迫切需要以功能区的理念统筹粤港澳大湾区城市发展。四大核心城市要突破城市本位思维，在加快实现城市转型的同时，联手非核心城市构建全面协同发展机制，加快破除阻碍要素高效便捷流动的体制机制障碍，进一步增强核心城市溢出效应和辐射带动作用。

关键词： 城市群　协同发展　核心城市　溢出效应　粤港澳大湾区

与此前的粤港澳合作时期相比，粤港澳大湾区内各城市联系和互动愈加频密，香港、澳门、广州、深圳四大核心城市的溢出效应愈加突出。未来，

---

* 宋宗宏，博士研究生，广东省社会科学院经济研究所，副研究员，主要研究方向为宏观经济、经济发展战略与政策。

要在继续做优做强四大核心城市的同时，加快构建城市间全面协同发展机制，进一步增强核心城市的溢出效应。

一 粤港澳大湾区核心城市溢出基本情况

2018年以来，四大核心城市充分发挥粤港澳大湾区的核心引擎作用，强化城市间对接合作，核心城市溢出效应不断增强。

（一）协同发展机制建设进一步加快

广州与佛山、中山的协同发展进程进一步加快。2018年12月，广州、佛山两市正式签署《深化广佛同城化战略合作框架协议》，致力于从科技创新和产业协同等方面纵深推进广佛同城化。2018年12月，广州和中山签署战略合作框架协议，拟在重大规划衔接、基础设施对接等领域深化交流与合作；广州南沙新区与中山翠亨新区签署战略合作框架协议，确定两区将推动规划对接、交通基础设施互联互通、产业协同发展、科技创新平台共建、公共服务平台开放对接、体制机制创新与政策创新共享、生态环境联治、环珠江口特色水乡旅游带建设。深圳不断加强与周边城市的协同发展。2018年4月，深莞惠经济圈（3+2）党政主要领导第十一次联席会议召开，提出要在深莞惠经济圈（3+2）合作机制上，推动在东莞、惠州邻近深圳地区划出一定区域，规划建设跨行政边界的协同发展试验区。

（二）城市间交通基础设施互联互通加快推进

2018年以来，广深港高铁、港珠澳大桥、南沙大桥相继开通运营，穗莞深城际铁路已实现全线轨通，深中通道、南沙港铁路正加快建设，深茂铁路深圳至江门段正加快推进前期工作。这些重大交通基础设施的建设（见表1），将提高通勤效率，使城市间要素流动更便捷，有利于扩大核心城市的辐射半径。

表1 核心城市与重大交通基础设施建设

类别	项目	建设内容	通车时间	进展
高速公路	港珠澳大桥	东起香港国际机场附近的香港口岸人工岛,向西横跨南海伶仃洋后连接珠海和澳门人工岛,止于珠海洪湾立交,桥隧全长55公里	已通车(2018年10月23日)	—
	南沙大桥(虎门二桥)	西起广州市东涌立交,上跨狮子洋入海口,东至东莞市沙田立交,全长12.891公里	已通车(2019年4月2日)	—
	深中通道	起于广深沿江高速机场互通立交,与深圳侧连接线对接,向西跨越珠江口,在中山市翠亨新区马鞍岛上岸,终于横门互通,全长24公里	2024年	2018年底已进入沉管隧道建设部分
铁路	广深港高铁	北起广州南站、南至香港西九龙站,线路全长141公里	已全线通车(2018年9月23日)	—
	穗莞深城际铁路	起点为广州增城新塘镇,通过广深铁路连接广州东站,终点为深圳机场站,全长约76.1公里	2019年9月30日	至目前,已实现全线轨通,下一步将进行全线静态验收和联调联试
	深茂铁路深圳至江门段	起于深圳枢纽西丽站,止于江门站,全长115.653公里	2023年	正抓紧推进前期工作,预计2019年9月完成可研审批
	南沙港铁路	自广珠铁路鹤山南站接轨至南沙港区,新建正线长87.8公里,途经江门、中山、佛山及广州四市,主要服务于南沙港区集装箱疏运和临港工业	2020年	2018年底已进入架梁施工阶段

注:根据公开资料制作,梳理时间截至2019年4月底。

广州与周边城市交通基础设施互联互通进度加快。2018年12月,《广州综合交通枢纽总体规划(2018~2035年)》出台,提出加快提升白云机场、广州南站、广州火车站、南沙港等综合交通枢纽的功能,加快与周边城市轨道、道路交通互联互通,到2020年基本建成以广州为核心的粤港澳大湾区城际铁路网和城际铁路枢纽体系,实现1小时交通圈。深圳与惠州、东莞的交通对接进程加快,深圳加快推进穗莞深城际、赣深铁路项目建设,地铁6号线支线、10号线东延、11号线、12号线、20号线、13号线北延工程等均预留了延伸至东莞的条件，地铁14号线、8号线、16号线、19号线和21号线等也预留了延伸至惠州的条件。广深港高铁香港段、港珠澳大桥和莲塘/香园围新陆路口岸的相继开通，使香港加速融入粤港澳1小时交通圈的布局。粤澳新通道基础工程已全面开展建设，整体工程预计2019年底前完工，将实现广珠城轨与澳门轻轨的便捷对接。

（三）科技和产业对接合作向深层推进

2018年以来，核心城市之间、核心城市与非核心城市之间通过深层次推进科技和产业对接合作，进一步促进了溢出效应的发挥。

1. 港澳对珠三角城市科技和产业溢出效应不断增强

一是珠三角粤港澳重大合作平台建设加快推进。三大自贸片区建设取得显著进展，香港科技大学（广州）项目确定落地南沙，南沙粤港深度合作园、前海深港文创小镇、深港设计创意产业园、横琴粤澳合作产业园等重大合作平台加速建设。截至2018年底，三大自贸片区累计注册1.4万余家港澳企业，汇丰、东亚、恒生、周大福、港交所等知名企业纷纷落户，11家粤港澳合伙联营律师事务所也陆续成立；南沙粤港澳（国际）青年创新工场等青年创新创业基地累计入驻港澳青年创业团队433家。深圳深入推进河套深港科技创新特别合作区建设，成立高规格的领导小组及4个专责领导小组，编制了合作区总体规划、科技产业规划和空间规划，拟与香港加强协同创新合作。

二是港澳产业投资对珠三角城市溢出效应明显。港澳资金一直稳居珠三角实际利用外资来源地的第一位。以广州、深圳和东莞为例，2013~2017年三市实际利用港澳外资的金额从87.97亿美元增长到129.8亿美元，占三市实际利用外资的比重从61.5%上升到84%，2015年是一个转折点，占比出现大幅跃升（见图1）。

三是近年来港澳对珠三角城市通过主体间联系产生创新溢出的现象日益增多。港澳的大学、科研机构与珠三角的企业在频繁的网络互动中推动知识

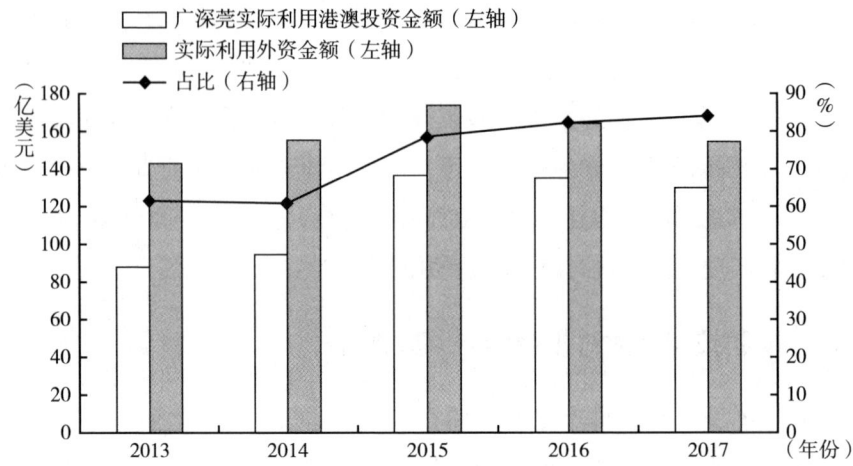

图1　广深莞三市实际利用港澳投资情况：2013~2017年

资料来源：2014~2018年各市统计年鉴。

加快向珠三角城市溢出。典型的产—学联系，如大疆科技的发展充分借助了香港科技大学的无人机研发资源，香港科技大学还在东莞设立了松山湖国际机器人产业基地，珠海云洲智能公司与香港科技大学合作设立大湾区人工智能海洋科技创新中心等。港澳的高校和科研机构也通过设立分支科研机构、孵化转化机构（包括新型研发机构等）等方式直接促进知识溢出。港澳高校也不断加快在广东（特别是珠三角地区）布局发展，如香港科技大学正谋划在南沙建设广州校区、与南方科技大学共建深港微电子学院，澳门大学加快建设横琴校区，澳门科技大学与中山合作筹办香山大学等。

2. 广州和深圳对珠三角其他城市科技和产业溢出进程加快

推进创新和产业协同发展是广佛两市政府的重点工作。2018年8月，广州和佛山两地政府签署《深化创新驱动发展战略合作框架协议》，提出要重点打造包括广佛科技创新产业示范区在内的三大合作板块，先行先试探索跨区域合作机制。广州南站片区、荔湾国际科技创新产业区、东沙片区及佛山禅南顺高端创新集聚区共约153.5平方公里区域被作为示范区，纳入《广佛同城化建设2018年度重点工作计划》。

表2　港澳通过主体间联系促进知识溢出的典型方式及案例

主体间联系类型	典型案例	说明
产学联系	大疆科技(港-深)、松山湖国际机器人产业基地(港-莞)/珠海大湾区人工智能海洋科技创新中心(云洲智能与香港科技大学合作)	近年来香港科技大学等香港高校与珠三角(特别是深圳、东莞)的互动模式有向斯坦福大学与硅谷互动模式演进的趋势
研发—孵化转化(共建新型研发机构等)	香港科技大学深圳研究院、广州市香港科大霍英东研究院、佛山市香港科技大学LED-FPD工程技术研究开发中心、广东药科大学—香港大学中山创新平台、澳门大学—珠海横琴新区产学研示范基地	核心城市与非核心城市之间通过设立分支机构、合作共建创新平台等方式形成研发—孵化转化关系或研发—生产关系,将会成为塑造未来大湾区城市间科技创新协作关系的主动力
合作办学	香港科技大学广州校区、南方科技大学深港微电子学院、澳门大学横琴校区、香山大学(澳门科技大学与中山合作筹办)	大湾区需要进一步增强原始创新能力和高素质人才的供给能力,港澳高校正加快在广东布局发展
创新创业中心建设	前海深港青年梦工场、南沙"创汇谷"、横琴澳门青年创业谷	面向港澳引进创新创业团队。地方政府建设创新创业中心的动机是承接港澳创新创业资源的溢出
共建科技创新合作区	河套深港科技创新特别合作区	打造连片式重大科技创新平台和载体,吸聚核心城市高端创新资源入驻,也在客观上促进了核心城市的知识溢出

注:创新创业中心建设、共建科技创新合作区等可能会包含产学联系、研发—孵化转化联系等,几种典型主体间联系之间的区分也不是绝对的。

深圳目前正加快实施东进、西协、北拓、南联发展战略,对周边城市的科技与产业溢出效应日益显著。2018年深汕特别合作区正式揭牌,截至2018年底,已供地产业项目67个,其中61个来自深圳,并且龙头企业云集;深圳市已累计向深汕特别合作区投入财政资金超过70亿元。对东莞、惠州、中山的溢出效应明显。东莞大力打造松山湖高新区和滨海湾新区,加快承接深圳产业溢出。惠州积极对接深圳东进战略,加快打造仲恺高新区和环大亚湾新区两大战略平台。中山积极对接广深科技创新走廊,谋划建设东部产业创新带,整合中山火炬开发区园、翠亨新区园等重大产业发展平台;在翠亨新区打造深圳医疗器械产业园,积极承接深圳生物医药产业和创新资源。

表3 核心城市通过科技与产业合作产生溢出效应的典型案例

核心城市	典型案例	说明
港澳	向珠三角转移低端制造业/三大自贸片区/河套港深科技创新特别合作区	从转移"三来一补"加工贸易产业到扮演科创中心与超级联系人角色
深圳	深汕特别合作区/深圳东进、北拓对惠州、东莞的溢出	由于城市发展空间有限,近年来深圳的溢出效应日益显著
广州	广佛科技创新产业示范区/广州佛山汽车制造产业协同发展	近年来在广佛肇经济圈和广佛同城加快建设背景下,广州的溢出效应正加快显现

(四)加快推进公共服务共享和生态环境共治

核心城市联手周边城市通过推进公共服务共享和生态环境共治,遏制核心城市负面溢出效应(如对周边城市的虹吸效应、污染溢出等),增强核心城市积极溢出效应。广佛公共服务共享和生态环境共治是城市协同发展的典范。经过十年的发展,广佛共同推动落实社会民生项目41个、生态环境保护项目16个[1],截至2018年底实现1396个政务事项"异地申请、跨城通办"[2]。医疗同城方面,截至2018年底广州、佛山分别共有171家、64家医疗机构成为省内异地联网结算医疗机构[3];环境共治方面,花地河、白坭河、佛山水道和西南涌等广佛跨界河涌水质不断改善;桑基鱼塘、绿水红荔的岭南水乡风貌重现在人们视野中。

二 核心城市溢出过程中存在的问题

受核心城市本身转型升级不到位、城市间基础设施互联互通程度不够以

---

[1] 莫璇:《广佛同城十年成果》,《佛山日报》2019年3月14日第3版。
[2] 朱伟:《2019年佛山市政府工作报告》,禅城区人民政府门户网,http://www.chancheng.gov.cn/zhangcha/0201/201903/0dd915331c3446b6bb08758b230f6994.shtml,2019年6月30日访问。
[3] 耿旭静、李天研、何颖思:《广佛同城化加速正当时》,人民网广东频道,http://gd.people.com.cn/n2/2018/1228/c123932-32465145.html,2019年6月30日访问。

及生产要素流动不畅等因素影响，粤港澳大湾区核心城市对其他城市的辐射和溢出效应还不够强。

（一）核心城市本身尚未完成转型升级，溢出效应未得到充分发挥

粤港澳大湾区四大核心城市中，香港和澳门早已成为服务业占据绝对主导地位的经济体，但广州、深圳经济转型升级均未完成。2018年数据统计显示，广州高技术制造业增加值占规模以上工业的比重仅为13.4%，远低于全省平均水平。新兴产业增速快但体量小，科技创新能力仍有待提升。澳大利亚智库2thinknow发布的《2018全球创新城市指数》数据显示，广州仅排在第113位。相比而言，深圳已完成向创新型经济和后工业化经济的转变，2018年金融、物流、文化及相关产业与高新技术产业四大产业增加值占GDP的63.9%，战略性新兴产业增加值占GDP的比重达37.8%，但新一代信息技术产业一业独大，海洋经济、新材料、生物医药产业规模偏小[1]。深圳对周边城市的溢出，更多的是一种"被迫"性质的溢出。从溢出的结果看，没有明显的证据显示大湾区各城市间将出现经济密度和人均GDP趋向收敛的趋势（见表4）。

表4 大湾区各城市2018年主要经济指标

城市	面积（平方公里）	人口（万人）	GDP（亿元）	经济密度（亿元/平方公里）	人口密度（人/平方公里）	人均GDP（万元）	服务业比重(%)
香港	1106.7	748.3	24001	21.69	6762	32.21	92.4*
澳门	33	66.75	3603	109.18	20227	54.57	94.9*
广州	7374	1449.8	22859	3.10	1966	15.5	71.8
深圳	1997	1252.8	24222	12.13	6273	19	58.8
珠海	1736	176.6	2915	1.68	1017	15.9	49.1
佛山	3798	765.7	9936	2.62	2016	12.8	42
惠州	11347	477.7	4103	0.36	421	8.5	43

---

[1] 《深圳市2018年国民经济和社会发展统计公报》，深圳政府在线，http://www.sz.gov.cn/zfgb/2019/gb1098/201904/t20190429_17146572.htm，2019年6月30日访问。

续表

城市	面积 （平方公里）	人口 （万人）	GDP （亿元）	经济密度 （亿元/平方公里）	人口密度 （人/平方公里）	人均GDP （万元）	服务业 比重（%）
东莞	2460	834.3	8279	3.37	3391	9.9	51.1
中山	1784	326	3633	2.04	1827	11.1	49.3
江门	9507	456.2	2900	0.31	480	6.3	44.5
肇庆	14891	411.5	2202	0.15	276	5.3	49

注：＊为2017年数据。

资料来源：香港、澳门数据分别来源于香港政府统计处、澳门统计暨普查局；珠三角各市资料来源于统计公报。

（二）非核心城市承接核心城市溢出能力仍有待提升

珠海、惠州、中山等非核心城市承接核心城市溢出的能力还有待提升。目前来看，制约因素一是交通基础设施的通达性与便利性，二是城市的知识储备与产业基础。例如，中山无论是与深圳，还是与广州的互联互通方面均有较大的完善提升空间；珠海与广州、澳门、深圳的互联互通水平仍有待提升。同时，从城市知识储备与产业基础看，非核心城市一般缺少高水平大学、大院大所和重大科技创新基础设施布局。清华大学中国新型城镇化研究院和清华同衡规划设计研究院有限公司2019年2月联合发布的《中国都市圈发展报告2018》显示，2017年深圳都市圈、广州都市圈中心城市与外围城市之间企业互相投资规模分别达287亿元、85亿元，低于上海都市圈的399亿元，核心城市企业投资更多流向都市圈外。

（三）城市间体制机制障碍制约了核心城市发展的溢出

粤港澳大湾区核心城市与非核心城市之间的空间联动及功能分工模式与纽约、旧金山和东京三大湾区均不同。首先，制度多元性及过高的协调成本在一定程度上阻碍了要素在城市间的便捷流动和合理配置，如港澳与珠三角在多行业专业资格方面尚未实现互通互认，港澳居民回乡证功能、子女教育等方面仍未享受同等待遇。其次，长期以来，珠三角城市以行政区划为基本单位谋划推进城市发展,一级政府一级事权、一级政府负责辖区内事务的发展方式占主导地位,城市间协同发展不够。珠三角非核心城市之间产业同质化程度相当高,如珠江西岸的佛山、中山、珠海、江门均把装备制造作为支柱产业来培育。

三 前景展望

粤港澳大湾区四大核心城市要突破城市本位思维,加快与非核心城市联手构建全面协同发展机制,进一步增强核心城市溢出效应和辐射带动作用。

(一)加快推动核心城市转型

广州要充分发挥国家中心城市的引领作用,全面提升国际商贸中心、综合交通枢纽、科技教育文化中心功能,加快提升城市创新能力和城市品质,着力建设国际大都市。深圳要抓住粤港澳大湾区建设和中国特色社会主义先行示范区建设的机遇,不断增强核心引擎功能。香港要抓住粤港澳大湾区建设和实施"一带一路"倡议所带来的重大历史机遇,推进金融、创新科技、供应链管理、专业服务、运输物流等产业高端化发展,致力于打造粤港澳大湾区高端创新和服务中心。澳门要充分发挥内联外引的"精准联系人"功能,加快培育会展、中医药、文化创意以及海洋经济等新兴产业,促进经济适度多元化发展,加快建设世界旅游休闲中心。

(二)强化核心城市与非核心城市间的全面协同联动发展

在粤港澳大湾区框架下,需要进一步借鉴世界一流湾区、长三角城市群、京津冀城市群协同发展经验。如长三角地区为把 G60 科创走廊[①]打造成为长三角更高质量一体化发展的重要引擎,推动走廊各城市签署了战略合作

---

① 主要依托 G60 高速和沪苏湖高铁两条通道,以上海为核心,囊括松江、嘉兴、杭州、金华、苏州、湖州、宣城、芜湖、合肥等九个城市。

协议，组建了联席会议制度及其办公室，推进各市协同、一体发展。非核心城市要以加强与核心城市的基础设施互联互通、提升产业发展基础、建设对标核心城市的一流营商环境为工作的重要着力点，增强承接核心城市溢出能力。如中山需要加大市级统筹特别是土地统筹能力，加强与深中通道、广州重大交通枢纽、深茂铁路等的对接；举全市之力加快岐江新城和翠亨科学城"双核"建设；进一步加强行政审批制度、商事制度、市镇（街）高质量协同发展体制等引领型创新型改革。

（三）加快破除阻碍要素高效便捷流动的体制机制障碍

借鉴欧盟建设内部共同市场的经验，创新体制机制，率先在自由贸易试验区、深港科技创新特别合作区等开展试点。可在如下领域率先实现突破：一是加快商事制度、行政审批、市场准入、知识产权保护、行业协会的去行政化等领域的全面深化改革。二是推进贸易投资便利化机制建设。不断加强湾区跨境海关合作以及跨境共同监管设施的建设与共享，进一步加大服务业领域开放力度，对港澳投资者取消或放宽准入、经营限制。加快推进珠三角与港澳专业资格互认。三是加快推进金融市场的互联互通。四是在广东自由贸易试验区、深港科技创新特别合作区先行先试，探索建立促进粤港澳科技创新要素高效便捷流动的体制机制，成熟后在大湾区推广实施。

参考文献

梁庆寅、陈广汉：《珠三角区域发展报告（2013）》，中国人民大学出版社，2013。
毛振华：《推动粤港澳大湾区体制机制创新》，《中国社会科学报》2019年2月27日。
清华大学中国新型城镇化研究院、清华同衡规划设计研究院有限公司：《中国都市圈发展报告2018》，2019年2月，http：//tuc‐su.tsinghua.edu.cn/upload_files/atta/1551401345990_2C.pdf，2019年8月4日访问。
2thinknow："Innovation Cities™ Index 2018：Global"，https：//www.innovation‐cities.com/innovation‐cities‐index‐2018‐global/13935/，2019年8月4日访问。

B.22
2018~2019年粤港澳大湾区社会福利和服务合作发展报告

黄彦瑜*

摘　要： 粤港澳政府非常重视社会民生领域的合作，三地政府不断强化区域协同治理、加强社会民生服务，使民众体验到实实在在的合作成果。2018年以来，粤港澳三地在社会服务理念交流协作、港澳机构试点在广东兴办社会服务机构、港澳推动社会福利可携性方面取得长足的进展。劳动力、社会资本资源要素、居住空间流动性的不断加强，对城市间社会治理制度的对接和整合提出新的要求。持续突破政府社会福利可携性的政策藩篱，允许社会福利在三地自由流动，促进粤港澳三地在社会服务中的合作，成为共建人文湾区、建设宜居优质生活圈的题中应有之义。

关键词： 社会福利　社会服务　福利可携性　优质生活圈　粤港澳大湾区

粤港澳政府非常重视社会民生领域的合作，三地政府不断强化区域协同治理。1998年香港特区政府与广东省人民政府建立"粤港合作联席会议"制度，2003年和2004年香港特别行政区政府、澳门特别行政区政府分别与

---

* 黄彦瑜，博士，广东省社会科学院社会学与人口学研究所，助理研究员，主要研究方向为科学与社会。

中央人民政府签署CEPA和《内地与澳门关于建立更紧密经贸关系的安排》。从2008年开始，粤港双方有关专责小组就加强粤港在教育、医疗、社会服务等领域合作进行磋商，截至2018年共签署11个补充合作协议①，意味着粤港合作提供社会福利进入实质性推动阶段。如CEPA补充协议五②就允许香港服务提供者在广东以独资形式设立门诊部，CEPA补充协议六③提出允许香港服务提供者以不超过70%外资股权比例设立合资、合作医疗机构。

一 深化粤港澳社会民生合作是人文湾区建设的必然要求

社会民生合作是粤港澳经贸产业合作融合发展趋势的必然结果。以粤港合作为例，改革开放以来，粤港两地形成香港以服务业为主、广东以制造业为主的垂直分工模式。如今，这种垂直分工进一步向水平分工转变，产业合作的重点领域也从制造业向服务业转变。根据CEPA协议，内地向香港开放服务贸易等领域，使得香港的银行、保险、教育、医疗等服务企业及个人进驻内地的广度和深度不断提升，由于生活性服务业与社会民生紧密相连，粤港在服务业上的紧密合作必将加速民生领域的合作。同时，社会民生合作也是统筹推进粤港澳地区社会服务供给侧结构性改革的关键。随着粤港澳三地经济发展和公民权利意识的增强，社会福利和社会服务供给由早期简单的生活救济型社会福利服务向以服务促发展的普惠性社会服务转变与提升，其发展模式需要从简单的传统义务工作逐步转变成为需要专业化管理和认证制度的模式，这对深化三地社会民生的合作提出更高的要求。

---

① 中国商务部港澳台司：《内地与港澳关于建立更紧密经贸关系的安排（CEPA）专题》，http：//www.tga.mofcom.gov.cn/article/zt_cepanew/，2019年10月6日访问。
② 中国商务部、香港特区政府：《内地与香港关于建立更紧密经贸关系的安排》补充协议五，2008年7月29日。
③ 中国商务部、香港特区政府：《内地向香港开放服务贸易的具体承诺的补充和修正六》，2009年5月9日。

二 粤港澳大湾区社会福利和社会服务合作现状和经验

自1997年以来,为满足大量港人、澳人在广东工作、生活和居住所衍生出一系列社会民生需求,粤港澳三地政府进行广泛合作,取得初步成效。

(一)养老服务

从1997年"综援长者自愿回广东省养老计划"的实施,到1998年和2006年香港"伸手助人协会"和"复康会"分别在肇庆和深圳盐田兴建为在粤港人服务的安老院舍,再到在广东省进行试点,允许香港服务提供者以独资民办非企业单位形式经营养老机构,粤港澳三地在政策框架对接、服务理念互鉴、实践领域协作试点方面扎实推进。

1. 港澳以先进理念大力支持内地养老服务事业发展

民政部发言人在谈及粤港两地社会服务合作时指出,香港和澳门已经形成一套符合本地特点的养老服务体系,两地服务理念互鉴、推动内地养老事业发展[①]。如香港社会团体联合会以广东为重点合作地区,协助推动广东社会福利服务的专业化和标准化,通过培训平台、顾问服务和资源库,为民政系统提供社工岗位设置及购买服务、社会服务管理专业化、社会组织发展及非政府组织能力建设、服务系统建立等方面的相关培训。

2. 粤港澳养老服务合作的政策性框架已制定完成

随着2013年《港澳服务提供者在广东以独资民办非企业单位形式举办养老机构申请指引》的出台,港澳服务提供者举办养老机构的申办条件、申请审批程序,以及与内地民办社会福利机构享受同等优惠政策的规定得以进一步明晰。根据CEPA合作协议,广东省民政部门与香港社会福利署、香

---

① 李寒芳、罗争光:《民政部:将加大对港资在内地开办养老机构的支持力度》,新华网,2017年6月27日,http://www.xinhuanet.com//politics/2017 - 06/27/c_ 1121218201.htm,2018年12月4日访问。

港工业贸易署、澳门社会工作局共同制定了港澳服务提供者在广东举办养老机构申请指引等工作规范，为港澳服务提供者来粤兴办养老机构和残疾人福利机构提供政策咨询。

3. 港人以独资或合资合作形式在粤兴办养老机构已达五所

截至2018年年底，已有3家香港服务机构和2名香港居民以独资或合资合作形式在广东省兴办了5所养老机构①。其中，香港伸手人协会在肇庆高要市独资兴办了"肇庆伸手助人护老颐养院"，床位300张；香港复康会在深圳市盐田区独资兴办了"深圳复康会颐康院"，床位315张；香港鸿图医疗集团有限公司与佛山市三水区乐平镇政府合作合资办了"乐平颐康安老综合服务（佛山）有限公司"，床位287张。②

最早跨境合作兴办的养老机构，一家是位于肇庆市的伸手助人护老颐养院，一家是位于深圳盐田的康复会颐康院。肇庆伸手助人护老颐养院由赛马会慈善信托基金拨款9780万元在1998年兴建。该院为香港长者提供住宿及医疗护理服务，员工超过130位。③ 香港赛马会深圳复康会颐康院由香港复康会已故会长方心让教授及李文彬先生建立。他们在深圳盐田区觅得颐康院现址，颐康院于2006年成功建成。颐康院是融合护理安老、中西复康治疗及适健养生的非营利综合院舍，服务香港及内地长者及残疾人士；由香港复康会负责营运管理，共提供350个宿位及各类型的复康设施。截至2018年底，入住率达95%④。

---

① 广东省民政厅：《港人在广东兴办5家养老机构　设置床位逾2000张》，中国新闻网，2018年07月26日，https://www.chinanews.com/sh/2018/07－26/8580539.shtml，2019年2月2日访问。
② 广东省卫生健康委：《关于政协第十二届广东省委员会第二次会议第20190913号提案答复的函》，粤卫案函〔2019〕219号，2019年6月25日发布。
③ 香港赛马会伸手助人肇庆护老颐养院介绍详情见机构官方网站 http://www.helpinghand.org.hk，2019年3月2日访问。
④《星岛日报》记者：《北上养老升　深颐康院44%港人》，《星岛日报》（网络版），2018年9月4日，https://www.singtao.ca/2292220/2018－09－04/post－%E5%8C%97%E4%B8%8A%E9%A4%8A%E8%80%81%E5%8D%87%E2%80%82%E6%B7%B1%E9%A0%A4%E5%BA%B7%E9%99%99%A244%E6%B8%AF%E4%BA%BA/?variant=zh－hk，2019年1月2日访问。

4. 多项社会服务突破福利可携性的政策障碍，实现"跨界续领"

香港在 1997 年推出的"综援长者自愿回广东省养老计划"，率先打破综合援助金不可携的限制。① 截至 2018 年 3 月底，计划的受助长者共有 1205 名定居于广东。在 2018～2019 年度，该项预算经常开支（不包括两个月额外金额）约为 6800 万港元。② 2013 年香港福利署在"公共福利金计划"下又推出"广东计划"，让选择到广东省定居的合资格香港长者，无须每年回港，亦可领取高龄津贴。截至 2018 年 3 月底，约有 17000 名香港老人受惠于"广东计划"。最后一个是 2014 年 6 月推出的"广东院舍住宿照顾服务试验计划"，向两家分别位于深圳和肇庆并由香港非政府机构营运的安老院舍购买宿位，让正在轮候香港资助护理安老宿位的长者自愿选择入住。③ 广东方面，2005 年发布的《劳动和社会保障厅关于贯彻执行〈台湾香港澳门居民在内地就业管理规定〉的通知》④，允许在广东就业的港澳台同胞享受包括基本养老保险、医疗保险、失业保险和工伤保险在内的社会保障。另外，2018 年国家人社部发布的《香港澳门台湾居民在内地（大陆）参加社会保险暂行办法（征求意见稿）》规定，在内地（大陆）居住的未就业港澳台居民，可参加城乡居民基本养老保险和城镇居民基本医疗保险。⑤

---

① 香港特别行政区福利署：《综援长者广东养老计划》，2019 年 2 月，香港特别行政区福利署网站，https：//www.swd.gov.hk/tc/index/site_pubsvc/page_socsecu/sub_portableco/，2019 年 4 月 14 日访问。
② 魏东升：《数千名香港老年人携带香港福利回内地定居养老》，2018 年 5 月 3 日，紫荆网，http：//hk.zijing.org/2018/0503/755292.shtml，2019 年 4 月 1 日访问。
③ 香港特区政府社会福利署：《社会福利署回顾 2013-14&2014-15》，2015 年 3 月 31 日，https：//www.swd.gov.hk/storage/asset/section/1435/sc/swd%20review%202013-15_SC.pdf，2019 年 4 月 14 日访问。
④ 广东省劳动和社会保障厅：《关于贯彻执行〈台湾香港澳门居民在内地就业管理规定〉的通知》，粤劳社〔2005〕133 号，2005 年 11 月 25 日。
⑤ 人力资源和社会保障部：《关于〈香港澳门台湾居民在内地（大陆）参加社会保险暂行办法（征求意见稿）〉公开征求意见的通知》，2018 年 10 月 25 日。人力资源和社会保障部网站，http：//www.mohrss.gov.cn/SYrlzyhshbzb/zcfg/SYzhengqiuyijian/zq_fgs/201810/t20181025_303522.html，2019 年 1 月 1 日访问。

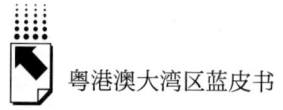

（二）残疾人服务

残疾人康复是粤港合作为港人提供社会服务的重要内容之一。目前在粤港合作举办残疾人康复机构方面已经形成两种模式：一是深圳复康会颐康模式，另一种是广州利康模式。前者主要指位于盐田的深圳复康会颐康院的合作模式，该模式已在案例报告详述，这里不再展开。利康模式指的是以广州利康社会工作服务中心为典型的粤港合作模式。

广州利康社会工作服务中心通过引进和运用社会工作手法，为精神病康复者及其家属提供意见、协助、咨询及支援性服务。① 从1990年代开始，广州市残疾人联合会引进香港利民会的精神康复服务经验，达成开办家属资源中心的合作意向，并在得到嘉道理基金会拨款资助下进行筹建工作。中心于1999年2月开始投入服务、2007年5月办理民办非企业单位（即非营利机构）注册登记。后经荔湾区民政局批准，广州利康家属资源中心从2016年4月11日正式变更为"广州利康社会工作服务中心"。中心服务的对象是精神病患者家属和精神状态稳定的精神病康复者。作为粤港合作专门为广东精神病康复者家属等提供帮助的公益中心，广州利康社会工作服务中心是广东省的第一家。② 两家粤港合作兴办的残疾人康复机构的异同，如表1所示。

从利康模式可以看出，粤港合作双方充分发挥自身的优势，是两地共建残疾人康复机构得以成功的关键。第一，利民会利用他们对香港慈善基金会的深刻了解，为合作筹建康复机构提供资金支持和运营的先进理念。广州市残疾人联合会熟知内地的政策方针、行政架构、行事作风，可相对顺利地完成牌照申领、资格认证等工作。第二，聘用熟悉当地社情民意的人员担任筹

---

① 根据广州市利康社会工作服务中心网页，http://www.likanggz.com/，以及2008年笔者至广州利康家属资源中心进行实地调研整理。
② 黄匡忠、吴世韬、刘筱薇：《广东医务社会工作发展报告》，2015年，https://www.researchgate.net/profile/Johnston_Wong/publication/312947411_Development_of_Healthcare_Social_Work_in_Guang_Dong_Province_China/links/588af42992851cc55d3d3fde/Development-of-Healthcare-Social-Work-in-Guang-Dong-Province-China，2019年3月4日访问。

表1　颐康模式与利康模式的对比

		颐康模式	利康模式
典型代表		深圳康复会颐康院	广州利康家属资源中心
服务对象		港人	粤人（广州）
机构性质		民办企业	民办非企业
		社会福利机构	社会福利机构
牌照审核		国经委、民政部、工商局、省民政厅	省残联、省民政厅
筹办经费		香港（香港赛马会信托基金）	香港（香港嘉道理基金会）
运营资金		香港复康会筹措，内地政府购买服务	香港利民会筹措，内地政府购买服务，政府财政专项资金资助
管理模式		自负盈亏运作模式	理事会运作模式
人员设置	管理层级	香港总裁、内地院长	中心主任及法人代表为内地人
	高级员工	香港注册社工、护士作为督导	香港注册社工作为督导及培训主任
	普通员工	以本地人为主	社工及财务、行政人员都是本地人
场地		港方购买，但购买权属于特批性质	400平方米，由内地残联提供
优惠政策		必须缴交土地使用税（每年缴纳金额为20万+）与企业所得税，没有水电、营业税方面的优惠	水电费优惠，免交营业税，但要缴纳企业所得税

注：表中资料来源于笔者对上述两家机构的实地调研。

建机构理事会成员，是运营顺利进行的关键。如利康中心任命的法人代表是民政局的高级退休干部，对相关政策法规均非常熟悉。

三　推动三地社会福利和服务合作的现实障碍

（一）三地社会福利和服务合作机制协同不畅

不同于经济和产业的合作，社会领域的合作需要粤港澳三地政府的积极介入。社会领域合作具有自身的独特性和客观规律，社会融合发展、社会民生领域的交流合作不会随着经济一体化而自然而然地推进。社会福利和社会服务很多都是公共产品和准公共产品，不仅需要政府提供政策支持，还需要

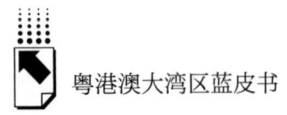

政府财政直接"埋单"。这些问题需要三地政府积极磋商,并建立社会福利和社会服务的成本分摊与利益共享机制才能解决。

(二)有关社会服务方面的价值观存在分歧

1. 对社会服务的认知和理解存在差异

香港的福利目前涵盖安老服务、残疾人康复服务、儿童服务、青少年服务、家庭服务、社会保障、医务社会服务和违法者服务等多项内容,社会福利服务和综合社会保障援助计划、教育保障、医疗保障和公房廉租等内容均属于香港社会福利系统。澳门对社会服务和社会福利的理念,基本沿用香港的定义模式。与之相对比,内地社会福利或社会保障体系要宽泛得多,有学者将其比喻成一张安全网,这张安全网由上下重叠的三张安全网复合而成。最下面的安全网是社会救助,即最低生活保障制度,与港澳的综合援助计划比较接近;中间一层安全网是社会保险,通常被看作现代社会保障制度的主干或者中坚;最上面一张安全网是社会服务[①],粤港澳三地对社会服务的定义差别较大。

2. 对于社会服务的涵盖范畴意见不一

对个别项目是否属于社会服务范畴存在争议,如内地社会服务中的"社会"是指政治、经济、文化之外的领域,感化院、更生中心、中途宿舍等服务项目通常被认为是政治和法律范畴,不属于"社会"范畴。如香港中央政策组希望在广东设立在粤港人的社会服务机构,其中就包括中途宿舍、感化院和更生中心这些机构,当时广东方面就认为这些服务机构在内地不属于社会服务的范畴,而属于政法系统管理下的特殊人群服务,难以在社会服务的框架下谈两地合作事宜。

3. 对于是否无偿提供社会服务等问题存在意见分歧

港澳认为社会福利服务是社会服务的组成部分,是需要政府承担的、非营利性的服务,而内地对社会福利服务是不是营利性的并未达成统一意见。

---

① 唐钧:《中国的社会保障政策评析》,《东岳论丛》2008年第1期,第13页。

在实操过程当中，广州与深圳虽然学习借鉴了港澳社会服务的理念和做法，但广深的社会服务实际上是"普惠性低价提供"和"对特殊人群免费提供"相结合，而港澳社会福利服务是免费的。

（三）不同法系下政策法规差异

1. 三地法律体系差异导致社会服务的诉讼纠纷难以认定执行

港澳与广东分属不同法系，三地的法律体系差异给社会服务合作带来诸多不便。例如内地《工会法》规定，组织机构必须成立工会，由于港澳没有此规定，港澳机构对此非常不适应①。深圳颐康院就遇到过这个问题。再如，《劳动法》和《劳动合同法》规定的五天工作制在养老院等社会服务机构操作起来也非常困难。此外，粤港澳地区缺少民事判决互认机制，导致在跨境服务提供过程中若遇到法律层面的问题将难以解决。如香港法院不承认内地的离婚判决书、内地对香港的离婚判决也没有统一的认定标准等等。

2. 非营利性机构的认定标准差异导致政策福利难以被享受

港澳非营利组织以公司身份登记注册，可以在港澳获得税局的免税牌照；但内地社会福利机构必须以"民办非企业"的身份登记注册，才能享受相关的减税政策。若选择"工商登记"则被视为营利机构，无法享受社会服务机构的各项优惠。由于港澳社会服务机构多由基金会赞助，实行董事会制度，董事（出资人）不愿为慈善而背负无限责任，多数只同意其兴建的服务机构为"有限责任"公司性质，因此，"工商登记"成为港澳福利机构的首选。如深圳颐康院受工商登记所限，无法享受到内地福利机构可以享受的水电优惠、税收减免。

四 推动三地社会福利和服务合作的路径

推进粤港澳大湾区社会福利和服务合作的发展，必须在"以人为本，

---

① 根据2010年5月广东省社会科学院"粤港合作为港人提供社会服务可行性研究"课题实地调研整理所得。

民生为重"的高度,重视粤港澳三地跨境居民的社会民生需求,统筹解决人民群众最关心、最直接、最现实的利益问题。因此,加强粤港澳大湾区社会民生的合作,必须从实际出发,找到三地社会福利和社会服务的共同点,有效跨越文化上的差别、制度上的差异,走出三地在社会服务上的合作之路。

(一)明确各方权责,在社会福利和服务的合作中各取所需、共同发展

在粤港人、在粤澳人等跨境居民的民生需求与三地政府的服务供给之间还存在一定的差距。新时期进一步加强粤港澳三地的社会服务合作必须厘清三方的责权关系。社会服务合作意味着资源的重新分配与整合,对粤港澳三地均将产生深远影响。粤港澳三方既要从合作中各取所需、共同发展,也要在得益的过程中承担各自的责任。目前粤港澳三地的社会服务需求均未得到充分满足,特别是广东和香港两地,从各自的服务标准和质量来看,社会福利和服务提供的缺口仍较大。

加强粤港澳三地合作,解决社会民生问题,是重要出路。必须认识到,三地在社会服务中的合作的前景尤为广阔,合作是互惠互利的双赢:三地在社会服务领域的合作有利于降低港澳对社会服务的投入,提高港澳社会服务资金的使用效率,而广东则可以从合作中借鉴港澳经验、提升社会服务和社会治理水平和质量,有利于普惠性社会服务业水平提升和高端服务业的发展。

明确各方权责,在社会福利和服务的合作中各取所需、共同发展,才能最终使得合作达到共赢。由于大多数的社会服务都为公共产品或者准公共产品,属于政府需要投入、财政"买单"的范畴,社会服务种类繁多、特点不一,适用的合作方式也大相径庭,实践中需要三地政府逐步摸索,根据具体项目的特点,选择恰当的合作方式,从而确定粤港、粤澳双方在每个服务项目中的具体责任。未来需要建立粤港和粤澳政府的互信机制,双方在互信基础上建立社会服务成本结算机制,多退少补,保持平衡,这不失为粤港、粤澳合作解决双方在福利可携性限制、服务标准参差、服务需求不同等现实问题方面,三地合作的可能路径。

（二）正视多元文化背景下的社会福利服务的语义差别，寻求合作的"最大公约数"

要充分结合港澳和内地社会服务的实际，吸收香港社会服务的福利属性，将营利性的商业社会服务放在合作范围之外，优先确定粤港澳社会福利服务合作的领域和范围。当前迫切需要在以下几个方面试点社会服务合作：一是在养老终老服务方面，通过在粤建立为港人、澳人开放的养老终老服务机构，提升本地养老服务的质素，解决港澳养老服务成本过高、轮候时间过长和床位短缺的问题。二是在医疗服务方面，探索推进在粤港资医疗服务机构与本地医疗卫生系统的对接上，特别是在医疗卫生统计、电子病历、接诊流程规范化，以及检验结果互认等方面展开探索。三是在教育服务方面，更好地满足跨境学童的教育需求，同时满足在粤港人学生和在港广东学生的教育需求。四是在置业安居方面，为在粤工作的港人和在港工作的粤人提供置业安居的指引和良好的社区服务。五是在婚姻家庭服务方面，主要为跨境婚姻家庭提供法律咨询和家庭服务等援助支持。

（三）尊重行政体制和政策体系差异，以"一国"为出发点，推动粤港澳社会福利和服务对接

1. 积极推进粤港澳社会服务体系的衔接

首先，要以《粤港澳大湾区发展规划纲要》的发布和实施为契机，构建三地社会服务合作框架。粤港澳三地在社会福利体制、政策体系、利益和服务理念上迥然不同，而社会福利和服务的合作对接是一项庞大工程，需要找到共同的支撑点。这个支撑点就是"一国"。粤港澳合作是"一国两制"下几个相邻地区的合作，是湾区内部的区域合作，是兄弟之间的合作。尽管制度不同、家底不同，但兄弟之间的合作应该更为坦诚和务实。坚持共商共建共享和互利共赢原则，加快粤港澳大湾区社会福利和社会服务体系对接，要逐步打破粤港澳三地社会服务的界限和壁垒，着眼于推进社会融合发展的制度、机制和程序建设，不仅打开"大门"还要开放"小门"，从资源共

享、待遇互认、流转顺畅、缩小差距等方面入手，加大对社会服务的投入，创新体制机制，加快制度衔接，实现共同发展。

2. 不断创新粤港澳社会福利和服务的合作方式

2018年，粤港澳社会福利和服务的合作已经取得较大的突破，有了可资借鉴的成功合作经验，三方在制度和政策上都完成了各自的改革和突破，如香港政府突破福利可携性制度的障碍，推出跨界续领的综援计划，离境限期也从每年最多180天增加到目前的300天，使年满60岁的长者可以有更长的时间在香港境外居住。从广东来看，跨境合作的社会政策从无到有，使得港澳独资为港澳人士服务的养老服务和残疾人服务社会机构相继在内地安家落户。

3. 努力搭建政府主导、多方参与的合作平台

在粤港澳社会福利和服务体系对接合作中，积极推动、动员社会各界共同参与社会福利事业，为社会机构提供必要的制度衔接、政策支持和法律保障是政府的主责。必须将政府、市场和社会三种力量有机结合在一起，充分利用市场和社会力量，引导市场、第三部门共同投入和发展社会福利事业，在健全法制、完善制度、加强监管的情况下，逐步将绝大部分的社会福利服务项目交给不以营利为目的的民间组织和企业具体实施，形成社会服务多元化供给机制。

参考文献

刘云刚、侯璐璐、许志桦：《粤港澳大湾区跨境区域协调：现状、问题与展望》，《城市观察》2018年第1期。

司汉武：《知识、技术与精细社会》，中国社会科学出版社，2014。

梁理文：《社会一体化视域下粤港澳大湾区经济社会共同体范式研究》，《中国名城》2019年第209期。

黄玉蓉、曾超：《文化共同体视野下的粤港澳大湾区文化合作研究》，《广州大学学报》（社会科学版）2018年第10期。

广东省政府港澳事务办公室、香港特别行政区中央政策组、广东省社会科学院：《粤港合作为港人提供社会服务可行性研究》，调研报告，2010年5月。

广东省人民政府：《广东省人民政府关于印发实施粤港合作框架协议2015年重点工作的通知》，粤府函〔2015〕37号，2015年3月11日。

广东省人民政府办公厅：《广东省人民政府办公厅关于十三届全国人大一次会议第7267号建议协办意见的函》，粤办函〔2018〕218号，2018年6月13日。

广东省人民政府：《广东省人民政府关于印发实施粤港合作框架协议2017年重点工作的通知》，粤府函〔2017〕38号，2017年3月2日。

香港特区政府：《粤港合作联席会议第二十次会议在香港举行》，香港特区政府新闻公告，2017年11月18日。

B.23
2018~2019年粤港澳大湾区人才协同发展报告

周仲高 游霭琼 徐渊*

摘　要： 党的十八大以来，随着更加积极、更加开放、更加有效人才政策的深入实施，粤港澳大湾区人才流动日趋便利，人才互动交流日趋频繁，人才协同发展有序推进。但仍存在协同共识和动力不足、战略理念滞后、创新环境欠缺和协同效应递减等问题。推进粤港澳大湾区人才协同发展，需要凝聚共识、共育共享，从加强创新协同机制、强化人文融通、聚焦服务贯通、建设载体平台等方面系统推进，形成协同发展合力，提升粤港澳大湾区人才协同发展效益和水平。

关键词： 人才共育共享　人才创新协同机制　人才协同发展　粤港澳大湾区

《粤港澳大湾区发展规划纲要》明确提出要"建设人才高地"。人才协同发展是实现粤港澳大湾区建设战略目标的智力支撑和重要保障，是大湾区人才高地建设的关键一环。

---

* 周仲高，博士，广东省社会科学院省人才发展研究中心副主任，研究员，主要研究方向为人口学和人才学；游霭琼，硕士，广东省社会科学院省人才发展研究中心主任，研究员，主要研究方向为区域经济学和人才政策；徐渊，博士，广东省社会科学院省人才发展研究中心，助理研究员，主要研究领域是人力资源。

一 粤港澳大湾区人才协同发展的重要意义

人才协同发展与人才高效集聚是建设粤港澳大湾区人才高地的要件,两者相辅相成、相生相伴,具有重要战略意义。首先是有助于粤港澳大湾区领跑全球创新潮流。人才是创新的关键要素。在推动经济社会发展的各类资源要素中,人才资源要素具有基础性、连续性和流动性,是动员其他资源的首要资源和决定性资源。产业发展、资本集聚和技术创新都依赖于人才要素与产业、资本、技术等要素的融合互动。人才协同发展有助于形成区域协同创新体系。其次是有助于粤港澳大湾区战略定位的实现。以人才协同互补优势推动粤港澳大湾区打造成为国际科技创新中心。再次是有助于粤港澳大湾区人才高效集聚。当前,珠三角九市和港澳之间存在人才分布不均衡、人才竞争无序、人才资源低效配置、人才合作与交流不畅等问题。通过人才协同发展,可以在区域整体功能整合适配中优化人才配置格局,促进人才高效集聚。

二 粤港澳大湾区人才协同发展有序推进

党的十八以来,粤港澳大湾区紧紧抓住"双区驱动"(粤港澳人才合作示范区、广东自由贸易试验区)的重大历史机遇,不断深化人才交流合作,人才流动日趋便利,初步形成了良好的人才协同发展格局。

(一)人才协同发展体制机制日臻完善

1. 率先建立"全国人才管理改革试验区"

2012年底,中央人才工作协调小组将"广州南沙-深圳前海-珠海横琴粤港澳人才合作示范区"(又称"粤港澳人才合作示范区")列为"全国人才管理改革试验区",使之成为全面深化人才体制机制改革、推进大湾区人才协同发展的重要平台。省委、省政府制定了《关于在广州南沙、深圳前海、珠海横琴建设粤港澳人才合作示范区的意见》，提出要建设粤港澳人才合作示范区。在体制机制改革方面，广东成立了粤港澳人才合作示范区建设领导小组，广州南沙、深圳前海、珠海横琴三地建立粤港澳人才合作示范区联席会议制度等。

2. 初步建立起科技创新协同机制

2019年3月，广东省科技厅联合省财政厅出台了《关于进一步促进科技创新的若干政策措施》，将省科技计划项目向港澳开放，支持港澳高校、科研机构牵头或独立申报省科技计划项目，建立省财政科研资金跨境港澳和项目经费拨付使用机制。

3. 人才联合培养机制不断完善

成立粤港、粤澳教育合作专责小组，定期举办工作会议，签署粤港、粤澳合作备忘录，不断创新粤港澳高等教育合作交流机制。2016年11月15日，中山大学率先倡议，香港中文大学和澳门大学共同发起的粤港澳高校联盟正式成立，到2018年底，该联盟已汇聚粤港澳三地28所高校。2018年7月9日，粤港澳高校联盟2018年大学校长高峰论坛在广州中山大学举办。2018年12月，广州市政府、广州大学、香港科技大学在广州签署举办香港科技大学（广州）的合作协议，将在科研合作、交流互访、人才培养等方面发挥协同作用。

4. 探索试点技能人员职业资格互认

根据单方先认的原则，广东省人力资源和社会保障厅对香港3个职业工种（养老护理员、美发师、美容师）专业能力评估证书及澳门13个职业工种的职业技能证明书，给予了单方认可。南沙、前海和横琴，出台特殊执业管理政策，允许港澳专业人才在区内提供专业服务。前海允许20种专业服务人才直接提供服务。南沙则实现了技能人才职业技能"一试三证"培养评价模式。

（二）人文融合持续发展

1. 丰富人文交流形式和渠道

粤港澳三地人文交流日益丰富，如联合举办了粤港澳大湾区文化艺术节、粤港澳青年文化之旅、粤港澳传统文化青年峰会、粤港澳文化合作会议等一系列活动。搭建了线上线下人文交流平台,线上平台如"粤港澳文化资讯网"、"粤港澳文化生活地图",线下平台如粤港澳大湾区音乐艺术联盟等,成立了粤港澳大湾区文化产业联盟。

2. 推动港澳青年融入大湾区发展

青年是人文交流的主力军,广东在促进粤港澳青年交流、推动港澳青年融入大湾区建设方面采取了一系列措施。一是创建粤港澳青年创新创业基地。2019年2月,在省级层面专设了支持香港青年创新创业专责小组。5月,广东出台了《关于加强港澳青年创新创业基地建设的实施方案》。目前共遴选确定了10家粤港青创基地、3家粤澳青创基地。二是签署系列旨在推动港澳青年在大湾区内发展的协议。2017年7月,省青年联合会、香港青年交流促进联会、澳门青年联合会等30家粤港澳具有影响力和号召力的青年社团签署了《粤港澳大湾区青年行动框架协议》[①]。香港"共和国之旅青年筑梦基金"联同香港八大青年团体,带领粤港澳青年考察团走访粤港澳城市群,与到访城市签订粤港澳大湾区青年发展战略意向书。三是举办系列港澳青年融入湾区发展活动。2018年6月,启动"粤港澳大湾区青年实习计划",为港澳青年到珠三角地区实习交流提供平台[②]。

(三)服务环境不断优化

1. 高等教育交流合作机制不断完善

一是成立了一批合作办学机构。设立了4所具有法人资格的中外(含内地与港澳台)合作办学机构,占全国此类机构总量的近一半。获教育部批准本科以上、不具法人资格的中外合作办学机构3个,经省政府批准专科层次、不具法人资格的中外合作办学机构2个;获教育部批准备案举办的中

---

① 《大湾区青年行动框架协议签署》,《南方都市报》2017年07月24日。
② 《粤港澳大湾区香港青年实习计划启动》,新华网,2018年7月17日。http://www.xinhuanet.com/gangao/2018-07/17/c_129914643.htm,2019年9月10日访问。

外合作办学项目75个。二是建立粤港澳高校教育交流平台。2016年以来已先后设立粤港澳高校图书馆联盟等6个专业联盟。三是创新科研协同平台建设。广东省教育厅2010年启动了"广东高校国际暨港澳台科技合作平台"建设,重点支持粤港澳高校在经济关联较大的产业技术领域联合建立一批高水平创新平台①。

2. 优质公共服务供给不断提速

2019年起,符合条件的珠三角九市港澳居民可凭居住证申请子女入学。住建部等五部委印发《关于在内地(大陆)就业的港澳台同胞享有住房公积金待遇有关问题的意见》。中国铁路总公司在广东等8省份设置可识读回乡证自助购取票设施。2018年8月,国务院公布取消"台港澳人员在内地就业许可";2018年12月25日,人社部发布《香港澳门台湾居民在内地(大陆)参加社会保险暂行办法(征求意见稿)》,规定了港澳台居民在内地参加社会保险的6种情形。2018年,出台了《广东省人才优粤卡实施办法(试行)》,并向港澳台高层次人才实行政策倾斜。

3. 优化港澳人才、青年在大湾区创业就业环境

一是健全高层次人才"一站式"服务平台。出台了《广东省引进高层次人才"一站式"服务实施方案(修订稿)》,为包括港澳台人才等在内的15类海内外高层次人才提供32项"一站式"政务服务。二是支持港澳青年和中小微企业在大湾区内地发展。目前,广东省已在南沙、前海、横琴建设了860多个孵化器和双创平台。

4. 落实多项便利两地车牌的措施

广东先后落实了多项便利两地车牌的措施,尤其是从2018年10月1日起大幅精简流程,申请资料减少了61.5%,办事时间缩短了61.2%,同年12月下旬港牌通同步上线微信端客户管理系统。此外,广东不断完善港澳车辆临时过境管理方案,制订香港单牌进入湾区内地实施意见。经公安部批

---

① 张盼:《高教合作 大湾区掀"烧脑风暴"——聚焦大湾区建设系列报道之七》,南方网,2019年4月22日。http://static.nfapp.southcn.com/content/201904/24/c2153381.html?group_id=1,2019年9月10日访问。

准，港澳经港珠澳大桥通行的私家车及其驾驶人的临时入境机动车牌证和临时机动车驾驶许可有效期由3个月延长至1年，澳门单牌车进入横琴临时入境牌证有效期延长至1年。

5. 港澳居民在内地享有的信息通信服务不断拓展

广东联通联合联通国际公司、香港电信、澳门电讯等企业，推出粤港澳大湾区智能精品网，实现广州到香港固网时延低于3毫秒。

（四）要素流通更加顺畅

1. 基础交通设施互联互通

港珠澳大桥建成通车，粤港高速已达3条，粤澳高速也有2条，使得珠三角地区高速公路里程达到4361公里（2018年），密度达到7.9km/百平方公里。珠三角口岸与香港国际机场的"海空联运"水路客运快线，广东公交一卡通（"岭南通"）实现与香港、澳门互联互通。

2. 人才跨国跨境往来更加便利

广东省公安厅出台了一系列便捷粤港澳大湾区人才出入国（境）政策。2016年8月1日起在全省实施支持广东自贸区建设及创新驱动发展16项出入境政策，其中6项政策已于2017年底复制推广至珠三角九市和揭阳中德金属生态城。2018年再次推出35项举措，涵盖出入境签证（注）、车辆入出境、边防通关检验、外国人管理服务、高层次人才落户等多个方面。出入境部门充分运用大数据技术及加强部门数据资源共享，建设了网上备案系统，实现"数据多跑路、群众少跑腿"。

3. 人才协同发展配套政策不断优化

2019年6月，广东省财政厅印发了《关于贯彻落实粤港澳大湾区个人所得税优惠政策的通知》，对在大湾区工作的境外高端人才和紧缺人才，其在珠三角九市缴纳的个人所得税已缴税额超过其按应纳税所得额的15%计算的税额部分，由珠三角九市人民政府给予财政补贴，该补贴免征个人所得税。广东已逐步放开医师和律师的职业资格；深圳前海先后制定香港会计师、注册税务师等在前海执业的办法措施，通过资格认可等特殊机制安排，引进香港各类专业人士。针对科研经费跨境使用问题,科技部已选取香港16家和澳门2家试点单位,已拨付3批合计1800万元过境港澳。2019年2月,科技部与财政部联合发文,明确港澳高等院校和科研机构可承担中央财政科技计划项目并获得项目经费资助。6月,广东出台了《广东省财政厅 广东省审计厅关于省级财政科研项目资金的管理监督办法》,明确省财政科研项目经费可跨境拨付。

三 当前制约粤港澳大湾区人才协同发展的主要问题

对标全球人才高地的功能要求与目标定位,粤港澳大湾区人才协同发展仍面临亟须破解的问题。

(一)战略协同理念相对滞后

规划建设粤港澳大湾区,需要从区域发展甚至国家发展大局出发,通过大湾区人才协同发展,推动形成国际一流湾区和世界级城市群①。当前,行政体制下的城市本位主义观念仍占主导地位,城市间人才竞争大于人才协同,对城市人才发展缺少区域整体观念,这就导致城市间人才交流合作层次偏低、深度有限。

(二)市场协同条件仍待完善

制约粤港澳大湾区人才市场协同发展的因素仍比较突出,主要表现为三地人员出入境效率不高,车辆跨境通行、科研用品通关、资金流通等限制较多,物流通关效率有待提升,科研资源流转和信息流通受限,科技资讯交流有阻隔等。以物品流通为例,当前科研用品等通关限制仍较多。

---

① 毛艳华、荣健欣:《粤港澳大湾区的战略定位与协同发展》,《华南师范大学学报》(社会科学版)2018年第4期,第104~109页和第191页。

(三)创新协同环境亟待优化

粤港澳大湾区人才创新协同环境制约因素主要表现为三地人才报酬待遇不对等和社会福利流转难。在待遇报酬方面,内地收入水平明显低于港澳地区,且在税收方面还处于相对劣势,这就使得港澳人才到大湾区内地城市工作的积极性不强、动力不足;在社会福利方面,内地的社会福利水平也整体低于港澳地区,且三地相互对社会福利的可携性有较多限制,人才到内地工作的生活服务保障问题依然没有得到根本解决。

(四)协同效应递减风险呈现

粤港澳大湾区人才竞争无序化(人才政策同质化竞争)和人才资源低效配置甚至错配是造成协同效应递减的症结所在。一是各自为政的人才政策,不断强化人才竞争的无序化。当前,粤港澳大湾区各市均先后出台了人才新政,人才竞争趋于白热化、无序化,以行政手段主导的"抢才大战"扭曲人才资源配置的市场规律。二是人才资源开始出现低效配置甚至错配的现象。由于缺少区域人才协同发展的总体布局,各地市必然以抢到人才为目标,而较少关注人才与城市发展的匹配性和适应性。

四 推进粤港澳大湾区人才协同发展的策略建议

针对存在的问题和发展短板,粤港澳大湾区需要多管齐下,促进人才协同发展。通过消除障碍、优化环境、升级人才协同发展机制和方式,提升大湾区人才协同发展效益和水平。

(一)完善政策制定与设计,引领粤港澳大湾区人才协同发展

1. 立法先行,为人才协同发展提供良好的法制环境

系统推进粤港澳大湾区人才立法工作,尽快制定粤港澳大湾区内通行及

与国际接轨的有关人才使用、流动、共享法律制度,从法制层面消除制约人才使用和流动的地域、户籍、保障等方面的限制,为创新柔性引才用才提供法制保障,充分保障人才和用人主体合法利益。全国人大及其常委会应赋予广东更大立法权和行政管理权。努力构建多元化国际化的纠纷仲裁和调解机制①。

2. 建章立制,确保人才协同发展健康有序

编制《粤港澳大湾区人才协同发展协议草案》(以下简称《协议草案》),并将之纳入推进粤港澳大湾区建设年度重点工作。以《协议草案》为依据,由国家发展和改革委员会牵头,组织粤港澳三地,共同谋划编制粤港澳大湾区人才协同发展规划,明确三地在推动粤港澳大湾区人才协同发展中的责任、原则和任务,改变当前粤港澳大湾区人才规划布局各自为政,人才政策无序竞争、过度竞争局面。

3. 创新协同机制,打通发展梗阻

按照"政府引导、市场运作、三方监管、共享共赢"原则,由粤港澳三地政府共同出资设立大湾区人才协同发展基金,支持粤港澳三地人才创新创业。借鉴欧盟"欧盟研发框架计划"经验,粤港澳三地政府共同出资,将各自需要研发的项目统一提交到"研发框架计划"内。三地政府共同设立国际化人才"创新创业引导基金"和"研发资金池",对研发投入大、占比高的企业实行分档奖励②。

(二)强化人文融通,激发大湾区人才协同发展内在动力

1. 把对港澳人才的政治引领和政治吸纳摆在更重要的位置

发挥粤港澳大湾区历史资源丰富、人脉文脉和经贸关系优势,在粤港澳大湾区设立爱国、国情研修中心(基地),采取和风细雨、润物无声的方式,定期组织港澳人才开展教育培训、国情研修活动,增强港澳人才对祖

---

① 《加强大湾区建设的法治保障》,《广州日报》2019年3月10日,https://baijiahao.baidu.com/s?id=1627558391837830868&wfr=spider&for=pc,2019年9月13日访问。

② 张雄:《粤港澳大湾区如何共筑人才高地》,《大国人才》2019年第7期,第29~31页。

国、粤港澳大湾区的认同感和归属感,将个人发展与国家整体发展结合起来。加大在港澳人才中发展党员工作力度,将更多港澳人才集聚到党和国家的伟大事业中来。

2. 增进港澳人才对粤港澳大湾区的了解

针对港澳人才对内地了解不够而"不敢来、不想来、不愿来"的问题,发挥高校联盟、职教联盟、民间组织和在粤工作生活的港澳人才作用,利用港澳媒体讲好大湾区故事,讲好在粤创新创业港澳人才的成功故事,宣传粤港澳大湾区政策。在港澳人才集中的地方,如暨南大学,开展多种形式的交流活动。多管齐下,增进港澳人才对粤港澳大湾区的了解。

3. 以青年为着力点,进一步加强人才联合培养和人文交流

鼓励三地高校开展形式多样的"2+2""3+1"联合学位、暑期课程、学分互认等开放培养项目。支持粤港澳人才联合组建创新创业团队,以港澳地区的高等院校、科研机构和企业等作为协作单位,申报联合人才培养计划。实施青年科技人才托举工程,发挥粤港澳专业协会的桥梁纽带作用,共同推荐、联合培养、重点扶持一批潜力型、成长型粤港澳青年科技人才。实施粤港澳高校毕业生就业携行计划,定期组织青年学生参加跨境就业创业夏令营、创业大赛、青年人才地市行等活动。搭建粤港澳青年交流平台,共同支持港澳青年到大湾区内地城市开展实习交流活动,打造"粤港澳+"青年创新创业活动品牌。

(三)聚焦服务贯通,提升大湾区人才协同发展效益

1. 加强基础设施"硬联通"

加快以轨道和高等级公路为主体的城际快速交通网络建设,尽快实现粤港澳大湾区主要城市间1小时通达,降低城市间物流、人流交易成本。通过快速交通网络体系建设,逐步形成"粤港澳大湾区都市圈住房",打造城际住房,缓解广深港珠等主要城市的住房压力。

2. 加强公共服务"软联通"

在社保方面,借鉴欧盟经验,推行三地通用的社保卡;在医疗方面,借

鉴港澳地区医疗机构先进管理经验，探索建立粤港澳三地通行的电子医保卡①；在教育方面，深度整合三地教育资源，赋予在义务教育阶段的港澳人才子女在湾区享受与内地居民子女同等教育权利；在养老服务合作方面，引导和鼓励商业保险机构参与养老健康服务产业，加大"保险+养老""保险+健康"服务创新力度②；在人力资源服务业方面，培育发展专业化、产业化、国际化的人力资源服务业企业，推进三地人才评价标准贯通的服务指标体系，实现信用共管、准入一体、信息互通、执法协作和结果互认。

3. 畅通人才流动

借鉴欧洲联盟条约中关于"欧盟公民"资格的规定，创设"粤港澳大湾区人才"资格制度，以"大湾区人才"统称时下的港澳籍人才和内地人才。率先探索对持有中国或港澳护照、经三地任一方认定为高端人才的，确定为大湾区人才。大湾区人才及其配偶、子女在粤港澳大湾区11个城市自由定居、生活、学习、工作。深化推进外国人才管理服务改革，提高粤港澳大湾区人才国际化水平。

（四）建设载体平台，助力大湾区人才协同发展

1. 共建新型湾区大学和科学院

粤港澳三地政府、高校、企业和社会多方合作创建一批世界级高水平的新型"湾区联合大学"，按大湾区建设需要培养一批急需的专业和复合型人才。合作创建"湾区科技大学"，以全新的联合办学模式，建设新型理工科大学，支撑大湾区创新驱动发展。抢抓国家布局科创基础设施机遇，三地筹建大湾区科学院、大科学装置等科研基础设施，在重大领域、产业发展关键领域开展联合科学研究。

---

① 全球化智库（CCG）：《粤港澳人才一体化助力大湾区建设》，2018年12月13日。中国与全球化智库GlobalThinkTan，2019年9月13日访问。
② 广东省政府网站：《广东省政府：引导和鼓励商业保险机构参与大湾区养老健康服务产业》，2019年8月14日，http://www.gd.gov.cn/zwgk/gdszfld/，2019年9月15日访问。

2. 搭建网络教育和在线教育平台

搭建大湾区人才网络教育和在线教育平台，并联合推出一批企业和人才急需的现代企业管理课程，如商业谈判、产品营销、成果转化、创新创业等精品课程，帮助在大湾区就业创业人才通过网络教育和在线教育平台自学所需的商业以及企业管理知识，完成由单纯科研人才、科研精英向高素质的复合型人才的转变[1]，增强人才流动、转岗就业、协同发展能力。

3. 共建科研平台

在湾区布局建设一批创新中心和科技产业园等。加快推进"广深港创新走廊"建设，积极推进三地城市间共建高科技产业园。努力在港、澳与内地城市建设国家重点实验室、国家重点工程项目平台的伙伴实验室。依托粤港澳青年创新创业基地等平台，开展三地急需紧缺专业人才的联合培养，实现人才项目的常态化合作。鼓励大湾区各高校联合申报国家重点项目。

4. 共建孵化生态区

利用香港的科研资源优势、深圳成熟的制造基础、广州的高校科研力量和较好的应用落地平台，以"广深港澳创新走廊"为主轴，三地政府联合引导，企业为主体，社会广泛参与，围绕大湾区产业发展需求，引育、扶持、发展服务于科研成果转化的中介组织和"孵化器区域"，从孵化器利益出发，将已有的孵化器串珠成线和升级，联手打造大的孵化器生态系统，为湾区人才科研成果转化提供全方位服务，提升科技成果转化率[2]。

5. 共建共享大湾区人才大数据库

以深圳和香港等地已有的国际化人才大数据中心为基础，推动大湾区人才专业、信用和科研成果数据库共建共享。建立大湾区人才、项目、政策信息数据库。共建专家个人信用记录管理系统，通过大数据技术简化人才服务

---

[1] 刘阳:《粤港澳大湾区人才合作与交流制度创新研究》,《中国经贸导刊》(中) 2018 年第 29 期, 第 26～28 页。

[2] 张雄:《粤港澳大湾区如何共筑人才高地》,《大国人才》2019 年第 7 期, 第 29～31 页。

流程①；共建基于劳动力共同市场的人才与工作岗位匹配度高的数字化信息平台，为大湾区人才提供快捷的企业岗位需求指引。

党的十八大以来，粤港澳三地深入贯彻落实习近平总书记关于粤港澳大湾区建设的重要讲话精神，按照《粤港澳大湾区发展规划纲要》战略部署，依托"粤港澳人才合作示范区"，不断深化粤港澳人才交流合作，初步形成了良好的人才协同发展格局。但对标全球人才高地的功能要求与目标定位，还需要凝聚共识，促进人才共育共享，并从加强协同机制创新、强化人文融通、聚焦服务贯通、建设载体平台等方面系统推进、形成合力，提升粤港澳大湾区人才协同发展质量与水平。

参考文献

陈丽君、潘伟红：《长三角一体化人才综合生态环境建设的思考》，《中国人才》2019年第8期。

曾凯华：《欧盟人才流动政策对粤港澳大湾区发展的启示》，《科学管理研究》2018年第3期。

洪明基：《吸引高端人才建设粤港澳大湾区》，《北京观察》2019年第3期。

---

① 孙希昀、王建平：《以人才一体化推进长三角区域高质量发展》，《大国人才》2019年第7期，第36~37页。

B.24
粤港澳大湾区城市群空间结构总体发展报告

陈世栋*

摘　要： 得益于高效综合交通建设和开放发展的持续推进，粤港澳大湾区城市分工和一体化程度不断深化，目前，正走向去边界化的跨区域高质量融合发展阶段。经对比纽约、旧金山和东京三湾区的空间结构模式后，本文认为1992年以来，粤港澳大湾区的空间结构演化经历了"点—轴"渐进、"核心城市带动及都市圈化"、"多中心网络化"等阶段。展望未来，粤港澳大湾区应走向"多中心协同，重点平台并进、高质量共建"的模式。建议进一步以交通基础设施为先导，通过高效互联互通模式，培育共同市场；并构建多中心协同体系，打造高端高质高效重点平台和探索"高水平合作，高质量共建"的区域合作新机制。

关键词： 空间结构　百度指数　城市群　合作机制　粤港澳大湾区

空间结构是区域城市功能协调、产业分工及要素流动结构的空间投影，优化空间结构对于提高区域发展效率具有重要意义。本文首先采用目前较前沿的夜晚灯光数据来模拟各大湾区空间扩张过程及其形成的区域结构，以判

---

* 陈世栋，博士，广东省社会科学院经济研究所副研究员，主要研究方向为产业空间集散机制。

别其空间结构未来发展趋势。资料来源于美国国家海洋与大气管理局（NOAA）下属的美国国家地球物理数据中心（NGDC）发布的1992~2013年DMSP/OLS夜间灯光时间序列数据，以及2018年苏奥米国家极轨合作伙伴（Suomi NPP）可见光红外成像辐射仪（VIIRS）夜间灯光数据（本文仅采用1992、2000、2010和2018年四年数据）。其次，借助大数据理念，本文利用百度平台测度各城市的联系强度，探索粤港澳大湾区城市之间的基于相互需求和依赖关系所形成的内部结构。

一 粤港澳大湾区空间结构历史演进

基于夜晚灯光数据判别，可以发现纽约湾区、旧金山湾区及东京湾区的空间结构具有以下特征。一是纽约湾区因其内部的多个功能中心通过发达的交通方式串联，形成了"多中心串联式"空间结构。二是旧金山湾区（San Francisco Bay Area）"多中心并联式"空间结构特征明显。三是东京湾区，主要覆盖东京湾分布的一都三县（东京都、埼玉县、千叶县、神奈川县）地区，呈现了明显的"中心—外围"特征。总之，这些湾区大多跨多个行政区，湾区经济的发展、资源的集聚，需要加强各行政区政府、企业之间的沟通和协作；合理的区域规划对湾区发展的作用不可替代；湾区内整体基础设施建设，尤其是交通基础设施建设，对于形成高效的协作模式和在复杂的区域协调背景下加深区域的互联互通，具有基础保障作用；善于运用多方协调统筹机制，促进湾区产业集聚和形成良性的区域分工对湾区经济迭代升级具有重要作用。

（一）粤港澳大湾区空间结构演化

1992年至今，粤港澳大湾区空间结构演化过程具有以下特征。

一是起步阶段具有明显的"点—轴"渐进特征。从本文分析数据的起点1992年来看，以灯光亮度表征的城镇地区，明显以主要核心极点城市为引擎，通过主要交通干线串联带动周边地区的发展，表现出明显的点—轴渐进模式。20世纪90年代，香港无论经济规模、产业形态、市场发育程度和国际联系，均大大领先于湾区内其他城市，同时、广州、深圳、佛山、东莞等城市也在各自独立发展壮大，城市间横向联系程度不高，并沿着国省道等主要交通干线形成线状[①]。

二是从2000年至2010年，湾区整体表现出明显的"核心城市带动及都市圈化"特征。随着粤港澳大湾区一体化步伐加快，特别是珠三角地区，核心城市得到继续强化，城市区域化快速推进，因应核心城市多功能化的巨大需求，空间结构上也出现了多组团化和多中心化特征，同时，快速交通和产业功能联系的加强使得区域合作进一步深化，广佛肇、深莞惠、珠中江基于经济圈的发展，空间结构上都市圈化特征明显，产业分工程度加深，形成明显的核心—腹地体系。

三是现阶段各城市核心区基本已经连绵成片，"多中心网络化"格局逐渐成形。通过2010~2018年的夜晚灯光对比，发现在上一阶段都市圈逐渐形成的基础上，区域城市化的快速推进使得粤港澳城市群核心地区城镇建设用地已经基本连成一片，各大城市的联系强度及分工程度逐渐提升。各城市的空间拓展在点—轴推进的同时，也同步进行圈层外推式，建成区具有蔓延式发展特征。另外，对比发现粤港澳大湾区强亮光区块的连接度明显高于长三角，尤其是广州和佛山，强亮光区块已经完全融为一体了，但摊大饼式的空间扩展模式也遇到瓶颈。

（二）粤港澳大湾区要素流动空间结构

本文借助百度互联网搜索量大数据构建"百度指数"（表征11个城市间相互联系强度），以判定社会经济活动在空间上形成的空间结构[②]。

---

① 闫小培、毛蒋兴、普军：《巨型城市区域土地利用变化的人文因素分析——以珠江三角洲地区为例》，《地理学报》2006年第6期，第618页。
② 陈世栋：《粤港澳大湾区要素流动空间特征及国际对接路径研究》，《华南师范大学学报》（社会科学版）2018年第2期，第30页。

1. 湾区各城市联系强度特征

表1 基于"百度指数"的粤港澳大湾区各城市间的联系强度

城市	广州	深圳	珠海	佛山	惠州	东莞	中山	江门	肇庆	香港	澳门
广州	—	1467	1097	1131	1132	841	513	535	734	1775	951
深圳	1290	—	748	552	1280	1139	414	362	443	1638	795
珠海	309	282	—	199	181	189	174	157	152	273	353
佛山	1027	1314	816	—	432	308	312	247	316	643	466
惠州	391	538	202	111	—	277	139	142	167	376	209
东莞	905	1039	342	297	595	—	206	231	283	728	353
中山	363	280	363	182	211	174	—	168	157	403	265
江门	347	238	209	192	185	164	150	—	224	376	229
肇庆	249	180	150	159	160	137	129	117	—	264	160
香港	195	342	172	127	167	143	122	109	134	—	304
澳门	125	131	191	75	83	53	70	50	64	153	—

注：根据本表数据判别A城对B城联系强度，则在表格的左起第一列中找到A城，在第一行中找到B城，两者对应的数值为A城对B城的联系强度，如根据本表判别深圳对珠海的联系强度为748。

资料来源：数据来自百度大数据平台的"百度指数"，分别对2017年、2018年和2019年的数据进行校验，发现2017年7月1日至2017年7月31日的数据结果较为理想，本文的"百度指数"主要由2017年7月1日至2017年7月31日各城市之间相互搜索量构成。本文各城市的"百度指数"为2017年7月1日至2017年7月31日之间的搜索量。

结果表明，各城市间的联系强度规模差异和空间分异性明显。从指数大小来看，珠海与澳门的联系强度最大，其次是广州。江门与香港的联系强度最大，其次是广州、深圳和澳门。中山与香港联系强度最大，其次是广州、珠海、深圳与澳门。

香港与深圳联系强度最大，其次是澳门、广州、珠海和惠州，指数最高才达到342。深圳与香港联系强度最大，其次是广州、惠州、东莞，指数均高于1000。东莞与深圳联系强度最大，其次是广州、香港、澳门、珠海。惠州与深圳联系强度最大，其次是广州、香港、东莞和澳门。

广州联系强度前五是香港、深圳、佛山、惠州和珠海，指数均超过了1000。佛山联系强度前五的城市分别是深圳、广州、香港、澳门和惠州。肇庆联系强度排在前五名的城市分别是香港、广州、佛山、惠州和珠海。

2. 湾区东西两岸及三大经济圈联系强度差异

湾区联系强度整体呈现"东重西轻"格局。东岸区域需求度高达2029.1，而西岸地区为1272.2，东岸是西岸的1.60倍，说明了湾区对东岸地区的需求强度非常大（见表2）。从对外依赖性来看，东岸达到1800.7，西岸仅为814.4，东岸是西岸的2.21倍，说明了东岸地区对外联系的积极性更强。

3. 粤港澳大湾区整体结构

综上，粤港澳大湾区整体空间结构呈现三大特征。一是在深圳和香港、广州与佛山两组城市之间，已经形成了两大联系极核。从区域影响力来看，广州占据第一位，深圳次之；11个城市之间差距明显，空间结构呈现明显的等级分布模式。二是在大湾区的东岸已经形成了"广佛-深港"要素流动走廊。长期以来，广佛等地以高端生产服务和制造业为优势，而港深则以科技创新、金融业、航运和先进制造为主要产业。借助于广深高速和广九铁路等交通大动脉，通过带动广佛与港深之间东莞的发展，推动该走廊及周边城市的产业分工。三是湾区出现了内外两大圈层，即涵盖了广州中心城区、南沙、增城、东莞西部和南部、深圳、香港、澳门等地的内圈，以及涵盖了广州北部、东莞东部和惠州等地的外围圈。内层要素流动强度明显高于外围圈。

表2　珠江东西两岸的各城市的区域需求度和对外联系度

东岸	区域需求度	区域依赖度	西岸	区域需求度	区域依赖度	广佛肇	区域需求度	区域依赖度
深圳	581.1	866.1	澳门	408.5	99.5	广州	520.1	1017.6
香港	662.9	181.5	珠海	429	226.9	佛山	302.5	588.1
东莞	342.5	497.9	中山	222.9	256.6	肇庆	267.4	170.5
惠州	442.6	255.2	江门	211.8	231.4			
合计	2029.1	1800.7	合计	1272.2	814.4	合计	1090	1776.2
均值	507.28	450.175	均值	318.05	203.6	均值	272.5	444.05

资料来源：本表数据基于各城市百度指数进行归类，根据需求度和依赖度计算公式计算所得。

二 粤港澳大湾区城市群功能布局主要问题

（一）相比其他世界级城市群尚有一定差距

世界级的湾区如纽约湾区、旧金山湾区和东京湾区城市群，综合来看，无论在人口和经济总量、区域影响力、创新能力和分工体系方面，还是在服务功能、人居环境等方面，均走在世界前列。

与之比较，粤港澳大湾区还存在以下不足。

一是粤港澳大湾区城市群国际影响力有待提高。据中国社会科学院财经战略研究院发布的《四大湾区影响力报告（2018）：纽约·旧金山·东京·粤港澳》，粤港澳大湾区整体影响力指数高于东京湾区，但低于旧金山湾区和纽约湾区。在世界500强企业数量中，东京湾区达到38家；纽约湾区与粤港澳湾区均为17家；旧金山湾区500强企业数量为16家[1]。二是服务功能相对滞后。金融业具有全球影响力，纽约、伦敦、东京分别位居全球第一、二、五位。香港作为国家金融中心，在全球排名第四；深圳作为跨国金融服务中心，全球排名仅第22位，广州为第37位[2]。港澳大湾区在整体服务业增加值占GDP的比重和服务业层次上还有较大差距。三是粤港澳大湾区自主创新能力有待增强。粤港澳大湾区基础创新能力相比世界级城市群差距很大。在世界大学排名500强的高校中，纽约湾区、旧金山湾区、东京湾区等三大世界级城市群拥有22所、28所和60所，粤港澳大湾区仅有16所[3]。四是粤港澳大湾区环境品质尚待优化。纽约中央公园、伦敦泰晤士河两岸、巴黎左岸等成为最能代表这些城市人居环境品质的魅力空间。而粤港澳大湾区在40年的快速工业化和城市化过程中，部分具有历史文化特色的传统村

---

[1] 引自2017年《财富》杂志评选出的世界500强企业榜单。
[2] 〔英〕Z/Yen集团、中国（深圳）综合开发研究院：《全球金融中心指数（GFCI）报告》，2017。
[3] 《数据图说比较世界5大湾区经济》：中国工业新闻网，2019年2月22日，http：//www.cinn.cn/gysj/201902/t20190222_207046.html，2019年10月7日访问。

落、岭南水乡的桑基鱼塘逐渐消失。五是粤港澳大湾区城市群分工体系不完善。粤港澳大湾区的各大中小城市以及村镇地区的垂直分工相对较差，村镇地区在城市群中仍未能发挥其独特的价值。六是粤港澳大湾区经济规模能级差距明显。与世界级城市群的经济规模比较来看，粤港澳大湾区城市群经济规模仍然较小。在经济增长趋缓的同时，受到民工荒、电荒、油荒等现象的困扰，也出现了土地、环境、资源的紧约束，发展成本趋高，必须走高质量发展之路。

（二）面临的主要挑战

一是面临逆全球化带来的挑战。未来10年，将是世界经济新旧动能转换的关键10年，单边主义、保护主义愈演愈烈，多边主义和多边贸易体制受到严重冲击。粤港澳大湾区特别是珠三角地区作为典型的外向型经济区，很容易受到来自外部挑战的冲击。二是破碎化的空间格局亟待破解。第一，粤港澳大湾区过去以低端产业、加工贸易为主要特征的村镇工业化发展，造成了城乡建成区连绵、边界交错的同时，也带来了交通复杂、人与自然分离、垃圾和碳排放高企等问题。第二，随着巨型城市区域不断向外蔓延，内部开发密度不断加深，导致人与自然的割裂。第三，经济要素的高度密集对生态资源造成破坏，城市河涌和跨界水体污染问题突出，垃圾处理能力滞后，碳减排压力巨大等。三是公共需求多样化下的质量提升压力。粤港澳大湾区经历了40年的"时空压缩型"的快速发展，出现了"重经济，轻服务"、"重速度，轻质量"等问题，城市服务功能和环境品质滞后于居民需求。

三 政策建议：打造"多中心协同，重点平台并进、高质量共建"的空间格局

（一）通过高效互联互通综合交通，促进湾区一体化，打造共同市场

以跨区域交通基础设施建设为先导，加速区域整合。在大湾区的跨区域

中有两大主要发展方向，一是加强珠江东西两岸的互联互通，二是城际的轨道交通建设。目前，已经建成的港珠澳大桥、虎门二桥，加上将建成的深中通道和深珠通道，将成为香港、澳门与珠海，中山与深圳，东莞与番禺之间要素流动的主要通道，加强对粤东粤西的辐射。

一是应紧抓城际轨道交通建设。内部轨道交通方面，除了广珠城际、佛肇城际、莞惠城际、广深城际，穗莞深城际正在试运行，将于2019年10月底通车；广清城际将于2019年底运营；广佛南环（佛山西－广州南）即将铺轨，2020年3月试运营；广州北站、白云机场、金融城、琶洲、佛山新城、佛山西站全线贯通。佛莞城际、穗莞深琶洲支线、穗莞深天河支线、珠机城际正常建设中。

二是促进湾区主要功能平台的快速联系，实现湾区核心平台任意两点间30分钟可达。东岸地区，进一步深化已有产业合作，西岸地区，借助湾区东西向路桥建设机遇，珠海应积极争取成为香港的新腹地，结合其西岸核心龙头城市地位，从集聚化发展阶段走向集聚与区域联动发展阶段，通过通用航空领域的合作，打造香港向西商务拓展的桥头堡，联同澳门，打造向葡语系国家要素流动的对接点。

（二）构建多中心协同体系，打造高端高质高效平台

1. 优化广—深—港—澳（珠）四核驱动，加强腹地整合，形成多中心协同发展体系

未来，粤港澳大湾区城市群在空间上将形成"四核联动、外拓西进，开放高效"的"多中心并联式"总体结构。

首先，应继续提升香港在湾区中对接国际的枢纽地位。二是发挥广州、深圳、香港、澳门—珠海四大中心都市圈各自的优势功能，以点带面，带动大湾区东西两岸、内外圈层、城—镇—村全域优化提升。三是推进粤港澳大湾区城市群扩容。加强对清远、韶关、云浮等环珠三角地区的辐射带动作用，构建广佛肇—清（远）云（浮）韶（关）、深莞惠—河（源）汕（尾）、珠中江—阳江三大新型都市区，进一步优化中心与

腹地的联系，强化产业分工。四是加强泛珠三角区域协作。在"一带一路"建设、泛珠合作论坛框架下，深化珠三角与广西、贵州、云南等西南省份的合作。拓展内陆"无水港"，通过铁海联运，共同融入"一带一路"建设布局；鼓励各行业协会设立分支机构；加强流域环境治理合作机制。

2. 将自贸区建设成为开放型制度创新枢纽，并谋划自贸区扩围

自贸区重点任务在于围绕投资贸易自由化而进行的制度创新，应将其建成中国开放程度最高的开放型制度创新枢纽，并形成一系列可复制可推广的经验。大湾区应该以自贸区为融合点，以穗港、深港、珠澳为主要承载区域，全面对接自贸区或三大都市区，并主动谋划自贸区的扩围。

同时，要将自贸片区作为湾区核心枢纽。以广东自贸区为支点，深化粤港澳现代服务合作。其中，广州南沙新区片区可以重点发展航运物流、特色金融等产业；深圳前海蛇口片区重点发展金融、现代物流等战略性新兴服务业；珠海横琴新区片区重点发展旅游休闲健康、商务金融服务等产业，推动澳门经济适度多元发展新载体。

3. 建设高端高质高效的平台体系

一是明确"三湾一带三山"为重点开发地区。"三湾"，即环珠江口地区、大亚湾区、大广海湾区，兼具优质海湾景观和产业功能。"一带"，即珠江西岸先进制造业带与城镇聚集带，肩负着提振珠三角西岸经济、珠三角经济规模能级向世界级城市群迈进的重任。"环三山"，即环南昆山大旅游圈、环鼎湖山大旅游圈、环天露山大旅游圈，是大湾区最佳生态休闲、旅游休闲目的地。

二是加快重点平台建设。南沙、横琴、前海、东莞滨海湾新城、佛山三龙湾、中山翠亨新城等平台，在土地储备、交通规划、政策利好、招商引资方面有巨大优势，除了佛山外，其他5个在填海造地上有发展动力。推进广佛同城化，加快广清一体化和深汕特别合作区等建设，促进产业转移园提质增效。推动广州实现老城市焕发新活力，在综合城市功能、城市文化综合实力、现代服务业和现代化国际化营商环境方面出新、出彩。支持深圳当好新

时代改革开放尖兵、创建社会主义现代化强国的城市范例,打造国际知名会展、赛事、论坛品牌,提升城市影响力。南海千灯湖、佛山新城和东莞松山湖等优秀案例,证明了富有魅力的优质水岸公共空间对地方转型具有强大推动力。

(三)探索"高水平合作,高质量共建"的区域合作新机制

在重点城市的边界地区强化交通对接、产业共建,共同推动区域融合发展。将已有的广佛融合发展先导区、前海深港现代服务业合作区、横琴新区、落马洲河套深港科技创新特别合作区作为突破点,加上深汕特别合作区,通过高水平共建,实现跨区域融合发展。

表3　深港、珠澳、广佛合作平台情况一览

名称	前海深港现代服务业合作区	河套深港科技创新特别合作区	横琴新区	珠澳跨境工业区	广佛融合发展先导区
面积(km²)	18.04	4	106.46	首期约0.4	首期约13.5
规划产业	创新金融、现代物流、总部经济、科技及专业服务、通信及媒体服务、商业服务六大领域	以微电子、人工智能、生物医药、新材料、金融科技为重点产业发展方向	重点发展金融服务、高新技术、中医药保健、文化创意、科教研发、休闲旅游等主导产业	以发展工业为主,兼顾物流、中转贸易、产品展销等产业	总部经济、科技及专业服务、智能智造
企业数量	15.71万家(截至2018年9月)	(规划中)	5.84家(截至2018年11月)	—	(规划中)

资料来源:作者根据相关资料整理。

一是深港科技创新特别合作区。深港科技创新特别合作区地处深港"直接接合部",跨境直联互通,区位优势独特,占地面积4平方公里。河套地区的发展目标涵盖了三大定位,即国家自主创新平台、大湾区国际科创中心平台和深化深港紧密合作关系平台。

二是前海深港现代服务业合作区。前海地区毗邻港澳,面积18.04平方

公里，目前已形成"一条例两办法"，即《深圳经济特区前海深港现代服务业合作区条例》、《深圳前海湾保税港区管理暂行办法》、《深圳市前海深港现代服务业合作区管理局暂行办法》，有专门的前海管理局负责本片区相应行政管理和公共服务职责，依法负责前海合作区的开发建设、运营管理、招商引资、制度创新、综合协调等工作。

三是横琴新区。2009年国务院正式批复的《横琴开发总体规划》，明确了横琴的战略方向为"一国两制"下探索粤港澳合作新模式的示范区、深化改革开放和科技创新的先行区、促进珠江口西岸地区产业升级的新平台。充分发挥横琴地处粤港澳接合部的优势，要重点发展商务服务、休闲旅游、科教研发和高新技术等产业，并禁止博彩业等。

四是广佛融合发展先导区。"广佛"作为粤港澳大湾区规划纲要所提的极点带动的极点之一，在经历了10年同城化发展之后，目前正走向"1＋4"① 高质量融合发展模式。"1＋4"各片区的发展基础、资源禀赋和周边联动发展，近期重点打造"1"，也即广佛高质量融合发展先导区。

五是深汕特别合作区。深汕特别合作区定位为区域合作发展示范区、自主创新拓展区、粤港澳大湾区辐射节点区。该区位于汕尾市海丰县，距广州200公里、深圳60公里、汕头200公里，距香港82海里，深汕特别合作区包括鹅埠、小漠、鲘门、赤石四镇，总面积468.3平方公里，由深圳全面主导。目前，深汕特别合作区已经被纳入深圳第10＋1区。

总之，粤港澳大湾区城市群在经历了从集聚规模化到溢出连片化的发展历程后，正在迈向跨边界的高质量共建的新阶段。目前，尽管市场因素在推动区域产业分工上发挥了强大效力，但湾区内存在结构性矛盾。展望未来，粤港澳大湾区还需进一步发挥政府的引导作用，提升交通基础设施

---

① 广佛共建"1＋4"的高质量融合发展试验区，总面积629平方公里，涉及广佛边界10个区镇。广州占275平方公里，佛山354平方公里。其中，"1"是指广州南站—佛山三龙湾片区，范围面积约259平方公里，其中广州约129平方公里，佛山约130平方公里。"4"是指五眼桥—滘口、大岗—五沙、白云—南海、花都—三水片区。研究范围为广佛边界10个区镇行政单元范围。

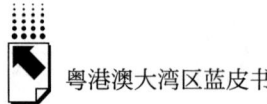

一体化和制度衔接水平。同时，要不断深化外向性要素的大进大出、快进快出式综合交通建设，形成 TOD 开发模式，加强城市的运营，营造出高效的发展空间；最大限度拓展自贸区空间，争取将更多成功经验向更多功能片区推广，并合力打造共同市场，最终成功实现大湾区城市群的高质量发展。

B.25
深汕合作：开启全国"飞地经济"发展的优秀典范

谢许潭*

摘 要： 2008年，深圳与汕尾决定共同建设"深圳汕尾特别合作区"，以此为今天的深汕特别合作区的开发和建设拉开了序幕。深圳市政府明确提出，要让该区域成为中国飞地经济发展模式、飞地治理模式和飞地城市化的首创者。通过提升政府服务职能，加强全面统筹规划，以及将深圳的科创优势与汕尾的传统城市优势巧妙结合等方式，2018年的深汕特别合作区取得了可喜的进展：政策体制协调取得了全新突破；营商环境不断改善，各类建设项目的资金也更为充裕；产业一体化发展取得了长足进展；教育医疗、信息网络和交通基础设施建设的推进，则为深汕特别合作区的发展铺垫了更为坚实的基础。

关键词： 深汕特别合作区 飞地经济 政府服务 产业一体化

深汕特别合作区地处"一核"和"一带"的连接点，区位独特，交通便利，空间广阔，是珠三角通往粤东的桥头堡，也是深港向东拓展辐射的重要战略支点。该区域西与惠州市接壤，东与汕尾市相连，南临南海红海湾，

---

* 谢许潭，博士，广东省社会科学院大湾区研究院，副教授，主要研究方向为科技创新合作和世界级城市群建设。

规划范围包括汕尾市海丰县鹅埠、小漠、鲘门、赤石镇和圆墩林场四镇一场。成功建设深汕合作能促进汕尾乃至粤东地区进一步深化改革开放进程,从而让深圳经济特区的示范和辐射作用更好地得到发挥。①

一 深汕合作的发展进程梳理

对于展开合作,深汕两市有着多年切磋沟通的基础。深圳汕尾两地在2008年决定合作共建"深圳汕尾特别合作区"。2014年11月,广东省政府常务会议审议通过《深汕特别合作区发展总体规划(2015~2030)》后,合作开发区建设进入加速期。2017年9月21日,中共广东省委、广东省人民政府批复《深圳特别合作区体制机制调整方案》(粤委〔2017〕123号)。②按照深圳市委提出的要求,深汕特别合作区将成为中国飞地经济发展模式和治理模式的首创者,以及飞地城市化首创者。

在"产业立城、创新兴城"发展思路的引领下,深汕特别合作区将会采取"总部+基地、研发+生产"的发展模式,"聚焦鹅埠、聚焦产业",逐步形成产业新城。仅在2017年,深汕特别合作区全年建设80个基础设施新项目,总投资218.74亿元;公共配套设施项目22个,总投资124.01亿元。③

2018年12月16日上午10点,中国共产党深圳市深汕特别合作区工作委员会、深圳市深汕特别合作区管理委员会,隆重地举行了揭牌仪式。深圳特别合作区管委会主任产耀东表示,深汕特别合作区(简称"深汕特别

---

① 钟坚、杨霁帆、马光威:《加快深汕特别合作区开发开放的几点思考》,《特区实践与理论》2017年第1期,第105页。
② 刘兴贺:《综研观察:深汕特别合作区发展正式挂上"深圳档"》,中国智库网,2018年12月24日,http://www.chinathinktanks.org.cn/content/detail/id/yef7d025,2019年7月4日访问。
③ 宋毅、李天军:《(广东改革开放40周年)深汕特别合作区:"飞地经济"开荒牛》,金羊网,2018年12月8日,http://news.ycwb.com/2018-12/08/content_30148340.htm,2019年7月4日访问。

区")将以此为新起点和新契机,为深圳朝着建设中国特色社会主义先行示范区的方向前进等伟大事业,贡献深汕合作带的成果。

二 推动深汕合作的全新政策框架

为了避免无序发展和低效竞争对深汕合作带来的负面影响,深汕两地政府在2018年从规划、管理、服务和创新等多个层面,不断开创合作新模式,努力避免合作误区,为粤港澳大湾区城市间合作树立了优秀的典范。

(一)明确强调从高起点开始谋发展,坚持让科学合理的全面规划先行于具体实践,避免踏入合作盲区和误区

2018年5月25日,广东省委书记李希首次来到深汕特别区进行调研,指示要把深汕特别区建设成为现代化的滨海新区、产业新城。广东省委副书记、省长马兴瑞则分别在2015年6月28日主政深圳工作期间,以及2017年8月21日,分别调研了深汕特别区;2018年3~4月,省政府副秘书长张爱军召开会议,深入研究和落实机构设立和划转、人员编制、深汕高铁等重大事项。①

深汕特别合作区在城市建设中也按照国际一流标准和水平来进行全面规划。根据规划,深汕特别合作区要建设"四区一城",即包含区域协调发展示范区在内的四个区和现代产业新城。2018年10月26日,经过四个多月的全球海选和多轮竞赛,深汕特别合作区中心区概念城市设计国际咨询评委评判结果出炉,加拿大和深圳的设计公司的《共生绿都》方案获胜。该方案具有分阶段开发与多元化社群两大显著特点,旨在将深汕特别合作区打造为一个绿色环保的现代化城区。分阶段开发包含了四个阶段:一是配合作为先行区的鹅埠发展,建设轻轨一号线,建设南城区与吉水门的北部区域;二是配合深汕北站的建设,沿轻轨二号线开发赤河东岸地区,并建立与北部地

---

① 《解码深汕特别合作区历程、使命、愿景》,人民网,2018年12月17日,http://sz.people.com.cn/n2/2018/1217/c202846-32416644.html,2019年7月4日访问。

区的公交联系；三是建设三号线北区区段和社区公交环线，完成婆山以北的基础设施和城区建设；四是结合深汕南站开发南城区南部地区和红泉社区。而多元化社群指的是围绕着以南北两个轨道站和市民中心一线连城的中轴，布局居住、文化社区、工作学习、商业等多类型城市物业和设施。①

（二）努力建立各种高级别的管理机构，进一步提升政府管理服务效能，为深汕合作破除各种现实障碍

目前，深汕特别合作区总体规划已经被纳入了深圳市第四版城市总规一同编制。另外，为了激发广大民众参与创新创业的积极性，深圳市科创委出台了重大的支持性政策和措施。深圳市科技创新委员会在2018年8月20日正式发布了《广东省人民政府关于强化实施创新驱动发展战略进一步推进大众创业万众创新深入发展的实施意见》。该文件指出，要从多个方面推进创新战略，如要创建珠三角国家科技成果转移转化示范区，建设知识产权保护和运营中心，开展投贷联动等融资服务模式的创新等。

（三）努力将深圳的科创成功经验与汕尾的巨大发展潜能深度融合，开创深汕双方"研发+生产"的深度合作模式

广东省委省政府设定深汕特别合作区，本身就是探索区域协调发展、创新区域合作模式的创举，合作区在守护绿水青山中建设现代化产业新城，以共建促共享，是创新、协调、绿色、开放、共享五大发展理念的生动实践。汕尾是著名的革命老区，深圳市创新力遥遥领先于全国其他年轻城市。因此，深汕合作需要大力引入深圳特区创新精神来推动汕尾老区的改革，并通过延伸和拓展深圳城市功能来提升老区面貌，创新产城融合发展新途径。一方面，从产业发展来看，根据《深汕（尾）特别合作区发展总体规划（2015～2030年）》的条款，到2020年，深汕园人口规模将会达到22万人，"港、产、城"融合发展的现代产业城将会逐步建立起来。深汕园将会成为

---

① 宋毅、李天军：《（广东改革开放40周年）深汕特别合作区："飞地经济"开荒牛》，金羊网，2018年12月8日，http://news.ycwb.com/2018-12/08/content_30148340.htm，2019年7月4日访问。

汕尾经济社会发展的重大新引擎。另一方面,汕尾的城市建设和公共服务体系将会逐步对标深圳标准。

三 深汕合作在2018年全年进展概述

(一)深汕特别合作区产业建设与产业一体化取得了不俗成绩

2018年,深圳特别区已供地产业项目67个,年产值超过610亿元。取得如此瞩目的基础设施建设成果,是强化项目服务等举措产生积极效应的结果。一是深汕特别区主要领导定期召开产业项目建设推进会等进行项目建设规划部署,二是初步形成了大数据等重大产业的集群,三是积极开展各种招商引资活动。深汕特别合作区在2018年的现代产业城建设中取得了丰硕成果,已供地的67个产业项目中,有13个已经竣工投产、31个进入主体施工阶段①。

2018年全年,深汕特别区把引进机器人产业及配套项目作为重点,开展了由区主要领导带队赴相关企业洽谈合作的一系列精准招商活动,明确了兆威智能驱动产业园、银星科技智能装备生产基地和深汕机器人产业园等在内的众多知名科技企业为投资意向目标。另外,深汕特别区在2018年正式启动了5平方公里的机器人小镇建设进程,这也是全国最大规模的机器人生产集合地区。②

(二)深汕特别合作区的营商环境不断改善,各类项目的建设资金也更加充裕

2018年6月13日,深圳市投资控股有限公司党委书记兼董事长王勇健

---

① 《深汕特别合作区:飞地经济的探路人 协调发展的开拓者》,深汕视点,2018年11月23日,参见:http://www.shenshan.gov.cn/home/docs/2192,2019年7月4日访问。
② 《未来:深汕特别区将打造全国最大的机器人小镇》,深圳新闻网"深汕视点",2018年9月5日,http://www.sznews.com/mb/content/2018-09/05/content_20108046.htm,2019年7月4日访问。

在访问深汕特别区时表示，愿充分发挥深投控强大的企业资源导入优势，在深汕特别区打造"深圳湾"园区升级版，在深汕特别区建设世界一流产业园区。因此，2018年深汕特别合作区发生的一个最为引人注目的变化，是其在招商引资方面的快速发展。它已经逐步从被推荐的对象转型为各种招商推介会的共同组织者。例如，在2018年4月18日，深汕特别合作区作为重点推介对象之一，首次参加了深圳市投资推广署举办的"投资深圳·共赢未来——深圳市营商环境及投资政策宣讲会"。8月16日，深圳市在北京举行了以"投资深圳·共赢未来"为主题的"深圳—北京投资合作交流会"，邀请了部分世界500强企业、央企、大型民企和科研机构负责人等参会，全面推广深圳的营商环境。在这次大会上，深汕特别区管委会首次与深圳市投资推广署共同作为组织者主办了该次活动，获得了非常良好的社会反响。①

2018年12月7日，深圳市举办投资推广重大项目签约大会，深汕特别合作区管委会主任产耀东和中航联创科技有限公司总经理储国松，分别代表深汕特别合作区管理委员会和"中航联创"，共同签署了《战略合作框架协议》，表示双方将积极推进深汕特别合作区机器人与人工智能特色小镇建设。深汕特别合作区在此次招商会上，不仅成功地实现了由传统招商向精准招商模式的转变，还通过组织考察雄安新区，让与会者们认真学习和详细了解了雄安新区当前发展建设的新风貌，感受和领略了雄安质量、雄安速度。

2018年12月7日，深圳市投资推广重大项目签约大会在深圳举行，统筹全市各区（新区）建立投资额超过了10亿元的重点产业项目库。在此次签约会上，推广署印发了《投资深圳 共赢未来》的报告，其中的"发展机遇"篇中推出了"聚焦深汕特别合作区"主题。② 在这种全新合作模式的驱动下，2018年深汕特别区预计全年生产总值完成51.5亿元。

---

① 《深圳市举办重大系项目签约大会 深汕特别区与中航联创握手签订战略合作协议》，深汕特别合作区官网，2018年12月13日，参见：http://www.shenshan.gov.cn/home/detail/2214，2019年7月4日访问。

② 《深圳市举办重大系项目签约大会 深汕特别区与中航联创握手签订战略合作协议》，深汕特别合作区官网，2018年12月13日，参见：http://www.shenshan.gov.cn/home/detail/2214，2019年7月4日访问。

（三）政策体制协调有了新突破，为合作新模式的开启奠定了基础

深汕特别合作区的建立，标志着支撑深汕合作的机制体制协调实现了创新式的调整。此前，合作区党工委、管委会为省委、省政府的派出机构，省里委托深圳、汕尾两市市委市政府管理，其中深圳主导开发建设、汕尾负责征地拆迁和社会事务。而在政策调整后，合作区组织架构参照深圳经济功能区配备，纪工委、公安、法院、检察院、税务等机构都作相应调整，在广东省委、省政府领导下，形成深圳全面主导、汕尾积极配合的合作格局。这次制度调试的主旨是让深圳承担更大的职责，加快推进合作区的大开发大建设大发展。[①] 2018年2月27日，成立了体制机制调整工作领导小组，4月9日，合作区召开体制调整工作办公会议，听取省直有关部门、中央驻粤有关单位、深圳市政府、汕尾市政府和合作区管委会等情况汇报，专门研究推进合作区机制体制调整工作。[②]

2018年10月29日，深圳特别合作区召开干部大会，传达学习贯彻习近平总书记观察广东重要讲话精神。会议强调，要加快推动合作区建设成为粤港澳大湾区门户区、深圳自主创新拓展区、宜居宜业宜游的美丽滨海新城。[③] 为了成功地在深汕特别合作区建设智慧型城市并优化城市规划设计，2018年3月4日，深汕特别合作区管委会与广东省通信产业服务有限公司签订战略合作框架协议；2018年9月初，深圳广电集团旗下的深圳市天威视讯股份有限公司投资建设的深圳—深汕特别合作区长途主干光缆建设项目已经建成使用，这条"信息高速公路"已经使深汕特别区与深圳实现了信息的互联互通，初步实现信息同城化。

[①] 《深汕特别合作区——创新区域合作模式 打造协调发展标杆》，深圳综合开发研究院，2018年12月19日，https：//baijiahao.baidu.com/s？id＝1620241704256795813&wfr＝spider&for＝pc，2019年7月4日访问。

[②] 《深汕特别合作区 探索区域协调发展的最新答卷》，《南方日报》2018年12月17日，http：//www.myzaker.com/article/5c16efcb77ac6448a749f24c，2019年7月4日访问。

[③] 刘兴贺：《综研观察：深汕特别合作区发展正是挂上"深圳档"》，中国智库网，2018年12月24日，http：//www.chinathinktanks.org.cn/content/detail/id/yef7d025，2019年2月9日访问。

（四）教育文化、医疗卫生、交通网络基础设施与信息高速公路建设的推进，让深汕特别合作区的发展走上了快车道

2018年全年，深汕特别合作区的城市规划与片区规划显得更为全面、合理和精细，这成为各类基础设施建设的明确指引。在推进专规控规编制方面，严格遵循组团各个片区循序渐进的原则。例如，鹅埠片区控制性详细规划修编已形成稳定方案，鲘门新城高铁片区控制性详细规划、小漠片区控制性详细规划正加快编制。

从交通基础设施建设来看，2018年深汕特别区已经规划了"六横六纵"城市主干路网，规划建设道路81条（段），总长约为251公里，总投资502亿元。另外，外联交通项目，如深圳港小漠港1期码头工程陆域形成围堰合龙的建设进展顺利，深汕第二高速公路项目落地。为了更好地为深汕特别合作区定制一套智能、便捷、绿色的城市公交体系，深汕特别合作区管委会副主任文维率小组在2018年11月21日赴深圳市坪山区的比亚迪股份有限公司总部考察，试图为探索深汕特别区中运量公交发展计划寻求解决方案。此次调研中，比亚迪向管委会有关工作人员介绍了云轨和云巴等全新概念，以协助合作区管理者更有效地应对空气污染和交通拥堵等城市病问题。①

从公共服务设施建设和教育文化机构引进方面来看，深汕特别合作区已经积极对接国内知名理工类大学，引进各种优质办学资源。从文化旅游方面来看，华侨城集团建造的文化旅游创新小镇，将会被建造为一个国家级的文化旅游特色小镇，成为东部华侨城和欢乐海岸的"升级版"、深圳人的滨海"后花园"。另外，为了吸引更多的高端国际科技人才来到深圳特别合作区扎根工作与生活，深汕特别区在2018年12月4日开启了首个保障性住房项目，计划在3年内建成首个人才安居社区。②

---

① 《调研比亚迪为"特别新城"打造绿色智能交通探路》，深汕特别合作区官网，2018年11月23日，http：//www.shenshan.gov.cn/home/info#detail/2190，2019年2月4日访问。
② 《深汕特别区首批2500套保障性住房开建　第一个人才安居社区三年内全面建成》，深汕特别合作区官网，2018年12月6日，参见：http：//www.shenshan.gov.cn/home/info#detail/2205，2019年2月4日访问。

四 深汕合作的现实障碍与挑战

尽管深汕合作在2018年取得了不俗成绩，但是一系列现实障碍和问题也同样不可忽视，这些限制性因素和挑战主要包括：深汕特别合作区的产业发展资源禀赋先天不足，在土地、电、水等资源和人才培养和人才吸引力方面受到各种严重制约。尽管468.3平方公里的土地具备巨大的开发潜力，但因地形限制和交通市政廊道的分割而无法容纳大型企业入驻。同时，尽管深汕特别区有着丰富的旅游资源和良好的生态体系，农田、低丘缓坡、盆地和山林资源较为丰富，但是影响产业发展的一系列因素难以短期内消除。例如，水资源总库容不到1845万立方米；规划区新增的火电厂尚未给本规划区供电；总人口7.5万人，其劳动力的供给远不能适应大规模发展劳动密集型产业的巨大需求；社会治安和文化氛围建设还有待进一步改进，各类投资软环境因素有待集聚和构建。[①]

2018年8月22日，深圳市副市长王立新在"粤港澳大湾区国际论坛"上表示，汕尾划了486平方公里给深圳规划和发展，这个地方的居民也要全部转成深圳户籍。但是两地居民在市民意识培养、文化互通、法律素养等方面，还需要深汕两地相关机构进一步推动以真正实现民心融合。另外，汕尾某些地区还存在较为严重的法治不健全问题。例如，华南师范大学2018年一项"偏远小渔村法治调研"的结果显示，作为深汕合作区的重点示范区域，汕尾东部小渔村司法改革之路依然困难重重。调研表明，该渔村存在较为严重的法治建设难题。[②] 因此，加大乡镇法律意识的传播和普及工作力度，是汕尾地区偏远地域推进法治建设，从而最终扫除深汕合作的现实障碍的必经之路。

---

① 刘兴贺：《综研专访：深汕特别合作区如何推进产业"深发展"？》，中国智库网，2018年12月24日，http：//www.chinathinktanks.org.cn/content/detail/id/ukjri172，2019年2月4日访问。

② 李燕妮：《深汕合作区的法治道路建设》，《法制博览》2018年12月（下），第120页。

在产业共建过程中,深圳作为深汕合作特别区发展的主导力量,自身的工业园区就存在一系列的问题尚未解决。深圳工业园区当前存在的问题主要包括:一是缺乏系统全局的统筹;二是目前园区发展水平难以满足战略性新兴产业以及未来产业发展的空间承载需求;三是基础设施和配套设施也无法满足新兴产业带动的科创高端人才加速集聚的需求;四是污染治理体系不够健全,废水、废气、废渣等污染源引发的民众环境类信访受理量居信访总量之首。①

五 结语

深汕特别合作区在12月16日的正式揭牌,标志着深汕合作在经历七年多的发展之后,正式升级为深圳第"10+1"区,正式迈入了"深汕同城、湾区一体"的新时代。但是,成功打造全国"飞地经济"发展新模板,还需要不断完善社会治理体系;强化创新引领作用,加快纳入深圳国家自主创新示范区的进程。需要进一步推进深汕同城发展的进程,共同分享改革发展的红利,使之真正融入粤港澳大湾区的大局。还要充分利用深汕特别合作区的地理优势,对接前海深港现代服务业合作区和深港科技创新特别合作区。总之,大力推进深汕特别合作区的建设是广东省委、省政府实现"四个走在全国前列",当好"两个重要窗口"的总目标,也是创新区域合作模式、促进区域协调发展的重要战略部署,是基于对广东省经济社会发展和深圳、汕尾发展的整体规划,对广东省促进粤东西北振兴发展,以及深圳拓展和汕尾跨越式发展,都有重大的意义。②

---

① 刘详:《统筹谋划深圳工业园区的新格局》,2018年4月18日,中国智库网,http://www.chinathinktanks.org.cn/content/detail/id/mrbvk494,2018年10月4日访问。
② 《深圳市教育局与深汕特别合作区管理委员会签署合作办学意向框架协议》,深圳市政府官网,2015年9月28日,http://www.sz.gov.cn/jylyfw/dtxx/201509/t20150929_3243610.htm,2019年3月4日访问。

B.26
珠港澳城市合作开创湾区发展新模式

杨海深*

摘　要： 港珠澳大桥开通运营和粤港澳大湾区发展战略为珠港澳城市合作带来通道升级、合作机制升级和产业升级机遇，开启了大湾区合作新模式。由此，珠港澳城市合作路径必将围绕港珠澳大桥建设、广深港澳科技创新走廊建设及横琴合作开发展开。建议在完善珠港澳合作机制的基础上，搭建更紧密的交流合作的平台；在创新珠港澳产业合作模式的基础上，大力培育合作新载体；在携手加强交通基础设施互联互通的基础上，促进三地要素更加高效便捷流动；在深化社会民生领域合作的基础上，共建宜居宜业宜游湾区优质生活圈。

关键词： 珠港澳合作　港珠澳大桥　城市合作

作为粤港澳大湾区发展的极点，"珠海—澳门"协同作用正在集聚势能，成为大湾区深度参与国际合作的共同引领者。同时，港珠澳大桥的开通，使珠海从交通末梢变成了重要的交通节点，成为直接连通港澳的经济特区，也使珠海与香港站在一个新的历史起点上，为珠港合作发展带来新的契机，开启更高层次的合作与互动。在大湾区框架下，珠港澳合作正迎来通道升级、产业升级和机制升级机遇，涌现出更多更有代表性的合作成果，推动三地迈向更高水平的国际都会区。

---

* 杨海深，博士，广东省社会科学院助理研究员，主要研究方向为区域经济、政策评估等。

一 珠港澳城市合作现状

近年来,珠港澳三地积极贯彻落实"一国两制"方针,全方位推动互利共赢合作,多渠道拓展交流,探索建立起多种方式、多重主体、多种渠道的合作新模式。

(一)珠澳港合作机制正逐步完善

一是建立和保持高层互访机制。推动高层会晤逐步实现机制化、定期化和常态化,深化政府间的合作交流。二是搭建民间交流合作平台。三地间的产学研合作、科研机构合作正在加强,论坛和研讨会如火如荼。社团、学生、媒体、人大代表和政协委员等社会各界交流机制正在完善。[①] 2018年12月,珠澳经贸合作平台在澳门揭牌。该平台可为企业提供商务办公、行政后勤、财税金融、营销推介一站式经贸综合服务。

(二)珠港澳合作模式和政策正不断创新

一是持续探索产业园项目合作模式。粤澳合作产业园项目进展顺利,截至2018年底,该产业园累计注册企业111家,已有27个项目签订合作协议,22个项目取得用地指标,18个项目开工建设;启动澳门青年横琴创业谷,设立首期20亿元人民币的扶持资金,创业谷已累计孵化263个项目,其中港澳创业项目147个。二是不断改善政策和服务环境。珠海出台了支持澳门产业多元化发展措施,实施港澳居民个税税负差额补贴政策,在全国率先落实"港人港税""澳人澳税",截至2018年底,此项优惠政策已经给予在横琴工作的港澳居民个人所得税税费差额补贴达1亿元人民币;截至2019年3月底,在横琴注册的港澳企业达2806家,其中澳资企业达1470

---

① 珠海外事局:《珠港澳合作十年创新成果简况》,百度文库,2018年8月17日,https://wenku.baidu.com/view/baac357eeffdc8d376eeaeaad1f34693daef1085.html,2019年3月21日访问。

家。此外，珠海推进全面放开港澳单牌车经港珠澳大桥进出珠海；珠海与澳门共同推动珠澳游艇"自驾游"创新政策。三是珠澳跨境区转型升级工作顺利推进。跨境工业区已制定对企业的相关扶持政策，推动园区以发展工业为主向以发展商贸服务业为主转型。四是珠澳联手构建葡语国家商贸合作服务载体。以葡语系国家合作为重点参与"一带一路"建设，推动中国与葡语国家的商贸投资往来。

（三）珠港澳基础设施建设的联动性正在增强

一是联通三地的港珠澳大桥开通运行。港珠澳大桥日均通行量达到4000架次，珠海公路口岸日均出入境旅客超过4万人。在此契机下，珠港澳三地成立物流联盟，促进物流业协同发展。二是珠港机场合作成效显著。珠海机场在香港机场管理局的委托管理下，客货运量逐年快速增长。2018年旅客吞吐量突破千万人次，运输起降81137架次，货邮吞吐量46393万吨，三者均达到珠海机场通航以来的历史最高峰。三是珠海口岸建设和通关便利化水平不断提升。推动珠澳口岸查验机制创新试点，在珠澳口岸共同推进"合作查验、一次放行"的新型通关模式，以及"进境查验、出境监控"的新型监管模式。四是积极推动粤澳新通道建设。粤澳新通道连接珠澳两地，总建筑面积约16.72万平方米，能使两地轻轨便捷对接，预计于2019年底前完成施工。

（四）珠港澳优质生活圈共建取得明显进展

一是教育合作不断深入。珠海为超过1500名处在义务教育阶段的港澳人士子女安排入读公立学校；首家内地与香港合作创办的大学——北师大香港浸会大学联合国际学院在珠海成立，并在横琴设立产学研基地和教育基金会；珠海市政府、横琴新区分别与澳门大学建立战略合作关系。二是旅游合作广泛开展。经由《港珠澳三地旅游合作框架协议》，珠港澳在建立联合工作机制、加强旅游宣传推广合作、联合举办国际性旅游活动等方面达成了广泛共识，并携手开展"一程多站"旅游产品推介。三是民生保障积极有力。珠海对澳水、电、气保障供应；由澳方出资2500万元，两地合作共建的天气雷达站投入运行。四是青年就业创新服务到位。珠海支持港澳青年创新创业和人才引进政策不断出台，切实保障港澳居民与珠海本地居民在医疗、保险等方面享受无差别对待。珠海市外事局公布的《2018年重点工作任务表》显示，珠海2016年加入"粤港澳大湾区香港青年实习计划"，并且带动越来越多的珠海知名企业及机构参与其中，截至2018年底共有114名香港大学生来珠海实习。

二 珠港澳城市合作存在的挑战与机遇

面对粤港澳大湾区将会成为全球最大湾区经济体的发展趋势，珠港澳三地需要打破发展的理念障碍、制度障碍和利益协调障碍，把握港珠澳大桥开通带来的发展机遇，以及利用好"一国两制"的制度红利，为新时代推动粤港澳区域合作闯出新路，成为大湾区区域发展的重要一环和深化粤港澳合作的重要载体。

（一）珠港澳合作面临的挑战

首先，珠港澳合作面临发展层次上的错位。港澳侧重于内地市场的单向开放，对区域经济融合和市场一体化表现不积极，这就极大地制约了其生产性服务优势与珠海制造业优势结合作用的发挥。[①] 此外，三地在产业结构及服务业发展中面临层次对接问题。珠海产业结构及其先进性较差，表现为高新技术产业的比重偏低（2018年高新技术制造业增加值占规模以上工业的比重为29.3%），以金融为核心的现代服务业技术含量低，且相对落后，难以有效对接港澳高端服务业需求。其次，三地合作面临制度性障碍。三地在"一国两制"的框架下，涉及三个关税区、三种货币、三种法律制度的对接，导致服务贸易自由化政策措施难以高效实施。

---

① 陈茵：《关于深化珠港澳区域经济合作的思考》，《特区实践与理论》2010年第1期，第74页。

（二）珠港澳合作机遇

粤港澳大湾区发展战略实施开启粤港澳合作新阶段，国家倡导的"双向开放"成为大湾区协同发展主模式。大湾区发展的驱动力升级，大湾区合作已超出传统经济要素投入的局限，更在价值认同以及湾区意识形成的前提下，通过对创新文化与生活方式的投入，推进由传统经济要素层面合作向经济、社会价值创新层面的合作延伸。更重要的是，大湾区区位价值面临重构。大湾区比较优势不仅在于交通、港口的便利，还在于社会文化因素的底蕴与耦合度，后者更加决定区域价值创造的制高点。因此，珠港澳合作要把握国家"双向开放"机遇，提升经济、社会价值创新层面的合作驱动力，以社会、文化层面的耦合度重构珠港澳区位价值。

充分发挥港珠澳大桥的纽带和催化剂作用。港珠澳大桥通车使珠海、香港和澳门成为陆路联通城市，三个不同行政区划的城市聚合成一个新的经济区。[①] 大桥为珠海充分利用香港国际化优势，引进国际先进技术和管理方法，承接创新溢出提供机遇，有利于珠海成为香港"再工业化"腹地。此外，以横琴新区为引擎的"珠澳国际都会区"将在区域合作中扮演重要角色。珠海保税区和珠澳跨境区一跃成为港珠澳大桥的"桥头堡"，成为珠江口西岸对接港澳产业的特殊功能区。由此，港珠澳大桥建成还有助于珠港澳形成"一小时国际都会区"，加速粤港澳经济协同发展进程，实现珠江两岸发展齐头并进的新局面。

三 珠港澳城市合作思路与路径

珠港澳合作要遵从政府推动、市场主导，相互尊重、平等协商，优势互

[①] 袁持平、刘洋：《珠港澳合作的新载体、新机遇及演进路径》，《中共珠海市委党校珠海市行政学院学报》2015 年第 1 期，第 69 页。

补、互惠共赢的三大原则①,发挥三地资源整合效应,加强基础设施建设、产业合作和文化融合,建立更加开放多元的合作体制,为大湾区协同发展,以及为我国深化改革和扩大开放积极探路。

(一)合作思路

在"一国两制"方针的指导下,按照"中央要求""湾区所向""三地所长",珠港澳合作要立足现有合作基础,充分把握粤港澳大湾区建设和港珠澳大桥开通机遇,发挥珠海已有的空间优势和生态优势,率先与港澳建立合作新机制,促进交通基础设施进一步互联互通,疏解人流、物流、信息流和资金流障碍;大力推进珠港澳产业合作,助推香港"再工业化"和澳门产业多元化,形成产业集聚高地,提升珠澳极点的能量级;推动珠澳合作迈向更宽领域、更深层次、更高水平,建设高质量发展的珠港澳都会区,进而辐射带动珠江西岸地区发展。

(二)合作路径

珠港澳合作发展的路径必须紧紧围绕港珠澳大桥建设、广深港澳科技创新走廊建设及横琴合作开发展开。

作为大湾区重大跨界基础设施,港珠澳大桥建设必将为珠港澳合作提供重要支撑及发挥纽带作用,有助于三地产业互补共建和结构优化,加速经济协同发展。首先,港珠澳大桥建成提升珠港澳合作层次。过往受制于区位和交通阻隔,香港对处在西岸的珠海的辐射带动作用较弱,澳门由于产业结构单一对珠海的影响也非常有限。港珠澳大桥联通三地,将促成珠港澳合作上升到国家战略高度。其次,港珠澳大桥建成使珠港澳合作领域更加多元。以往珠港澳合作内容主要是以单一的产业分工协作为主,港珠澳大桥将促使合作转向基础设施、金融、物流、旅游和社会民生等多个领域,从而缓解港澳

---

① 张蓉:《珠澳合作发展的思考》,《中共珠海市委党校珠海市行政学院学报》2011年第5期,第55页。

生产性服务业被边缘化风险，保持港澳商贸、金融方面的优势。再次，港珠澳大桥将加速三地产业联动，特别是物流产业、旅游产业和教育产业，珠港澳协作有望形成大湾区重要物流中心、世界级旅游休闲中心和联通全球学府的教育中心。

作为大湾区重要创新带，广深港澳科技创新走廊将促使珠港澳形成协同创新高地。通过发挥创新走廊的技术转移和创新溢出功能，使珠港澳创新资源要素从单一城市转向城市间流动，实现港澳创新与珠海制造的完美结合。但这就需要三地政府搭建平台，社会团体和中介组织加强媒介功能，珠澳产业园区、各类孵化器要加速集聚创新企业，投资基金等金融机构提供融资支撑，共同促进协同创新进程。当然，在跨区域创新合作的整个过程中，创新的硬环境和软环境，也将起到重要的保障作用，激发创新主体开展跨区域创新活动。因此，珠港澳三地通过构建政产学研联合、建立产业联盟和校（高等院校）所（科研院所）联盟，探索三个城市间的合作模式，最终形成创新同盟，为打造粤港澳大湾区国际创新中心形成新的实践经验。

横琴合作开发是珠港澳合作的重要基地和平台。依托横琴新区，特别是横琴自贸区的开放政策，充分利用香港国际金融中心、国际贸易中心的优势地位，以及利用澳门特色金融优势，推动珠海继续探索建设金融改革创新试验区。其次，吸引香港高端商务服务行业资源，引入香港的检测和认证标准、香港的法律和规章制度，把横琴打造成为国际商务服务创新平台。此外，充分利用港澳科技资源优势，把横琴打造成为珠江口西岸国家级高新技术产业基地。

四 促进珠港澳城市合作的建议

在上述合作思路和路径的指导下，珠港澳需要不断加强合作机制建设、创新产业合作模式，促进基础设施互联互通，推动建立更紧密合作关系。

（一）完善合作机制，搭建更紧密交流合作的平台

进一步完善珠港合作专责小组会议机制，深化珠港官方交流与合作。在

珠澳合作会议机制下设立各工作小组，进一步完善更务实的工作机制和定期的会晤磋商制度，科学制定年度工作目标和具体实施方案，强化日常沟通与协作，务实推进相关领域合作。进一步完善社团、青年学生、新闻界的沟通交流机制，充分听取各界人士对珠澳合作的意见和建议，群策群力，使珠澳合作有更多的公众基础。

（二）创新产业合作模式，高效培育合作新载体

在金融方面，以建立澳门证券交易所为契机，探索建设"澳门—珠海"跨境金融合作示范区，在资金互通、金融服务平台、机构互设、金融与产业融合等方面先行先试。在双创方面，共建珠港澳企业孵化基地和青年创业中心，率先在科技创新和新兴产业发展方面取得突破。在技术合作方面，建立珠港澳自主创新合作机制，深化三地科研院所、核心企业、社团协会的产学研合作。在产业合作方面，发挥港澳国际资源优势，重点打造专业服务合作平台；发挥港珠澳大桥通道优势，打造珠港澳物流合作园。

（三）携手加强交通基础设施互联互通，促使三地要素高效便捷流动

珠港澳三地应携手完善交通口岸建设，让三地经贸往来更加便利。加强城市功能衔接和城市规划合作，加快建设连通港珠澳大桥交通连接线建设，共同争取在港珠澳大桥口岸实行更加便捷的通关模式，制定更加科学、合理的收费标准，降低人员、货物等要素流动成本，提高通行效率，科学谋划大桥经济格局，为港珠澳三地深化合作、共同打造国际都会区夯实基础。此外，要建立面向世界的交通体系，共同开拓国内外市场。

（四）深化社会民生领域合作，共建宜居宜业宜游湾区生活圈

加强三地在社会保障、卫生医疗等领域的合作。一是珠港澳共同发展健康产业，探索澳门就医券、医保在珠海使用，以及探索将在横琴创新创业的澳门青年人才纳入珠海人才安居政策体系。二是搭建旅游高端合作与发展平

台，力推区域"一程多站"旅游线路，珠海要携手港澳推进大桥蓝海豚岛旅游开发，打造世界级休闲旅游目的地。三是推动文化合作，设立创意合作机制，增进民间文化行业协会互动，打造文化展览与活动，推动高校学术交流和人才培养。四是珠海要借鉴港澳社会服务管理的先进经验，开展社会管理体制创新，构建与国际接轨的社会管理模式和服务体系，建设国际化社区。

参考文献

郭小东：《论发展珠、港、澳经济合作关系》，《南方经济》1996年第2期。

黄匡忠、熊俊超、冯瑞龙：《大桥时代港珠澳的社会指标：城市竞争力比较》，《中国市场》2017年第21期。

王开泳、肖玲、余雪飞：《珠港澳经济可持续发展研究》，《热带地理》2003年第4期。

向晓梅、陈小红：《珠澳海洋经济合作的重点产业分析》，《新经济》2018年第10期。

珠海市委：《中国共产党珠海市第八届委员会第三次全体会议决议》，《珠海特区报》2017年11月28日。

附　录

Appendices

B.27
专家观点

粤港澳大湾区建设需要实现五大发展理念突破

郭万达*

"创新、协调、绿色、开放、共享"这五大发展理念，关系中国发展全局的一场深刻变革。粤港澳大湾区的建设与发展，要按照五大发展理念的要求，定好位，谋好局，推动港澳与大湾区其他城市更紧密地融合发展。

（一）粤港澳大湾区与创新发展

粤港澳大湾区是国家实施创新驱动战略的核心区域，表现出领先的创新能力。大湾区是全国制造业的重心，是制造业率先实施创新驱动、走向智能

---

* 郭万达，博士，综合开发研究院（深圳）常务副院长，研究员，主要研究方向为宏观经济和产业政策。

高端制造的先发区域。大湾区内有较多的国际一流大学、国家实验室、企业研发中心等研发机构，汇聚了众多国内国际高端人才，为科技创新提供了基础资源。粤港澳大湾区专利授权数占全国总数的15.3%，超过纽约湾区、旧金山湾区在美国的占比。

粤港澳大湾区应成为全球科技产业创新的中心，在全球数字经济创新发展中发挥引擎的作用，还应成为第四次工业革命的一个重要策源地。大湾区要成为全球高端科技资源的汇集地，就要发挥港澳作为科技资源"超级联系人"的优势，建设跨境科技创新合作平台，形成具有全球竞争力的产业新体系，对接世界创新要素，融入世界创新系统，成为国际化水平极高的创新生态系统培育地。

粤港澳大湾区要积极建设广深港澳科技创新走廊。美国128公路的兴起，与区域协同创新体系有很大关系，由企业、大学、研发机构、政府形成一个创新的生态链条，在这个生态链条下各方相互支持、相互影响、相互作用下，这个区域既有创新活力，又能够不断地跟国家的创新体系结合起来，共同发展。

（二）粤港澳大湾区与协调发展

长久以来，珠江口东岸聚集了60%以上的经济总量，而西岸经济规模相对较小，产业和人口聚集度也较低。社会各界对于粤港澳大湾区空间形态观点不一，有人提出通过"层级划分法"，将其分成核心层、外围层、辐射层三层；或用"轴线划分法"划分为中轴、东轴、西轴三个轴线；或用"核轴划分法"划分为核心区、轴线区和中心区。各种分法各有优劣，各有局限性。不可忽视的是，关于"龙头之争"的思维模式才是真正影响大湾区发展的重要因素之一。粤港澳大湾区就是"多中心"的城市形态，应突破行政藩篱，努力实现都市圈的"有机增长"。

（三）粤港澳大湾区与绿色发展

粤港澳大湾区在规划中要突出人与自然的和谐，要按照节约土地、节约资源的"节地模式"来规划发展。粤港澳大湾区的绿色发展还需要优化能源结构。目前,广东和香港能源消费以煤炭消费为主,广东能源消费煤炭占70%以上,香港煤电占到50%以上。这种以煤为主的能源结构,导致大气污染日趋严重,碳排放居高不下,酸雨现象严重。粤港澳大湾区要充分开发和利用包括核电在内的各类清洁能源,不向环境排放二氧化碳、氮氧化物、二氧化硫等气体。减少这些气体的排放,粤港澳大湾区的环境质量将大为改善。粤港澳大湾区要坚持绿色低碳的生产和生活理念,应特别注重大湾区的生态环境和流域治理,探索建立有利于生态文明建设的体制机制。

(四)粤港澳大湾区与共享发展

粤港澳大湾区只有实现发展红利的全民共享,才是真正实现高质量的发展。目前,大湾区面临的一个突出问题是收入差距过大。比如香港,它在2016年基尼系数为0.539,比2011年的0.537上升0.002,是回归祖国以来最高的,创下了45年来新高。深圳在2016年基尼系数为0.47,虽然比香港低,但按全球的水平看,收入差距也是很大的。无论是香港还是深圳,如果把房价快速上涨的因素放进来,收入差距的问题就更加突出。居民的"财富"差距的不断拉大,使得一部分人特别是年轻人失去向上流动的机会。1997年香港房价是深圳的15倍,2016年香港房价是深圳的2.4倍,深圳房价不断向香港"看齐"。房价高企的问题,无论是对香港还是对深圳,都是一个比较突出的社会民生问题。

共享发展还涉及港澳居民在内地的同等待遇问题,粤港澳大湾区可先行一步率先落实。比如,率先落实在广东珠三角工作和生活的港澳居民的平等待遇,包括子女教育、医疗服务等方面的待遇。就业方面,可率先放低港澳人员流动到粤港澳大湾区就业的门槛,对港澳人员在湾区的执业范围逐步进行放宽。可率先放宽人才流动政策,确保符合条件的港澳居民与湾区居民享受同等的社保待遇。教育方面,可率先扩大港澳居民享受湾区优质教育资源的机会,推动跨境学童在湾区更多城市能够申请公立学位。

粤港澳大湾区发展四大要点

洪为民*

自从粤港澳大湾区建设成为国家级发展战略后，马上成为社会各界关注的热点。目前，粤港澳三地的人流、物流、资金流、资讯流日趋频繁地流动，但由于三地体制、法律、货币、税务、检疫通关等制度规定存在差异，要实现"四流"融通还存在不少障碍。因此，要全面发挥粤港澳大湾区的优势，必须实现四大要点。

一，创新协调机制。建议设立"粤港澳大湾区发展领导委员会"，由主管港澳工作的中央政治局常委或副总理任主任，由中央各部委和广东省以及"9+2"城市政府的主要领导组成委员会并设秘书处。大湾区发展中遇到的难题和需要各部委协调的问题，都可向委员会提出请示，要求其统筹和做出决策。另外，委员会下设各专业对口小组，让"9+2"城市各政府部门主管能够直接协商，会议上达成的协议能够及时下达各个城市的相关部门。此外，也应该探讨成立半官方及民间的大湾区协调机构、联盟及沟通平台。

二，建设"湾区"品牌。要有机地结合大湾区的11个城市，我们必须放弃城市本位，以"湾区"本位去规划发展，努力塑造"湾区"文化，尽早建立"湾区人"身份。

三，加强基建互联。要推动粤港澳三地的跨境交通基建高效结合起来。建议在香港和深圳的东西两翼口岸兴建轨道交通，东线莲塘香园围口岸可以兴建东铁支线，连接深圳地铁。西线兴建洪水桥前海跨境铁路，在前海实行"一地两检"，并在前海连接穗莞深城际铁路以及深惠城轨。

四，促进要素流动。要有效地促进大湾区的要素流动，必须采取一系列创新措施，例如：由公安部为港澳永久居民中的中国公民统一审批签发"中华人民共和国港澳居民身份证"，进一步探讨将其视作内地居民管理。

---

* 洪为民，前海管理局香港事务首席联络官。

推出由粤港澳出入境部门联合签发的"大湾区通行证",供大湾区的商务、科教人士(不分国籍)及其家属申请。持证人员可以使用自助通关,也不再需要签证出入境,并可以在大湾区任何一个城市短期(例如六个月)居留。国家部委可下放审批权,由广东省政府下的相关厅、局、委,按规定和实际情况,适度调整港澳专业人士专业认证条件,允许合资格专业人士在大湾区开业、执业。取消"一周一行"安排,不再限制深圳以至大湾区内地居民来往港澳的次数。不再限制跨境车辆只能于指定口岸过关,并可透过网上或者手机预先登记过关时间。容许就业人士的公积金、保险等可于大湾区包括港澳内自由流动。探讨"港人港税,澳人澳税",为跨境就业人士提供税务便利。粤港澳三地手机的跨境数据、通话不再有漫游收费。在大湾区内某些试点,如前海、横琴等地适当开放对某些境外网站的限制。

原文发表于2018年3月号《紫荆》杂志,经作者授权转载

澳门与大湾区城市共建"中葡产业园区"

林广志*

"中国与葡语国家经贸合作服务平台"("中葡平台")是澳门参与粤港澳大湾区建设的定位之一。在中央政府的支持以及澳门特区政府的努力下,"中葡平台"建设取得了显著成效,中葡论坛秘书处、澳门相关部门在其中发挥了重要作用。2016年2月,特区政府成立"中国与葡语国家商贸合作服务发展委员会",由行政长官担任主席;2016年10月,第五届部长级会议签署《中葡论坛关于推进产能合作的谅解备忘录》。2017年10月,特区政府将促进澳门特区发挥中国与葡语国家商贸合作服务平台作用的职能转入贸促局,强化了相关职能。目前,澳门已建立"中葡双语人才、企业合作与交流互动的信息共享平台"、"中葡中小企业商贸服务中心"、"葡语国家食品集散中心"和"中葡经贸合作会展中心";已启动建设中国与葡语国家

---

* 林广志,澳门科技大学社会和文化研究所所长,《中国与葡语国家经贸合作发展报告》主编。

金融服务平台、中葡商贸合作平台综合体、中葡双语人才教育培养基地等功能性载体;每年举办"国际贸易投资展览会"、"国际基础设施投资与建设高峰论坛"、"中国与葡语国家基础设施高层对话会"、"中国与葡语国家青年企业家论坛"、"葡语国家与澳门企业对话会"等商务活动。可以说,无论是澳门特区政府还是"中葡论坛",有关中葡经贸合作平台建设的顶层设计、合作机制、管理职能已初步建立和完善,相关合作发展驶入了快车道,不断出现新模式、不断拓展新领域。

澳门必须继续提升中国与葡语国家经贸、投资乃至文化交流的规模、质量及效益,一方面丰富和夯实"中葡平台",发挥澳门促进我国和葡语国家之间交流的纽带作用,另一方面,可与大湾区城市合作,携手共建"中葡产业园区",将"中葡平台"做实做大。澳门可选择大湾区包括但不限于广州、深圳、珠海等城市,联合向中央政府申请,参照"自由港"的机制和政策,合作共建"中国与葡语国家经贸合作产业园区"。广东省是我国开展与葡语国家贸易与投资的重要省份,历史悠久,基础良好。2017年1月至10月,广东与葡语国家的进出口总额为93.40亿元,全年已突破百亿元。大湾区的多个城市已不同程度地参与了与葡语国家的经贸合作,华为、格力、TCL、美的等大批企业已进入巴西、葡萄牙等国家,取得了不俗的业绩。综合来看,大湾区各个城市具备了一系列与葡语国家进行经贸合作的优势,主要有:第一,大湾区城市群以制造业闻名于世,被誉为"世界工厂"。近年来,区内企业专注于结构调整、科技创新,其产品和技术不断靠近世界先进水平;第二,大湾区内有服务于港澳的前海、横琴和南沙三个国家级"自贸区",且已基本完成相应的制度安排与基础设施建设,国际贸易渠道畅顺;第三,大湾区金融、商贸、科技和物流业发达,跨境电子商务发展迅速,以产业+电商促进跨国贸易已成为主流趋势。上述优势如同优质的"线下资源",如果"中葡平台"与之对接,湾区城市将插上新的翅膀,合力开拓庞大的葡语国家市场,大批中小企业将获得参与国际贸易的机会和能力;对澳门而言,也找到参与大湾区建设的抓手,既为建设"中葡平台"注入新的动力,也可为澳门经济社会发展拓展新的空间。

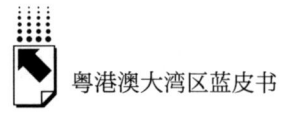
粤港澳大湾区蓝皮书

澳门将如何发挥自身优势建设世界旅游休闲中心

刘立本*

建设世界旅游休闲中心，既是国家给予澳门的发展定位之一，也是澳门对接国家"一带一路"倡议、参与粤港澳大湾区建设的重要途径。澳门特区政府为此做了大量的工作。

首先，特区政府成立了以行政长官为主席的建设世界旅游休闲中心委员会，就澳门建设世界旅游休闲中心做出研究和顶层设计，并制定有关政策。随后，澳门特区政府完成并颁布了《澳门旅游业发展总体规划》，这是澳门旅游业未来十五年的发展蓝图和行动纲领，确保了旅游业能全面配合国家及特区政府的发展方向向前迈进。

与此同时，澳门特区积极加强与内地旅游领域的交流合作。在原国家旅游局指导下，澳门、香港及广东省九市于2017年12月成立了"粤港澳大湾区城市旅游联合会"。此外，特区政府和内地亦开展了多项与旅游范畴相关的工作，包括参与粤港澳旅游联合推广活动，推展"一程多站"路线，促进区域旅游合作；加强与广东省旅游局及多个市级旅游部门在旅游质量监督方面的合作。《规划纲要》虽为粤澳两地文化旅游合作描绘了美好前景，但也在如何推进"一程多站"旅游合作，三地在如何展现"岭南文化"特色上避免竞争等问题上，面临多种操作难题。因此，在推进粤澳文化旅游合作上，需要两地合力做好制度完善和交流机制构建。在文化旅游推广方面，要积极打造文化旅游新形象，对粤澳历史文化资料进行系统性梳理及研究，以更好地向各地旅客充分展现粤澳深厚而独特的历史文化。广东是中国文化输出大省，文化创产业在近年发展迅速，文创产业化发展的成功经验值得澳门借鉴学习。澳门青年如果能把握粤港澳大湾区建设所带来的机遇，与内地不同城市的文创产业者互相学习、互相交流，可

---

* 刘立本，澳门经济学会会长。

以有效开阔眼界，实现与内地青年更好的交流对话，从而推动广东与澳门文化创意产业的融合发展。

粤港澳大湾区建设的全球视野及香港的主要角色

王春新*

当前世界经济不稳定因素增多，保护主义倾向抬头，大湾区发展面临更为严峻的挑战。这些挑战首先是由中美贸易摩擦引发的。由此可见，大湾区建设不仅不应回避急遽变化的国际环境，而且应直面甚至拥抱这一"大变局"，并采取一系列极具针对性的政策措施。只有发挥大湾区的独特优势，充分利用国际国内两个市场、两种资源，才能在参与全球经济治理中发展中国经济、贡献中国智慧、提供中国方案，争取更大的全球市场发展空间。

具体而言，透过大湾区规划内容，我们能通过以下四个方面定义粤港澳大湾区建设的全球视野。

一是立足打造全球最具竞争力的城市群，主动应对全球竞争和挑战。众所周知，现今的全球竞争不再是单个城市之间的竞争。而是城市群与城市群之间的竞争。分布于沿海由诸多港口城市和城镇组成的湾区城市群，竞争能力无疑是全球最强大的。打造国际一流湾区，使之成为参与全球竞争的"航空母舰"，无疑是应对外围挑战的一大法宝。

二是提出建设"具有全球影响力的国际科技创新中心"的重大战略目标，培育应对全球竞争的核心力量。从全球范围看，世界级湾区的重要特征是科技创新发挥主导作用，聚集大量科技企业，大湾区也不能例外。

三是要求以"一带一路"建设为重点，打造高水准开放平台，在开放合作中实现互利共赢。为了更好地应对中美贸易摩擦，除了练好内功之外，最重要的是要扩大开放，在开放中寻求深化合作之道，以互利共赢化解矛盾和冲突；不仅要以推动"一带一路"建设为契机扩大对外开放范围，也要

---

* 王春新，中银香港高级研究员。

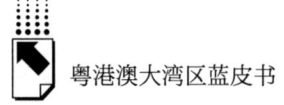

对标"三零"(零关税、零补贴、零壁垒)规则,不断提升开放水准,同时积极参与国际贸易新规则的制定。

四是建设国际金融枢纽,为应对国际金融市场竞争、防控金融风险做好充分准备。20世纪70年代布雷顿森林体系解体后,在脱离金本位转变为全球最大信用货币——美元主导的背景下,全球开始进入金融资本主义时代,金融作为经济的血液,引领甚至主导着全球的主要经济活动。

纵观《粤港澳大湾区发展规划纲要》全文可以发现,要把大湾区规划的国际视野落实到具体层面,与香港密切相关,香港承担了不可替代的功能。

第一,就打造世界级城市群而言,香港作为全世界最自由开放的亚洲国际都会,国际化水准在区内遥遥领先,尤其是作为国际金融、航运、贸易中心和国际航空枢纽,它拥有高度国际化、法制化的营商环境以及遍布全球的商业网络。香港对大湾区其他城市的国际化发展,将发挥积极示范和引领作用。

第二,从建设国际科技中心而言,香港拥有国际一流的高等教育、研究资源、科技转移、专业服务、人才配套、法制税制以及知识产权保护等优势。香港的创新及科技上游产业之基础研究,已晋升至世界级水准。但由于土地、成本和环保等制约,中下游的应用型创科产业起色不大。香港当务之急是加快中游及应用研究,推动科研成果产业化。这一点又是珠三角的强项。规划提出要加强科技创新合作,推动香港融入国家创新体系,积极吸引和对接全球创新资源,推动广深港澳科技创新走廊建设等,都与香港息息相关。在规划指导下,未来双方将加强科技创新合作,把两地优势更好地结合起来,发挥创新和产业协同效应,从研发、资金、测试到生产全过程展开合作,打造具有全球竞争力的科技产业集群,香港也有机会发展成为举足轻重的国际科创平台。

第三,就打造高水准开放平台而言,香港作为全球最自由开放的经济体,在大湾区构建新型对外开放体系方面具有示范和带动功能。有鉴于此,规划明确要求要更好发挥香港在国家对外开放中的功能和作用,提高珠三角九市开放型经济发展水准，在更高层次上参与国际经济合作和竞争。与此同时，香港不仅是"一带一路"的"超级联系人"，更是"一带一路"的国际服务枢纽，在投融资、商贸物流、专业服务、内企走出去和国际文化交往等方面担当着关键角色，使大湾区成为"一带一路"建设的重要支撑的基础。

第四，就建设国际金融枢纽而言，一方面要巩固和提升香港国际金融中心地位，另一方面还要打造服务"一带一路"建设的投融资平台。2019年2月21日，中央政府把《纲要》的宣讲会地点也选在香港。不难看出，与在2017年签署《深化粤港澳合作推进大湾区建设框架协定》一样，香港均担当了主场角色。显然，这些细节都凸显了中央政府的国际视野，也预示香港将在大湾区建设中担当关键角色。

B.28
粤港澳大湾区建设大事记
（2018年1月1日至2019年8月31日）

张建平*

2018年3月7日 习近平总书记参加十三届全国人大一次会议广东代表团审议时强调，要抓住建设粤港澳大湾区重大机遇，携手港澳加快推进相关工作，打造国际一流湾区和世界级城市群。

2018年4月20日 粤港澳大湾区城市旅游联合会第一次成员大会在广州召开。广州、香港、澳门等11个联合会城市各旅游部门相关负责人参会。

2018年4月25日 由广东省社会科学院、香港明汇智库、香港紫荆杂志社及中国国家行政学院（香港）工商专业同学会联合举办的首届"粤港澳大湾区智库论坛"在香港召开。论坛还举行了《粤港澳大湾区建设报告2018》蓝皮书和《粤港澳大湾区智库发展报告2018》的首发仪式。

2018年5月4日 国务院关于印发《进一步深化中国（广东）自由贸易试验区改革开放方案》的通知。

2018年5月11日 广东省社会科学院举行"广东智库论坛"系列成果——《粤港澳大湾区建设报告（2018）》新闻发布会。该报告是目前国内首部全面深度剖析粤港澳大湾区建设的研究报告。

2018年5月11日 "首届内地与港澳文化产业合作论坛暨粤港澳大湾区文化合作论坛"在广东深圳召开。

2018年5月12日至13日 首届"粤港澳大湾区大学生艺术节"在广

---

* 张建平，在职研究生学历，广东省社会科学院海上丝绸之路研究院副研究员，主要研究方向为情报学和信息学。

州星海音乐学院举行。

2018年5月18日 由中国科学学与科技政策研究会区域创新专业委员会、广东亚太创新经济研究院联合主办的粤港澳大湾区科技创新战略研讨会在广州召开。

2018年8月15日 中共中央政治局常委、国务院副总理、粤港澳大湾区建设领导小组组长韩正，在北京人民大会堂主持召开粤港澳大湾区建设领导小组全体会议。

2018年8月19日 广东省推进粤港澳大湾区建设领导小组全体会议在广州召开。

2018年8月24日 广州市推进粤港澳大湾区建设领导小组召开第一次全体会议。

2018年8月28日 纪录片《粤港澳大湾区》项目启动暨策划会在北京举行。此片由中央广播电视总台、中共广东省委宣传部和广东广播电视台联合摄制。

2018年9月1日 《港澳台居民居住证申领发放办法》即日实施。

2018年9月5日 2018年泛珠三角区域合作行政首长联席会议在广州市举行，审议了《泛珠三角区域合作发展规划》。

2018年9月18日 由广东珠三角9市侨联和香港、澳门两地侨界社团主办，广州市侨联、广州市南沙区侨联承办的"创业中华·粤港澳大湾区侨界组织行动研讨会"在广东省广州南沙开发区召开。

2018年9月19日 上午，由广东省侨办主办的海外侨胞助推"一带一路"和粤港澳大湾区建设合作交流会在广东广州召开。

2018年9月21日 广州日报数据和数字化研究院（GDI智库）正式发布《粤港澳大湾区协同创新发展报告（2018）》。

2018年9月22日 上午10时，广深港高铁香港段开通仪式在香港西九龙站地下一层售票大堂举行。

2018年9月27日 中俄金融中心项目落子广东省广州开发区签署活动举行，总投资50亿元。

2018年10月17日 "川粤经贸合作推介会"在深圳举行,现场签约投资合作项目11个,总投资额615.5亿元。

2018年10月23日 上午,港珠澳大桥开通仪式在广东珠海市举行。中共中央总书记、国家主席、中央军委主席习近平出席仪式,宣布大桥正式开通并巡览大桥。

2018年11月7日 四川天府新区眉山管理委员会与香港新华集团签署《川港合作示范园项目合作协议》,明确将在天府新区眉山片区建设投资额近千亿元的川港合作示范园。

2018年11月8日 "共建川港物流新通道共享合作发展新机遇——四川构建陆海联运通道打造西部国际门户枢纽推介会"在香港举行。

2018年11月12日 国家主席习近平在北京人民大会堂会见香港澳门各界庆祝国家改革开放40周年访问团。

2018年11月18日 广东省人民政府与中国科学院在广州签署了《共同推进粤港澳大湾区国际科技创新中心建设合作协议》。

2018年11月24日 "粤港澳大湾区高校在线开放课程联盟成立大会暨在线开放课程建设研讨会"在广州暨南大学举行。52所本科高校入盟。

2018年11月30日 第十一届琶洲论坛暨粤港澳大湾区人才创新发展大会在广州市举行,发布了首部《粤港澳大湾区人才政策研究报告(2018年)》。

2018年12月4日 广东省推进粤港澳大湾区建设领导小组第二次全体会议在广州召开。

2018年12月17日 江西省人民政府办公厅制定发布《江西对接粤港澳大湾区建设行动方案》。

2019年1月7日 首届"粤港澳大湾区金融发展论坛"在广东金融高新区召开。

2019年1月20日 在中国美术家协会、广东省文学艺术界联合会、中共广州市委宣传部、广州市文学艺术界联合会的指导下,粤港澳大湾区美术家联盟在广州成立。

2019年2月16日 广东省推进粤港澳大湾区建设领导小组第三次全体会议在广州召开。

2019年2月18日 中共中央、国务院印发《粤港澳大湾区发展规划纲要》，并发出通知，要求各地区各部门结合实际认真贯彻落实。

2019年2月19日 广州市推进粤港澳大湾区建设领导小组第三次全体会议在广州召开。

2019年2月20日 由广东省推进粤港澳大湾区建设领导小组办公室主办、南方新闻网承办的广东省粤港澳大湾区门户网（www.cnbayarea.org.cn）正式上线。

2019年2月21日 由广东省人民政府、香港特别行政区政府、澳门特别行政区政府共同举办的《粤港澳大湾区发展规划纲要》宣讲会在香港举行。

2019年2月26日 由广东省社会科学院、粤港澳大湾区研究院和香港明汇智库联合主办的"粤港澳大湾区智库高端论坛"在香港举办。

2019年2月27日 广东省推进粤港澳大湾区建设工作会议在广州召开。

2019年3月1日 由中国科学院科技战略咨询研究院与广东省科学院合作共建的粤港澳大湾区战略研究院在广州揭牌成立。

2019年3月14日 财政部、税务总局发布《关于粤港澳大湾区个人所得税优惠政策的通知》。

2019年3月20日 中国人民银行广州分行宣布，中国银行广东省分行与中国银行（香港）有限公司在粤港澳大湾区先行先试，推出中银香港代理见证开立内地中行个人账户业务。

2019年3月25日 中国发展高层论坛2019年会举行以"全球经济中的粤港澳大湾区"为主题的单元活动。广东省省长马兴瑞和香港特别行政区行政长官林郑月娥、澳门特别行政区行政长官崔世安出席活动并作主旨演讲。

2019年3月29日 广东省社会科学院院长、粤港澳大湾区研究院院长王珺携队参加由人民网主办的首届"世界湾区合作发展论坛"。

2019年4月9日 由广东省人民政府、香港特别行政区政府和澳门特别行政区政府联合主办的"粤港澳大湾区推介会"在日本东京举行。

2019年4月15日至19日 "2019年湖南—粤港澳大湾区投资贸易洽谈周"同时在深圳、香港、澳门及珠三角地区举行,招商引资重点项目近600个,总投资额近2.3万亿元。

2019年4月16日 广东省自然资源厅正式发布使用新版广东省标准地图,粤港澳大湾区也有了首张标准地图。

2019年4月26日 广东省推进粤港澳大湾区建设领导小组第四次全体会议在广州召开。

2019年5月6日 "粤港澳大湾区机场群陆空连接暨跨境通机场快线联程联运及旅运项目启动仪式"在广东珠海机场举行。

2019年5月19日 由南方报业传媒集团主办的"首届粤港澳大湾区媒体峰会"在广州白云国际会议中心举行。

2019年5月20日 中共广西壮族自治区委员会办公厅和广西壮族自治区人民政府办公厅制定发布《广西全面对接粤港澳大湾区实施方案(2019~2021)》。

2019年6月1日 《发挥广州国家中心城市优势作用支持港澳青年来穗发展行动计划》正式实施,这是大湾区内地城市首个支持港澳青年发展的综合性政策文件。

2019年6月11日 "江西对接粤港澳大湾区投资合作推介会"在深圳举行,签约项目85个,涉及投资总金额1119.84亿元。

2019年6月12日 "粤港澳大湾区与云南辐射中心对话会"在昆明举行,就粤港澳大湾区与云南辐射中心间如何互补发展进行探讨。

2019年6月26日 粤港澳大湾区智库联盟框架协议签署仪式在广东迎宾馆碧海楼怡然厅举行。

2019年7月4日 首届"粤港澳大湾区青年合作发展论坛"在广州召开。

2019 年 7 月 5 日　广东省发布《关于贯彻落实〈粤港澳大湾区发展规划纲要〉的实施意见》以及《广东省推进粤港澳大湾区建设三年行动计划 (2018~2020 年)》。

2019 年 7 月 6 日　由中共广东省委宣传部指导、广东省作家协会主办的"粤港澳大湾区文学周"在广州白云国际会议中心正式启动，粤港澳大湾区文学联盟正式签约成立。

2019 年 8 月 15 日　贵州省毕节市"面向粤港澳大湾区'菜篮子'联盟企业招商推介会"在广州举办，签约 16 个项目，签约金额 31.69 亿元。

2019 年 8 月 18 日　《中共中央　国务院关于支持深圳建设中国特色社会主义先行示范区的意见（2019 年 8 月 9 日）》正式发布。

2019 年 8 月 27~28 日　2019 中国工业互联网大会暨粤港澳大湾区数字经济大会在广州召开。

2019 年 8 月 29 日　粤港澳大湾区协同创新研究院在广州高新区举行揭牌仪式。

2019 年 8 月 28 日　海南省政府发布《中共海南省委　海南省人民政府关于建立更加有效的区域协调发展新机制的实施意见》，提出要加强与粤港澳大湾区建设战略的对接。

Abstract

Bearing the responsibilities of drive China's opening up and development and high-quality development, the huge wheel of the construction of the Guangdong-Hong Kong-Macao Great Bay Area has raised its anchor.

The issuing and distribution of *Outline of the Development Plan for Guangdong-Hong Kong-Macao Great Bay Area* drew a grand blueprint for its future. The Four beams and eight pillars were established. Comparing it with any other bay areas at home and abroad, the Guangdong-HK-Macao great bay area has congenital differences and features, namely the structure that has two different political systems and separate tariff systems in one country. In the special bay area, some visible geological barriers and other invisible ones in cultural customs, policies and developing systems have been tangling with each other for a long time, which led to a fact that only learning the successful experiences from other bay areas can't meet its requirements. To make real of all of the grand blueprints, the participators in the construction need to rely on more energetic sprits, namely making a new ground in the world and being not afraid of any setbacks and embracing various adventures. Only through these efforts, can the construction make new contribution to both theories and practice, thus exploring an innovative road to making full use of various factors.

Under the guidance of Xi Jinping's New Era Social Thoughts with Chinese Characteristics, the research puts its focus on analyzing the enforcement and implements of various plans, the innovation and cooperation among participators, and the status-quo of many large projects. As a vital national development strategy, the construction of the great bay area must adhere steadfastly to the principle of "one country, two systems" and take advantages of it as well. After the operation of traffic business of the Hong Kong-Zhuhai-Macao Bridge, Guangzhou-Shenzhen-Hong Kong high speed railway and Nansha Bridge, the connectivity within the

Abstract

bay area has been greatly enhanced and the cities linked each other more tightly. At present, Guangdong province has been trying its best to contribute to the bay area construction. At the same time, all of the cities have been trying to coordinate with each other to adapt to the new situation and promote the cooperation. We should not neglect a fact that the pan pearl river delta regions have been engaging themselves with the construction of the Guangdong-Hong Kong-Macao great bay area. In all, the activities made a brand new situation of cooperation and competition.

The endeavor of pushing forward deep regional cooperation under the diversified systems needs the efforts by the three regions to put the thread of innovation through ideas, systems and modes, so as to decode various barriers in developments. In practice, the three regions need to communicate with each other more closely about decision-making, coordinating systems, thus providing rule of law methods to solve the difficulties. At the same time, they also need to establish new open economic systems docking international advanced standards, explore the transformation of opening-up mode from factors fluxion to connection of systems. Only through these efforts, can we put forward a series of new experiences and lessons for the brand-new national reform and opening-up situation and the practice of "one country and two systems" in the future.

Keywords: Innovation of Systems; Connectivity; High-quality Development; Cooperation among the Three Regions in the Great Bay Area

Contents

I General Report

B. 1　A General Report on The Construction of the "Four Beams and Eight Pillars" of the Guangdong-Hong Kong-Macao Greater Bay Area　　　　　　　　　*Yuan Jun, Deng Jiangnian* / 001

Abstract: The years of 2018 and 2019 are the critical periods for the comprehensive construction of Guangdong-Hong Kong-Macao Great Bay Area. The official release of the Development Plan for Guangdong-Hong Kong-Macao Great Bay Area marks the establishment of the "Four Beams and Eight Pillars" of the Guangdong-Hong Kong-Macao Greater Bay Area. Guangdong, Hong Kong, and Macao have fully comprehended the strategic intentions of the construction of the Great Bay Area, substantively taken the main responsibilities, and actively coordinated and cooperated with each other. Relevant departments of the central government have focused on key issues, strengthened policy supports, and implemented policies and measures to support the development of the Greater Bay Area. Guangdong Province has regarded the construction of the Great Bay Area as a "guidance" to promote the development of Guangdong-Hong Kong-Macao Great Bay Area with efforts from the whole province and has made remarkable progress in terms of enhancing rules, technological innovation, coordinating fiscal and taxation policies, talents exchange, and education collaboration. With the introduction of innovative cooperation and convenience measures into the Great Bay Area, major infrastructure projects have been completed, and the construction of Guangdong-Hong Kong-Macao Great Bay Area has entered a stage of comprehensive implementation. In the next step, Guangdong, Hong Kong, and Macao will seize the opportunity to fully implement the Development Plan for Guangdong-Hong Kong-Macao Great Bay Area, and advance the construction of the Great Bay Area to a higher level, and continuously improve well-being and happiness of the people in Guangdong, Hong Kong, and Macao.

Keywords: World-class City Clusters; One Country and Two Systems; High-Quality Development; Guangdong-Hong Kong-Macao Greater Bay Area

II Infrastructural Construction

B.2 A Report on the Railway Transportation of Guangdong-Hong Kong-Macao Greater Bay Area (2018 −2019)

He Liwu, Tang Jiahong / 027

Abstract: The plan-and-construction of railway transportation facilities has been playing an increasingly important role in the development of metropolitan areas. Following the framework of railway transportation classification, this paper suggests two categories in the railway network of the Great Bay Area, namely "urban line" and "intercity line" from the perspective of geographical space and service audience. This paper also summaries the planning, construction, and completion of urban and intercity lines in three major areas. Since 2018, a series of changes have taken place in the railway transportation in the Great Bay Area. The construction of urban line has been affected by an official notice (File Number 52) issued by the State Council in 2018, and the process of the approving has consequently slowed down, pushing some cities to turn to other transportation means like trams. The main routes of the intercity line are scheduled to expand rapidly in the next two years, and a network will take shape soon. At present, there are still many problems in the development of railway transportation with respect to planning, construction, and operation organizations. However, all can be effectively mitigated and solved through integration planning, operational innovation, and convenient payment.

Keywords: Railway Transportation; Integrated and Planned Operation; Urban Line; Intercity Line; Guangdong-Hong Kong-Macao Great Bay Area

B. 3 A Report on the Development of Seaport and Airport Clusters of the of Guangdong-Hong Kong-Macao Greater Bay Area (2018 -2019)

Wei Jieyu, He Liwu and Zheng Tianxiang / 042

Abstract: The global shipping and air-freight markets are shaping the future of seaports and airports in Guangdong-Hong Kong-Macau Great Bay Area. Given the slowdown in global shipping market growth and the steady growth of the air transport market, this paper, with the requirements of the Development Plan for Guangdong-Hong Kong-Macao Great Bay Area, explores the construction path to upgrade international competitiveness of the Great Bay port clusters through three dimensions: improving the modern collection and distribution system, promoting the sharing of port alliances and equity interests, and consolidating the Hong Kong's role as the center of international transportation. To construct world-class airport clusters, seven directions of airport construction, approach for the developing Great Bay transportation, and the expansion of the new airport in Macao have been decided. The construction of world-class seaport and airport clusters will lead the socio-economic development of Guangdong-Hong Kong-Macao Great Bay Area.

Keywords: Guangdong-Hong Kong-Macao Great Bay Area; Seaport Cluster; World-Class Airport Cluster

Contents

B.4　A Report on the Development of the Smart
　　Guangdong-Hong Kong-Macao Great Bay Area
　　(2018 -2019)　　　　　　　　　　　*Fu Yongshou*, *Li Kangyao* / 058

Abstract: With the promulgation of the Development Plan for Guangdong-Hong Kong-Macao Great Bay Area, the construction of smart cities in the Great Bay Area has entered a brand-new era. Plans to build smart cities or related top-level policies have been introduced by local governments, while cooperation with facilities and services providers has been strengthened. Many cities in the Great Bay Area have formulated and implemented a new three-year plan for smart cities (2018 to 2020). On the basis of the past, local governments have applied new technologies, expanded new applications, enhanced new functions, strengthened new collaborations in interconnection, and promoted the construction of an upgraded version of a smart city cluster in Guangdong-Hong Kong-Macao Great Bay Area. Probing into the future of the construction and development of the smart city cluster in the Great Bay Area, the hardware infrastructure will be further upgraded, and the cooperation mechanism for consulting, sharing, and co-constructing will continue to be strengthened.

Keywords: Informationization; Smart City Cluster; Regional Integrated Development, Digital Government; Guangdong-Hong Kong-Macao Great Bay Area

B.5　The Breakthrough Made in Infrastructure Projects: the Cases
　　of Guangzhou-Shenzhen-Hong Kong High-Speed Railway
　　and the Hong Kong-Zhuhai-Macao Bridge　　*Yang Xiaodi* / 067

Abstract: The establishment of a major cross-border infrastructure represented by the Guangzhou-Shenzhen-Hong Kong High-Speed Railway and the

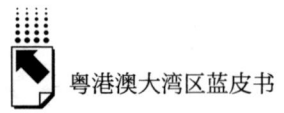

Hong Kong-Zhuhai-Macao Bridge has greatly promoted the construction of the Great Bay Area and provided a model for the economic development, social governance and institutional coordination of the Great Bay Area. This chapter examines the operating situation of the Guangzhou-Shenzhen-Hong Kong High-Speed Railway and the Hong Kong-Zhuhai-Macao Bridge, analyzes their impacts on the development of the Great Bay Area, and summarizes the enlightenments of constructing major cross-border traffic projects: the construction of the cross-border traffic project in Great Bay Area must be implemented in a multi-level decision-making mechanism to realize a more effective custom clearance mode under the framework of "One Country, Two Systems." It is necessary to introduce and promote the experiences and standards of the bridge and high-speed railway constructions, and achieve a new model for cooperation in public affairs in Great Bay Area, and provide a reference for infrastructure construction in "One Belt and One Road" initiative.

Keywords: Guangzhou-Shenzhen-Hong Kong High-Speed Railway; Hong Kong-Zhuhai-Macao Bridge; Cross-Border Transportation; Collaborative Development

Ⅲ　Economics and Trades

B.6　A Report on the Construction of Digital Guangdong-Hong Kong-Macao Great Bay Area (2018 –2019)

Wang Yueqin / 080

Abstract: The "digital economy" has become the most distinctive characteristic of the Guangdong-Hong Kong-Macao Great Bay Area that allows it to stand out in comparison with the other three bay-areas in the world. It is also an important driving force for the development of Guangdong, Hong Kong, and Macao. In 2018, the overall level of the "digital economy" in Guangdong-Hong Kong-Macao Great Bay Area topped the country and competed with the first-class players in the world. Although the Guangdong-Hong Kong-Macao Great Bay Area enjoys its solid industrial foundation and coordinated development, there are still some institutional broad space of the integration of the "digital economy" in these three places. Only by successfully capturing the heights of the most advanced digital economy all over the world can we fully integrate the "digital economy" among the three places and successfully build a world-class "digital bay area."

Keywords: Digital Bay Area; Integration Development; Digital Infrastructure; Digital Governance; Guangdong-Hong Kong-Macao Great Bay Area

B.7 A Report on the Industrial Coordinated and Cooperative Development of the Guangdong-Hong Kong-Macao Great Bay Area (2018 -2019)

Xiang Xiaomei, Wu Weiping and Lin Zhengjing / 096

Abstract: With a comprehensive industrial systems, obvious cluster advantages, and a high degree market openness and internationalization, Guangdong, Hong Kong, and Macao all enjoy the basic conditions and advantages of collaboratively building a modern industrial system. However, due to various factors, the Great Bay Area faces many challenges in advancing its international competitiveness. In the future, Guangdong-Hong Kong-Macao Great Bay Area should give full play to their respective industry comparative advantages, promote the free flow of resources and complement mutual strengths, promote industrial integration and development, jointly create world-class industrial clusters, and together build a modern industrial system with international competitiveness, and finally become a model for High-Quality Development.

Keywords: World-Class Industrial Cluster; Modern Industrial System; International Competitiveness; High-Quality Development; Guangdong-Hong Kong-Macao Great Bay Area

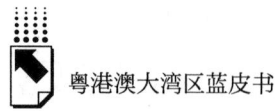

B.8 A Report on the International Trade of the Guangdong-Hong Kong-Macao Great Bay Area (2018 -2019)

Li Kaiyi, Li Li / 114

Abstract: International trade is the most important feature and industrial advantage of the social and economic development in the Guangdong-Hong Kong-Macao Greater Bay Area. In 2018, the foreign trade of this bay area has been developing steadfastly and its role as the global center of trade and international purchasing got more stabilized. The cooperation and exchange within the bay area were enhanced greatly. In order to make the bay area into a world-class free trade port, we should make efforts on two aspects. One is to compare with and learn from the various development indexes of worldclass free trade ports, and make progress based on these indexes; the other is to take into account of the characteristics of Guangdong-Hong Kong-Macao greater bay area, and try to apply the methods of "breaking the boundary of countries and taking control of the ties between non-pilot areas" to customs managements, so as to realize the integration among all the free trade ports in the bay area.

Keywords: International Trade; Portfolio Free Trade Port; Global Trade Centre; Integration of Ports

B.9 A Report on the Cooperative Development of Marine Economy in the Guangdong-HK-Macao Great Bay Area (2018 -2019)

Xiang Xiaomei, Wu Weiping and He Yingshan / 130

Abstract: As one of the world's four most famous bay areas, the Guangdong-HK-Macao Great Bay Area is characteristic of marine economy which could help drive the development of the bay area itself. Based the good conditions and industrial advantages, the bay area could rely on more innovative methods and ideas to enhance its marine economy, so as to solve various problems harming its collaborative and cooperative development. At the same time, these new methods and ideas could help enhance the overall development of the marine economy in this bay area, thus forming a useful situation in which different parts of the bay area could cooperate with each other better.

Keywords: Marine Science and Technology Innovation Corridor; Marine Collaborative and Cooperative Development; Blue Economic Space; Shipping Center in the Guangdong-HK-Macao Great Bay Area

Ⅳ Scientific and Technological Innovation

B.10 A Report on the Coordinated and Cooperative Development of S&T InnovationInnovation in the Guangdong-Hong Kong-Macao Great Bay Area (2018 −2019)

Chen Xia / 145

Abstract: Since 2018, the political position and the overall situation consciousness of Guangdong-Hong Kong-Macao Greater Bay Area's S&T innovation work have been improved, and the high standard design has promoted the construction of the Greater Bay Area; the reform of S&T system is constantly deepening and developing, and the cooperative mechanism of S&T innovation in the Greater Bay Area is constantly improved; the original innovation ability has been further improved, and major S&T platforms have made major breakthroughs; "mass entrepreneurship and innovation" has flourished, with high-tech enterprises and strategic emerging industrial clusters having a sustained lead; the environment of innovation development is constantly optimized and perfected, and the vitality of innovation can be stimulated in an all-round way. At the same time, Guangdong-Hong Kong-Macao Greater Bay Area's coordinated development of S&T innovation still faces a series of practical problems that need to be solved.

Keywords: S&T Innovation; Coordination Systems; Innovation Platform;

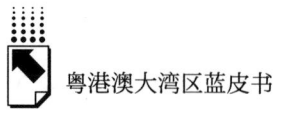

Reform of policies and systems on Science and Technology; Guangdong-Hong Kong-Macao Great Bay Area

B.11 A Report on the Development of Intelligence Manufactures of the Guangdong-Hong Kong-Macao Great Bay Area (2018 −2019) *Yan Ruogu* / 163

Abstract: The Guangdong-Hong Kong-Macao Greater Bay Area is the region with the strongest strength and the highest vitality in the world. The scale effect and cluster competitiveness of its industry have already possessed the rudiment of the development of world-class intelligent manufacturing center. This chapter begins with a general analysis of the development status of Intelligent Manufacturing in the Greafer Bay Area in 2018. It also points out the technological breakthroughs and policy focus of building intelligent manufacturing in the future through industry checklists. At the same time, the task will be pushed toward the goal of establishing an advanced world intelligent manufacture center with a series of sophisticated technologies. Undoubtedly, the prospects will definitely be bright and colorful. These development trends and future dynamics were fully and comprehensively described in this report. Finally, it points out that in the future, it is necessary to adrance the relevant work in industrial, innovation and environmental ecological chain.

Keywords: Intelligent Manufacturing; Digitalization; Networking; Integration of Industrial Networks; Guangdong-Hong Kong-Macao Great Bay Area

B.12 A Report on the Development of Decision-making Concerning S&T Innovation Policies in the Guangdong-Hong Kong-Macao (2018 -2019) *Wang Xi, Ren Zhihong* / 178

Abstract: In the past year or two, Guangdong, Hong Kong, and Macao have put forward a series of technological innovation policies to overcome the bottleneck problem of science and technology innovation. As Guangdong paid attention to basic innovations, Hong Kong introduced a package of policies to promote technological innovation. Macao emphasized the need to realize prosperity though education, and promoted the development of small-medium science and technology enterprises. Under the "The Development Plan for Guangdong-Hong Kong-Macao Greater Bay Area" and the overall guidance of building an international science and technology innovation center, these three places continuously improve their relevant policies and measures related to scientific research and innovation. In May 2018, the scientific research funds for the first time "crossed the river." The policies and measures related to science and technology innovation in Guangdong, Hong Kong, and Macao during the past two years have been sorted out, and their impact has been analyzed accordingly.

Keywords: International Science and Technology Innovation Center; Science and Technology Innovation Policy; Talent Education; Basic Research; Guangdong-Hong Kong-Macao Great Bay Area

B.13 Cooperation of Science and Technology between Shenzhen and HK: to Play a Role as a Driving Force for the Development of Guangdong-Hong Kong-Macao Great Bay Area

Xie Xutan / 188

Abstract: Located in a vital region, the Hetao area began its development against the background that Shenzhen and HongKong determined to enhance their

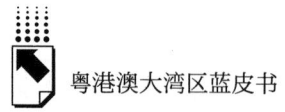

cooperation, especially in the aspects of science and innovation, so as to give a new trigger to the construction of the Great Bay of Guangdong, Hongkong and Macao. Since Shenzhen and HK signed the "cooperation agreement" in 2011, the Hetao area have gained developments according the principle of co-developing and sharing various achievements by Shenzhen and HK. Through the whole year of 2008, the science and innovation cooperation have entered a new historical stage with the progress both in practical exploration and theoretical achievement. The role of science and innovation cooperation in the development of the Great Bay Area is further presented as vital force. Definitely, Hetao area will be constructed into a platform which works for better national and international innovation as well as deeper cooperation between Shenzhen and HK.

Keywords: Science and Innovation Cooperation; International Innovation Centre; Co-development; Cooperation between Shenzhen and HK

B.14　The Construction of Large Science Installations Cluster in the Guangdong-Hong Kong-Macao through the Cooperation between Dongguan and Shenzhen

Wan Lei, Chen Jieying / 199

Abstract: Dongguan has been strengthening its efforts in Science and Technology innovation and try to realize its transfer from the world factory to intelligent city. After the establishment and application of the spallation neutron source of the national major S&T infrastructures, Dongguan began to establish its neutron science city according a high standard in order to strengthen its basic research. In the future, the neutron scientific city will make deep integration with Shenzhen Guangming scientific city, and co-establish a place where many world-class scientists gathered and we can find an excellent example for other places of our country. At the same time, the place will welcome various innovation of policies and systems. In all, these efforts will help the Guangdong-HK-Macao Greater Bay

Area grow into a international S&T innovation center.

Keywords: Large Science Installations Cluster; Neutron Scientific City; International S&T Innovation Center; Cooperation between Shenzhen and Dongguan

V Construction of Humanistic Bay Area

B.15 A Report on the Youth Cultural Exchanges in the Guangdong-Hong Kong-Macao Great Bay Area (2018-2019) .... *Zhao Daojing* / 212

Abstract: For years, the youth cultural exchanges among Guangdong, Hong Kong, and Macao have created many premium brands and introduced a proper mechanism for exchanges and cooperation. Since 2018, the youth cultural exchange in Great Bay Area has built more information platforms. Participants in these cultural exchanges have become increasingly diverse, and cultural exchange activities have been extended from state to provincial and local levels. With the high-quality development of Guangdong-Hong Kong-Macao Great Bay Area, more youth groups will be participating in the cultural exchanges. Nevertheless, there are still many problems in the cultural exchanges among the three places. For example, the fragmentation nature of various projects has been recorded due to the lack of efficient coordination mechanisms, and the two-way interactive communication is still insufficient. We can effectively eliminate such practical obstacles only by continuously increasing policy support, improving the operational efficiency of the overall coordination mechanism, and vigorously promoting the construction of various exchange and cooperation institutions.

Keywords: Youth Group; Cultural Exchange; Humanistic Bay Area; Coordination Mechanism; Guangdong-Hong Kong-Macao Great Bay Area

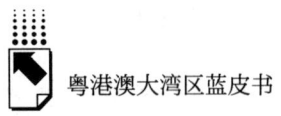

B. 16　A Report on the Development of New Thinktanks
　　　　of the Guangdong-Hong Kong-Macao Great
　　　　Bay Area（2018－2019）　　　　*Lai Miaohua* / 222

Abstract: In advancing the High-Quality Development of Guangdong-Hong Kong-Macao Great Bay Area, the think tanks in three places play an important role in not only making plans, designing schemes, and consulting policies, but also dispelling doubts, building consensus, promoting policy communication, and communicating with the people. The Development Plan for Guangdong-Hong Kong-Macao Great Bay Area clearly stated that it is necessary to support think tanks in Mainland, Hong Kong, and Macao to strengthen their cooperation in providing intellectual support for the construction of Great Bay Area. The high-end forums of think tanks held since 2018, and the newly established Guangdong-Hong Kong-Macao Great Bay Area Think Tank Alliance in 2019 are all remarkable achievements in the development and cooperation of think tanks. The discourse power and international influence of think tanks can only be enhanced by jointly building a high-level think tank exchange and cooperation platform and increasing the advisory function of think tanks in the decision-making process in the Great Bay Area.

Keywords: Cooperation among Think Tanks; Guangdong-Hong Kong-Macao Great Bay Area; Think Tank Alliance; Discourse Power of Think Tanks

B. 17　A Report on the Fusion Development of Cultural Industry
　　　　and Tourism in the Guangdong-Hong Kong-Macao Great
　　　　Bay Area（2018－2019）　　*Liu Wei, Li Hong and Chen Zirui* / 233

Abstract: Culture and tourism are the important content and carrier of the construction of Guangdong-Hong Kong-Macao Great Bay Area. The Development Plan for Guangdong-Hong Kong-Macao Great Bay Area sets precise requirements for the coordinated development of Guangdong, Hong Kong, and Macao, which requires to deepen the integration of cultural tourism in the Great Bay Area. Achieving high-quality development offers great space and opportunities. Since 2018, the Great Bay Area has developed rapidly in fields like research travel, construction of cultural innovative park, night travel economy, film and television music, and common culture market, presenting a large number of new forms of cultural travel, finance, and technology. Guangdong, Hong Kong, and Macao have joined hands to expand opening-up. The prospects for cooperation in the construction of the " Belt and Road," participation in international exchanges and collaboration, and opening up the global market, therefore, have become extremely broad. Undoubtedly, the successful construction of the Humanistic Bay Area will become a beautiful window for China to present its cultural confidence to the world.

Keywords: Integration of Cultural and Tourism Industries; Common Cultural Market; Humanistic Bay Area; High-Quality Development; Guangdong-Hong Kong-Macao Great Bay Area

B. 18 A Report on the Development of Social Works in the Guangdong-Hong Kong-Macao Great Bay Area (2018 -2019) *Li Renyuan* / 248

Abstract: The Development Plan for Guangdong-Hong Kong-Macao Great Bay Area proposes to build a healthy bay area, and social work construction is an important aspect. The demand for social work in the Great Bay Area is vast while still growing. The Great Bay Area's relevant laws and policies have provided necessary guarantees for constructing talent, building institutions, and funding sources for social work in the Great Bay Area, and have contributed significantly to the development of social work in the Great Bay Area. At present, the social work in Great Bay Area has achieved remarkable results in many relevant fields such as social services for the elderly, services for the disabled, and youth services. In the future, by taking the implementation of the national strategy of constructing the Great Bay Area as an opportunity, the social work construction in the Great Bay Area will usher in a new round of comprehensive development.

Keywords: Social Services; Social Work; Healthy Bay Area

B. 19　Yikang Model: Rehabilitation of the Disabled through the Cooperation between Guangdong and HK

Huang Yanyu / 259

Abstract: Shenzhen Society for Rehabilitation Yee Hong Heights for the Disabled is funded by overseas trusts and operated by Hong Kong welfare agencies. The Yee Hong Heights operates in the philosophy of Hong Kong people and provides services to Hong Kong people in local areas by local employees. It is a successful example of the cooperation between Guangdong and Hong Kong in the construction of rehabilitation institutions for the disabled. The Yee Hong Heights has overcome the cross-border bottleneck problems of funds, talents, and medical insurance. In spite of the challenges of policy and cultural differences between these two places in their cooperation, the "Yee Hong Model" has provided replicable and referenceable experiences for the construction of welfare institutions in terms of operation, talent utilization, cross-border medical treatment, and portability of welfare.

Keywords: Cooperation between Guangdong and Hong Kong; Rehabilitation of the Disabled; Yee Hong Model

Ⅵ Cooperation within the Great Bay Area

B.20 A Report on the Business Environment Reform in the Guangdong-Hong Kong-Macao Great Bay Area (2018-2019)   *Gao Yibing, Liu Cheng* / 266

Abstract: To further the reform of business environment, speed up the construction of economic and trade rules system in line with high international standards, and create a business environment with global competitiveness are the requirements for further enhancing the attractiveness and cohesion of the Great Bay Area to global capital, talents and institutions, enhancing the driving force for development, and building an international first-class bay area. Based on a comprehensive summary and analysis of the current situation of the business environment in Guangdong-Hong Kong-Macao Great Bay Area, this report clarifies the existing problems and issues, puts forward ideas and countermeasures for further deepening the reform of the business environment, in order to deepen the cooperation between Guangdong, Hong Kong and Macao, enhance the level of market integration, accelerate the formation of a new pattern of comprehensive opening up and establish an open economy.

Keywords: Market Integration; Business Environment Reform; International Economic and Trade Rules System; Global Capital Flows; Guangdong-Hong Kong-Macao Great Bay Area

B.21 A Report on the Spillover Effects of Core Cities of the Guangdong-Hong Kong-Macao Great Bay Area (2018-2019)   *Song Zonghong* / 278

Abstract: The development spillovers of core cities in Guangdong-Hong

Kong-Macao Greater Bay Area (GBA) have shown new bright spots since 2018, the construction of coordinated development mechanisms with non-core cities has been accelerated, infrastructure construction and interconnection has been strengthened, the process of technological and industrial spillovers from core cities to non-core cities has been accelerated significantly, and the public service sharing and ecological environment co-governance between Guangzhou and Foshan have been achieved significant results. In the bay area, the spillover scope of core cities is expanding and the spillover channels are increasing. However, there are still some factors restricting the exertion of spillover effects, such as the core cities themselves have not yet completed the transformation, the capacity of non-core cities undertaking spillovers needs to be improved, there are still many institutional barriers among cities. In the future, the GBA urgently needs to coordinate urban development with the concept of functional region. In order to further strengthen the spillover effects of core cities, the four core cities should break through the city-based thinking, accelerate urban transformation, and jointly build all-round coordinated development mechanisms with non-core cities, remove of institutional barriers to the full flow of factors.

Keywords: Urban Agglomeration; Coordinated Development; Core Cities; Spillover Effects; Guangdong-Hong Kong-Macao Great Bay Area

B. 22 A Report on the Cooperation of Social Welfares and Services in the Guangdong-Hong Kong-Macao Great Bay Area (2018 –2019)　　*Huang Yanyu* / 289

Abstract: Local governments of Guangdong, Hong Kong, and Macao pay great attention to cooperation in the field of social welfare and livelihood. The three local governments have continuously strengthened their coordinated governance and enhanced social and people's livelihood services so that people can experience the fruits of tangible cooperation. Since 2018, Guangdong, Hong

Kong, and Macao have made significant progress in exchanging social service concepts, implementing pilot projects in Hong Kong and Macao, establishing social service agencies in Guangdong, and introducing social welfare in Hong Kong and Macao as well. With the continuous strengthening of labor, social capital resources, and the spatial mobility of residential space, new requirements are put forward for the docking and integration of social governance systems among cities. To continuously break through the policy barriers of government social welfare portability, allow social welfare to flow freely among the three places, and promote cooperation among Guangdong, Hong Kong, and Macao with regard to social services has become a mandate in the co-construction of a Humanistic Bay Area with a highly livable quality-life circle.

Keywords: Social Welfare, Social Service; Welfare Portability; Quality-Life Circle; Guangdong-Hong Kong-Macao Great Bay Area

B.23　A Report on the Collaborative and Cooperative Development of Talents in the Guangdong-Hong Kong-Macao Great Bay Area (2018 -2019)

Zhou Zhonggao, You Aiqiong and Xu Yuan / 302

Abstract: Since the 18th National Congress of the Communist Party of China, thanks to the implementation of more active, more open and more effective talent policies, the flow of talents in Guangdong, Hong Kong, and Macao is becoming more convenient, the interaction of talents is becoming more frequent, and the coordinated development of talents is progressing in an orderly manner. However, there are still problems such as lack of synergy and motivation, outdated strategic concepts, lack of innovation environment, and a decreasing synergistic effect. To come up with a collaborative driving force and promote the coordinated development of talents in Guangdong-Hong Kong-Macao Great Bay Area, it is necessary to build consensus, share education resources, and enhancing talent collaborative development effect and level through strengthening mechanism of innovation and collaboration, advancing integration of humanistic elements, focusing on free-flow of services, and constructing talents platforms.

Keywords: Common Education/Sharing of Talents; Innovative Collaborative Machoism of Talents; Collaborative Development of Talents; Guangdong-Hong Kong-Macao Great Bay Area

B.24 An Overall Development Report on the Spatial Structure of City Clusters of the Guangdong-Hong Kong-Macao Great Bay Area *Chen Shidong* / 315

Abstract: Thanks to highly-effective transportation construction and regional industrial division of labor under the guidance of the market, cities in the Bay Area are approaching in their respective developmental model. Based on the analysis of the spatial structures of other bay areas such as New York, San Francisco, and Tokyo and explored several models, this paper also reviews the three developmental stages of cities in Guangdong-Hong Kong-Macao Great Bay Area, and argues that the Great Bay Area should follow the path of transiting from the "multi-center tandem model" to a structural model of "multi-center collaboration, core platforms in parallel, and high-quality integration." In the future, transportation construction will be a priority for the Great Bay Area to promote the integration of the Bay Area and create a common market through efficient transportation and interoperability. The Great Bay Area will also need to build a multi-center collaborative system to create a high-end, high-quality, and highly-efficient platform and explore a new regional cooperation mechanism of "high-level co-construction, high-quality integration."

Keywords: Spatial Structure; Baidu Index; City Cluster; Regional Cooperation Mechanism; Guangdong-Hong Kong-Macao Great Bay Area

Contents

B. 25 Cooperation between Shenzhen and Shanwei: An Example of Development of Enclave Economic Governance Modelin China *Xie Xutan* / 327

Abstract: In 2008, Shenzhen and Shanwei proposed to establish a new cooperation zone, namely "Special Coopeeration Zone constructed by Shenzhen and Shanwei", which became the beginning of Shen Shan Special Cooperation Zone. Shenzhen municipal party committee have set a goal that the cooperation zone should be made into the originator of enclave economic development, city governance and regional governance. In 2008, The cooperation zone have achieved substantial developments such as a better commercial circumstances, higher industrial integration, better policy and institutional coordination between governments. Furthermore, some developments in education, health and medical care and transportation facility construction also provided a better base for the advancement of the cooperation zone.

Keywords: Shen Shan Special Cooperation Zone; Enclave Economic Governance Model; Governmental Service Function; Industrial Integration.

B. 26 A New Model for Development of the Greater Bay Area: The Urban Cooperation between Hong Kong, Zhuhai and Macao *Yang Haishen* / 337

Abstract: The opening of the Hong Kong-Zhuhai-Macao Bridge and the development strategy of the Guangdong-Hong Kong-Macao Great Bay Area have brought about opportunities to upgrade transportation channels, cooperation mechanism, and industrial system in the cities of Zhuhai, Hong Kong, and Macao, which opened a new model for collaboration in the Great Bay Area. Therefore, the cooperation path between Zhuhai, Hong Kong, and Macao will be built around the construction of the Hong Kong-Zhuhai-Macao Bridge, the

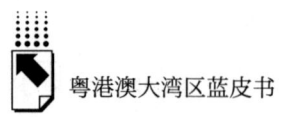

development of the Guangzhou-Shenzhen-Hong Kong-Macao Science and Technology Innovation Corridor and the cooperation of Hengqin Island. A closer exchange and cooperation platform based on improving the cooperation mechanism between Zhuhai and Macao is particularly needed. Based on the innovative cooperation model of Zhuhai, Hong Kong, and Macao, we will vigorously cultivate new cooperation carriers. With the strengthened of the interconnection of transportation infrastructure, elements flow among the three cities will be more convenient and efficient. With the deepened cooperation in the fields of social welfare and people's livelihood, we will jointly build the Great Bay Area as a model for a livable, suitable, and visitor-friendly Bay Area.

Keywords: Cooperation among Zhuhai; Hong Kong; and Macao; Hong Kong-Zhuhai-Macao Bridge; City Cooperation; Development Model

Ⅶ Appendices

B.27　Opinions From Some Experts　　　　　　　　　　／346

B.28　Chronical of Events　　　　　　　　*Zhang Jianping* ／356

社会科学文献出版社　**皮书系列**

✤ 皮书起源 ✤

"皮书"起源于十七、十八世纪的英国,主要指官方或社会组织正式发表的重要文件或报告,多以"白皮书"命名。在中国,"皮书"这一概念被社会广泛接受,并被成功运作、发展成为一种全新的出版形态,则源于中国社会科学院社会科学文献出版社。

✤ 皮书定义 ✤

皮书是对中国与世界发展状况和热点问题进行年度监测,以专业的角度、专家的视野和实证研究方法,针对某一领域或区域现状与发展态势展开分析和预测,具备原创性、实证性、专业性、连续性、前沿性、时效性等特点的公开出版物,由一系列权威研究报告组成。

✤ 皮书作者 ✤

皮书系列的作者以中国社会科学院、著名高校、地方社会科学院的研究人员为主,多为国内一流研究机构的权威专家学者,他们的看法和观点代表了学界对中国与世界的现实和未来最高水平的解读与分析。

✤ 皮书荣誉 ✤

皮书系列已成为社会科学文献出版社的著名图书品牌和中国社会科学院的知名学术品牌。2016年,皮书系列正式列入"十三五"国家重点出版规划项目;2013~2019年,重点皮书列入中国社会科学院承担的国家哲学社会科学创新工程项目;2019年,64种院外皮书使用"中国社会科学院创新工程学术出版项目"标识。

中国皮书网

（网址：www.pishu.cn）

发布皮书研创资讯，传播皮书精彩内容
引领皮书出版潮流，打造皮书服务平台

栏目设置

关于皮书：何谓皮书、皮书分类、皮书大事记、皮书荣誉、皮书出版第一人、皮书编辑部

最新资讯：通知公告、新闻动态、媒体聚焦、网站专题、视频直播、下载专区

皮书研创：皮书规范、皮书选题、皮书出版、皮书研究、研创团队

皮书评奖评价：指标体系、皮书评价、皮书评奖

互动专区：皮书说、社科数托邦、皮书微博、留言板

所获荣誉

2008年、2011年，中国皮书网均在全国新闻出版业网站荣誉评选中获得"最具商业价值网站"称号；

2012年，获得"出版业网站百强"称号。

网库合一

2014年，中国皮书网与皮书数据库端口合一，实现资源共享。

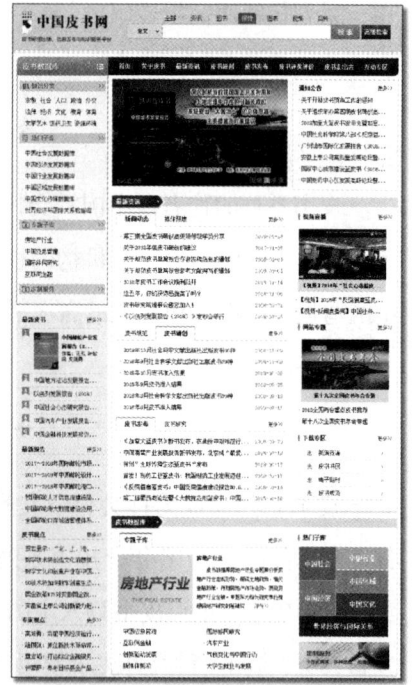

权威报告·一手数据·特色资源

皮书数据库
ANNUAL REPORT(YEARBOOK) DATABASE

当代中国经济与社会发展高端智库平台

所获荣誉

- 2016年，入选"'十三五'国家重点电子出版物出版规划骨干工程"
- 2015年，荣获"搜索中国正能量 点赞2015""创新中国科技创新奖"
- 2013年，荣获"中国出版政府奖·网络出版物奖"提名奖
- 连续多年荣获中国数字出版博览会"数字出版·优秀品牌"奖

成为会员

通过网址www.pishu.com.cn访问皮书数据库网站或下载皮书数据库APP，进行手机号码验证或邮箱验证即可成为皮书数据库会员。

会员福利

- 已注册用户购书后可免费获赠100元皮书数据库充值卡。刮开充值卡涂层获取充值密码，登录并进入"会员中心"—"在线充值"—"充值卡充值"，充值成功即可购买和查看数据库内容。
- 会员福利最终解释权归社会科学文献出版社所有。

数据库服务热线：400-008-6695
数据库服务QQ：2475522410
数据库服务邮箱：database@ssap.cn
图书销售热线：010-59367070/7028
图书服务QQ：1265056568
图书服务邮箱：duzhe@ssap.cn

卡号：743346755783
密码：

S 基本子库
SUB DATABASE

中国社会发展数据库（下设 12 个子库）

全面整合国内外中国社会发展研究成果，汇聚独家统计数据、深度分析报告，涉及社会、人口、政治、教育、法律等 12 个领域，为了解中国社会发展动态、跟踪社会核心热点、分析社会发展趋势提供一站式资源搜索和数据分析与挖掘服务。

中国经济发展数据库（下设 12 个子库）

基于"皮书系列"中涉及中国经济发展的研究资料构建，内容涵盖宏观经济、农业经济、工业经济、产业经济等 12 个重点经济领域，为实时掌控经济运行态势、把握经济发展规律、洞察经济形势、进行经济决策提供参考和依据。

中国行业发展数据库（下设 17 个子库）

以中国国民经济行业分类为依据，覆盖金融业、旅游、医疗卫生、交通运输、能源矿产等 100 多个行业，跟踪分析国民经济相关行业市场运行状况和政策导向，汇集行业发展前沿资讯，为投资、从业及各种经济决策提供理论基础和实践指导。

中国区域发展数据库（下设 6 个子库）

对中国特定区域内的经济、社会、文化等领域现状与发展情况进行深度分析和预测，研究层级至县及县以下行政区，涉及地区、区域经济体、城市、农村等不同维度。为地方经济社会宏观态势研究、发展经验研究、案例分析提供数据服务。

中国文化传媒数据库（下设 18 个子库）

汇聚文化传媒领域专家观点、热点资讯，梳理国内外中国文化发展相关学术研究成果、一手统计数据，涵盖文化产业、新闻传播、电影娱乐、文学艺术、群众文化等 18 个重点研究领域。为文化传媒研究提供相关数据、研究报告和综合分析服务。

世界经济与国际关系数据库（下设 6 个子库）

立足"皮书系列"世界经济、国际关系相关学术资源，整合世界经济、国际政治、世界文化与科技、全球性问题、国际组织与国际法、区域研究 6 大领域研究成果，为世界经济与国际关系研究提供全方位数据分析，为决策和形势研判提供参考。

权威报告·一手数据·特色资源

皮书数据库
ANNUAL REPORT(YEARBOOK) DATABASE

当代中国经济与社会发展高端智库平台

所获荣誉

- 2016年，入选"'十三五'国家重点电子出版物出版规划骨干工程"
- 2015年，荣获"搜索中国正能量 点赞2015""创新中国科技创新奖"
- 2013年，荣获"中国出版政府奖·网络出版物奖"提名奖
- 连续多年荣获中国数字出版博览会"数字出版·优秀品牌"奖

成为会员

通过网址www.pishu.com.cn访问皮书数据库网站或下载皮书数据库APP，进行手机号码验证或邮箱验证即可成为皮书数据库会员。

会员福利

- 已注册用户购书后可免费获赠100元皮书数据库充值卡。刮开充值卡涂层获取充值密码，登录并进入"会员中心"—"在线充值"—"充值卡充值"，充值成功即可购买和查看数据库内容。
- 会员福利最终解释权归社会科学文献出版社所有。

数据库服务热线：400-008-6695
数据库服务QQ：2475522410
数据库服务邮箱：database@ssap.cn
图书销售热线：010-59367070/7028
图书服务QQ：1265056568
图书服务邮箱：duzhe@ssap.cn

卡号：743346755783

S 基本子库
SUB DATABASE

中国社会发展数据库（下设 12 个子库）

全面整合国内外中国社会发展研究成果，汇聚独家统计数据、深度分析报告，涉及社会、人口、政治、教育、法律等 12 个领域，为了解中国社会发展动态、跟踪社会核心热点、分析社会发展趋势提供一站式资源搜索和数据分析与挖掘服务。

中国经济发展数据库（下设 12 个子库）

基于"皮书系列"中涉及中国经济发展的研究资料构建，内容涵盖宏观经济、农业经济、工业经济、产业经济等 12 个重点经济领域，为实时掌控经济运行态势、把握经济发展规律、洞察经济形势、进行经济决策提供参考和依据。

中国行业发展数据库（下设 17 个子库）

以中国国民经济行业分类为依据，覆盖金融业、旅游、医疗卫生、交通运输、能源矿产等 100 多个行业，跟踪分析国民经济相关行业市场运行状况和政策导向，汇集行业发展前沿资讯，为投资、从业及各种经济决策提供理论基础和实践指导。

中国区域发展数据库（下设 6 个子库）

对中国特定区域内的经济、社会、文化等领域现状与发展情况进行深度分析和预测，研究层级至县及县以下行政区，涉及地区、区域经济体、城市、农村等不同维度。为地方经济社会宏观态势研究、发展经验研究、案例分析提供数据服务。

中国文化传媒数据库（下设 18 个子库）

汇聚文化传媒领域专家观点、热点资讯，梳理国内外中国文化发展相关学术研究成果、一手统计数据，涵盖文化产业、新闻传播、电影娱乐、文学艺术、群众文化等 18 个重点研究领域。为文化传媒研究提供相关数据、研究报告和综合分析服务。

世界经济与国际关系数据库（下设 6 个子库）

立足"皮书系列"世界经济、国际关系相关学术资源，整合世界经济、国际政治、世界文化与科技、全球性问题、国际组织与国际法、区域研究 6 大领域研究成果，为世界经济与国际关系研究提供全方位数据分析，为决策和形势研判提供参考。

法律声明

"皮书系列"（含蓝皮书、绿皮书、黄皮书）之品牌由社会科学文献出版社最早使用并持续至今，现已被中国图书市场所熟知。"皮书系列"的相关商标已在中华人民共和国国家工商行政管理总局商标局注册，如LOGO（ ）、皮书、Pishu、经济蓝皮书、社会蓝皮书等。"皮书系列"图书的注册商标专用权及封面设计、版式设计的著作权均为社会科学文献出版社所有。未经社会科学文献出版社书面授权许可，任何使用与"皮书系列"图书注册商标、封面设计、版式设计相同或者近似的文字、图形或其组合的行为均系侵权行为。

经作者授权，本书的专有出版权及信息网络传播权等为社会科学文献出版社享有。未经社会科学文献出版社书面授权许可，任何就本书内容的复制、发行或以数字形式进行网络传播的行为均系侵权行为。

社会科学文献出版社将通过法律途径追究上述侵权行为的法律责任，维护自身合法权益。

欢迎社会各界人士对侵犯社会科学文献出版社上述权利的侵权行为进行举报。电话：010-59367121，电子邮箱：fawubu@ssap.cn。

社会科学文献出版社